U0663578

中古杂传研究

尹福佺 著

ZHEJIANG UNIVERSITY PRESS
浙江大学出版社

图书在版编目(CIP)数据

中古杂传研究 / 尹福佺著. —杭州：浙江大学出版社，2018. 10
ISBN 978-7-308-18247-8

Ⅰ. ①中… Ⅱ. ①尹… Ⅲ. ①传记—研究—中国—古代 Ⅳ. ①K810

中国版本图书馆 CIP 数据核字(2018)第 105476 号

中古杂传研究
尹福佺 著

责任编辑 张小苹
责任校对 宋旭华
封面设计 春天书装
出版发行 浙江大学出版社
(杭州市天目山路 148 号 邮政编码 310007)
(网址：http://www.zjupress.com)
排　　版 杭州隆盛图文制作有限公司
印　　刷 浙江新华数码印务有限公司
开　　本 710mm×1000mm 1/16
印　　张 22.25
字　　数 390 千
版 印 次 2018 年 10 月第 1 版 2018 年 10 月第 1 次印刷
书　　号 ISBN 978-7-308-18247-8
定　　价 48.00 元

版权所有 翻印必究 印装差错 负责调换
浙江大学出版社市场运营中心联系方式 (0571)88925591;http://zjdxcbs.tmall.com

目　录

绪 论

一、研究的依据

（一）中古时期杂传创作极为丰富

中古时期，“史传这一写作样式作为传记文学而走向跌落的过程中，新的传记形式开始悄悄地崛起，史传之外的各种人物传记写作逐渐繁荣起来，并开始在中国古代传记文学的发展中担负起主导作用。为了和正史传记相区别，这些传记之作被统称为‘杂传’”[①]。中古杂传创作极为丰富，《隋书·经籍志》将史部分为13类，从其著录的史书书目可知，魏晋南北朝文人所作史书的数量远远多于两汉时期。在这13类史书中，其中一类曰“杂传”。

关于杂传的概念，《隋书·经籍志》解释曰：

> 汉时，阮仓作《列仙图》，刘向典校经籍，始作《列仙》、《列士》、《列女》之传，皆因其志尚，率尔而作，不在正史。后汉光武帝，始诏南阳，撰作风俗，故沛、三辅有耆旧节士之序，鲁、庐江有名德先贤之赞。郡国之书，由是而作。魏文帝又作《列异》，以序鬼物奇怪之事，嵇康作《高士传》，以叙圣贤之风。因其事类，相继而作者甚众，名目转广，而又杂以虚诞怪妄之说。推其本源，盖亦史官之末事也。载笔之士，删采其要焉。鲁、沛、三辅，序赞并亡，后之作者，亦多零失。今取其见存，部而类之，谓之杂传。[②]

这段话对杂传的特点做了一些说明：一是杂传是随意而作的，不属于正史，

---

① 李祥年：《汉魏六朝传记文学史稿》，复旦大学出版社1995年版，第133页。

② （唐）魏徵等：《隋书·经籍志》，中华书局1973年版，第982页。

因为正史都很严肃，选择传主、选取材料都很严谨，而杂传不够严肃，不能当作正史来看待；二是杂传多以类传的形式出现；三是杂传多杂有虚构、荒诞的成分。

中古时期，杂传创作异常繁荣，《隋志·经籍志》著录杂传共 217 部，1286 卷，其数量远多于其他史学门类。《隋书·经籍志》共著录史书 817 部，13264 卷，杂传部数占史书总数的四分之一强，卷数约占总卷数的十分之一。在这些杂传中，作于两汉的有 6 部，后世学者认为应归于小说家类的反映仙怪内容的有 22 部，去除这 28 部，另外 189 部杂传均创作于魏晋南北朝时期。

当然，魏晋南北朝文人所作的杂传绝不止这些。在历史发展过程中，还有大部分杂传由于种种原因散失、亡佚，清代学者对之进行了大量的辑佚、补遗工作。分析各家所补的《艺文志》可知，在整个魏晋南北朝时期，杂传创作的情况比较复杂。姚振宗《补三国艺文志》著录杂传 54 部；另外五家《补〈晋书〉艺文志》史部杂传类补录的杂传数量分别如下：丁国均补录 236 部，文廷式补录 224 部，秦荣光补录 345 种，吴士鉴补录 243 种，黄逢元补录 91 种。南朝杂传据徐崇《补南北史艺文志》史部杂传，卷 1《南史》著录有 46 部杂传；聂崇岐《补宋书艺文志》补录刘宋一代杂传 22 部，陈述《补〈南齐书〉艺文志》补录萧齐一代杂传 8 部。可见，在魏晋南北朝时期，出现了一个杂传创作的高峰。

（二）中古杂传对当时及后世的史学和文学产生了深远的影响

1. 中古杂传对史学的影响

（1）补充正史记载之不足。杂传作者多为非史官身份，他们的著述能突破史学规矩的苑囿载录一些为正史所不载，或不敢载的内容，如《三国志》中嵇康的传记只有二十七个字，“时又有谯郡嵇康，文辞壮丽，好言老、庄，而尚奇任侠。至景元中，坐事诛”①。从这句话我们无法知晓嵇康的生活全貌，《三国志》裴松之引用《嵇康传》来为之作注，由此我们可以了解嵇康的生活态度、著述情况以及被杀的原因。还有何晏的传记，《三国志》的记载同样也很简单，“晏，何进孙也。母尹氏，为太祖夫人。晏长于宫省，又尚公主，少以才秀知名，好老庄言，作《道德论》及诸文赋著述凡数十篇”②。只有通过《何

① （晋）陈寿撰，（刘宋）裴松之注：《三国志·王卫二刘傅传》，中华书局 1959 年版，第 605 页。

② （晋）陈寿撰，（刘宋）裴松之注：《三国志·诸夏侯曹传》，中华书局 1959 年版，第 292 页。

晏别传》才能了解他的基本情况。

(2)校正正史记载之谬误。正史限于为尊者讳、为亲者讳、为贤者讳的要求，往往会出现载录失实的情况，如关于汉魏禅让之事，据《三国志》所载，似乎是汉献帝主动把政权交与了曹丕，而《献帝传》则为我们揭示了汉魏禅让的事实真相。

(3)扩大了人物传记的范围。中古之前的传记作品即如司马迁的《史记》，传主涉及帝王将相、市井细民、诸子百家、三教九流，但是并没有僧人传记，这是因为此时佛教还未传入中国。唐修《晋书》虽然在卷九十五《艺术》中有佛图澄、单道开、鸠摩罗什等少数僧人的传记，但没有比丘尼的传记。而(梁)释宝唱的《比丘尼传》则把女性出家人(比丘尼)作为传主，(梁)释慧皎写了《高僧传》，其传主全部为僧人，从而使僧人作为一类传主开始进入传记领域。此后唐代释道宣撰写《续高僧传》，宋代赞宁又续写《宋高僧传》，明末如惺辑录南宋至明僧人传，名曰《明高僧传》。这些僧人传记的出现与慧皎的《高僧传》是源流关系。《晋书》作于唐代，其把僧人写入传记中，应该是受到《高僧传》的影响所致。僧人的自传以法显的《法显传》(亦称《法显行传》)为代表，《法显传》写法显不畏艰险的取经精神，直接影响到唐代的玄奘取经，《大慈恩寺三藏法师传》亦明显受《法显传》的影响。

2. 中古杂传对文学的影响

魏晋南北朝杂传的基本内容和艺术经验对唐代的传奇小说有深远的影响。从文学内部的发展线索看，汉代《史记》中的人物传记与魏晋南北朝的志怪小说都为唐代传奇小说的发展打下了基础，这已为学术界所公认，如鲁迅先生说“传奇者流，源盖出于志怪”。但应补充指出，魏晋南北朝杂传的基本内容、人物描写、结构形式等为唐传奇的创作提供了借鉴。魏晋南北朝杂传所传的人物比作为正史的《史记》要广泛得多，所述的人物事迹有的比《史记》所写的要零杂、夸张、细腻，有的又不如《史记》那样严谨可信，而是杂有虚妄怪诞的成分，如《法显传》中就记有迷信奇异之事。魏晋南北朝杂传的传主都是现实中或历史上真实的人，以写人的真实生活为主，但又不同于志怪小说写鬼怪或一些历史上无可稽考的人物。从魏晋南北朝杂传所写的基本内容看，它处在史传与志怪小说之间。这对唐传奇组织故事、描写人物、进行有意识创作有所启发。正如程千帆先生所云：“纪传体之史，固史传文学之正宗，而西汉之末，杂传渐兴，魏晋以来，斯风尤甚，方于正史，若骖随靳。其体上承史公列传之法，下启唐人小说之风，乃传记之重要发展也。”①唐代传奇小说中一些取材历史事迹的小说，如无名氏的《李林甫外传》、陈鸿的《东城老父传》，都由历史事迹铺张渲染而成。这从杂传作品《曹瞒传》、《江表传》里可以找出一些相似之处，至于唐传奇的人物描写与结构形式等方面，受正史列传的影响尤为明显。魏晋南北朝杂传还为后代小说创作提供了题材与艺术经验，《三国志演义》中有许多情节即是取自《三国志》裴注所引杂传加工而成，这是人所共知的事实。

（三）目前学术界对中古杂传的研究还很薄弱

中古杂传作品极为丰富，但对中古杂传的研究却很薄弱。现代学者对于传记文学的研究始于朱东润先生，早在20世纪50年代，朱先生就发表《漫谈传记文学》一文，从此传记文学作为一个学科开始进入研究者的视野；程千帆先生也对传记文学有所论述。但是他们的这些研究还只是星星之火，没有形成燎原之势。

改革开放之后，复旦大学中文系中国古代文学专业各体文学方向开始招收硕士博士研究生，指导教师为朱东润先生。1995年，浙江师范大学中文系中国古代文学专业开始招收传记文学方向的硕士研究生。以上研究生点的设置，对于推动传记文学研究的深入，具有重要的意义。从20世纪80年代开始，对传记文学的研究方兴未艾，而这些研究还只是对史传文学的研究，即使有涉及杂传的内容，也只是蜻蜓点水，如韩兆琦主编的《中国传记文学史》，陈兰村主编的《中国传记文学发展史》，陈兰村、张新科著的《中国古典传记论稿》，张新科著的《唐前史传文学研究》，李祥年著的《汉魏六朝传记文学史稿》，俞樟华、许菁频等著的《古代杂传研究》（这本书实际上是几篇硕士论文的汇编），对杂传只是做一简要的常识性的概括。日本学者川合康三的《中国的自传文学》只有一小部分涉及中古的自传。有关中古杂传的专著只有朱东润先生的《八代传叙文研究》和熊明的《杂传与小说：汉魏六朝杂传研究》两部，但朱先生的研究只是几个专题，熊明则侧重于研究杂传文献及杂传与小说的关系。除此之外，对中古杂传的研究只有一些单篇的学术论文，而这些论文也不过150篇左右。学位论文也只有熊明的博士论文《杂传与小说：汉魏六朝杂传研究》，已被作者整理成书出版，还有一些对中古杂传某一领域研究的硕士学位论文。所以，目前对中古杂传缺乏系统的研究。

---

① 程千帆：《先唐文学源流论略》（四），《武汉师院学报》1981年第4期。

对于传记文学理论的研究，目前只有俞樟华先生的《中国传记文学理论研究》、李祥年的《传记文学概论》、朱文华的《传记通论》，几位先生的传记理论或重在研究史传理论，或重在研究外国的传记理论，或介绍传记的写法，对于杂传理论很少涉及。

二、研究的范围

本书主要以中古时期的杂传为研究对象，内容包括东汉、魏、晋、南朝的各类杂传，具体来说，是指中古时期的自传、别传、类传等，研究的重点侧重于杂传的作者、文献情况以及文本内容。

"中古"这一概念通常是指汉魏六朝时期，但具体上下限却并无一致意见。刘师培的《中国中古文学史讲义》，起自汉末建安年间，讫于南朝梁陈，其基本范畴是汉末、魏、晋、宋、齐、梁、陈等七代的文学，而未涉及北朝。王瑶的《中古文学史论》云："本书所讨论问题的时代，起于汉末，讫于梁陈，大略相当于旧日所谓八代的范围。"[①]郭绍虞的《中国文学批评史》，分中国文学批评史为"上古期"、"中古期"、"近古期"三个时期，其中古期指"自东汉建安至五代"[②]这一时期。陆侃如的《中古文学系年》，起于西汉宣帝甘露元年（公元前53年），讫于东晋穆帝永和七年（公元351年）。袁行霈主编的《中国文学史》，划中古期为魏晋至明朝中叶（正德末）。胡大雷先生的《中古文学集团》起于西汉，终至于隋。詹福瑞的《中古文学理论范畴》与刘师培、王瑶略同。何满子的《中古文人风采》，起于东汉顺帝，终至东晋前期。阮忠的《中古诗人群体及其诗风演化》，起自汉末建安，讫于梁陈。可见，由于各位专家、学者的研究重点不同，研究范围各异，中古的上限与下限有所区别，但不论哪一家，都包括魏晋南北朝，这一点是没有问题的。区别在于有的上限为西汉末期，有的为东汉初年，但多数为汉末建安年间，下限有的到梁陈，有的到隋朝。在内容上，有的涉及北朝，有的不涉及。本书拟以刘师培的分段为准，上限延伸至东汉初年，下限至南朝梁陈。

---

① 王瑶：《中古文学史论》，北京大学出版社1986年版，第4页。

② 郭绍虞：《中国文学批评史》，上海古籍出版社1979年版，第8页。

三、研究的方法

(一)文献梳理法

中古杂传虽然数量极多,但散佚也很严重,从现存文献看来,中古杂传文本保存比较完整者很少。自传类相对来说保存完整的较多,如王充的《自纪》、曹操的《让县自明本志令》、曹丕的《自叙》、陶渊明的《五柳先生传》、释法显的《法显传》,王充、陶渊明的自传之所以能够完整地保存下来,是因为它们保存在作者的文集里,曹操、曹丕的自传保存在《三国志》裴松之的注里。其他的如马融、郑玄、杜预、傅玄、傅畅、皇甫谧、梅陶、袁粲、江淹、王筠的自传都散佚不全,只剩下只言片语。中古的别传除了《管辂别传》、《马钧序》、《王弼传》、《荀粲传》、《赵云别传》、《张夫人传》、《辛宪英传》、《陶渊明传》等保存较为完整外,其余大量的别传都已经失传或仅残存片段,只是在一些史书如《汉书》注、《后汉书》注、《三国志》注,一些类书如《太平御览》、《艺文类聚》、《初学记》中保存片段。中古的类传只有《比丘尼传》、《高僧传》完整地保存了下来,其他的如《汉末英雄记》、《江表传》、《晋诸公赞》、嵇康《圣贤高士传赞》、皇甫谧《高士传》、张骘《文士传》等都已经残缺不全了。因此,研究中古杂传就必须首先对中古杂传进行文献梳理。文献梳理的具体办法是先搜集保存完整者,对不完整的,从史注和类书的征引中去辑佚校勘。对于有多种记载的,则选择征引较多、较全者作为研究的依据。

(二)分类研究法

分类研究法是本书的主要研究方法。在对中古杂传进行文献梳理的基础上,对中古杂传进行分类研究,即中古自传研究、中古别传研究、中古类传研究。在自传研究方面,把中古自传分为四个主题。在别传研究方面,按照传主身份,把中古别传分为十个类别,即中古帝王别传研究、中古名臣别传研究、中古中下级官吏别传研究、中古文人学者别传研究、中古思想家别传研究、中古科技人士别传研究、中古方术之士别传研究、中古宗教人士别传研究、中古隐士别传研究、中古女性别传研究等十类。对于中古类传,分为五个类别,即中古杰出人物类传研究,中古圣贤、文士类传研究,中古地方人物类传研究,中古僧尼类传研究,中古孝子、幼童、良吏类传研究。

(三)文史哲结合法

由于中古杂传的繁兴是多种因素作用的结果,故此对影响中古杂传的因素进行总结,具体来说有以下几个方面。

1. 史官文化传统与中古杂传

在中国各种文化中,史学文化最为发达,远在先秦时期就已经形成了完善的史官制度和良好的史官文化,由此培育了中国古代士大夫的历史意识和自觉传承民族历史文化的精神。对此,《国语》有如下载述:

> 古者民神不杂。民之精爽不携贰者,而又能齐肃衷正,其智能上下比义,其圣能光远宣朗,其明能光照之,其聪能听彻之,如是则明神降之。在男曰觋,在女曰巫。
>
> ……
>
> 及少昊之衰也,九黎乱德,民神杂糅,不可方物。夫人作享,家为巫史,无有要质。民匮于祀,而不知其福。烝享无度,民神同位……颛顼受之,乃命南正重司天以属神,命北正黎司地以属民,使复旧常,无相侵渎,是谓绝地天通。
>
> 其后,三苗复九黎之德,尧复育重、黎之后,不忘旧者,使复典之。以至于夏、商,故重、黎氏世叙天地,而别其分主者也。其在周,程伯休父其后也,当宣王时,失其官守,而为司马氏。①

司马迁在《史记·太史公自序》中也有类似记载:

> 昔在颛顼,命南正重以司天,北正黎以司地。唐虞之际,绍重黎之后,使复典之,至于夏商,故重黎氏世序天地。其在周,程伯休甫其后也。当周宣王时,失其守而为司马氏。司马氏世典周史。②
>
> 余先周室之太史也。自上世尝显功名于虞夏,典天官事。后世中衰,绝于予乎?汝复为太史,则续吾祖矣。③

---

① (春秋)左丘明著,罗家湘注译:《国语·楚语下》,中州古籍出版社 2010 年版,第 325—328 页。

② (汉)司马迁:《史记·太史公自序》,中华书局 1959 年版,第 3285 页。

③ (汉)司马迁:《史记·太史公自序》,中华书局 1959 年版,第 3295 页。

作为上古文化精英的巫觋，他们不仅掌握了神权，沟通天地、神人，而且还是历史文化的承传者，他们负责记述历史，见往知来。到了少昊时期，巫觋的职守发生了变化，颛顼之时，巫、史分流，其中的一些人成为专门的史官。司马迁的家世是典型的史官世家，其家族史反映了由巫到史的历史流变。

周代史官开始关注现实，开始了今天意义上的史学活动。史官文化代替巫官文化是在春秋战国时期，这一时期，不仅周室有史官，各诸侯国亦有史官，并且他们也都注意到了史官文化的劝善惩恶作用。《国语・楚语上》记载了申叔时很有代表性的一段话：

> （楚庄王）问于申叔时，叔时曰："教之《春秋》，而为之耸善而抑恶焉，以戒劝其心；教之《世》，而为之昭明德而废幽昏焉，以休惧其动；教之《诗》，而为之导广显德，以耀明其志；教之《礼》，使知上下之则；教之《乐》，以疏其秽而镇其浮；教之《令》，使访物官；教之《语》，使明其德，而知先王之务用明德于民也；教之《故志》，使知废兴者而戒惧焉；教之《训典》，使知族类，行比义焉。"①

在这里，申叔时把出于史官之手的《春秋》、《故志》、《训典》与《诗》、《礼》、《乐》等同，认为它们都具有褒善贬恶的教育作用。司马迁对孔子作《春秋》的意义与目的也有所论述：

> 夫《春秋》，上明三王之道，下辨人事之纪，别嫌疑，明是非，定犹豫，善善恶恶，贤贤贱不肖，存亡国，继绝世，补敝起废，王道之大者也。②

先秦时期的史官文化还培育了人们自觉的史学意识，司马谈、司马迁父子著述《史记》，完全是出于他们对传承民族历史文化的高度自觉。

> 太史公（司马迁）曰："先人有言：'自周公卒五百岁而有孔子。孔子卒后至于今五百岁，有能绍明世，正《易传》，继《春秋》，本《诗》、《书》、

① （春秋）左丘明著，罗家湘注译：《国语・楚语下》，中州古籍出版社 2010 年版，第 307 页。

② （汉）司马迁：《史记・太史公自序》，中华书局 1959 年版，第 3297 页。

> 《礼》、《乐》之际。'意在斯乎！意在斯乎！小子何敢让焉？"①

这种渊源于先秦史官文化，在总体上又超越了先秦史官文化的崭新的历史意识，是一种对传承民族历史文化遗产负有高度自觉精神的新型文化心态。

汉末的动乱，三国的鼎立、两晋南北朝时期政权的频繁更迭，使人们对史学的重视大大加强了，读史、修史、著史成为一时的风气。吴主孙权不仅自己读史书还劝他的部下吕蒙、蒋钦以及太子孙登去读史书。②

除此以外，《春秋》、《左传》、《史记》、《汉书》等史书所取得的巨大成就和深远的历史影响激发了那些意欲追求"立言"不朽的文人学者写史作传的浓厚兴趣。魏晋南北朝时期史学异常繁荣，梁启超曾言："迁书既美善，引起学者研究兴味，社会靡然向风，此其三也。自兹以还，蔚为大国。两晋、六朝，百学芜秽而治史者独盛，在晋犹著。"③《隋书·经籍志》史部的浩繁著述有力地说明了这一点。

在史学繁荣发展的同时，统治者也注意到史学的价值与意义，因此对史家撰作的控制也日益严密。谢承《后汉书》载：

> 蔡邕在王允坐，闻（董）卓死，有叹惜之音。允责邕曰："卓，国之大贼，杀主残臣，天地所不祐，人神所同疾。君为王臣，世受汉恩，国主危难，曾不倒戈，卓受天诛，而更嗟痛乎？"便使收付廷尉。邕谢允曰："虽以不忠，犹识大义，古今安危，耳所厌闻，口所常玩，岂当背国而向卓也？狂瞽之词，谬出患入，愿黥首为刑以继汉史。"公卿惜邕才，咸共谏允。允曰："昔武帝不杀司马迁，使作谤书，流于后世。方今国祚中衰，戎马在郊，不可令佞臣执笔在幼主左右，后令吾徒并受谤议。"遂杀邕。④

王允之所以要杀蔡邕，就是担心如果蔡邕修史会把自己的"阴暗面"载入史册而对自己不利。

从东汉明帝时代起，史官开始逐步以修史为专职。刘知几云："汉氏中

---

① （汉）司马迁：《史记·太史公自序》，中华书局1959年版，第3296页。

② （晋）陈寿撰，（刘宋）裴松之注：《三国志·周瑜鲁肃吕蒙传》，中华书局1959年版，第1274—1275页。

③ 梁启超：《中国历史研究法》，上海古籍出版社2006年版，第19页。

④ （晋）陈寿撰，（刘宋）裴松之注：《三国志·董二袁刘传》，中华书局1959年版，第180页。

兴，明帝以班固为兰台令史……又杨子山为郡上计吏，献所作《哀牢传》，为帝所异，征诣兰台。斯则兰台之职，盖当时著述之所也。”①除兰台之外，东汉章帝章和元年，政府又在东观收藏图书，并以为官修史书之所。除设史馆外，“当魏太和中，始置著作郎，职隶中书，其官即周之左史也。晋元康初，又职隶秘书，著作郎一人，谓之大著作，专掌史任，又置著作郎八人”②。到了唐代，史馆制度正式设立，宰相负责监修史书，史官执笔撰述。对于传主的选择、传记的内容，都有严格的规定，史官只是修史机器，不允许史官个人的思想掺杂其中。这样，一些有志于修史的士人只能通过私修史书的形式来实现自己的理想。

魏晋南北朝时期由于社会动荡不安，统治者对私人著史并未严令禁止，私人著述的空间相对来说还是比较宽松自由的，于是杂传写作开始繁荣起来。

2. 玄学思潮与中古杂传

魏晋南北朝时期，儒学式微，玄风大畅，这种学术思潮的最大特点是重感情、重个性、重欲望。士人们可以率性而为，一些特立独行之士成了士林榜样，如著名的“竹林七贤”。因此，以名士为传主的杂传写作开始繁荣起来。《隋书·经籍志》有言：

> 灵、献之世，天下大乱，史官失其常守。博达之士，愍其废绝，各记闻见，以备遗亡。是后群才景慕，作者甚众。又自后汉已来，学者多钞撮旧史，自为一书，或起自人皇，或断之近代，亦各其志，而体制不经。③

玄学对魏晋史学发展的促进作用，历来论者颇多。在玄学思潮的影响下，整个社会逐步表现出重视人，重视人的自然情性，重视人格的独立，强调个人价值，追求精神解脱的普遍趋势。史学也更多地转向人本身，而不仅仅是记事。这样，自司马迁《史记》以来的以人物为中心的纪传体就得到了巨

① （唐）刘知几撰，（清）浦起龙通释，吕思勉评：《史通》，上海古籍出版社 2008 年版，第 220 页。

② （唐）刘知几撰，（清）浦起龙通释，吕思勉评：《史通》，上海古籍出版社 2008 年版，第 221 页。

③ （唐）魏徵等：《隋书·经籍志》，中华书局 1973 年版，第 962 页。

大的发展。“汉末三国以迄两晋知名人物，如郑玄、马融、郭泰、陈寔、荀彧、钟会、吴质、费祎、诸葛恪、司马徽直至《晋书》所见大小人物，无不有其专门的‘别传’见在。”①杂传这种以单个人物为中心的人物传写形式与此时的时代文化思潮相契合，由此促进了别传的繁兴。

玄学对杂传的影响更多地表现在杂传内容和传主选择上。东汉清议注重人物道德评价，所以一些耿介之士成为传主，如郭泰、郑玄、司马徽等。魏晋之际，由于玄学的兴起，经学的衰落，士人的价值核心已经由砥砺名节转向形象的审美与哲思的追求，类似“竹林七贤”的人物成为传主，杂传内容以他们超常规的行为为主，如《竹林七贤论》、《晋诸公赞》、《王弼传》、《荀粲传》、《嵇康别传》等。

3. 九品中正选官制度与中古杂传

九品中正制是魏晋主要的选官制度，九品中正制设立于曹丕代汉之前，“《傅子》曰：魏司空陈群，始立九品之制，郡置中正，评次人才之高下，各为辈目，州置都而总其议”②。中正要求为二品（九品中的二品）的人来担任，他们操纵着人物品评之权，按规定中正要向人事部门提供所举人的家世、状和品。状，是指中正对所举人道德才能的具体叙述。品，指所举人属于九品中的哪一品，这主要是根据所举人的家世来决定的。状的撰述，对于杂传的发展产生了重要影响，因为他们要把所举人的事迹如实向人事部门汇报，此种文体的盛行必将促进杂传的繁兴。同时由于中正权操纵在世族手中，故而形成“上品无寒门，下品无世族”的局面。汤用彤先生在《魏晋玄学论稿》中指出：“溯自汉代取士大都为地方察举、公府征辟。人物品鉴遂极重要，有名者入青云，无闻者委沟渠。朝廷以名为治（顾亭林语），士风亦竞以名行相高。声名出于乡里之臧否，故民间清议乃隐操士人进退之权。于是月旦人物，流为俗尚；讲目成名（《人物志》语），具有定格，乃成社会中不成文之法度。”③品评的优劣成为决定士人前途的决定性因素。汉末士人，往往一经名士之评题，则声名大振。

---

① 张蓓蓓：《中古学术论略》，台湾大安出版社 1991 年版，第 118 页。

② （宋）李昉等编，夏剑钦、王巽斋校点：《太平御览》第四卷，河北教育出版社 1994 年版，第 177—178 页。

③ 汤用彤：《魏晋玄学论稿及其他》，北京大学出版社 2010 年版，第 10 页。

《郭林宗别传》曰：林宗游洛阳，见河南尹李膺，膺大奇之，于是名震京师。①

与此相对应，有人伦鉴识亦成为名士所必备的一项基本素质。名士也愿意赏鉴士人，奖掖后学：

《郑玄别传》曰：故尚书左丞同县张逸年十三，为县小吏。君谓之曰："尔有赞道之质。玉虽美，须雕琢而成器。能为书生以成尔志不？"对曰："愿之。"乃遂拔于其辈，妻以弟女。②

评鉴士人已然成为一门学问，同时也成为衡量名士才识能力的一项标准。无论是乡间评议，还是中正品第，都包含了对人物品鉴的内容，都是对人物品行的评价。而别传这种以人物为中心的文体形式非常适应品评人物的需要，因而这种写作形式便迅速地流行开来。为了实现自己的人生理想与目标，士人们开始以成功人士为榜样，规范自己的行为，这样人们便把他们的事迹载录下来作为学习的楷模，由此促进了杂传的繁兴。

4. 门阀士族的兴起与中古杂传

魏晋时期，随着九品中正制度的兴起，门阀士族开始逐渐形成。这一时期，以世家大族中人物为传主的杂传很多，特别是当时的一些有名的士族，更是成为杂传的主要撰述对象，如东晋时期的世家大族：琅琊王氏、高平郗氏、颍川庾氏、谯郡桓氏、陈郡谢氏、太原王氏等家族中的主要人物都有别传流传。其内容大多都包括了传主的籍贯、家世和历任官职等内容。如琅琊王氏就有《王导别传》(亦作《王丞相别传》)、《王劭别传》、《王荟别传》、《王珣别传》；高平郗氏有《郗鉴别传》、《郗愔别传》、《郗云别传》；谯郡桓氏有《桓彝别传》、《桓豁别传》、《桓温别传》、《桓玄别传》；太原王氏有《王述别传》、《王坦之别传》、《王濛别传》等。

这些杂传反映了门阀士族之所以如此重视史学，其目的就是为其门第

① (宋)李昉等编，夏剑钦、王巽斋校点：《太平御览》第三卷，河北教育出版社 1994 年版，第 473 页。

② (宋)李昉等编，夏剑钦、王巽斋校点：《太平御览》第五卷，河北教育出版社 1994 年版，第 288 页。

正名，提高其社会地位，使其高贵门第地位永固，使其政治经济特权永远长存。“各高门世族，为了追溯其祖宗的功德，明其渊源所自，定其贵贱等差，以相标榜，以为依据，修史以溯源，就成了他们维护门阀制度的重要手段，从而使得私家修史之风格外盛行。”①

5. 佛教、道教与中古杂传

魏晋南北朝时期，政失准的，社会动荡不安，政治混乱，民不聊生。儒家一统天下的局面，已经一去不复返，人们的信仰发生了严重危机。此时植根于中国本土的道教和来自南亚次大陆的佛教，开始进入人们的生活，促进了人们信仰的多元化。

道教是产生于中国本土的宗教，东汉顺帝年间，由张陵创立于巴蜀地区，张陵死后，其子孙张衡、张鲁传其业，此派被称为“天师道”。东汉另一个道教门派是张角组织的“太平道”。

魏晋时期，道教有了较大的发展，东晋葛洪创立道教丹鼎一系。陆修静对“天师道”进行了改造，陶弘景在陆修静的基础上进行了发挥，形成“南天师道”。北魏道士寇谦之，也对道教进行了改造，创立“北天师道”。道教不仅信徒众多，如张角的“太平道”有三十多万人，这还是在道教初创时期，而且道教的发展还得到了统治者的支持，如寇谦之得到了北魏太武帝的支持，陶弘景被人们称为“山中宰相”，与当政者来往密切。著名的道士层出不穷，除了以上所提之外，左慈、于吉等也很著名，在杂传极为发达的中古时代，他们很自然成为杂传的传主。比较有名的道教人物传记有《陆先生传》、《王乔传》、《嵩高少室寇天师传》、《关令内传》等。

佛教产生于公元前 5 至前 6 世纪的古印度，创始人为释迦牟尼。佛教于东汉明帝年间传入中国，魏晋南北朝时期，佛教在中国得到了很大的发展，开始了佛教中国化时期。一些著名佛寺开始建立，如甘露寺、寒山寺、少林寺、灵隐寺等，云冈石窟也开凿成功。据(唐)道世《法苑珠林》、(唐)道宣《广弘明集》等记载，北魏太和元年，有僧尼 77258 人，到北魏末年，达到 200 万人。寺院，北魏延昌年间有 13727 座，到北魏末年达到 3 万多座。南朝梁有寺院 2846 座，僧尼 82700 多人。北齐有僧尼 200 多万人，寺院 4 万余座。佛教的发展，一些僧尼成为杂传关注的对象，如支遁、慧远、道安、高坐、鸠摩

① 高敏：《试论魏晋南北朝时期史学的兴盛及其特征和原因》，《史学史研究》1993 年第 3 期。

罗什、竺道生等，同时僧尼的类传也开始出现，如（梁）宝唱的《名僧传》、（梁）慧皎的《高僧传》、（梁）裴子野的《众僧传》、（梁）宝唱的《比丘尼传》等。

由于以上因素对中古杂传的繁荣产生了重要的影响，故此在研究时结合以上因素来分析杂传文本。

第一章　中古以前杂传概览与研究

第一节　中国杂传的萌动期——先秦时期

先秦时期，通常是指上古到秦统一中国以前这一时期。先秦是中国古代传记的萌芽期，由于这一时期的文化呈现混容状态，文史哲不分，独立的文学概念还没有形成，没有明确的文体明辨意识。这一时期最为发达的文体是诗歌，诗歌成为传记的载体。我国最早的诗歌总集——《诗经》中已经出现了传记的萌芽。战国时期，以屈原作品为代表的楚辞中也具有了一些传记因素。先秦诸子散文具有了较为明确的传人意识，以《尚书》、《国语》、《左传》、《战国策》为代表的历史散文具备了杂传的雏形。因此，可以说，先秦时期是中国古代杂传的萌动期。

一、《诗经》、《楚辞》中的杂传萌芽

关于人们进行传记创作的原始动因，目前有不同的说法，美国的爱德华·奥尼尔认为："人类保存其自身实录的愿望仅次于其保存自身的本能，由这一愿望而产生了历史学与传记文学的姻亲艺术"①；英国的哈罗德·尼科尔森说："家庭希望纪念自己的死者，人们又写了圣者的早期生活传记"②；英国崔瑞德也认为，"传记形式的产生，'可能与氏族崇祀之文化有关'"，"可以肯

---

① ［美］爱德华·奥尼尔：《美国现代传记文学史》，转引自陈兰村《中国传记文学发展史》，语文出版社1999年版，第2页。

② ［英］哈罗德·尼科尔森：《英国传记文学发展史》，转引自陈兰村《中国传记文学发展史》，语文出版社1999年版，第2页。

定地说，……应该是司马迁'列传'形式的来源，也是早期……个别传记的来源”①。伟大的传记文学家司马迁也说：“古者富贵而名摩灭，不可胜记，唯倜傥非常之人称焉。”②司马迁之父司马谈临死之际在遗嘱中也说：“今汉兴，海内一统，明主贤君忠臣死义之士，余为太史而弗论载，废天下之史文，余甚惧焉，汝其念哉！”司马迁述其作七十列传时又说：“扶义倜傥，不令已失时，立功名于天下，作七十列传。”③综上所述，传记的产生可以归结为两点：一是祖先崇拜，人们常常批判有些人数典忘祖，传记写作就是要数典而不忘祖，古人在祭祀祖先时要回忆祖先的辉煌业绩，用祖先的业绩来激励后代子孙；二是英雄崇拜，虽然我们不能说英雄创造历史，但英雄的行为同样对后世也有激励作用，人们从英雄身上吸取力量，自强不息，从而推动历史发展的进程。

《诗经》中最具杂传因素的诗歌是五首歌颂周部族祖先的作品，它们是《生民》、《公刘》、《绵》、《皇矣》、《大明》。这五首诗歌实际上是周部族发展的史诗，属于人类早期萌芽状态的传记。虽然它们中间夹杂一些荒诞不经的神话成分，但所记载的基本事实还是真实的。所以，陆侃如、冯沅君在他们所著的《中国诗史》中说：“《生民》是一篇很好的后稷传，他是周族传说中的始祖；《公刘》是一篇公刘传，公刘为后稷的裔孙，此诗叙他迁都事。《绵》是一篇古公亶父传，……他是公刘的裔孙，文王的祖父，故诗中连带说及文王。《皇矣》是一篇文王传，也说及太伯、王季。《大明》是一篇武王传，也说及他的父母与祖父母。把这几篇合起来，可成为一部虽不很长而亦极堪注意的周的史诗”④。著名史学家白寿彝也说：“《生民》是讲后稷一生的主要事情”，“《公刘》是讲公刘建立国家的过程。这两篇是歌颂古代英雄的传说，是传记体”⑤。“《诗经》的《生民》、《公刘》以及战国时期史家所纂言行录之类，都是传记，《史记》的列传继承了这种体裁”⑥。

《生民》的传主是后稷，诗歌叙述了后稷的诞生，开始发展农业，到建立国家的过程，全诗充满了周人对祖先的自豪感。诗歌叙述后稷的母亲姜嫄因履巨人足迹而孕，后稷出生后，姜嫄以为不祥而把他丢弃，但后稷历大难

---

① [英]崔瑞德：《中国的传记写作》，转引自陈兰村《中国传记文学发展史》，语文出版社1999年版，第2页。

② (清)严可均辑，任雪芳审订：《全汉文·报任少卿书》，商务印书馆1999年版，第269页。

③ (汉)司马迁：《史记·太史公自序》，中华书局1959年版，第3319页。

④ 陆侃如，冯沅君：《中国诗史》，山东大学出版社1996年版，第40页。

⑤ 白寿彝：《史记新论》，求实出版社1981年版，第15页。

⑥ 白寿彝：《史记新论》，求实出版社1981年版，第20页。

而不死，神奇地活了下来：

> 诞置之隘巷，牛羊腓字之。诞置之平林，会伐平林。诞置之寒冰，鸟覆翼之。鸟乃去矣，后稷呱矣。实覃实讦，厥声载路。[①]

很显然，这里有周人神话、夸张其祖先的成分，但后文载录后稷开创农业，建立国家的基本事实还是真实的。从我们今天的角度来看，后稷的故事有些荒诞不经，但古人对此却深信不疑，以至先秦的其他典籍对此多有记载，如《诗经》中的《思文》、《閟宫》、《云汉》等，这些诗的记载与《生民》所记保持高度的一致。先秦诸子对此也是相信的，《论语》中就有“禹、稷躬耕而有天下”[②]，《孟子》载“后稷教民稼穑，树艺五谷，五谷熟而民人育”[③]。虽然对于后稷是否实有其人，学术界聚讼纷纭，但是我们认为即使是虚构的人物，那么从诗歌所记载的情况看，《生民》确实具备了传记的因素，我们可以认为它是较早的传记作品，这是无疑的。

《公刘》的传主是公刘，叙述公刘率领周人从邰迁豳，在邰开荒种地，营造居室，开始了定居生活。由后稷发明农业到公刘率民定居，反映了周部族由采集食物到种植植物的过程，也是文明进步的标志，由居无定所到建室居住，是人类文明的又一大进步。《绵》的传主是公刘的十世孙古公亶父，因受戎狄的威胁，率部族从豳迁到岐山之南一个叫周原的地方定居下来，从此周部族便正式称为周人，古公亶父在这里修建了宗庙，委任了官吏，后面还述及周部族消灭了夷人，稳定了国家。《皇矣》的传主是古公亶父（太王）、王季、文王，该诗详细描述了古公亶父（太王）经营岐山、打退昆夷的情况，再写王季的继续发展和他的德行，最后重点描述文王伐密、崇两国的恢弘场面。

《大明》的传主是周武王，叙述武王的出生，重点叙述他率诸侯联军在牧野打败了商纣王，夺取政权的经过。《大明》对牧野之战作了绘声绘色的描绘：

> 殷商之旅，其会如林。矢于牧野：“维予侯兴，上帝临女，无贰尔心！”

---

① 程俊英：《诗经译注·生民》，上海古籍出版社2004年版，第436—437页。

② 程树德撰，程俊英、蒋见元点校：《论语集释·宪问上》，中华书局1990年版，第952页。

③ （清）焦循：《孟子正义·滕文公上》，中华书局1987年版，383页。

牧野洋洋，檀车煌煌，驷騵彭彭。维师尚父，时维鹰扬，凉彼武王，肆伐大商，会朝清明！①

牧野之战，是中国历史上最早的大决战，这一战以周武王军队获胜，商纣王军队失败而告终，标志着商朝统治的结束，周政权的建立。上面的诗句描写了交战双方的强大阵容，特写了周军的精锐和周军统帅尚父的形象。

以上所分析的《诗经》中的五篇具有传记性质的诗歌，从史的角度看，属于诗史。从传记的角度看，不属于正史传记，而是属于杂传，所以，它们是早期杂传的萌芽。

以屈原作品为代表的楚辞中，最具有传记特色的是《离骚》。《离骚》是自传性质的抒情诗歌，该诗叙述了自己的出生、家世、品格、理想，叙述了自己为了实现理想而与楚国党人的斗争，以及为了实现理想而上下求索的人生历程，唐代史学家刘知几认为它是中国古代自传之源。

二、先秦散文中的杂传因素

（一）先秦诸子散文中的杂传因素

春秋战国之际，社会急剧变革，奴隶主阶级日趋没落，新型地主阶级正在兴起，社会处于大动荡、大分裂时期，各个阶级、各个派别的代表人物面对急剧变革的社会形势，纷纷著书立说，发表自己的主张，批判别家的学派，形成了百家争鸣的局面。当时有较大影响的学派都有著作传世，它们是《论语》、《墨子》、《孟子》、《庄子》、《荀子》、《韩非子》等。这些著作以记载人物言论为主，但在人物言论的记载中反映了人物性格，具有一定的传记因素。

《论语》是典型的语录体散文著作，全书大多是简短的谈话、对话和问答，以记孔子及其弟子的言论为主，但在对话中，人物的性格鲜明突出。被传记研究者最为推崇的就是《论语·先进》篇中的侍坐章。通过子路、冉有、公西华的话表现了他们不同的思想性格，最后是曾皙对自己理想生活的描绘：

---

① 程俊英：《诗经译注·大明》，上海古籍出版社2004年版，第412页。

鼓瑟希，铿尔，舍瑟而作，对曰："异乎三子者之撰。"子曰："何伤乎？亦各言其志也。"曰："暮春者，春服既成，冠者五六人，童子六七人，浴乎沂，风乎舞雩，咏而归。"夫子喟然叹曰："吾与点也！"①

这段话把曾皙在乱世之中，全身远祸，追求潇洒闲适生活的人生理想表现了出来。《论语》中的其他人物如颜回、长沮、桀溺、荷蓧丈人等，虽然只有只言片语的记载，但人物性格却鲜明突出。

《墨子》一书相对于《论语》而言，在传记方面，比《论语》有很大的进步，因为它已经有了比较完整的故事情节，不只是简单的人物对话。比较有代表性的是《墨子·公输》，这篇文章集中反映了墨子的非攻思想，通过墨子去阻止公输班攻宋一事，塑造了墨子的形象。纵观《墨子》一书，虽然比《论语》有进步的一面，但还不能算是传记的雏形，而只是具有传记的因素。

《孟子》、《庄子》、《荀子》、《韩非子》中的一些篇章，能够以人物为中心，集中反映人物性格。如《孟子》中，通过孟子与齐、魏等国君主的对话来表现孟子坚持理想、不肯苟合的性格，同时也突出了他的聪明机智和雄辩才能。《庄子》、《韩非子》中的一些寓言故事，可以看作微型的、虚构的人物传记。如《庄子·逍遥游》中的神人形象，《秋水》中的河伯形象，《韩非子》中的寓言，如"郑人买履"中的郑人、"守株待兔"中的宋国耕者，他们都是虚构的人物，是作为作者论辩的证据而出现的，但故事本身则是这些虚构人物的传记。

先秦诸子著作由作者本人或门人整理而成，它们不是由史官或政府指定的专人来撰写的，因为此时各国都有史官，并且史官的分工也很明确，左史记事，右史记言，已成为原则。先秦诸子的作者是社会的人，所以，如果说这些著作具备了传记因素的话，也只是杂传因素。

(二)先秦历史散文中的杂传因素

先秦历史散文主要有《国语》、《左传》和《战国策》等，这些历史著作，多为史官所作。《尚书》是最古老的历史文献汇编，西汉时期，被定为儒家经典之一。《尚书》的内容分为誓、命、训、诰、典、谟等几种类型。熊明先生认为：

---

① 程树德撰，程俊英、蒋见元点校：《论语集释·先进下》，中华书局 1990 年版，第806—811 页。

> 在《尚书》中，已有传记体的萌芽，我们不妨以《尧典》、《舜典》为例加以说明。
>
> 《尧典》全文共四段，第一段总写尧的功德，第二段记叙尧制定立法节令之事，第三段记叙尧选贤任能之事，第四段记叙尧议定和考察帝位继承人之事。《尧典》在体制上有一点是值得注意的，其第一段总写，从介绍尧的姓名开始："曰若稽古，帝尧曰放勋。钦明文思安安，允公克让，光被四表，格于上下。"这种开始，与后世的传记体是很相似的，或者说，后世的传记体从介绍人物姓字、籍贯开始的做法，恐怕就从此而来。[①]

笔者和熊明的观点基本相同，故不多述。

《国语》是一部国别体的历史著作，记事时间上起周穆王，下至鲁悼公，记载了周、鲁、齐、晋、郑、楚、吴、越八国的历史。《国语》以记言为主，汉代刘熙认为"《国语》记诸国君臣相与言谋议之得失也"[②]。尽管《国语》以记言为主，但也有一些记事成分。从传记文学的角度而言，《国语》属于正史传记的雏形，但它的一些传人手法，也为杂传提供了借鉴。

《左传》相传为鲁国史官左丘明所作，是解释《春秋》的历史著作。《左传》属于正史的范畴，但它有几个方面对后世杂传的创作产生了重大的影响。具体有以下几个方面：一是传主的选择，《左传》中有诸侯君主，如郑庄公、齐桓公、晋文公、秦穆公、楚庄王、宋襄公等；有名臣将相，如子产、管仲、晏婴、叔向、赵盾、伍子胥、范蠡等；有商人如弦高；有宫妃如骊姬、武姜。除此外，还有一些下层人物，包括农民、淑女、良母、御者、卜者等。二是传人手法，《左传》善于通过典型情节来刻画人物，如子产是郑国的名相，《左传》用攻盗定乱、坏晋馆垣、作丘赋和铸刑书、辞郑伯赐邑、不毁乡校等事件来表现他的政治才能和优秀品质。三是通过细节描写来刻画人物，如僖公二十三、二十四年记"晋公子重耳之亡"，通篇以"乞食于野人"、"醉遣桓公"、"自因请罪"等几大事件及相关细节描写来表现人物性格。

《战国策》同样也是国别体史书，其传主主要是战国时期的士人，它与《左传》不同的地方是善于用人物富有特色的语言来表现人物性格。《战国策》主要记载策士们纵横捭阖的言论和行动，但由于人物性格不同，他们的

---

① 熊明：《杂传与小说：汉魏六朝杂传研究》，辽海出版社 2004 年版，第 46 页。

② （汉）刘熙撰，（清）毕沅疏证，王先谦补：《释名疏证补·释典艺》，中华书局 2008 年版，第 214 页。

语言也各异，如苏秦的语言特点是夸张渲染；张仪的语言具有诡辩性；范雎的语言是激昂慷慨、咄咄逼人。这些人物语言的特点为后世杂传作者所采纳，形成了独具特色的杂传人物语言。

第二节　先秦具有代表性的杂传作品

先秦时期，出现了几部独具特色的杂传雏形作品，它们是《穆天子传》、《晏子春秋》和《燕丹子》，下面分别加以分析研究。

一、《穆天子传》

(一)《穆天子传》的出土时间

《穆天子传》又称《周王游行记》，是西晋时汲冢所出竹书的一部，也是汲冢竹书中唯一流传至今的一部书籍，该书记叙了周穆王巡行天下的事迹。关于这部书的出土时间，目前有三种说法：

一是《晋书・束皙传》载："太康二年，汲郡人不准盗发魏襄王墓，或言安釐王冢，得竹书数十车。其《纪年》十三篇……《穆天子传》五篇，言周穆王游行四海，见帝台、西王母。……《周穆王美人盛姬死事》。"① 又《晋书・荀勖传》云："及得汲郡冢中古文竹书，诏勖撰次之，以为《中经》，列在秘书。"② 荀勖在奉命整理《竹书纪年》的过程中，也曾为《穆天子传》作序，其序亦称"古文《穆天子传》者，太康二年，汲县民不准盗发古冢所得书也"③。

二是杜预认为在太康元年，《春秋经传集解・后序》曰："太康元年三月，……会汲郡汲县有发其内旧冢者，大得古书，皆简编科斗文字。"《太平御览》卷七百四十九引王隐《晋书》："太康二年，得汲郡冢中古文竹书，(荀)勖自撰次注写，以为《中经》，别在秘书。以较经传阙文，多所证明。"④ 又《晋书・卫恒传》

① (唐)房玄龄等：《晋书・束皙传》，中华书局 1974 年版，第 1432—1433 页。

② (唐)房玄龄等：《晋书・荀勖传》，中华书局 1974 年版，第 1154 页。

③ (晋)荀勖：《穆天子传・序》，见洪颐煊校《穆易经天子传》，《丛书集成初编》本，1985 年。

④ (宋)李昉撰，夏剑钦、王巽斋校点：《太平御览》第七卷，河北教育出版社 1994 年版，第 35 页。

云:“太康元年,汲县人盗发魏襄王冢,得策书十余万言。”[①]《隋书·经籍志》也持此看法,“至晋太康元年,汲郡人发魏襄王冢,得古竹简书,字皆科斗,发冢者不以为意,往往散乱。帝命中书监荀勖、令和峤,撰次为十五部,八十七卷”[②]。

三是《晋书·武帝纪》认为是咸宁五年,即公元279年。咸宁五年,“冬十月戊寅,匈奴余渠都独雍等帅部落归化。汲郡人不准掘魏襄王冢,得竹简小篆古书十余万言,藏于秘府”[③]。张守节《史记·周本纪》正义曰:“汲冢书,晋咸宁五年汲郡汲县发魏襄王冢,得古书册七十五卷。”[④]

为什么同是《晋书》所记,却出现前后不一致的情况呢?并且《晋书》的撰者为唐房玄龄等人,在《晋书》撰写过程中并没有中途换人。清人雷学淇的解释比较合乎事实。他认为不准盗墓发现竹简是在咸宁五年,而秘书监荀勖等人整理缮写是在太康二年,从整理竹书到缮写竹书前后经历了二年,各人记时是以自己所见之时为准,故记载时间出现不同。[⑤]

(二)《穆天子传》的成书年代

要弄清《穆天子传》的成书年代,弄清汲冢的墓主是至关重要的。关于汲冢的墓主,多数人认为是魏襄王,如荀勖、卫恒等人,只有东晋的王隐认为是魏安釐王。这对于确定《穆天子传》产生的时间是极为重要的,魏安釐王远在魏襄王之后,如果是魏襄王墓,那么,《穆天子传》的成书起码要早一些;如果是魏安釐王墓,则《穆天子传》的成书要晚一些,这里我们并不是以墓主来确定时间,而是作为一个佐证。荀勖曾对墓主进行了考证,应当是可信的。

近代以后对于《穆天子传》的成书时代考证,有两大意见:

一是以顾颉刚先生为代表,认为成书于战国或战国以后,主要根据是秦人和赵人善于养马,及赵武灵王经略西北。[⑥]

二是认为该书成书于西周时期,是周时史官所作,顾实先生持这一观

① (唐)房玄龄等:《晋书·荀勖传》,中华书局1974年版,第1161页。

② (唐)魏徵等:《隋书·经籍志》,中华书局1973年版,第959页。

③ (唐)房玄龄等:《晋书·武帝纪》,中华书局1974年版,第70页。

④ (汉)司马迁撰,(宋)裴骃集解,(唐)司马贞索引,(唐)张守节正义:《史记·周本纪》,中华书局2005年版,第108页。

⑤ 转引自熊明《杂传与小说:汉魏六朝杂传研究》,辽海出版社2004年版,第52页。

⑥ 顾颉刚:《穆天子传及其著作时代》,《文史哲》1951年第2期。

点，他在《读穆传十论》中，从几个方面来论证《穆天子传》是西周时史官所为。[①]

笔者比较倾向于顾颉刚先生的观点。首先，虽然在西周时就有了史官制度，但是那时的史官记事是非常严格的，很讲究为尊者讳的，《穆天子传》卷三记载周穆王遇西王母的故事，这是周穆王的风流韵事，是不能载入史册的，而《穆天子传》却大书其事，与史官的原则是不相容的。其次，《穆天子传》的卷六专门记载周穆王葬盛姬之事，我们知道西周自周公制礼之后，是非常讲究礼的，盛姬只是个妃子，周穆王却"命盛姬□之丧视皇后之葬法"，这是严重违礼之举，并且周穆王并非昏君，绝不会做出如此违礼的事。最后，从《穆天子传》所记的事件看，是周穆王的重大外交活动，而这一事件不为西周时期的文献所记载，显然是实无其事，绝非史官所为。故此，我们认为该书应该不是产生于西周时期，而根据各种资料，应该是战国时期人所为。

（三）《穆天子传》的性质

关于《穆天子传》的性质，《隋书·经籍志》归入起居注类，《旧唐书·经籍志》、《新唐书·艺文志》、陈振孙《直斋书录解题》、《通志·艺文略》沿袭《隋书·经籍志》的说法，也归入史部起居注类。起居注的内涵，据《隋书·经籍志》解释为："起居注者，录纪人君言行动止之事。《春秋传》曰：'君举必书，书而不法，后嗣何观？'《周官》内史掌王之命，遂书其副而藏之，是其职也。汉武帝有《禁中起居注》，后汉明德马皇后撰《明帝起居注》。然则汉时起居似在宫中，为女使之职。然皆零落，不可复知。今之存者，有汉献帝及晋代以来《起居注》，皆近侍之臣所录。晋时，又得《汲冢书》，有《穆天子传》，体制与今起居正同，盖周时内史所记王命之副也。近代以来，别有其职，事在《百官志》。今依其先后，编而入之。"[②]从这段话我们可以得知，起居注是记录帝王宫中之事，作者为女史或近侍之臣。而《穆天子传》则主要是记录周穆王的外交活动，属于宫外之事，是军国大事，《隋书·经籍志》将其归入起居注显然是不恰当的。

《四库全书总目提要》云："此书中所纪，虽多夸言寡实，然所谓西王母者，不过西方一国君。所谓县圃者，不过飞鸟百兽之所饮食，为大荒之圃泽，

① 顾实：《穆天子传西征讲疏》，商务印书馆1934年版，第9—10页。

② （唐）魏徵等：《隋书·经籍志》，中华书局2000年版，第966页。

无所谓神仙怪异之事。所谓河宗氏者，亦仅国名，无所谓鱼龙变见之说，较《山海经》、《淮南子》尤为近实。”[①]故《四库全书》将其归入子部小说类，然而，《穆天子传》绝非完全是虚构的作品，其中还有许多的内容是史实，把它归入小说类也不切实际。

《文献通考·经籍考》、《宋史·艺文志》将其归入史部别史类，我们认为比较合理。按《隋书·经籍志》对杂传的解释，杂传是“皆因其志尚，率尔而作，不在正史”，但它们也记录了一些历史事实，也有一定的史料价值。唐刘知几也认为：“国史之任，记事记言，视听不该，必有遗逸。于是好奇之士，补其所亡。若和峤《汲冢纪年》、葛洪《西京杂记》、顾协《琐语》、谢绰《拾遗》。此之谓逸事者也”，这些杂传还是有其价值的，可以“与正史参行，其所从来尚矣”。[②]《穆天子传》的多数内容还是有一定的真实性的，所以，应该归入杂传类。

（四）《穆天子传》的内容

现存《穆天子传》共六卷，汲冢出土时有五卷，东晋郭璞注此书时，又把《周穆王盛姬死事》一篇加入，成为六卷，这是古本。《穆天子传》主要记载西周第五代天子周穆王驾八骏，率六师巡游天下，并遇西王母及厚葬盛姬之事。一至四卷记述周穆王巡游西域的情况，周穆王从宗周出发，征犬戎，经雁门、河套、昆仑，相会西王母，狩猎于旷原最后回到宗周的过程。周穆王经历了众多的部族，这些部族包括犬戎、河宗氏、膜昼等二十多个。周穆王及其随行所到之处，受到热烈的欢迎，各部族向周穆王贡献了大量的礼品，周穆王也回赠了丰厚的礼品，如卷二记载，“爰有萑苇、莞蒲、茅萯、蒹葽。乃献白玉□只，□角之一□三可以□沐。乃进食□酒十□姑劓九□亦味中麋胃而滑。因献食马三百，牛羊三千”。“天子乃□之人□吾黄金之环三五、朱带贝饰三十、工布之四。□吾乃膜拜而受。天子又与之黄牛二六，以三十□人于昆仑丘。”[③]这反映了周穆王时期，西周国力的强大，其影响已远至西域地区。卷五记载穆王巡视河南等中原地区的情况。卷六记载周穆王巡视河济

---

① （清）纪昀总纂：《四库全书总目提要》，河北人民出版社2000年版，第3625页。

② （唐）刘知几撰，（清）浦起龙通释，吕思勉译：《史通》，上海古籍出版社2008年版，第193页。

③ 上海古籍出版社编，王根林等校点：《汉魏六朝笔记小说大观·穆天子传》，上海古籍出版社1999年版，第10—11页。

之时，所幸美人盛姬因感风寒，不治而死，周穆王举行了规模盛大的葬礼。《穆天子传》记叙了周穆王西征、东巡的过程，描写了一个强大国家统治者的形象，反映了周王朝与周边各部族之间和睦友好的外交关系。其中周穆王遭遇西王母的故事既可视为周穆王与西方部族女首领之间的交往，也可视为周穆王的一次艳遇，为后世文人描写爱情故事提供了良好的样板。

（五）《穆天子传》的叙事手法

1. 传闻与虚构相结合的叙事手法。《穆天子传》是作者根据周穆王驾八骏巡游的传闻加之虚构而成的。作品中的周穆王是一个理想君主的形象，和史书记载大相径庭。历史上的周穆王性喜出游，并穷兵黩武，和周边少数民族的关系极为紧张，《左传》记载："昔穆王欲肆其心，周行天下，将皆必有车辙马迹焉。"[①]《国语・周语上》也记载周穆王一意孤行，不听劝谏，出征犬戎，结果劳民伤财，只得四白狼、四白鹿的贡物而归。《史记・周本纪》亦记载，周穆王将征犬戎，不听祭公谋父的规谏，结果"王遂征之，得四白狼四白鹿以归。自是荒服者不至"[②]。

在《穆天子传》中，周穆王是一个理想君主的形象，他的出游不是为了个人享乐，而是为了边境的安宁，为了加强与周边民族的友好关系。每到一处，他不以大国君主自居，对各国国王都有赏赐，因而受到他们的热烈欢迎。同时他还是一个关心民生的天子，他担心自己的出游会给百姓带来痛苦。看到路上有冻死之人，写了三首诗来表示哀悼，很显然，作者所塑造的是一个人民理想中的圣君形象。

2. 叙事详赡、细致，富于浪漫色彩。《穆天子传》卷三记载了穆王与西王母的相会，与春秋时期的简略记事有明显的不同。

> 吉日甲子，天子宾于西王母。乃执白圭玄璧以见西王母。好献锦组百纯，□组三百纯，西王母再拜受之。□乙丑，天子觞西王母于瑶池之上。西王母为天子谣曰："白云在天，山陵自出。道里悠远，山川间之。将子无死，尚能复来。"天子答之曰："予归东土，和治诸夏。万民平均，吾顾建汝。比及三年，将后而野。"天子遂驱升于弇山，乃纪名迹于弇山之石，而树之碑，眉曰"西王母之山"。西王母还归其□，世民作忧

---

① （春秋）左丘明著，李维琦等注：《左传・昭公十二年》，岳麓书社 2001 年版，第 570 页。

② （汉）司马迁：《史记・周本纪》，中华书局 1959 年版，第 136 页。

> 以吟曰："比徂西土，爰居其野。虎豹为群，于鹊与处。嘉命不迁，我惟帝女。天子大命，而不可称。顾世民之恩，流涕芔陨。吹笙鼓簧，中心翔翔。世民之子，唯天之望。"①

西王母是传说中的人物，曾有多种传说记载西王母与人间帝王的交往，《荀子·大略》记载了禹与西王母之间的交往，贾谊在《新书·修郑语》中也曾记载舜与西王母之间的交往。汉代的杂传中也有汉武帝与西王母之间的交往。道教兴起之后，远古的帝王黄帝升格为天上的玉皇大帝，西王母也成了玉皇大帝的皇后，其人也由青春貌美、多情善感的美女，变成了没有任何情感的老太婆，出现在神话作品如《牛郎织女》、《西游记》中的西王母即是如此。从与早期帝王的交往来看，西王母成了历代帝王的大众"情人"。在《穆天子传》卷三中，周穆王去见西王母，带上了上白玉圭、黑玉璧，献上锦绣丝绢一百匹、白色丝绢三百匹。乙丑这一天，穆天子还在瑶池上向西王母敬酒，而西王母则吟诗作答。与周穆王见其他国王互赠礼品不同，西王母并没有向穆天子献上任何贡品，这说明穆天子与西王母的关系绝不是宗主国与附属国的关系，而是人间帝王与尘外之女的风流韵事。为了不使人觉得见西王母有失周穆王的天子身份，西王母特地交代了自己的身份，"嘉命不迁，我惟帝女"。在西王母的歌词中，呈现了缠绵悱恻、如怨如慕、哀而不伤的情调。二人依依惜别，约定以后再见，充满了浪漫的基调。这段帝王的艳遇，成为后代帝王艳遇的滥觞，此后，宋玉的《高唐赋》、《神女赋》，汉代的《汉武帝故事》、《汉武帝内传》都受到西王母故事的影响。

3. 细节描写与夸张手法的运用。在《穆天子传》中，不仅塑造了西王母、周穆王等的形象，而且还用细节描写塑造了勇士高奔戎的形象。同时还用夸张手法铺排了西周的强盛。《穆天子传》中的细节描写很具有典型性。我们看作者对勇士高奔戎的描写：

> 仲冬丁酉，天子射兽，休于深萑，得麋麕豕鹿四百有二十，得二虎九狼，乃祭于先王，命庖人熟之。戊戌，天子西游，射于中□……有虎在乎葭中。天子将至，七萃之士高奔戎请生捕虎，必全之。乃生捕虎而献之，天子命之为柙，而畜之东虞，是为虎牢。天子赐奔戎畋马十四，归之

① 上海古籍出版社编，王根林等校点：《汉魏六朝笔记小说大观·穆天子传》，上海古籍出版社1999年版，第14页。

太牢，奔戎再拜稽首。①

天子乃遂东征，南绝沙衍。辛丑，天子渴于沙衍，求饮未至。七萃之士高奔戎刺其左骖之颈，取其青血以饮天子。天子美之，乃赐奔戎佩玉一只，奔戎再拜稽首。②

上面第一段描写了高奔戎的勇敢，他是一个真正的勇士。他不仅活捉老虎，而且自己和老虎都毫发无损，只此一个细节就把高奔戎的勇猛凸显出来。他比五代李存孝赤手打虎和《水浒传》中武松打虎还要令人叹服。同时也说明《穆天子传》的作者已经注意到细节描写在塑造人物中的作用。

第二段用细节表现了高奔戎的聪明才智，在穆天子途经沙漠欲饮而不得水的情况下，高奔戎刺破左骖的颈部，用马血为天子解了渴。结合第一段描写，一个聪明勇敢、胆大心细的英雄活现在人们面前。

（六）《穆天子传》的传记价值

《隋书·经籍志》有一段专门论述杂史的话，这也可以用来论述《穆天子传》：

自秦拨去古文，篇籍遗散。汉初，得《战国策》，盖战国游士记其策谋。其后陆贾作《楚汉春秋》，以述诛锄秦项之事。又有《越绝》，相承以为子贡所作。后汉赵晔，又为《吴越春秋》，其属辞比事，皆不与《春秋》、《史记》、《汉书》相似，盖率尔而作，非史策之正也。灵、献之世，天下大乱，史官失其常守。博达之士，愍其废绝，各记闻见，以备遗亡。是后群才景慕，作者甚众。又自后汉已来，学者多钞撮旧史，自为一书。或起自人皇，或断之近代，亦各其志，而体制不经。又有委巷之说，迂怪妄诞，真虚莫测，然其大抵皆帝王之事。通人君子，必博采广览，以酌其要，故备而存之，谓之杂史。③

此文虽论杂史，然也可以用来论证《穆天子传》创作动机。《穆天子传》正是

① 上海古籍出版社编，王根林等校点：《汉魏六朝笔记小说大观·穆天子传》，上海古籍出版社1999年版，第21—22页。

② 上海古籍出版社编，王根林等校点：《汉魏六朝笔记小说大观·穆天子传》，上海古籍出版社1999年版，第15页。

③ （唐）魏徵等：《隋书·经籍志》，中华书局1973年版，第962页。

取帝王之事，再掺入旧史委巷的传说，融入自述其志的撰述人的政治理想。

《穆天子传》在流传过程中，或被归入起居注，或以为别史，或以为传记，或以为小说，这正反映了其体制的复杂性。《穆天子传》原名《周王游行》，荀勖等人校订后更名为《穆天子传》，既然名之为"传"，说明荀勖等人已经注意到它具有传的性质。这也正说明传记体在其形成的雏形阶段，其文体特征尚不明显，还有混杂不纯的情况。

纵观六卷本的《穆天子传》，其传主为周穆王，全书载录了周穆王周游天下的情况，所有事件都与穆王有关。传文写穆王北征、西征、北游、东征、南还、南征的全过程。在与各部族交往过程的间隙，周穆王还登山临水，钓鱼畋猎，祭祀赏乐。

在《穆天子传》中，周穆王的形象还是比较丰满的。他不仅是一位圣君，其巡游天下，是为了边境的安宁，为百姓创造一个和平的生活环境而和各部族首领交往，而且也是一个多情之人，传中写了他与西王母的交往，厚葬早逝的盛姬，及在盛姬的葬礼中表现了极度的哀痛。同时，穆王也是一个爱民之主，他在征途上曾提醒自己："予一人不盈于德，而辨于乐，后世亦追数吾过乎？"[①]看到路上有冻死之人，便作诗哀悼，并深深自责自己"不皇万民"的行为。通过这些不同的侧面，塑造了一个既重责任，又富有人情味的理想君王形象。

从《穆天子传》的特点上看，它也符合后世杂传的特征，即"人物描写性格化，取材小说化，写人叙事带有感情色彩，语言散体化"[②]。故此，我们说《穆天子传》是杂传的雏形。

二、《晏子春秋》

《晏子春秋》，简称《晏子》，是一部载录春秋时期齐国名相晏婴的事迹、言行的著作，通过对晏子行为事迹的记录展现了晏子的思想轨迹。现存《晏子春秋》共八卷，分内外篇，《内篇》六卷，《外篇》两卷，全书由一个个小故事组成。《四库全书总目提要》称其为"传记之祖"。

在春秋时期，晏子和子产一样是有名的国相，记载其事迹的《晏子春秋》

---

① 上海古籍出版社编，王根林等校点：《汉魏六朝笔记小说大观·穆天子传》，上海古籍出版社1999年版，第9页。

② 陈兰村、张新科：《中国古典传记论稿》，陕西人民教育出版社1991年版，第241—245页。

在历代受到重视，并成为研究晏子的主要史料之一。司马迁作《史记·管晏列传》就参考了《晏子春秋》的内容，“太史公曰：吾读管氏《牧民》、《山高》、《乘马》、《轻重》、《九府》及《晏子春秋》，详哉其言之也。既见其著书，欲观其行事，故次其传。至其书，世多有之，是以不论，论其轶事”，对晏子充满了景仰之情，他说：“假令晏子而在，余虽为之执鞭，所忻慕焉。”①对于《晏子》一书，历代史志书目如刘向的《别录》、《汉书·艺文志》、《隋书·经籍志》、《旧唐书·经籍志》、《新唐书·艺文志》、《崇文总目》、《宋史·艺文志》、《郡斋读书志》、《直斋书录解题》、《遂初堂书目》、《玉海·艺文》、《四库全书总目》等都有提及。关于书的卷数、作者、成书年代等，各家记载多有不同。本节力图从全知视角对《晏子春秋》进行观照。

（一）《晏子春秋》的成书及作者

《晏子春秋》这一书名最早见于《史记·管晏列传》。在西汉以前，该书是杂乱无章的，汉成帝时，刘向典校群书，对《晏子春秋》进行了整理，他在《叙录》中对《晏子春秋》的内容及性质作了说明，“其书六篇，皆忠谏其君，文章可观，义理可法，皆合六经之义。又有复重文辞颇异，不敢遗失，复列以为一篇。又有颇不合经书，似非晏子言，疑后世辩士所为者，故亦不敢失，复列以为一篇”。对于《晏子春秋》一书的篇数，刘向又云：“所校中书《晏子》十一篇，臣向谨与长社尉参校雠，太史书五篇，臣向书一篇，参书十三篇，凡中外书三十篇，为八百三十八章。除复重二十二篇，六百三十八章，定著八篇二百一十五章，外书无有三十六章，中书无有七十一章。”②根据刘向所述，当时国家图书馆藏有《晏子春秋》十一篇，加上“太史书五篇”、“参书十三篇”、刘向自己一篇，共三十篇，八百三十二章。可见，由于来源不一，材料复杂，刘向对此进行了整理和编订，剔除了重复的篇目，保留了二十二篇，六百三十八章。《汉书·艺文志》亦著录为八篇。此后的史书目录中，记载出现了差异，主要有八卷说、十二卷说、七卷说，可见《晏子春秋》在流传过程中，出现了增删的情况。《四库全书》定为八篇，与今天通行之本相同。

《晏子春秋》一书并非一人一地一时之作，而是一部汇编型著作。晏子是春秋时期杰出的政治家和著名国相，他生活在春秋末期，在“弑君三十六，亡国五十二”的历史大动荡时期，身为割据一方的齐国国相，历仕齐灵公、齐

① （汉）司马迁：《史记·管晏列传》，中华书局1959年版，第2136—2137页。

② （清）严可均辑，任雪芳审订：《全汉文·晏子叙录》，商务印书馆1999年版，第382页。

庄公、齐景公三朝，是典型的三朝元老。在长达半个世纪的从政生涯中，他以民为本，忠君爱国，直言敢谏，长于辞令，使于四方，不辱使命。他廉洁奉公，严于律己，为人谦逊，是古今贤相的典型，赢得了国内外的赞誉，是个知名度很高的人。晏子的事迹，在他生前即广为流传，他去世之后，人们把他的事迹记录下来，一方面对他表示怀念，另一方面用以教育后人，为那些为政者树立圭臬。由于资料来源不同，人们的记载也出现了差异，所以各种版本流行于世。

关于《晏子春秋》的作者，目前还是一大公案，古往今来人们提出许多说法，但都很难令人信服。与后世对《晏子春秋》的作者提出见解的人的生活时代相比，刘向是距晏子生活时代最近的人，他在《别录》中并未言明《晏子春秋》的作者是谁，可见，在刘向时代《晏子春秋》的作者已经不明了，《汉书·艺文志》沿袭了刘向的做法，也未标明作者。隋唐以后，人们开始探讨《晏子春秋》的作者，主要有三种说法。

第一种说法，认为《晏子春秋》的作者是晏子本人，《隋书·经籍志》著录时题为晏婴撰，司马贞也持此看法，他在《管晏列传》的《索引》中云："婴所著书名《晏子春秋》，今其书有七篇。"[①]此后，《旧唐书·经籍志》、《新唐书·艺文志》、《崇文总目》、《直斋书录解题》都题为晏婴撰。至于这种看法的根据尚不明了，现代学者有人持否定意见，如刘军认为，"《晏子春秋》写到了晏子死后齐国的情况，晏子不可能死而复生去写《晏子春秋》"[②]。这种看法虽然说有一定的道理，但是，由于《晏子春秋》是一部汇编型作品，其中也许既有晏子本人的作品，也有后人的作品，即如春秋战国时期的诸子著作，它们有的是本人所作，也有后人所作，所以如果说《晏子春秋》一定不是晏子所作也不确切。

第二种说法，认为是墨子门徒所撰。这种看法的首次提出者是柳宗元，柳氏对《晏子春秋》的内容和思想进行了考察后说："司马迁读《晏子春秋》，高之，而莫知其所以为书。或曰晏子为之，而人接焉；或曰晏子之后为之，皆非也。吾疑其墨子之徒有齐人者为之。墨好俭，晏子以俭名于世，故墨子之徒尊著其事，以增高为己术者。且其旨多尚同、兼爱、非乐、节用、非厚葬久丧者，是皆出《墨子》。又非孔子，好言鬼事，非儒、明鬼又出《墨子》，其言问

---

① （汉）司马迁撰，（宋）裴骃集解，（唐）司马贞索引，（唐）张守节正义：《史记·管晏列传》，中华书局 1959 年版，第 1698 页。

② 刘军：《〈晏子春秋〉简论》，《牡丹江师范学院学报》2002 年第 6 期。

枣及古冶子等，尤怪诞，又往往言墨子闻其道而称之，此甚显白者。”[①]附和者有晁公武、王应麟及焦竑等。

第三种说法，认为今所见的《晏子春秋》为六朝人所作。这种说法主要盛行于清代。管同认为：“吾谓汉人所言《晏子春秋》不传久矣，世所有者，后人伪为之耳”，“其文浅薄过甚，其诸六朝后人为之者与？”[②]吴德旋基本赞同柳宗元的说法，但是他又说：“吾疑是书盖晚出，非太史公、刘向所见本，太史公、刘向所见之《晏子春秋》，不知何时亡失之，而六朝人好作伪者依放为之耳。”[③]

其后，许多学者并不认为今本《晏子春秋》是伪书，他们认为该书成于战国之世，作者为谁已不可考。孙星衍认为是晏子宾客为怀念晏子所作，现代学者董治安、陈涛、蒋伯潜、高亨等皆认为《晏子春秋》成书于战国之时。

对于这一众说纷纭的公案，1972 年 4 月山东临沂银雀山汉墓出土了一批汉代竹简，其中有许多内容与今本《晏子春秋》相符，说明《晏子春秋》在汉代即已流传，伪书说和作于汉代以后说不攻自破。通过两书的比对，该书成书于春秋末期至战国时期较为可能，至于《晏子春秋》的作者为谁，与晏子有何关系则无法考证。

（二）《晏子春秋》的思想内容

司马迁在《史记·留侯世家》中说：“（留侯）所与上从容言天下事甚众，非天下所以存亡，故不著。”[④]留侯张良是刘邦的主要谋士，刘邦评价他说：“运筹策帷帐之中，决胜于千里之外，吾不如子房”[⑤]，在留侯张良的传记中，司马迁重点载录了张良为刘邦出谋划策，夺取天下的整个过程，至于张良那些与刘邦夺取天下无关的事，《史记》并未著录。

《晏子春秋》在叙事方面与《史记·留侯世家》很有相似之处，晏子是春秋末期齐国著名的政治家、思想家、外交家，《晏子春秋》围绕这些方面，用大量的事实进行了叙述。

---

① 卫绍生注译：《柳宗元集·辨〈晏子春秋〉》，中州古籍出版社 2010 年版，第 47—48 页。

② 管同：《因寄轩文初集》卷三，清光绪五年刊本。

③ 吴德旋：《初月楼文抄》卷一，清光绪十年刻本。

④ （汉）司马迁：《史记·管晏列传》，中华书局 1959 年版，第 2047—2048 页。

⑤ （汉）司马迁：《史记·管晏列传》，中华书局 1959 年版，第 2049 页。

1. 远见卓识的政治家

(1)爱民思想

晏子历仕齐灵公、齐庄公、齐景公三代，其主要活动是在齐景公时期。此时的齐国再也不是齐桓公九合诸侯、一匡天下的隆盛局面了，代之而来的是景公的昏庸无能，乱施刑罚，结怨邻邦，导致齐国危机四伏，内外交困，特别是田氏未雨绸缪，为代齐而积极收买民心。当此存亡危急之际，晏子力图挽狂澜于既倒，扶大厦之将倾，他继承了儒家所提倡的民本思想，积极劝导齐景公不要滥施刑罚，要爱护百姓。

> 景公问晏子曰："贤君之治国若何？"
>
> 晏子对曰："其政任贤，其行爱民，其取下节，其自养俭；在上不犯下，在治不傲穷。从邪害民者有罪，进善举过者有赏。其政，刻上而饶下，赦过而救穷。不因喜以加赏，不因怒以加罚。不从欲以劳民，不修怒而危国。上无骄行，下无谄德；上无私义，下无窃权。上无朽蠹之藏，下无冻馁之民。不事骄行而尚同，其民安乐而尚亲。贤君之治国若此。"①

在这里，晏子借景公问贤君如何治国之际，劝景公不要滥施刑罚，要亲善百姓，从而保持国家的长治久安。

> 景公问晏子曰："昔吾先君桓公，有管仲夷吾保乂齐国，能遂武功而立文德……今寡人亦欲存齐国之政于夫子，夫子以佐佑寡人，彰先君之功烈，而继管子之业。"
>
> 晏子对曰："昔吾先君桓公，能任用贤，国有什伍，治遍细民。贵不凌贱，富不傲贫，功不遗罢，佞不吐愚，举事不私，听狱不阿，内妾无羡食，外臣无羡禄，鳏寡无饥色；不以饮食之辟害民之财，不以宫室之侈劳人之力；节取于民，而普施之，府无藏，仓无粟。上无骄行，下无谄德。是以管子能以齐国免于难，而以吾先君参乎天子。今君欲彰先君之功烈，而继管子之业，则无以多辟伤百姓，无以嗜欲玩好怨诸侯，臣孰敢不承善尽力以顺君意？今君疏远贤人而任谗谀；使民若不胜，藉敛若不

---

① 《晏子春秋·内篇问上第三》，中州古籍出版社 2010 年版，第 158 页。

得；厚取于民，而薄其施，多求于诸侯，而轻其礼；府藏朽蠹，而礼悖于诸侯，菽粟藏深，而怨积于百姓；君臣交恶，而政刑无常。臣恐国之危失，而公不得享也。又恶能彰先君之功烈，而继管子之业乎？”①

作为齐景公的股肱辅弼之臣，晏子希望景公像先君桓公一样爱护百姓，很好地继承先君的遗烈，使齐国兴旺发达。这里晏子把能否爱民、重民看作能否威服天下的先决条件，体现了一个卓越政治家的远见卓识。

晏子不仅在和景公谈论的过程中从理论上劝导景公爱护百姓，而且随时随地在行动上也进行劝导，如当景公赏无功而罪有司之时，晏子谏曰：

今君赏谗谀之民，而令吏必从，则是使君失其道，臣失其守也。先王之立爱，以劝善也；其立恶，以禁暴也。昔者三代之兴也，利于国者爱之，害于国者恶之。故明所爱而贤良众，明所恶而邪僻灭，是以天下治平，百姓和集。及其衰也，行安简易，身安逸乐，顺于己者爱之，逆于己者恶之。故明所爱而邪僻繁，明所恶而贤良灭。离散百姓，危覆社稷。君上不度圣王之兴，而下不观惰君之衰。臣惧君之逆政之行，有司不敢争，以覆社稷，危宗庙。②

晏子劝谏景公要赏罚分明，不要滥施刑赏。在看到百姓冻饿而死，景公漠不关心时，晏子马上直言进谏，希望景公体恤百姓疾苦。他还指责景公为了一己之乐，而广建宫室，夺百姓之居。为了挽救日薄西山的齐国，晏子提出了一系列政治主张，如薄赋敛、省刑罚、尚节俭、反奢侈的政治措施，对缓解社会矛盾，解救百姓疾苦发挥了一定的作用。

滥施刑罚也是封建社会的弊政之一，齐景公昏庸无能，喜怒无常，稍有不满，即对臣民处以刑罚。晏子认为，刑罚是治理国家的工具之一，具有预防犯罪的作用，如果赏罚不当，不仅不会预防犯罪，还会激起百姓的反抗，甚至会导致亡国：

以刑罚自防者，劝乎为非；以赏誉自劝者，惰乎为善。上离德行，民

---

① 《晏子春秋·内篇问上第三》，中州古籍出版社 2010 年版，第 140—141 页。

② 《晏子春秋·内篇谏上第一》，中州古籍出版社 2010 年版，第 46 页。

轻赏罚，失所以为国矣。愿君节之也！①

齐景公统治时期，用刑无度，经常滥杀无辜，晏子及时进行了劝谏，防止了法外施刑情况的发生。如谏诛祝史、谏诛养马之人、谏诛骇鸟野人、谏囚斩竹者、谏诛犯槐者等。晏子还经常利用景公向他发问之机，进行劝谏，如著名的屦贱踊贵故事，即是对景公的批判。

景公欲更晏子之宅，曰："子之宅近市，湫隘嚣尘，不可以居，请更诸爽垲者。"晏子辞曰："君之先臣容焉，臣不足以嗣之，于臣侈矣。且小人近市，朝夕得所求，小人之利也，敢烦里旅？"公笑曰："子近市，识贵贱乎？"对曰："既窃利之，敢不识乎？"公曰："何贵何贱？"是时也，公繁于刑，有鬻踊者。故对曰："踊贵而屦贱。"公愀然改容。公为是省于刑。②

晏子借景公欲为晏子更宅之事，对景公滥用刑罚，造成屦贱踊贵的局面进行了批判。施用刑罚是消极的措施，而积极的办法是对百姓进行教化，通过教化，可以起到预防犯罪，稳定社会的作用，如《内篇・问上第十一》载：

景公问晏子曰："古之盛君，其行何如？"

晏子对曰："薄于身而厚于民，约于身而广于世。其处上也，足以明政行教，不以威天下；其取财也，权有无，均贫富，不以养嗜欲；诛不避贵，赏不遗贱；不淫于乐，不遁于哀；尽智导民而不伐焉，劳力岁事而不责焉；为政尚相利，故下不以相害，行教尚相爱，故民不以相恶为名；刑罚中于法，废罪顺于民。是以贤者处上而不华，不肖者处下而不怨，四海之内，社稷之中，粒食之民，一意同欲，若夫私家之政。生有厚利，死有遗教，此盛君之行也。"③

(2)尚贤思想

诸葛亮在前《出师表》中说："亲贤臣，远小人，此前汉之所以兴隆也；亲小人，远贤臣，此后汉之所以倾颓也"，诸葛亮虽然是为了总结前后汉的治国

---

① 《晏子春秋・内篇谏上第一》，中州古籍出版社 2010 年版，第 38 页。

② 《晏子春秋・杂下第六》，中州古籍出版社 2010 年版，第 288—289 页。

③ 《晏子春秋・问上第三》，中州古籍出版社 2010 年版，第 148—149 页。

经验，实际上也是对中国历史上治国经验的总结。贤臣之所以贤，就在于爱国爱民，只有爱国爱民才称得上是贤。作为管仲之后又一位春秋名相，晏子在主张敬民、爱民、以民为本的同时，又认识到执政者是否任用贤人，关系到国家政治是否清明。他认为，国家有三不祥，"夫有贤而不知，一不祥；知而不用，二不祥；用而不任，三不祥也"①。景公田猎，上山见虎，下泽见蛇，认为不祥而问晏子时，晏子借机谈到国家的三不祥，简而言之，国家的不祥就是不任用贤才。

有了贤才还要有明君，明主贤臣才能干出一番事业。他认为明君要有贤才的辅佐才能成就霸业，贤才有明主的任用才能施展才能。晏子很希望齐景公能像齐桓公任用管仲那样任用自己，君臣共同成就不朽的业绩。

晏子的观点不可谓不经典，但是由于齐景公"左为倡，右为优，谗人在前，谀人在后"，那么要成就霸业，无异于缘木而求鱼。

在提倡任用贤人的同时，晏子对朝中小人也极为痛恨，他把他们比作社鼠和猛狗，这些人在国君的庇护下，干着祸国殃民之事。

> 景公问于晏子曰："治国何患？"
>
> 晏子对曰："患夫社鼠。"
>
> 公曰："何谓也？"
>
> 对曰："夫社，束木而涂之，鼠因往托焉，熏之则恐烧其木，灌之则恐败其涂。此鼠所以不可得杀者，以社故也。夫国亦有焉，人主左右是也。内则蔽善恶于君上，外则卖权重于百姓。不诛之则乱，诛之则为人主所案据，腹而有之。此亦国之社鼠也。人有酤酒者，为器甚洁清，置表甚长，而酒酸不售，问之里人其故，里人云：'公之狗猛，人挈器而入，且酤公酒，狗迎而噬之，此酒所以酸而不售也。'夫国亦有猛狗，用事者是也。有道术之士，欲干万乘之主，而用事者迎而龁之，此亦国之猛狗也。左右为社鼠，用事者为猛狗，主安得无壅，国安得无患乎？"②

晏子表面上是批判那些小人，实际上也是对任用小人的执政者齐景公做了委婉的批判。作为齐国的首辅，晏子本人在选贤任能方面也是不遗余力的，他提拔越石父于缧绁之中，又推荐了勇于悔过自新的马车夫为大夫，被人们

---

① 《晏子春秋·内篇谏下第二》，中州古籍出版社 2010 年版，第 100 页。

② 《晏子春秋·问上第三》，中州古籍出版社 2010 年版，第 145 页。

作为选拔贤才的佳话。

2. 杰出的外交家

晏子不仅是卓越的政治家，而且还是杰出的外交家，他多次出使外国，都能做到使于四方，不辱使命。《晏子春秋》所记录的小故事，即为明证：

> 晏子将至楚，楚闻之，谓左右曰："晏婴，齐之习辞者也，今方来，吾欲辱之，何以也？"左右对曰："为其来也，臣请缚一人，过王而行，王曰：'何为者也？'对曰：'齐人也。'王曰：'何坐？'曰：'坐盗。'"
>
> 晏子至，楚王赐晏子酒，酒酣，吏二缚一人诣王，王曰："缚者曷为者也？"对曰："齐人也，坐盗。"王视晏子曰："齐人固善盗乎？"晏子避席对曰："婴闻之，橘生淮南则为橘，生于淮北则为枳，叶徒相似，其实味不同。所以然者何？水土异也。今民生长于齐不盗，入楚则盗，得无楚之水土使民善盗耶？"王笑曰："圣人非所与熙也，寡人反取病焉。"[①]

以上小故事，用幽默诙谐的笔调，写晏子在出使吴国、楚国的过程中，用他的聪明才智，既维护了齐国的尊严，同时也维护自己的人格，显示了一个杰出外交家的风范。

3. 廉洁奉公的高尚品德

晏子身为一人之下万人之上的齐国首辅，但其为人极为低调，以廉洁奉公而自律。《晏子春秋》通过其御者之妻的故事从侧面反映了这一点：

> 晏子为齐相，出，其御之妻从门间而窥，其夫为相御，拥大盖，策驷马，意气扬扬，甚自得也。既而归，其妻请去。夫问其故，妻曰："晏子长不满六尺，相齐国，名显诸侯。今者妾观其出，志念深矣，常有以自下者。今子长八尺，乃为人仆御，然子之意，自以为足，妾是以求去也。"
>
> 其后，夫自抑损。晏子怪而问之，御以实对，晏子荐以为大夫。[②]

在这一段里，通过晏子与其御者的对比，反映了晏子以国家为重，为人低调

---

① 《晏子春秋·内篇杂下第六》，中州古籍出版社 2010 年版，第 273 页。

② 《晏子春秋·内篇杂上第五》，中州古籍出版社 2010 年版，第 251 页。

的高尚品德。其御者因晏子而洋洋自得，御者之妻以晏子事迹使其反省，其知错能改，晏子推荐他为大夫，这一记载很富有戏剧性。

晏子在生活上也极为节俭，反对奢侈浪费，荒淫腐化。《晏子春秋》中有二十多篇记载了晏子清廉简朴的生活，现举例说明：

> 晏子相景公，食脱粟之食，炙三弋、五卵、苔菜耳矣。公闻之，往燕焉，睹晏子之食也。公曰："嘻！夫子之家如此其贫乎！而寡人不知，寡人之罪也。"晏子对曰："以世之不足也，免粟之食饱，士之一乞也；炙三弋，士之二乞也；五卵，士之三乞也。婴无倍人之行，而有参士之食，君之赐厚矣！婴之家不贫。"再拜而谢。①

反映了晏子不尚奢华，崇尚简朴的生活作风。

> 景公有爱女，请嫁于晏子，公乃往晏子之家，饮酒酣，公见其妻曰："此子之内子耶？"晏子对曰："然，是也。"公曰："嘻！亦老且恶矣。寡人有女少且姣，请以满夫子之宫。"晏子违席而对曰："乃此则老且恶，婴与之居故矣，故及其少且姣也。且人固以壮托乎老，姣托乎恶，彼尝托，而婴受之矣。君虽有赐，可以使婴倍其托乎？"再拜而辞。②

"书中自有颜如玉"，读书做官，妻妾成群，是古代成功人士的标志之一，在一般人看来，晏子位极人臣，本应三妻四妾，但晏子却与老妻为伴，当然晏子的行为并非为了作秀，而是他以国家为本位，并不是像田氏那样不顾国家，只顾自己享乐，这一点就连齐景公都于心不忍，想把自己的女儿嫁给他，而晏子坚决拒绝齐景公的好意，不愧为贤相的典型。

（三）《晏子春秋》的传记特征

1. 明确的传人意识

《晏子春秋》是以史书的形式出现的，"春秋"是史书的代名词，如孔子所作的《春秋》、陆贾的《楚汉春秋》、赵晔的《吴越春秋》、孔舒元的《汉魏春秋》、

---

① 《晏子春秋·内篇杂下第六》，中州古籍出版社2010年版，第294页。

② 《晏子春秋·内篇杂下第六》，中州古籍出版社2010年版，第292页。

孙盛的《魏氏春秋》等，这些都是记载一个历史时期的史事。“某某春秋”的最大特点就是纪实性，记载晏子事迹的著作加上“春秋”二字，实际上就是要真实地载录晏子作为一代名相的真实历史轨迹。晏子从政半个世纪，历仕齐灵公、齐庄公、齐景公三朝，创造了显赫的政治业绩。他的忠君爱国思想、廉洁奉公的行为、天才性的辩才，在后世流传既久，其事迹在《墨子》、《左传》、《荀子》、《淮南子》、《新书》、《史记》中都有所记载。《晏子春秋》主要记载晏子作为一个卓越政治家的行为轨迹，其书的《内篇》六卷主要记载他劝谏齐景公的言辞，希望景公修明仁政，维护齐国的统治，尽管此时田氏代齐已经成为不可逆转之势，但晏子那种知其不可而为之的精神还是为后人所敬仰的。《晏子春秋》记载了晏子政治生活的方方面面，从大到小，事无巨细都有所载录，是一部完整的杂传作品。

2. 故事性的叙事

《晏子春秋》一书，是由一系列小故事组成的，长则近千字，短则几十字，都反映了晏子生活的某一个方面。在叙事方面，它很少平铺直叙，而是采取故事性手法，使每一件事都首尾俱全，情节富有波澜，引人入胜。最为人们所称道的是晏子使楚的两则故事，第一则(故事已如前引，此不再重复)写晏子将要使楚，楚王闻之，想羞辱晏子，结果反被晏子所羞。这和小说的叙事很相似，具备了小说开端、发展、高潮、结局的情节结构。“晏子将使楚，楚王闻之，谓左右曰：‘晏婴，齐之习辞者也，今方来，吾欲辱之，何以也?’”是故事的开端。“左右对曰：‘为其来也，臣请缚一人，过王而行。’王曰：‘何为者也?’对曰：‘齐人也。’王曰：‘何坐?’曰：‘坐盗。’”是故事的发展。“晏子至，楚王赐晏子酒，酒酣，吏二缚一人诣王，王曰：‘缚者何为者也?’对曰：‘齐人也，坐盗。’王视晏子曰：‘齐人固善盗乎?’晏子避席对曰：‘婴闻之，橘生淮南则为橘，生于淮北则为枳，叶徒相似，其实味不同。所以然者何也? 水土异也。今民生长于齐不盗，入楚则盗，得无楚之水土使民善盗耶?’”是故事的高潮。“王笑曰：‘圣人非所与熙也，寡人反取病焉。’”是故事的结局。这则故事既表现了晏子天生的辩才和灵活机智的性格特点，又维护了齐国的尊严，使楚王不得不认输。

3. 对话的运用及人物语言的个性化

先秦时期的史书基本上分为两类，一类是以记事为主，一类是以记言为主。记事的以《左传》、《战国策》为代表，记言的以《国语》为代表。这是和

“左史记言，右史记事”的史官制度密切相关的。产生于先秦时期的《晏子春秋》在行文上不能不受其影响，它以晏子的政治活动为中心，采取对话的方法来塑造人物性格，全书近200个小故事，几乎全部通过人物语言来实现的。通过这些人物语言，塑造了一个杰出政治家的形象。

同时，这些语言也表现了晏子鲜明的个性，如他把朝中的佞臣比喻为社鼠和猛狗，表现他对这些祸国殃民之人的痛恨。出使楚国与楚王的对话，表现了他的诙谐机智。

（四）“传记之祖”

《四库全书总目提要》则认为：“案《晏子》一书，由后人摭其轶事为之，虽无传记之名，实传记之祖也，旧列《子部》，今移入于此。”[①]众所周知，以人为中心的纪传体是司马迁的首创，然而，我们也不能不说纪传体的雏形是《晏子春秋》，《晏子春秋》一书以晏子为传主，紧扣其政治家的身份去选材，全书紧紧围绕这个核心进行撰述，可见，它应该是纪传体的滥觞。但是，《晏子春秋》亦非史官所为，故亦属于杂传类的作品，也是杂传的滥觞。

三、《燕丹子》

（一）《燕丹子》的成书年代

《燕丹子》一书在《汉书·艺文志》不见载录，最早对它进行载录的是《隋书·经籍志》，被著录于小说类，卷数为一卷，未题著者姓名。此后，《旧唐书·经籍志》亦载录于小说类，题名为燕太子著，卷数为三卷，《新唐书·艺文志》也载录于小说类，卷数为一卷，题名为燕太子丹著。《宋书·艺文志》著录于小说类，题为三卷。马端临的《文献通考·经籍考》同样著录于小说类，卷数也是三卷。由此可见，《燕丹子》的版本有一卷本和三卷本在流传。《燕丹子》大约亡佚于明代，因为在这时的书目中只有陈第的《世善堂书目》卷上有目。余嘉锡先生在《四库提要辨证》卷一九子部小说家存目一说：“此书著录于明陈第《世善堂书目》卷上，则当明之中叶，犹未佚也。”[②]清修《四库全书》，纪晓岚从《永乐大典》中辑录出，认为它“多鄙诞不可信，殊无足采”[③]，

---

① （清）纪昀总纂：《四库全书总目提要》，河北人民出版社2000年版，第1564页。

② 余嘉锡：《四库提要辨证》，科学出版社1958年版，第1159页。

③ （清）纪昀总纂：《四库全书总目提要》，河北人民出版社2000年版，第3653页。

所以未被收入《四库全书》，只是著录于该书一百四十三卷小说家类存目。纪晓岚的抄本为孙星衍所得，孙氏对其进行了校订，并刻入《岱南阁丛书》和《平津馆丛书》。《燕丹子》除了孙星衍校订外，今人程毅中也对其进行了重新校订。现在通行的本子为孙星衍校订后的本子。

关于《燕丹子》一书的成书年代，到目前为止尚无一致的看法，有人认为产生于汉末，有人认为产生于先秦，有人认为产生于南朝宋、齐之前，也有人认为是伪作。下面对几种说法作一些说明。

第一，成书于先秦说。这种说法的代表主要有马端临、宋濂、周中孚、孙星衍、鲁迅、霍松林等人。

马端临在《文献通考·经籍考》中引用《周氏涉笔》曰："今观《燕丹子》三篇，与《史记》所载皆相合，似是《史记》事本（即底本）也。然乌头白、马生角、机桥不发，《史记》则以怪诞削之；进金掷蛙、脍千里马肝、截美人手，《史记》则以过当削之；听琴姬得隐语，《史记》则以征所闻削之。"①马氏认为产生于《史记》之前，《史记》是以《燕丹子》为底本而作。

宋濂认为："周氏谓迁削而去之，理或然也"，又说："(《燕丹子》)决为秦汉间人所作无疑。"②

周中孚认为"审非伪书，当由六国游士哀太子之志，综其事迹，加之缘饰"③而成。周氏认为此书是纪念型作品，既然出自太子丹的门客之手，那么它就是实录，不应该属于小说类。

孙星衍说："其书长于叙事，娴于辞令，审是先秦古书，亦略与《左氏》、《国语》相似……"他又说："司马贞《索隐》引刘向云：'丹，燕王喜之太子。'则刘向《七略》有此书，不可以《艺文志》不载而疑其后出。"④孙氏是从语言风格角度来判断的，因为先秦的纵横家之书都具有这一特点。

鲁迅云："汉前之《燕丹子》，汉扬雄之《蜀王本纪》，赵晔之《吴越春秋》，袁康、吴平之《越绝书》等，虽本史实，并含异闻。"⑤鲁迅承认《燕丹子》是史实的记录，但由于书中有神话成分，所以把它归入小说类。

---

① (元)马端临：《文献通考·经籍考》子部小说家"燕丹子"条引，华东师范大学出版社 1985 版。

② (明)宋濂：《诸子辨》，见《文宪集》卷二七《杂著》，《四库全书》本。

③ (清)周中孚：《郑堂读书记》卷六三，商务印书馆 1959 年版，第 1243 页。

④ (清)孙星衍：《燕丹子·叙》，见《燕丹子》，《丛书集成初编》本，中华书局 1985 年版。

⑤ 鲁迅：《中国小说史略》，上海古籍出版社 1998 年版，第 10 页。

霍松林先生认为《燕丹子》产生于秦统一六国后到灭亡前这一段时间。①其实,在《隋书·经籍志》之前,也有一些作品提及燕丹子之事。郦道元的《水经注》易水注和渭水注曾经提到《燕丹子》,并引用了书中的内容。尤其是该书的语言有诸子文章的简练和战国纵横家的遗风,该书不可能产生较晚。

第二,产生于汉末说。这种观点的代表人物为胡应麟,他说:"《周氏涉笔》谓太史《荆轲传》本此,宋承旨亦决秦汉人所作,余读之,其文采诚有足观,而词气颇与东京类,盖汉末文士,因太史《庆卿传》增益怪诞为此书。"②胡应麟认为是汉末之人在《史记·刺客列传》中荆轲部分的基础上又加入一些怪诞成分而成的。

第三,成书于南朝宋、齐说。这种说法的代表人物为李慈铭、罗根泽等人。李慈铭认为"要出于宋齐以前高手所为,故至《隋志》始著录"③。罗根泽则认为是南朝萧齐时人以《史记》为底本,参考其他书而成。④

笔者赞同第一种说法,原因如下:

第一,从行文风格而言,《燕丹子》的语言大有战国纵横家的风格,如《苏秦以连横说秦》:

> 苏秦曰:"臣固疑大王之不能用也。昔者神农伐补遂,黄帝伐涿鹿而禽蚩尤,尧伐驩兜,舜伐三苗,禹伐共工,汤伐有夏,文王伐崇,武王伐纣,齐桓任战而伯天下。由此观之,恶有不战者乎?古者使车毂击驰,言语相结,天下为一;约从连横,兵革不藏;文士并饬,诸侯乱惑;万端俱起,不可胜理;科条既备,民多伪态;书策稠浊,百姓不足;上下相愁,民无所聊;明言章理,兵甲愈起;辨言伟服,战攻不息;繁称文辞,天下不治;舌弊耳聋,不见成功;行义约信,天下不亲。于是,乃废文任武,厚养死士,缀甲厉兵,效胜于战场。夫徒处而致利,安坐而广地,虽古五帝三王五伯、明主贤君,常欲坐而致之。其势不能,故以战续之。宽则两军相攻,迫则杖戟相橦,然后可建大功。是故兵胜于外,义强于内,威立于

① 霍松林:《〈燕丹子〉成书的时代及在我国小说发展史上的地位》,《文学遗产》1984年第4期。

② (明)胡应麟:《少室山房笔丛》卷三二《丁部·四部正讹下》,《历代笔记丛刊》本,上海古籍出版社2001年版,第316页。

③ (清)李慈铭:《越缦堂读书记》卷八,中华书局1963年版,第50页。

④ 罗根泽:《〈燕丹子〉真伪年代之旧说与新考》,《古史辨》,上海古籍出版社1982年版,第358—365页。

上，民服于下。今欲并天下，凌万乘，诎敌国，制海内，子元元，臣诸侯，非兵不可。今之嗣主，忽于至道，皆惛于教，乱于治，迷于言，惑于语，沉于辩，溺于辞。以此论之，王固不能行也！"①

上面第一段引文出自《战国策》，其文风格是气势充沛，感情强烈，富于雄辩性，体现了战国时期纵横家纵横捭阖的雄辩色彩。纵横家是战国时期特定背景下的特殊产物。春秋战国之际，诸侯林立，至于到底有多少个国家，目前还无法统计，但从司马迁《史记·太史公自序》所言"《春秋》之中，弑君三十六，亡国五十二，诸侯奔走不得保其社稷者不可胜数"②，可知其时诸侯之多。每一个国君都有图王之志，这时原先处于天子、诸侯、卿、大夫、士五个等级中，第五等的士之地位得到了提高。他们多为文化精英，饱读诗书，诸侯称霸需要他们的辅佐，得士者昌，失士者亡，士人成为诸侯竞相迎取的对象，而士人又想通过辅佐诸侯而显亲扬名，实现自己的人生价值。但是，如何使诸侯赏识自己，这就需要有丰富的知识和伶牙俐齿，他们在游说诸侯过程中，就要夸张渲染，长于论辩，由此形成了此时散文之特色。西汉建立之后，在初期，尚有部分纵横家存在，汉初的散文也还保存有纵横家的风格，如贾谊、陆贾等人的政论文。然而，汉武帝即位后，采取董仲舒的建议，罢黜百家，独尊儒术，此时国家也得到了空前的统一，纵横家也失去了存在的条件，尊孔读经成为士人的进身之路，影响到文学上，也变得以脉脉温情为主。所以，认为《燕丹子》产生于汉末的观点是站不住脚的。

第二，从《史记·刺客列传》的记载来看，《燕丹子》应成书于司马迁以前，在《刺客列传》的"太史公曰"中，司马迁说："世言荆轲，其称太子丹之命，'天雨粟，马生角'也，太过。又言荆轲伤秦王，皆非也。"③可见，司马迁是见过《燕丹子》的，同时他也说明了自己为什么没有把《燕丹子》中的"天雨粟，马生角"写入《史记》，是由于它太荒诞的缘故。司马迁撰写《史记》是要留给后世一部信史，他不会把那些荒诞不经的东西写入史书中，这在《史记·五帝本纪》中即有所说明，"然《尚书》独载尧以来；而百家言黄帝，其文不雅驯，荐绅先生难言之……余并论次，择其言尤雅者，故著为本纪书首"④。《燕丹

① (西汉)刘向编:《战国策·秦策一》，时代文艺出版社 2000 年版，第 40 页。

② (汉)司马迁:《史记·太史公自序》，中华书局 1959 年版，第 3297 页。

③ (汉)司马迁:《史记·刺客列传》，中华书局 1959 年版，第 2538 页。

④ (汉)司马迁:《史记·五帝本纪》，中华书局 1959 年版，第 46 页。

子》中的其他离奇之事，如“机桥不发”、“夜学鸡鸣”等都不被《史记》所采录。这是由司马迁严肃的治史风格决定的。而《史记·刺客列传》中加入的秦侍医夏无且以药囊掷荆轲之事和高渐离复仇之事，不仅来自于《战国策》，而且也是他亲自调查得来的，“始公孙季功、董生与夏无且游，具知其事，为余道之如是”①。

当然，也有人认为《燕丹子》成书于秦汉之间②，这种说法自有令人疑惑之处，因为在秦大规模进行统一战争以前，虽然局部战争不断，但社会还是相对稳定的，知识分子还有条件进行撰述。而秦大规模进行统一战争后，社会处于动荡之中，人们救死逃生不暇，不大可能进行撰述。秦统一的十几年间，由于实行严酷的文化政策，文化界呈现万马齐喑的局面，据《史记·李斯列传》记载，秦始皇三十四年，“（李斯）上书曰：‘臣请诸有文学诗书百家语者，蠲除去之。令到满三十日弗去，黥为城旦。所不去者，医药卜筮种树之书。若有欲学者，以吏为师。’始皇可其议，收去诗书百家之语以愚百姓，使天下无以古非今”③。在这种情况下，人们不敢从事文化活动，即如李斯位极人臣，也没有什么著述，今存的李斯著作也只有作于秦统一以前的《谏逐客疏》和秦统一后所作的几篇歌功颂德的刻石文，所以，鲁迅在《汉文学史纲》中说，秦代文学仅李斯一人而已。连现存的书籍都要焚毁，谁还敢冒着风险去撰述呢？特别撰述秦王的死敌燕丹子的事，这种诛连九族的事是不大可能有人敢做的。从秦末农民战争、楚汉之争到刘邦建立汉王朝，社会再一次陷入混乱之中。汉初，统治者为了恢复被破坏的文化，鼓励民间献书，此时私藏于民间的《燕丹子》有可能被献出来。司马迁继其父为太史令，有机会、有条件阅读国家收藏的书籍，当然也有机会阅读到《燕丹子》这样的前代“禁书”，所以，我们有理由认为，司马迁在作《史记·刺客列传》时，既参考了《战国策·燕太子丹质于秦》，也参考了《燕丹子》的内容，并对之进行了取舍，保留了《燕丹子》的基本内容，去除了“乌头白、马生角”、“机桥不发”、“夜学鸡鸣”、“黄金掷龟”、“杀千里马进肝”、“斩美人手”、“荆轲秦王订盟”、“秦王乞听姬鼓琴”等荒诞之事。

---

① （汉）司马迁：《史记·管晏列传》，中华书局1959年版，第2538页。

② 李剑国：《文史论集二集·〈燕丹子〉考论》，天津社会科学院出版社2001版，第27—35页。

③ （汉）司马迁：《史记·李斯列传》，中华书局1959年版，第2546页。

(二)《燕丹子》的性质

明胡应麟在《少室山房笔丛》中称《燕丹子》为“古今小说杂传之祖”，鲁迅也把它看作小说。其实，胡应麟的说法比较模糊，小说与杂传是两个完全不同的类别，小说完全是虚构或有部分是史实，而杂传以史实为主，在写法上可以有一些文学笔法，根据传主当时当地的具体情况想象出一些细节，但主体还是真实的。即如后世一些以历史为题材的小说，作者也要加以重构，如被章学诚称为“七分真实，三分虚构”的《三国志演义》，也是作者的再创造。《三国志》以曹魏为中心，以曹魏为正统，《三国志演义》以蜀汉为中心，人物事件也发生了变化。《封神演义》以武王伐纣为题材，而其中的阐教与截教斗法，全部是作者虚构出来的。鲁迅把其归入小说类，也是由于它“并含异闻”，但鲁迅还是承认它“虽本史实”的。《燕丹子》中除了个别荒诞的细节、不切实际的事件外，基本是史实的记录，燕太子丹派荆轲刺秦王是历史上发生过的重大事件，《燕丹子》在成书过程中虽然也吸收了一些传闻和一些荒诞不经的故事，但并不能改变其性质，即如《史记·高祖本纪》中也有一些荒诞的故事，但我们也不能认为它是小说。所以，《燕丹子》应该归入杂传类，而不应该归入小说类。

(三)《燕丹子》的叙事特征

1. 传奇性

《燕丹子》在基本情节保留原来史实的基础上，在文中掺杂了一些虚幻离奇和怪诞的情节，不仅使作品显得光怪陆离，而且增加了事件的传奇性，也使作品摆脱了史传作品平淡无澜、木讷乏味的特性，使其具有很强的可读性。当然从正统史传的角度看，这样的写法是应该受到批判的，东汉王充就是从对史书的要求出发，对《燕丹子》中的离奇色彩进行了批判：

> 传书言：“荆轲为燕太子谋刺秦王，白虹贯日。卫先生为秦画长平之事，太白蚀昴。”此言精(诚)感天，天为变动也。夫言白虹贯日，太白蚀昴，实也。言荆轲之谋，卫先生之画，感动皇天，故白虹贯日，太白蚀昴者，虚也。又云传书言：“燕太子丹朝于秦，不得去，从秦王求归。秦王执留之，与之誓曰：‘使日再中，天雨粟，令乌白头，马生角，厨门木象生肉足，乃得归。’当此之时，天地祐之，日为再中，天雨粟，乌白头，马生

角，厨门木象生肉足。秦王以为圣，乃归之。”此言虚也。燕太子丹何人，而能动天？圣人之拘，不能动天；太子丹贤者也，何能致此！夫天能祐太子，生诸瑞以免其身，则能和秦王之意，以解其难。[①]

王充是从求实的角度来批判《燕丹子》的，从另一个角度来说，这反映了它的传奇性。《燕丹子》上卷写燕丹子质于秦，欲得归，秦王谬言“令乌白头，马生角”，才能放其归，太子丹仰天而叹，结果乌鸦头即白，马即生角。秦王所说的现象是不可能发生，意思是不会放他回国的，就像《汉书・苏武传》所载，匈奴单于令苏武去北海牧羝（公羊），羝乳乃得归，这是不可能发生的事，实际上就是永远不会让他回去了。《苏武传》并没有出现羝乳之事，因为它是正史，而《燕丹子》是杂传，完全可以载入不可能发生的事，从而表现燕丹子的归心似箭，为后来寻找勇士复仇做了铺垫。后文中田光为保守秘密吞舌自杀，夏扶用自刎来为荆轲送行，都充满了传奇与悲壮色彩。

2. 人物性格鲜明生动

《燕丹子》一书出现的人物有九人之多。他们是秦王、燕太子丹、鞠武、田光、荆轲、樊於期、夏扶、秦武阳、高渐离等。这九人之中，几乎每个人的性格都很鲜明。夏扶是一位义重如山的人，他的身份类似于一个谋士，在荆轲见到太子丹之后，夏扶代替太子丹询问了荆轲将如何有助于太子丹，起到了太子丹代言人的作用。最能显示其性格的举动是他为鼓舞荆轲赴虎狼之国，在送别荆轲的宴席上，以自杀来为其壮行。太傅鞠武是一位智者，在太子丹欲复仇问计于他时，他提出了一套行之有效的复仇策略，在不被采用后，向太子丹推荐了田光。田光是一位善识人才之人，他对太子丹门客的分析，显示了他的饱经世故，是一位善于识人的伯乐，在向太子丹推荐了荆轲之后，为了保守秘密，在荆轲面前自杀以明志。樊於期也是一位复仇者，他为了复仇，不惜用自杀来支持荆轲完成大业。秦武阳是荆轲的副手，也是一位勇士，据《史记・刺客列传》记载，“燕国有勇士秦舞阳，年十三，杀人，人不敢忤视”[②]，说明他也是非凡之人，但在《燕丹子》中他是荆轲的陪衬。高渐离既是一位音乐家，又是一位勇士，在送别荆轲的宴席上，荆轲为歌，高渐离击筑，宋意和之，《史记・刺客列传》对此做了精彩描写。在荆轲刺秦王失败

---

① 黄晖：《论衡校释》，中华书局1990年版，第233—235页。

② （汉）司马迁：《史记・刺客列传》，中华书局1959年版，第2533页。

后，他继承了荆轲未竟的事业，利用为秦王演奏之际，再次刺秦王。《燕丹子》中没有这一事件。从《史记·刺客列传》，我们可以得知他的事迹，“其明年，秦并天下，立号为皇帝。于是秦逐太子丹、荆轲之客，皆亡。高渐离变名姓为人庸保，匿作于宋子。久之，作苦，闻其家堂上客击筑，傍偟不能去。每出言曰：‘彼有善有不善。’从者以告其主，曰：‘彼庸乃知音，窃言是非。’家丈人召使前击筑，一坐称善，赐酒。而高渐离念久隐畏约无穷时，乃退，出其装匣中筑与其善衣，更容貌而前。举坐客皆惊，下与抗礼，以为上客。使击筑而歌，客无不流涕而去者。宋子传客之，闻于秦始皇。秦始皇召见，人有识者，乃曰：‘高渐离也。’秦皇帝惜其善击筑，重赦之，乃矐其目。使击筑，未尝不称善。稍益近之，高渐离乃以铅置筑中，复进得近，举筑朴秦皇帝，不中。于是遂诛高渐离，终身不复近诸侯之人”①，由此我们可以知其为大勇之人。

燕太子丹和荆轲是全书集中塑造的人物，燕太子丹是燕国的王储，他从秦国逃回后，念念不忘的是报仇雪恨，救亡图存。为了复仇，他对田光和荆轲礼贤下士，特别是对荆轲不惜进金掷龟、进千里马肝、斩美人之手，不惜一切向秦王复仇。但与中国历史上的复仇者相比，他缺乏越王勾践那种忍辱负重、卧薪尝胆的胸怀与气魄。他不听太傅鞠武的忠告，缺乏远见，一意孤行，心存侥幸，刚愎自用，缺乏作为政治家应有的远见卓识，结果刺杀行动失败，反而加速了燕国的灭亡，自己也被燕王所杀，“于是秦王大怒，益发兵诣赵，诏王翦军以伐燕。十月而拔蓟城。燕王喜、太子丹等尽率其精兵东保于辽东。秦将李信追击燕王急，代王嘉乃遗燕王喜书曰：‘秦所以尤追燕急者，以太子丹故也。今王诚杀丹献之秦王，秦王必解，而社稷幸得血食。’其后李信追丹，丹匿衍水中，燕王乃使使斩太子丹，欲献之秦。秦复进兵攻之。后五年，秦卒灭燕，虏燕王喜”②。很显然他是一个失败的复仇者形象。作者没有隐讳他身上的这些缺点，反而使这个人物真实可信。

荆轲是作者全力打造的人物，他的行为体现了中国古代“士为知己者死”的侠士之风。在他出场之前，通过田光的口对他作了介绍，“窃观太子客，无可用者。夏扶，血勇之人，怒而面赤；宋意，脉勇之人，怒而面青；武阳，骨勇之人，怒而面白。光所知荆轲，神勇之人，怒而色不变。为人博闻强记，体烈骨壮，不拘小节，欲立大功。尝家于卫，脱贤大夫之急十又余人，其余庸

---

① （汉）司马迁：《史记·刺客列传》，中华书局 1959 年版，第 2536—2537 页。

② （汉）司马迁：《史记·刺客列传》，中华书局 1959 年版，第 2536 页。

庸不可称。太子欲图事,非此人莫可"①。这种写法起到了先声夺人的效果。其后,在太子丹的宴会上,面对夏扶的问难,他对答如流,折服满座之人。他私下见樊於期,以亲仇相激,晓之以大义,密示其计,在大义面前,樊於期终于自献其首,这种看似冷酷的行为,实际上表现了他隐忍、果敢的个性。易水饯别,表现了他忠于大义,视死如归的个性。其场面充满了苍凉悲壮的气氛,"荆轲入秦,不择日而发,太子与知谋者皆素衣冠送之,于易水之上。荆轲起为寿,歌曰:'风萧萧兮易水寒,壮士一去兮不复还。'高渐离击筑,宋意和之。为壮声则发怒冲冠,为哀声则士皆流涕。二人皆升车,终已不顾也"。在秦庭上,面对"(秦)武阳大恐,两足不能相过,面如死灰色",他从容不迫为其解围,"北蕃蛮夷之鄙人,未见天子。愿陛下少假借之,使得毕事于前"②。荆轲的解释合情合理,避免了刺秦王一事中途夭折,从而印证了田光的话(神勇)。在刺秦王失败,双手被斩断的情况下,还倚柱而笑,箕踞而骂。荆轲的行为是否应该肯定,人们看法不同,但是他的那种忠于大义,反抗强暴,视死如归的精神却赢得千百年来人们的赞扬。司马迁在《刺客列传》的末尾说:"其义或成或不成,然其立意较然,不欺其志,名垂后世,岂妄也哉!"③东晋陶渊明亦赋诗赞美:"君子死知己,提剑出燕京","惜哉剑术疏,千载有余情"(《咏荆轲》)。秦王是被刺杀的对象,他只出现在开头和结尾,只此两处,即表现了他的个性。开头,"燕太子丹质于秦,秦王遇之无礼,不得意,欲求归。秦王不听,谬言曰,令乌白头、马生角,乃可许耳。丹仰天叹,乌即白头,马生角。秦王不得已而遣之,为机发之桥,欲陷丹"④,表现他的骄横、阴险。结尾处,通过他请求听琴而死,反而从秦声中得知解围之法,反映了他的狡诈和机智,斩断荆轲之手,表现了他的残忍。

3. 对比、衬托和细节描写的运用

《燕丹子》中注意运用对比手法来刻画人物,为了突出荆轲的神勇,田光把他与太子丹手下的几位勇士作了对比,"夏扶,血勇之人,怒而面赤;宋意,

---

① 上海古籍出版社编,王根林等校点:《汉魏六朝笔记小说大观·燕丹子》,上海古籍出版社1999年版,第38—39页。

② 上海古籍出版社编,王根林等校点:《汉魏六朝笔记小说大观·燕丹子》,上海古籍出版社1999年版,第43—44页。

③ (汉)司马迁:《史记·刺客列传》,中华书局1959年版,第2538页。

④ 上海古籍出版社编,王根林等校点:《汉魏六朝笔记小说大观·燕丹子》,上海古籍出版社1999年版,第35页。

脉勇之人，怒而面青；武阳，骨勇之人，怒而面白。光所知荆轲，神勇之人，怒而色不变”①，在这些人中，特别是秦武阳，《史记·刺客列传》说他十三岁杀人，人们不敢直视他，但和荆轲相比，则黯然失色。在前往秦国的路上，荆轲因买肉而与人争执，遭到卖肉人的侮辱，武阳欲击之，荆轲阻止。这表现了荆轲的老成持重，忍小忿而全大体的性格。而武阳则是匹夫之勇，在秦庭上，当秦人“钟鼓并发，群臣皆呼万岁”之时，秦武阳两腿发抖，不能自已，而荆轲则从容为其解围，通过秦武阳的衬托，表现了荆轲的从容镇定，临危不惧。《燕丹子》中有一处细节描写，也很典型，当“秦王从琴声负剑拔之，于是奋袖超屏风而走”之时，“荆轲拔匕首擿之，决秦王，刃入铜柱，火出”。这个细节既表现了荆轲的悔恨心情，也写出了他的用力之猛。

4. 情节的曲折离奇

《燕丹子》中有些情节还是曲折紧张，变幻莫测的，如荆轲刺秦王一节：

> 秦王曰：“轲起，督亢图进之。”秦王发图，图穷而匕首出。轲左手把秦王袖，右手磓其胸，数之曰：“足下负燕日久，贪暴海内，不知厌足。於期无罪而夷其族，轲将为海内报仇。今燕王母病，与轲促期，从吾计则生，不从则死。”秦王曰：“今人之事，从子计耳。乞听琴声而死。”召姬人鼓琴，琴声曰：“罗縠单衣，可掣而绝。八尺屏风，可超而越。鹿卢之剑，可负而拔。”轲不解音。秦王从琴声负剑拔之，于是奋袖超屏风而走。荆轲拔匕首擿之，决秦王，刃入铜柱，火出。②

这一段描写险象环生，精彩绝伦，情节一波三折。图穷匕见为第一折，此时秦王为荆轲所控制，处于下风。接下来，秦王请求听琴而死，实际上是缓兵之计，荆轲不明所以，表示同意。姬人鼓琴，在琴声中暗示秦王摆脱困境的办法。秦王拔剑越屏风而走，此是第二折。荆轲投匕首欲伤秦王，刃入铜柱，为第三折。

总之，《燕丹子》虽然产生于先秦时期，但是它已经具备了后世杂传的基本特点，应该说是比较优秀的杂传作品。

---

① 上海古籍出版社编，王根林等校点：《汉魏六朝笔记小说大观·燕丹子》，上海古籍出版社1999年版，第38页。

② 上海古籍出版社编，王根林等校点：《汉魏六朝笔记小说大观·燕丹子》，上海古籍出版社1999年版，第44页。

第三节　西汉时期的杂传作品

虽然秦代没有什么文学可言，但它为后来的文学创作提供了素材。汉代建立以后，大一统的局面开始形成，文化事业开始恢复，到汉武帝时期，汉王朝达到鼎盛时期，与此相适应的是，文化上也成就斐然，司马相如的赋和司马迁的《史记》成为这一时期文化鼎盛的标志。《史记》的出现，标志着传记文学的成熟，它在传主选择、作传原则、作传手法等方面对杂传的发展起了导夫先路的作用。

一、《史记》对后世杂传的影响

（一）对传主选择标准的影响

司马迁在《报任安书》中说："古者富贵而名摩灭，不可胜记，唯倜傥非常之人称焉。"在《太史公自序》中载录其父亲的话说："今汉兴，海内一统，明主贤君忠臣死义之士，余为太史而弗论载，废天下之史文，余甚惧焉，汝其念哉！""扶义倜傥，不令已失时，立功名于天下，作七十列传。"这里司马迁父子对于为什么人作传的问题，提出了自己的标准。他要为"倜傥非常之人"和"明主贤君忠臣死义之士"作传，实际上就是要为那些在历史上有所作为的人作传，《史记》里有帝王、有将相、有后妃、有游侠、有商人、有刺客、有循吏、有酷吏、有佞幸之人、有滑稽之人、有日者，还有诸子百家的人物，所有这些人都是有所作为，都是值得在史书上留下姓名之人。后世杂传在这方面很受《史记》的影响，特别是《史记》选择下层人士为传主，对杂传的影响更大。施丁先生根据《隋书·经籍志》曾把唐以前的杂传分为十三类，即人物总录类、圣贤类、州郡人物类、高逸类、孝友类、忠良类、名士类、家传类、幼童类、妇女类、释氏传记类、神仙家传类、鬼神怪异类等①，这些类别的设立则源于司马迁的《史记》。中古杂传的传主绝大部分为中下层人士，即是受《史记》影响的结果。

---

①　施丁：《从〈隋书·经籍志〉看汉隋间历史撰述的发展》，《史学史资料》1980年第2期。

(二)对作传原则的影响

班固在《汉书·司马迁传》中,对司马迁的作传原则进行了归纳和总结,他说:"然自刘向、扬雄博极群书,皆称迁有良史之材,服其善序事理,辨而不华,质而不俚,其文直,其事核,不虚美,不隐恶,故谓之实录。"①传记创作有别于文学创作,它要求按历史本来面目去写作,不允许虚构和想象。至于如何做到真实,司马迁遵循了下列一些原则。

一是考信于六艺。"六艺"指六经,据说孔子曾经对此进行了删定,对于一些传闻,他用"六艺"来印证,这说明他对古代文献的重视态度。当然,考信于六艺,并不等于泥古不化,而是加以分辨、选择,甚至对于六艺的一些载录还提出自己的看法,如《史记·伯夷列传》:"夫学者载籍极博,犹考信于六艺。《诗》、《书》虽缺,然虞夏之文可知也。尧将逊位,让于虞舜,舜、禹之间,岳牧咸荐,乃试之于位,典职数十年,功用既兴,然后授政。示天下重器,王者大统,传天下若斯之难也。而说者曰尧让天下于许由,许由不受,耻之,逃隐。及夏之时,有卞随、务光者。此何以称焉?太史公曰:余登箕山,其上盖有许由冢云。孔子序列古之仁、圣、贤人,如吴太伯、伯夷之伦详矣。余以所闻由、光义至高,其文辞不少概见,何哉?""伯夷、叔齐虽贤,得夫子而名益彰。颜渊虽笃学,附骥尾而行益显。岩穴之士,趣舍有时若此,类名堙灭而不称,悲夫!闾巷之人,欲砥行立名者,非附青云之士,恶能施于后世哉?"②伯夷、叔齐、颜渊的事迹由于得到孔子的表彰而得到人们的重视,所以《韩诗外传》、《吕氏春秋》有所记载,司马迁作《史记·伯夷列传》既取材于《论语》又取材于《韩诗外传》和《吕氏春秋》,但他又对孔子不载许由、务光以及那些德性操守有可表彰的隐士的做法表示不满,体现了他既尊重六艺,而又不拘泥六艺的求实精神。

二是文不雅驯则不取。《史记·五帝本纪》云:"予观《春秋》、《国语》,其发明《五帝德》、《帝系姓》章矣,顾弟弗深考,其所表见皆不虚。《书》缺有间矣,其轶乃时时见于他说。非好学深思,心知其意,固难为浅见寡闻道也。余并论次,择其言尤雅者,故著为本纪书首。"③在写黄帝本纪时,对于一些荒诞的传闻,往往去伪存真,加以抉择。《史记》中所记的荒诞之事,是实事求

---

① (汉)班固:《汉书·司马迁传》,中华书局 2007 年版,第 622 页。

② (汉)司马迁:《史记·伯夷列传》,中华书局 1959 年版,第 2127 页。

③ (汉)司马迁:《史记·五帝本纪》,中华书局 1959 年版,第 46 页。

是照录的，如载录秦始皇、汉武帝祭天地，迷信鬼神，以及方术之士为了迎合在上者的心理所从事的怪诞活动，在史书中彰显出来，是为了进行批判。如对汉武帝迷信方士、祈求长生的行为进行了批判：

> 其明年，齐人少翁以鬼神方见上。上有所幸王夫人，夫人卒，少翁以方盖夜致王夫人及灶鬼之貌云，天子自帷中望见焉。于是乃拜少翁为文成将军，赏赐甚多，以客礼礼之。文成言曰："上即欲与神通，宫室被服非象神，神物不至。"乃作画云气车，及各以胜日驾车辟恶鬼。又作甘泉宫，中为台室，画天、地、太一诸鬼神，而置祭具以致天神。居岁余，其方益衰，神不至。乃为帛书以饭牛，详不知，言曰此牛腹中有奇。杀视得书，书言甚怪。天子识其手书，问其人，果是伪书，于是诛文成将军，隐之。①

其他的关于鬼神迷信之事的记载无不是为了对这种荒诞行为进行批判，如《史记·殷本纪》中记载简狄吞玄鸟卵而生契，《史记·周本纪》中姜嫄履巨人足迹生后稷，《史记·秦本纪》中女修吞玄鸟卵生大业，《史记·高祖本纪》刘媪苍龙踞身而生刘邦，司马迁之所以记载这些滑稽荒诞的事，目的是对它们进行讽刺和批判。

三是传疑阙疑。对于一些尚有疑问的史料，司马迁采取了"疑则传疑"和"疑者阙焉"的原则。所谓"疑则传疑"就是对于那些有争议又无定论的史料，暂且存疑，留待后人继续研究。他说："太史公曰：五帝、三代之记，尚矣。自殷以前诸侯不可得而谱，周以来乃颇可著。孔子因史文次《春秋》，纪元年，正时日月，盖其详哉。至于序《尚书》则略，无年月；或颇有，然多阙，不可录。故疑则传疑，盖其慎也。"②在具体处理这种材料时，司马迁采取两种方法，第一，有几种说法时，根据具体情况，采取较为接近事实的一种说法。第二，对于一说多存的情况，往往并录其说，决不妄下断言。

所谓"疑者阙焉"，就是对于那些绝不可信的记载，宁缺毋滥。司马迁说："余读谍记，黄帝以来皆有年数。稽其历谱谍终始五德之传，古文咸不同，乖异。夫子之弗论次其年月，岂虚哉！于是以《五帝系谍》、《尚书》集世

---

① （汉）司马迁：《史记·封禅书》，中华书局1959年版，第1387—1388页。

② （汉）司马迁：《史记·三代世表》，中华书局1959年版，第487页。

纪黄帝以来讫共和为《世表》。”[1]这种方法对后世史学家产生了很大影响，北宋司马光在作《资治通鉴》时，即采用这种办法，正是对《史记》“疑则传疑”著史原则的继承与发展。

(三)对作传手法的影响

《史记》对杂传手法的影响，主要是生活细节的运用。在《史记》中，司马迁选择了许多的生活细节来表现人物性格。下面举几例加以说明：

> 淮阴屠中少年有侮信者，曰：“若虽长大，好带刀剑，中情怯耳。”众辱之曰：“信能死，刺我；不能死，出我袴下。”于是信孰视之，俯出袴下，蒲伏。一市人皆笑信，以为怯。[2]
>
> 里中社，平为宰，分肉食甚均。父老曰：“善，陈孺子之为宰！”平曰：“嗟乎，使平得宰天下，亦如是肉矣！”[3]
>
> 李斯者，楚上蔡人也。年少时，为郡小吏，见吏舍厕中鼠食不洁，近人犬，数惊恐之。斯入仓，观仓中鼠，食积粟，居大庑之下，不见人犬之忧。于是李斯乃叹曰：“人之贤不肖譬如鼠矣，在所自处耳！”[4]
>
> (张汤)父为长安丞，出，汤为儿守舍。还而鼠盗肉，其父怒，笞汤。汤掘窟得盗鼠及余肉，劾鼠掠治，传爰书，讯鞫论报，并取鼠与肉，具狱磔堂下。其父见之，视其文辞如老狱吏，大惊，遂使书狱。[5]

以上例子都表现了传主的思想性格，所以，清章学诚说：“陈平佐汉，志见社肉；李斯亡秦，兆端社鼠。推微知著，固相士之玄机；搜间传神，亦文家之妙用也。但必得其神志所在，则如图画名家，颊上妙于增毫。”[6]杂传多取材于传主的生活琐事来表现传主性格，即是受《史记》影响的结果。

---

① (汉)司马迁：《史记·三代世表》，中华书局1959年版，第488页。
② (汉)司马迁：《史记·淮阴侯列传》，中华书局1959年版，第2610页。
③ (汉)司马迁：《史记·陈丞相世家》，中华书局1959年版，第2052页。
④ (汉)司马迁：《史记·李斯列传》，中华书局1959年版，第2539页。
⑤ (汉)司马迁：《史记·酷吏列传》，中华书局1959年版，第3137页。
⑥ (清)章学诚撰，叶瑛校注：《文史通义校注·古文十弊》，中华书局1985年版，第507页。

二、《东方朔别传》

(一)《东方朔别传》的著录及成书年代

《东方朔别传》又称《东方朔传》,《汉书·艺文志》没有载录,《隋书·经籍志》著录为八卷,不署作者姓名,《旧唐书·经籍志》、《新唐书·艺文志》沿袭此说。此书至唐宋时期已经散佚不全了,仅存五卷,今则已经全部佚失,残本只见于一些类书及注释的征引。

关于此书的成书年代,姚振宗等人认为成书于西汉时代,姚振宗说:"案《史记·滑稽列传》附载褚少孙所补六事中有东方朔事,与《汉书》互有同异,似即本此之别传。少孙自言'臣为郎时,好读外家传语'。案'外家传语'即别传之流,然则此别传岂犹是前汉所传,为褚少孙、刘子政、班孟坚所见者欤?"①

逯钦立认为:

> 窃谓《东方朔别传》(即《东方朔传》)本出西汉,即当时所谓"外家传语"者,班固《汉书》朔《传》即抄而录之,而抄录之迹,犹可窥见,特后人未曾加意,故为始终之秘耳。《汉书》六十五《东方朔传》末尾云:世所传他事皆非也。颜师古注云:"谓如《东方朔别传》及俗用《五行时日》之书,皆非实事也。"钦立按师古此说,固谓《东方朔别传》行于班书以前。然其以皆非实事断之,以明曾为班孟坚之所摈弃,此则未达一间,不悟《汉书》朔《传》固自此《别传》删取也。②

朱东润也认为《东方朔别传》成书于《汉书》以前,他说:

> 《东方朔传》底完成,必在武帝以后,褚少孙、刘向以前,大致在昭帝、宣帝之间。③

---

① (清)姚振宗:《隋书经籍志考证》卷二十《史部·杂传类》,《续修四库全书》本;《汉书艺文志拾补》卷二《诸子略》第二,《二十五史补编》本。

② 转引自熊明《杂传与小说:汉魏六朝杂传研究》,辽海出版社2004年版,第117页。

③ 朱东润:《八代传叙文学述论》,复旦大学出版社2006年版,第42页。

以上三位先生的见解自有其合理之处，但笔者认为，如果该书产生于西汉时期或《汉书》之前，那么，班固的《汉书·艺文志》就应该有所记载，但实际上，班固在《汉书·艺文志》中根本没有提及，我们不能说班固没有看到此书吧？尽管刘知几对此作了解释，他说："《汉书·东方朔传》委琐烦碎，不类诸篇。且不述其亡没岁时及子孙继嗣，正与《司马相如传》、《司马迁传》、《扬雄传》相类。寻其传体，必曼倩之自叙也。但班氏脱略，故世莫之知。"①这种说法，不乏勉强之处，班固作为史学家，不会如此大意，忽略了东方朔这个前代"明星"的别传。东方朔是汉武帝时期的文学侍臣与弄臣，他学识渊博、满腹经纶，但汉武帝以倡优畜之，因其怀才不遇，故其行为滑稽幽默，为世所共知。他死后，其故事在民间广为流传，这些故事为《东方朔别传》的成书提供了条件。本书认为《东方朔别传》应该成书于《汉书》之后，或在魏晋时期，因为这个时期别传大量出现，人们为东方朔这个汉武帝时期的著名人物作别传也是有可能的。

（二）《东方朔别传》的内容与传记价值

东方朔在《史记》和《汉书》中都有其传记，这在古代史学中是比较少见的。至于为什么要为其作传，司马迁曰："不流世俗，不争势利，上下无所凝滞，人莫之害，以道之用。作滑稽列传第六十六。"②班固云："刘向言少时数问长老贤人通于事及朔时者，皆曰朔口谐倡辩，不能持论，喜为庸人诵说，故令后世多传闻者。而扬雄亦以为朔言不纯师，行不纯德，其流风遗书蔑如也。然朔名过实者，以其诙达多端，不名一行，应谐似优，不穷似智，正谏似直，秽德似隐。非夷、齐而是柳下惠，戒其子以上容：'首阳为拙，柱下为工；饱食安步，以仕易农；依隐玩世，诡及不逢。'其滑稽之雄乎！朔之诙谐，逢占射覆，其事浮浅，行于众庶，童儿牧竖莫不眩耀。而后世好事者因取奇言怪语附着之朔，故详录焉。"③

《史记》把东方朔归入《滑稽列传》，与淳于髡、优孟、优旃、西门豹同为一传。司马迁的《史记·滑稽列传》中传主只有三个人：淳于髡、优孟、优旃，这三个人都是类似倡优之人，而东方朔与西门豹则虽然做事幽默风趣，却与三

---

① （唐）刘知几撰，（清）浦起龙通释，吕思勉译：《史通》，上海古籍出版社 2008 年版，第 345—346 页。

② （汉）司马迁：《史记·太史公自序》，中华书局 1959 年版，第 3358 页。

③ （汉）班固：《汉书·东方朔传》，中华书局 2007 年版，第 659 页。

人不同，故褚少孙认为将他们二人入《滑稽列传》似乎不妥。班固在《汉书》中为东方朔立单传，说明他认识到东方朔的价值，称其为“滑稽之雄”。另外，由于人们把许多的“奇言怪语”附着于东方朔身上，所以班固详述东方朔的事迹加以澄清。从现存的《东方朔别传》残篇看，它主要反映了以下几个方面的内容。

第一，反映了东方朔的博学多才、见识广博。

《东方朔传》曰：汉武皇帝未央宫殿前钟无故自鸣，三日三夜不止。大怪之，召待诏王朔问之，朔对曰：“有兵气。”上更问东方朔，朔对曰：“王知其一，不知其二。臣昔闻：铜，山之子。以阴阳气类言之，子母相感，山恐有崩弛者，故钟先鸣。《易》曰：‘鸣鹤在阴，其子和之。’”上曰：“应在几日？”朔曰：“在五日内。”居三日，南郡太守言山崩，延袤二十余里。上大笑，赐帛三十匹。①

第二，有关东方朔进谏汉武帝的记载。

《东方朔别传》曰：孝武皇帝时，人有杀上林鹿者，武帝大怒，下有司杀之。群臣皆相阿，杀人主鹿，大不敬，当死。东方朔时在旁，曰：“是人罪一当死者三，使陛下以鹿之故杀人，一当死；使天下闻之，皆以陛下重鹿贱人，二当死也；匈奴即有急，推鹿触之，三当死也。”武帝默然，遂释杀鹿者之罪。②

第三，记载东方朔的聪明机智。

《东方朔别传》曰：朔与三门生俱行，见一鸠，占皆不同。一生曰：“今日当得酒。”一生曰：“其酒必酸。”一生曰：“虽得酒，不得饮也。”三生皆到主人，须臾，主人出酒樽中，即安于地，羸而复之，讫不得酒。出门，问其故，曰：“见鸠饮水，故知得酒。鸠飞集梅树上，故知酒酸。鸠飞去，

① (宋)李昉等编，夏剑钦、王巽斋校点：《太平御览》第五卷，河北教育出版社1994年版，第539页。

② (宋)李昉等编，夏剑钦、王巽斋校点：《太平御览》第四卷，河北教育出版社1994年版，第785页。

所集枝折堕地，折者，伤复之象，故知不得饮也。”①

《东方朔传》曰：武帝时，上林献枣，上以所持杖击未央前殿槛，呼朔曰：“叱叱，先生，来来！先生知此筐中何等物也？”朔曰：“上林献枣四十九枚。”上曰：“何以知之？”朔曰：“呼朔者，上也；以杖击槛，两木，两木，林也；来来者，枣也；叱叱者，四十九枚。”上大笑，赐帛十匹。②

第四，关于东方朔怀才不遇的记载。东方朔学识渊博，机警过人，但汉武帝一直把他当做倡优畜之，由此引起他内心的极度不平，《东方朔别传》记载了他这方面的言论。

《东方朔别传》曰：武帝问朔曰：“公孙丞相、倪大夫等，先生自视何与此哉？”朔曰：“臣观其臿齿牙，树颊胲，吐唇吻，擢项颐，结股肱，连脽尻，遗蛇其迹，行步偊旅。臣朔虽不肖，尚兼此数子。”③

公孙弘与倪宽，都是汉武帝时期的著名人物，公孙弘六十五岁时，参加贤良对策，“时对者百余人，太常奏弘第居下。策奏，天子擢弘对为第一……拜为博士，待诏金马门”。并且，按着汉朝的惯例，是先封侯，再拜相，而公孙弘则是先拜相，后封侯，所以《汉书》说：“其后以为故事，至丞相封，自弘始也。”④倪宽曾为御史大夫，他与公孙弘都是汉武帝时代很显赫的人物，对此二人，东方朔都“尚兼此数子”，反映了他的怀才不遇和内心的极大不平。

第五，《东方朔别传》的传记价值。

《东方朔别传》是别传处于蒙昧时期的产物，但它已具备了传记文学的基本特征，即以人为中心选材记事。从传记角度看，它具有几个特点：一是具有明确的传人意识。整个传记是以东方朔的诙谐幽默、聪明机智为核心来传人的，从现存2000字左右的残篇看，这一特点是很明显的。二是诙谐幽默的风格。如谏汉武帝欲诛“杀上林鹿者”，很显然是模仿《晏子春秋》的

---

① (宋)李昉等编，夏剑钦、王巽斋校点：《太平御览》第八卷，河北教育出版社1994年版，第771页。

② (宋)李昉等编，夏剑钦、王巽斋校点：《太平御览》第八卷，河北教育出版社1994年版，第738—739页。

③ (宋)李昉等编，夏剑钦、王巽斋校点：《太平御览》第四卷，河北教育出版社1994年版，第293页。

④ (汉)班固：《汉书·公孙弘卜式倪宽传》，中华书局2007年版，第587—588页。

片段，但是晏子作为相国其行为未免与身份不符，并且，东方朔是汉武帝的弄臣，其行为特征就是以滑稽、幽默而著称，他的进谏与其性格是完全相符的。还有关于“上林献枣”一节，把汉武帝这个一代名主写成了类似茅茨土阶的尧舜，还有东方朔谏武帝迷信方士的荒唐行为，提出欲上天求药之事，充满了戏剧性。三是主传与附传结合，《东方朔别传》的传主是东方朔，而东方朔是汉武帝身边的侍臣，撰述东方朔的行为，必然要涉及汉武帝，所以在传东方朔的同时，也为汉武帝作了传，特别是《史记·孝武本纪》和《汉书·武帝纪》所记载的都是军国大事，而《东方朔别传》所记与武帝有关的事，都是汉武帝生活中的事，这在一定程度上可以补正史记载之不足。四是传奇性色彩。《东方朔别传》富有传奇性特点，难怪有人将其作为小说来看待。实际上，我们之所以把它作为别传来看，是由于它所记的许多事在《史记·滑稽列传》和《汉书·东方朔传》中可以找到重复的记载或其影子。

三、刘向的杂传作品

(一)刘向的生平及其著述

刘向，字子政，初名更生，楚元王交玄孙。地节中为辇郎，神爵初擢为谏议大夫，后坐罪减死，拜郎中，给事黄门，迁散骑谏大夫给事中。元帝即位，擢为宗正，以忤弘恭石显下狱，寻为中郎，复下狱，免为庶人。成帝即位，召拜中郎，领护三辅都水，迁光禄大夫中垒校尉，绥和中卒。刘向著有《尚书洪范五行传论》十一卷，《五经通义》九卷，《世说》二卷，《七略别录》二十卷，《列女传》十五卷，《列仙传》三卷，《新序》三十卷，《说苑》二十卷，集六卷。在历史上，刘向是以校理群书闻名于世的。但他同时又是一位杂传大家，《隋书·经籍志》曰：“汉时，阮仓作《列仙图》，刘向典校经籍，始作《列仙》、《列士》、《列女》之传”，在这三传中，他所作的《列女传》，承袭《史记》的体例模式，但又有所突破，对杂传的发展产生了积极的影响。

(二)《列女传》研究

在刘向传记作品中，《列女传》是其代表之作，并对他之后的传记产生了深远的影响。下面从几个方面对此进行分析。

1.《列女传》的编撰目的

关于刘向编撰《列女传》的目的，《汉书》刘向本传云：“向睹俗弥奢淫，而赵、卫之属起微贱，逾礼制。向以为王教由内及外，自近者始。故采取《诗》、《书》所载贤妃贞妇，兴国显家可法则，及孽嬖乱亡者，序次为《列女传》，凡八篇，以戒天子。及采传记行事，著《新序》、《说苑》凡五十篇奏之。数上疏言得失，陈法戒。书数十上，以助观览，补遗阙。上虽不能尽用，然内嘉其言，常嗟叹之。"①汉成帝时期是西汉由盛到衰的转折点，汉成帝宠幸赵飞燕姐妹和班婕妤，荒淫误国，为了惩恶扬善，贤贤贱不肖，刘向编撰了这部以女性为传主的传记作品，其目的是为了给当朝统治者提供借鉴。在汉成帝一朝，刘向是有责任感的士大夫，"后（汉成帝许皇后）聪慧，善史书，自为妃至即位，常宠于上，后宫希得进见。皇太后及帝诸舅忧上无继嗣，时又数有灾异，刘向、谷永等皆陈其咎在于后宫。上然其言，于是省减椒房掖廷用度"②。汉成帝专宠许皇后，其他妃嫔难得进见，这将会引起后宫混乱，所以，刘向等人才上书指出其危害性，被成帝采纳。

关于赵、班误国之事，《汉书·外戚传》有所记载：

> 孝成班婕妤。帝初即位选入后宫。始为少使，蛾而大幸，为婕妤，居增成舍，再就馆，有男，数月失之。成帝游于后庭，尝欲与婕妤同辇载，婕妤辞曰："观古图画，贤圣之君皆有名臣在侧，三代末主乃有嬖女，今欲同辇，得无近似之乎？"上善其言而止。太后闻之，喜曰："古有樊姬，今有班婕妤。"婕妤诵《诗》及《窈窕》、《德象》、《女师》之篇。每进见上疏，依则古礼。
>
> 自鸿嘉后，上稍隆于内宠。婕妤进侍者李平，平得幸，立为婕妤。上曰："始卫皇后亦从微起。"乃赐平姓曰卫，所谓卫婕妤也。③

赵飞燕在汉成帝一朝引起的混乱，后世多作为教训而引以为戒。刘向作为正直的士大夫，只能采取孔子作《春秋》的方式来褒善贬恶。

2.《列女传》的编撰原则

《列女传》的具体内容共分为七门，即母仪、贤明、仁智、贞慎、节义、变通、嬖孽，每篇十五人，共计一百零五人。常言说，妻贤夫祸少，妻子的贤否

---

① （汉）班固：《汉书·楚元王传》，中华书局2007年版，第403页。

② （汉）班固：《汉书·外戚传下》，中华书局2007年版，第993页。

③ （汉）班固：《汉书·外戚传下》，中华书局2007年版，第996页。

事关家庭的稳定与发达，后妃的贤否事关国家的兴衰。刘向编撰《列女传》从正反两个方面为在位者提供经验与教训，以符合儒家理想的女性作为楷模，以劝戒统治者。修身、齐家、治国、平天下，是儒家对士人的要求，作为一国之主，治理好后宫也事关国家的治理。自古以来，人们认为夏商周三代之亡是由于后妃无德，受此影响，刘向作《列女传》也是这种思想的具体化。《列女传》虽然分为七个门类，但实际上只有两大类：一类是褒扬的，一类是批判的。从另一个角度说，一类是学习的楷模，另一类是反面教材。

在《列女传》的七个门类中，有六类的传主是表彰的对象。它们又可以分为三类：

一是有德行者。这类人物主要在《母仪传》和《贤明传》中，这些传主堪称母亲的楷模，她们相夫教子，利国利家。她们不仅生育了伟大的儿子，而且教育儿子使其成为贤君或君子，如姜嫄和简狄。还有的能够看到丈夫的缺点并及时指出，使丈夫改过自新，如楚国接舆的妻子、老莱子的妻子劝丈夫远行避祸而使他们成为隐士。齐桓公的卫妃喜欢郑卫之音，但为了劝阻齐桓公止淫乐，而自己不听郑卫之音。

二是有才智者。这些传主聪明仁爱，见解独特，具有远见卓识。如缇萦是一个弱女子，但在关键时候，能够舍身救父，并且以自己的孝行和善辩使汉文帝废除了肉刑。还有赵括的母亲，不仅是一位贤妻，还是一位良母，并有远见。她的丈夫赵奢和儿子赵括都曾为赵国将领，对丈夫和儿子的能力与为人了如指掌，在赵孝成王因为赵奢为赵国名将而任命赵括为将时，她极力劝阻，劝阻不成，则要求赵孝成王如果赵括失败不要牵连其家，结果，在赵括被秦人打败后，赵家免于灭族。

三是有节义者。这类传主存在于《贞顺传》和《节义传》中。这些女性坚持操守，对丈夫矢志不渝，大有舍生取义的味道。如宋恭的伯姬严守礼仪，宁可烧死也不违礼。蔡人的妻子不因丈夫得了不治之症而中途改嫁。

《列女传》中被批判的传主主要在《嬖孽传》一门中。刘向精选了历史上祸国亡家者，她们有的祸乱君心，扰乱朝政，导致破国亡家，如夏朝的妹喜、商朝的妲己、周朝的褒姒；有的参与朝政，结党营私，谗害忠良，如晋献公的骊姬；还有的秽乱春宫，如赵悼倡王之后。虽然刘向把亡国的责任推到这些弱女子身上不够公平，但是，她们也确实要承担一些亡国的责任。

刘向之所以这样编撰，是由于以下几个原因：

一是传统道德伦理观念的影响。中国传统伦理道德历来主张男尊女卑，也就是男为乾，女为坤，男为阳，女为阴，男为天，女为地。要求女子要遵循“三纲五常”及“三从四德”。到了汉武帝推行“罢黜百家，独尊儒术”之后，董仲舒把“三纲五常”和“三从四德”合法化，刘向不能不受时代环境的影响，但他又不恪守这一学说，在传主选择上，大多数是符合儒家伦理道德观念的，但也有一部分脱离伦理观念的，反映了刘向作传的灵活性。

二是作者强烈政治意识的影响。刘向生活于汉王朝由盛而衰的转折时期，作为汉王朝的宗室，他有感于王朝的衰落，宦官的专权，外戚的干政，后宫的混乱，为了救亡图存，他便以《列女传》为武器发扬批判现实的精神，进行补弊起废。《列女传》的目的首先是讽谏劝谕，从刘向本传我们可以知道，刘向是不满于汉元帝和成帝两朝后妃越礼、外戚擅权的现实的，全书充满了一种自觉的政治意识和救世思想。其次是进贤任贤的主张，在历史上，有很多的后妃是君主的贤内助，她们劝谏君主接纳贤才，任用贤才，如《贤明传》中，记载楚庄王的范姬劝其重用孙叔敖，结果，楚庄王成为“春秋五霸”之一，这是正面的典型。反面的典型，如《孽嬖传》中，记载商纣王宠幸妲己，不听劝谏，结果在牧野之战被周武王打败，以周代商。最后是教化思想的体现，刘向受孟子教化思想的影响，主张治国者要重视教化，反对严刑峻法。他赞扬孟子的母亲通过教化使孟子成为一代名儒。纣王由于听信妲己，拒绝进谏，乱用刑罚，结果亡国。总之，刘向的《列女传》具有很强的针对性的，是刘向政治思想的反映。

3.《列女传》的体例

《列女传》的体例是对《史记》的继承与发展，类传始于司马迁，他遵循以类相从的原则，把同时代或不同时代行为、身份以及行事特征相同的人物合为一传，如《史记·循吏列传》中的人物并不生活于同一时代，但他们都是良吏，所以被合为一传。《列女传》把正史中的一个类别单独提出来，作为一本专著。在这本专著中，又根据标准不同，分为七个小类，这既是对《史记》的继承，又是对《史记》的发展。《列女传》每卷后都有赞，相当于《史记》中的“太史公曰”，对所记人物进行评价。《列女传》内部的七个门类，实际上是七个类传，它们按着传主的品行，分为七类，这是对《史记》体例的发展。

4.《列女传》的传记文学价值

《列女传》是中国历史上第一部有明确的成书年代，有作者署名的人物类传，从传记文学角度看，它具有以下几个特征。

(1)《列女传》不仅是第一部类传，也是第一部真正意义上的杂传作品，还是第一部女性类传。中国古代的传记作品基本上可以分为史传和杂传两大类别，史传从先秦时期即已萌芽，到汉代司马迁时正式成熟，班固又在此基础上有所发展，此后史传基本上沿着史汉的路子向前发展，虽有所变革，但基本模式并没有大的变化。史传的传主都是一些在历史上有较大影响的人物，他们以男性为主，是男权社会的反映，即使有一些女性出现，也是作为男性的附庸而出现的。随着社会的发展，人的主体意识的提高，对人的认识也在不断地深化，特别是对女性在历史上作用的认识也是在不断深化的。在先秦史学家的眼中，女性只是生育者，即使她们生育了伟大的男人，其地位还是不会有什么提高，如生育了后稷的姜嫄，生育了契的简狄，生育了夏启的涂山氏，生育了大业的女修，她们能够青史留名，是由于所生男人有名，是附骥尾。而出现在正史中的女性多为反面教材，如妹喜、妲己、褒姒、郑袖、秦始皇母亲夏姬等，而汉高祖的皇后吕雉几乎以吕代汉，并且很多生活在亡国时期的后宫女子，多成为亡国之君的替罪羊。既然她们能够亡国，说明她们还是在历史上发挥过作用的，尽管这种作用是反面的。刘向曾经校理过群书，熟知历史的典故，面对汉代元、成二帝宠幸后宫，荒淫无耻，不理朝政的局面，故作《列女传》以示讽谏，这说明他已经注意到女性对国对家的重要作用，我们也可以说，刘向是女性意识的先行者。《列女传》精选的传主都是于国于家有益或有害者，这也说明刘向编纂此书的目的是要针砭时弊的。《列女传》的出现标志着杂传已经从史传中正式分离出来，成为一个独立的门类，对中古杂传的繁荣产生了积极的影响。《四库全书总目提要》把它看成是杂传的源头，认为它“合众人之事为一书，亦传类也。其源出《史记》儒林、游侠、货殖、刺客诸传，其别为一书，则始于刘向《列女传》”①。

(2)为杂传写人艺术的发展积累了经验。《列女传》的传主是女性，它不同于史传以男性为传主的写法，为了刻画人物，刘向采取了众多的撰写艺术，形成了与男性传主不同的写作艺术，并塑造了女性群体。

首先，众多女性形象的塑造是《列女传》的第一大特色。它把一百多位女性分为七组，每组女子性格各异，而组内又有所不同，形成同中有异，异中有同的特点。如《母仪传》中塑造的是一组母亲形象，她们是良母的典型，她们的言行合乎儒家礼仪规范，相夫教子，品德高尚。这和《史记》中的男子群体相比，显得特色分明。即使是同类型的人物，也不雷同，如接舆之妻和老莱子之妻，表现各异。

---

① (清)纪昀总纂:《四库全书总目提要》，河北人民出版社2000年版，第3654页。

楚狂,接舆之妻也,接舆躬耕以为食,楚王使使者持金百镒、车二驷,往聘迎之,曰:“王愿请先生治淮南。”接舆笑而不应,使者遂不得与语而去。

妻从市来,曰:“先生以而为义,岂将老而遗之哉!门外车迹,何其深也?”接舆曰:“王不知吾不肖也,欲使我治淮南,遣使者持金驷来聘。”其妻曰:“得无许之乎?”接舆曰:“夫富贵者,人之所欲也,子何恶,我许之矣。”妻曰:“义士非礼不动,不为贫而易操,不为贱而改行。妾事先生,躬耕以为食,亲绩麻以为衣,食饱衣暖,据义而动,其乐亦自足矣。若受人重禄,乘人坚良,食人肥鲜,而将何以待之!”接舆曰:“吾不许也。”妻曰:“君使不从,非忠也。从之又违,非义也。不如去之。”夫负釜甑,妻戴纴器,变名易姓而远从,莫知所之。君子谓接舆妻为乐道而远害,夫安贫贱而不怠于道者,唯至德者能之。①

楚,老莱子之妻也。莱子逃世,耕于蒙山之阳。葭墙蓬室,木床蓍席,衣缊食菽,垦山播种。

人或言之楚王曰:“老莱,贤士也。”王欲聘以璧帛,恐不来,楚王驾至老莱之门,老莱方织畚,王曰:“寡人愚陋,独守宗庙,愿先生幸临之。”老莱子曰:“仆山野之人,不足守政。”王复曰:“守国之孤,愿变先生之志。”老莱子曰:“诺。”王去,其妻戴畚莱挟薪樵而来,曰:“何车迹之众也?”老莱子曰:“楚王欲使吾守国之政。”妻曰:“许之乎?”曰:“然。”妻曰:“妾闻之:‘可食以酒肉者,可随以鞭捶。可授以官禄者,可随以铁钺。’今先生食人酒肉,受人官禄,为人所制也。能免于患乎!妾不能为人所制。投其畚莱而去。”老莱子曰:“子还,吾为子更虑。”遂行不顾,至江南而止,曰:“鸟兽之解毛,可绩而衣之。据其遗粒,足以食也。”老莱子乃随其妻而居之。民从而家者一年成落,三年成聚。君子谓老莱妻果于从善。②

接舆和老莱子都是古代有名的隐士,接舆隐居后,路遇孔子,还曾用隐语劝孔子隐居。人们都知道二人是有名的隐士,但不知二人能够坚定地隐居绝尘,是由于他们贤妻的劝导使之坚定了信念。接舆和老莱子之妻都是力劝二人隐居者,但接舆之妻采取的是循循善诱的方式,劝导接舆远离官场,全

---

① (汉)刘向:《古列女传》第二卷,哈尔滨出版社 2009 年版,第 58 页。

② (汉)刘向:《古列女传》第二卷,哈尔滨出版社 2009 年版,第 60 页。

身远祸。而老莱子之妻则是以自己的行动影响老莱子。这两则故事题材相同,事件相同,但人物性格不同。

其次,是注重对人物外貌进行描写。史传作品一般很少对传主进行外貌描写,《史记》中对人物有一些外貌描写,如写刘邦,“高祖为人,隆准而龙颜,美须髯”①,这是写意型的描写,那么,刘邦到底长得如何,不得而知。刘向《列女传》中对女性外貌的描写则是细腻的刻画,如对古代有名的丑女无盐即钟离春的描写:

> 钟离春者,齐无盐邑之女,宣王之正后也。其为人极丑无双,臼头,深目,长指,大节,卬鼻,结喉,肥项,少发,折腰,出胸,皮肤若漆。行年四十,无所容入,炫嫁不售,流弃莫执。②

上面的细腻描写把钟离春的丑陋惟妙惟肖地描绘出来,与《史记》对刘邦的描写大不相同。这种描写在杂传初创时期是很成功的范例,影响到后世史传对女性的描写。

最后,心理描写的运用。中国古代的史传不大注意人物的心理描写,即使有也是一笔带过,如《史记·淮阴侯列传》中对韩信心理的描写,“信度何等已数言上,上不我用,即亡”③,这种描写只是一笔带过,不能反映人物心理的变化。而《列女传》中对心理的描写则较为细腻,反映了人物的心理变化。

> 二义者,珠崖令之后妻,及前妻之女也。女名初,年十三,珠崖多珠,继母连大珠以为系臂。及令死,当送丧。法,内珠入于关者死。继母弃其系臂珠。其子男年九岁,好而取之,置之母镜奁中,皆莫之知。
>
> 遂奉丧归,至海关,关侯士吏搜索,得珠十枚于继母镜奁中,吏曰:“嘻!此值法无可奈何,谁当坐者?”初在左右顾,心恐母置镜奁中,乃曰:“初当坐之。”吏曰:“其壮何如?”对曰:“君不幸,夫人解系臂弃之。初心惜之,取而置夫人镜奁中,夫人不知也。”继母闻之,遽疾行问初,初曰:“夫人所弃珠,初复取之,置夫人奁中,初当坐之。”母意亦以初为实,然怜之,乃因谓吏曰:“愿且待,幸无劾儿,儿诚不知也。此珠妾之系臂

---

① (汉)司马迁:《史记·高祖本纪》,中华书局1959年版,第342页。

② (汉)刘向:《古列女传》第六卷,哈尔滨出版社2009年版,第188页。

③ (汉)司马迁:《史记·淮阴侯列传》,中华书局1959年版,第2611页。

> 也，君不幸，妾解去之，而置奁中。迫奉丧，道远，与弱小俱，忽然忘之，妾当坐之。”初固曰：“实初取之。”继母又曰：“儿但让耳，实妾取之。”因涕泣不能自禁。女亦曰：“夫人哀初之孤，欲强活初身，夫人实不知也。”又因哭泣，泣下交颈，送葬者尽哭，哀恸傍人，莫不为酸鼻挥涕。关吏执笔书劾，不能就一字，关候垂泣，终日不能忍决，乃曰：“母子有义如此，吾宁坐之？不忍加文，且又相让，安知孰是？”遂弃珠而遣之，既去，后乃知男独取之也。君子谓二义慈孝……若继母与假女推让争死，哀感傍人，可谓直耳。①

初在关侯发现继母镜奁携带珠后，主动包揽罪过，继母以为是实情，但想到初年少丧父，也争着承担罪名。刘向用“恐”和“怜”二字细腻地刻画了二人的心态，塑造了慈母孝女的形象。尽管刘向对于心理描写还不是很成熟，但在杂传中注意到心理描写的作用确实也是难能可贵。

5.《列女传》对后世传记文学的影响

刘向的《列女传》对后世女性传记产生了深远的影响，最为明显的例子就是范晔在撰述《后汉书》时，在正史传记中首列女性传记，此后，沿袭模拟者不绝如缕，人们通常说的二十四史就有十余部设有列女传。这种情况的出现，正如章炳麟所说，“《后汉书》有《列女传》，搜次才行，不专节操，宋以后则为《烈女传》，专以激扬风教为事，与前史之旨趣违异”②。可见刘向《列女传》的影响之大。具体说来有以下几点：

第一，立传的标准，不专尚节操。范晔在《后汉书·列女传》序中说：

> 《诗》、《书》之言女德尚矣。若夫贤妃助国君之政，哲妇隆家人之道，高士弘清淳之风，贞女亮明白之节，则其徽美未殊也，而世典咸漏焉。故自中兴以后，综其成事，述为《列女篇》。如马、邓、梁后，别见前纪；梁嫕、李姬，各附家传。若斯之类，并不兼书。余但搜次才行尤高秀者，不必专在一操而已。③

---

① （汉）刘向：《古列女传》第五卷，哈尔滨出版社 2009 年版，第 158—159 页。

② 章太炎：《国学讲演录》，华东师范大学出版社 1995 年版，第 140 页。

③ （宋）范晔：《后汉书·列女传》，中华书局 2007 年版，第 817 页。

范晔在所作的《列女传》中，收录女性十五人，她们中既有妙于音律的蔡文姬，也有为亲报仇的庞娥，还有劝夫拾金不昧的乐羊子妻，更有孝女曹娥，作《女诫》的班昭。这种立传的方式，很显然是《列女传》影响的结果。范晔在作《列女传》时继承了刘向的进步思想，在为女性作传时，只要传主“才行高秀”，则“不必专在一操”，蔡文姬是一个典型的例子。蔡文姬是东汉末年大学者蔡邕的女儿，她精通音律和诗歌，曾经先后三嫁，这与封建伦理观念是相悖的，但因其“才行高秀”，范晔还是为其作了传。

第二，选材、取材方式之影响。刘向《列女传》的资料，大多取材于古代的各种典籍，正如《四库全书总目》所云：“大抵采百家传记，以类相从，故颇与《春秋内外传》、《战国策》、《太史公书》互相出入”①，这里虽然是针对刘向的《新序》而言，实际上也是《列女传》的选材特点。由于材料来源不一，所以会出现乖误，对此，刘知几进行了批判：

> 刘向《列女传》云：“夏姬再为夫人，三为王后。”夫为夫人则难以验也，为王后则断可知矣。案其时诸国称王，唯楚而已。如巫臣谏庄将纳姬氏，不言曾入楚宫，则其为后当在周室。盖周德虽衰，犹称秉礼。岂可族称姬氏而妻厥同姓乎？且鲁娶于吴，谓之孟子。聚麀之诮，起自昭公。未闻其先已有斯事，礼之所载，何其阙如！又以女子一身，而作嫔三代，求诸人事，理必不然。寻夫春秋之后，国称王者有七。盖由向误以夏姬之生，当夫战国之世，称三为王后者，谓历嫔七国诸王，校以年代，殊为乖剌。至于他篇，兹例甚众。故论楚也，则昭王。与秦穆同时；言齐也，则晏婴居宋景之后。今粗举一二，其流可知。
>
> 观刘向对成帝，称武、宣行事，世传失实，事具《风俗通》，其言可谓明鉴者矣。及自造《洪范》、《五行》，及《新序》、《说苑》、《列女》、《神仙》诸传，而皆广陈虚事，多构伪辞。非其识不周而才不足，盖以世人多可欺故也。呜呼！后生可畏，何代无人，而辄轻忽若斯者哉！夫传闻失真，书事失实，盖事有不获已，人所不能免也。至于故为异说，以惑后来，则过之尤甚者矣！②

---

① （清）纪昀总纂：《四库全书总目提要》，河北人民出版社 2000 年版，第 3654 页。

② （唐）刘知几撰，（清）浦起龙通释，吕思勉评：《史通》，上海古籍出版社 2008 年版，第 378 页。

刘知几作为史学理论家，他要求作传要求真求实，而刘向的杂传存在诸多乖误之处，把刘向杂传的失实归结为世人可欺，是刘向有意为之，是不恰当的。因为刘向曾经校理过群书，他是有求实精神的，不会故意编造历史事实，来欺骗世人。其杂传中存在的许多失误之处，是出在他对材料的选择问题。刘向作《列女传》是主题先行的，因为“向睹俗弥奢淫，而赵、卫之属起微贱，逾礼制。向以为王教由内及外，自近者始。故采取《诗》、《书》所载贤妃贞妇，兴国显家可法则，及孽嬖乱亡者，序次为《列女传》，凡八篇，以戒天子”①，这说明，刘向作《列女传》的目的是为了讽谏而不是为了作史书。因此，他对所选的材料没有进行甄别、遴选，这样，出现乖误就在所难免了，有时还会进行夸张、虚构，如《孟姜女》故事的原型“齐杞梁妻”：

> 齐杞，梁殖之妻也。庄公袭莒，殖战而死。庄公规，遇其妻，使使者吊之于路。杞梁妻曰：“今殖有罪，君何辱命焉。若令殖免于罪，则贱妾有先人之弊庐在下，妾不得与郊吊。”于是庄公乃还车诣其室，成礼然后去。
>
> 杞梁之妻无子，内外皆无五属之亲。既无所归，乃枕其夫之尸于城下而哭，内诚动人，道路过者莫不为之挥涕，十日，而城为之崩。既葬，曰：“吾何归矣？夫妇人必有所倚者也。父在则倚父，夫在则倚夫，子在则倚子。今吾上则无父，中则无夫，下则无子。内无所依，以见吾诚；外无所倚，以立吾节。吾岂能更二哉！亦死而已。”遂赴淄水而死。君子谓杞梁之妻贞而知礼。诗云：“我心伤悲，聊与子同归。”此之谓也。②

这是一个关于战争的故事，杞梁战死疆场，其妻枕其尸而哭，结果哭倒城墙。它一方面反映了杞梁妻之悲，另一方面反映了战争给人民带来的痛苦，刘向是采用虚构、夸张的手法来写的，如果用作史的标准来看是不允许的，但从反映妻子对丈夫的贞顺角度来说，则是无可厚非的。后世《孟姜女》的故事即由此而来，它所反映的是秦始皇的暴政和无穷的徭役给人民带来的痛苦。

第三，对杂传人物撰写的影响。在中国古代，由于受传统道德观念的影响，占人类总数二分之一的女性很难发挥她们的聪明才智，在社会上有所作为，她们的事迹只能表现在某一方面。《列女传》中的女性，只是在某一方面

---

① （汉）班固：《汉书·楚元王传》，中华书局2007年版，第403页。

② （汉）刘向：《古列女传》第四卷，哈尔滨出版社2009年版，第117页。

有所作为而已，汉代以后，受“女子无才便是德”观念的影响，女子的才能便更加难以发挥了，她们只能灵光一现。所以，为她们作传，只能选择其中的一个侧面而已。刘向以后的《列女传》都是沿袭刘向的做法，一是凡以“列女”作为书名的，都是学习刘向的结果；二是刘向《列女传》囊括了古代女子品行的所有类型，后世为女子作传基本上没有超出这些类型。至于刘向《列女传》对后世传人手法上的影响，前面已有论述，此不重复。

（三）刘向的其他杂传作品

除了《列女传》之外，刘向还撰有《列士传》、《列仙传》和《孝子传》等杂传作品。

《列士传》二卷，《汉书·艺文志》中没有著录，《隋书·经籍志》和《新唐书·艺文志》都著录于史部传记类，均为二卷。《列士传》原书已佚失，只在《太平御览》、《艺文类聚》、《北堂书钞》和《水经注》中尚有残片。王仁俊和熊明二位先生曾对此书进行辑佚。从王、熊二位的辑佚情况看《列士传》主要记载古代一些义士的事迹。他们包括羊角哀、左伯桃、魏公子无忌、朱亥、赤鼻、延陵季子、专诸、庆忌、徐衍、鲍焦、荆轲、冯谖、伯夷、叔齐等，饶道庆在王、熊二位的基础上又进行了辑补，还进行了校正。

从他们辑校的内容看，《列士传》所选的传主都是义士，左伯桃是忠于友情的义士；魏公子无忌即信陵君在战国时期以养士而闻名，《列士传》记载其救鸠杀鹞之事，表现他义泽禽类；朱亥在《战国策》和《史记·信陵君列传》中是锤击晋鄙，为信陵君窃符救赵的勇士，他激于大义，追随信陵君救赵。在《列士传》中，写朱亥奉信陵君之命出使秦国，秦王将其放入猛兽（亦说是虎）圈中，朱亥瞋目视之，猛兽不敢动，是一个勇士形象；赤鼻是干将之子，是一个为父报仇而杀楚王的勇士。延陵季子、庆忌、专诸、徐衍、鲍焦等都是刺客兼勇士，特别是荆轲，他刺秦王时，感动上天，结果白虹贯日。冯谖是孟尝君的门客，他的事迹在《战国策·齐策》和《史记·孟尝君列传》中都有记载，《列士传》中的记载与《战国策》和《史记》的记载大同小异，他本着“士为知已者死”的精神，为孟尝君全身远祸而凿三窟。伯夷、叔齐是古代义士的典型，司马迁把他们放在《史记》列传的第一篇，他们在武王伐纣，以周代商之后，不食周粟，在首阳山采薇而食，最后饿死，是古代公认的义士。纵观《列士传》的残片，可以知晓，这是一部义士传。

《列仙传》，《汉书·艺文志》没有著录，《隋书·经籍志》著录为杂传类，二卷，刘向撰，今已佚失。

《孝子传》又称《孝子图》，其在史志书目中都没有著录，姚振宗在《汉书艺文志拾补》中认为该书为刘向所著。《法苑珠林》卷四九曾引孝子郭巨、丁兰、董永、舜之事，云出自刘向《孝子传》，《太平御览》卷四一一引郭巨、董永之事，也说出自刘向《孝子传》。

> 刘向《孝子图》曰：郭巨，河内温人，甚富。父没，分财二千万为两分，与两弟，己独取母供养寄住。邻有凶宅，无人居者，共推与之居，无祸患。妻产男，虑养之则妨供养，乃令妻抱儿欲掘地埋之，于土中得金一釜，上有铁券云："赐孝子郭巨。"巨还宅主，宅主不敢受，遂以闻官。官依券题还巨，遂得兼养儿。
>
> 又：前汉董永，千乘人。少失母，独养父。父亡无以葬，乃从人贷钱一万。永谓钱主曰："后若无钱还君，当以身作奴。"主甚悯之。永得钱葬父毕，将往为奴，于路忽逢一妇人，求为永妻。永曰："今贫若是，身复为奴，何敢屈夫人之为妻?"妇人曰："愿为君妇，不耻贫贱。"永遂将妇人至。钱主曰："本言一人，今何有二?"永曰："言一得二，理何乖乎?"主问永妻曰："何能?"妻曰："能织耳。"主曰："为我织千匹绢，即放尔夫妻。"于是索丝，十日之内千匹绢足。主惊，遂放夫妻二人而去。行至本相逢处，乃谓永曰："我是天之织女，感君至孝，天使我偿之。今君事了，不得久停。"语讫，云雾四垂，忽飞而去。①

上面两则引文反映了刘向杂传的主要特点，即只反映传主人生的一个侧面，郭巨、董永之所以入传就是由于二人孝行卓著，感天动地。同时，董永的故事还具有情节的曲折性，当董永贷钱葬父，无力还钱，即将以身为奴之际，忽逢一妇人自愿嫁其为妻，钱主许诺如织千匹绢，即解脱董永奴仆身份，结果，妇人十日之内即完成任务。到了最后才知道，此妇人原来是天上的织女，因董永至孝，所以，天使其来帮董永还债。董永的故事是刘向虚构的孝子故事，其曲折的情节，被后世看作小说，说明刘向的杂传对后世小说产生了重要影响。

---

① （宋）李昉等编，夏剑钦、王巽斋校点：《太平御览》第四卷，河北教育出版社 1994 年版，第 430 页。

四、《赵飞燕外传》

在中国古代的后妃之中，赵飞燕与杨贵妃一样是闻名遐迩的人物，因其生平事迹具有传奇色彩，而成为后世文人创作所喜爱的题材。赵飞燕的故事在《汉书·外戚传》中有所记载，大概是为尊者讳的原因，班固对赵飞燕秽乱后宫之事并没有过多的涉及。

（一）《赵飞燕外传》的著录、作者及其成书年代

《赵飞燕外传》最早的著录见于宋代晁公武的《郡斋读书志》，“《赵飞燕外传》一卷，右汉伶玄子于撰。茂陵卞理藏之于金藤漆柜，王莽之乱，刘恭得之，传于世，晋荀勖校上”[①]。此后，《直斋书录解题》、《宋史·艺文志》、《文献通考·经籍考》亦有著录，只是名字不同，有的题作《飞燕外传》，有的题作《赵飞燕外传》，此传现存，最早载于《说郛》，明代顾元庆刊于《顾氏文房小说》之中。现存清钞本的《赵飞燕外传》，题作者为（汉）伶玄撰。在传的最后有伶玄的小传及该书流传情况，现录于此：

> 伶玄，字子于，潞水人。学无不通，知音，善属文。简率，尚真朴，无所矜式。杨雄独知之。然雄贪名矫激，子于谢不与交，雄深慊毁之。子于由司空小吏历三署，刺守州郡，为淮南相，入有风情。哀帝时，子于老休，买妾樊通德。通德，嫕之弟子不周之子也。有才色，知书，慕司马迁《史记》。颇能言赵飞燕姊弟故事。子于闲居命言，厌厌不倦。子于语通德曰：“斯人俱灰灭矣，当时疲精力，驰骛嗜欲蛊惑之事，宁知终归荒田野草乎？”通德占袖，顾视灯影，以手拥髻，凄然泣下，不胜其悲。子于亦然。通德奏子于曰：“夫淫于色，非慧男子不至也。慧则通，通则流，流而不得其防，则百物变态为沟为壑，无所不往焉。礼仪成败之说，不能止其流。惟感之以盛衰奄忽之变，可以防其坏。今婢子所道赵后姊弟事，盛之至也；主君怅然有荒田野草之悲，衰之至也。婢子拊形属影，识夫盛之不可留，衰之不可推。俄然相缘奄忽，虽婕妤闻此，不少遣乎？幸主君著其传，使婢子执研削道所记。”于是撰《赵后别传》。子于为河

---

① （宋）晁公武：《郡斋读书志》卷九《传记类·赵飞燕外传》条，上海古籍出版社1990年版，第374页。

东都尉；班躅为决曹，得幸太守，多所取受。子于召躅，数其罪而捽辱之。躅从兄子彪续司马《史记》，绌子于，无所收录。①

这段引文意在说明伶玄所撰的《赵飞燕外传》之资料来源是真实的，因为伶玄买的妾是赵飞燕、赵合德的姑表妹樊嫕弟子不周之女名为樊通德者，她为伶玄讲述赵氏姊妹之事，应该是真实的。伶玄感于世事浮沉、沧海桑田、人生变幻莫测，于是作了《赵飞燕外传》以寄兴亡之感。

这段伶玄自叙还记述了伶玄与扬雄和班躅的关系，但此种关系在《汉书·扬雄传》中不见载录，班躅从兄之子为班彪，因子于数辱班躅，所以班彪在作《汉书》时没有为伶玄作传，很显然是后人的附会之说。此自叙之后还有桓谭的话："王莽时，茂陵卞理者不仕，以夏侯《尚书》授时。更始二年，赤眉过茂陵，卞理弃图书隐上，刘恭入其庐，获金滕漆匮，发之乃得玄书。建武二年，贾子翊以书示予曰：卞理之琴师玄云也。"这几句讲了此书流传的过程。关于此书的校理过程，桓谭话之后，又有一段记载："尚书臣勖校右伶玄《赵后传》，竹简磨灭，文义交错，不可具晓。谨与臣勖书同校定相证，别删去其不可详者，合为一篇。其赵后、樊嫕无所终，疑玄之阙文野。"朱东润先生认为：

《飞燕外传》自序作者伶玄字子于，潞水人，哀帝时为淮南相。序称"子于为河东都尉；班躅为决曹，得幸太守，多所取受。子于召躅，数其罪而捽辱之。躅从兄子彪续司马《史记》，绌子于，无所收录"。这是逆探《汉书·艺文志》不录《飞燕外传》，以及《成帝纪》、《外戚传》不采用《外传》的解释。哀帝时人逆探东汉明帝时的著作，加以解释，已属可疑。哀帝时无淮南国，伶玄何以为淮南相，事亦非是。自序一则言樊通德"有才色，知书，慕司马迁《史记》"，再则言"（班）彪续司马《史记》"，其实在班彪父子的时代，止称《太史公书》，不称《史记》，有《汉书·艺文志》、《司马迁传》可考。所以这是一部伪书，确然可见，不但因为《隋》、《唐志》皆不著录，直至晁公武《读书志》方著其名，始可知为伪作。②

---

① （汉）伶玄：《赵飞燕外传》，时代文艺出版社 2001 年版，第 4—5 页。

② 朱东润：《八代传叙文学述论》，复旦大学出版社 2006 年版，第 51 页。

《四库全书总目》认为此书后桓谭的话和荀勖校理一事，“大抵皆出于依托”①。关于此书的成书年代，胡应麟、周中孚等认为是北宋时期，鲁迅认为：

《飞燕外传》一卷，记赵飞燕姊妹故事，题汉河东都尉伶玄子于撰，司马光尝取其“祸水灭火”语入《通鉴》，殆以为真汉人作，然恐是唐宋人所为。②

吴志达认为：“当晚于汉代而早于唐宋”③，薛洪绩认为《外传》“就是唐代以前的两晋南北朝时代的作品，大概还是可以的”④。由此可知，关于《赵飞燕外传》的作者及著述时代至今还难以定论，有待于学术界做进一步考辨。

（二）《赵飞燕外传》的传记价值

第一，题材上的开拓。受史传的影响，早期的杂传多以传主的生平大事为主，如《穆天子传》、《燕丹子》、《晏子春秋》等，即使像《列女传》这样以女性为传主的杂传作品，其内容多以国家大事或家庭大事为主，很少深入家庭或宫闱内部。《赵飞燕外传》是以宫闱秘闻为内容的杂传作品，在题材的选择上具有开创性。同时，这篇杂传也具有现实意义，作者叙汉成帝宠幸赵飞燕姊妹，荒淫成性，最后因纵欲而丧生，飞燕姐妹也因此死于非命，其批判性和借鉴目的是很明显的。

第二，人物性格鲜明突出。《赵飞燕外传》的传主为汉成帝、赵飞燕、赵合德，而实际上主要是赵飞燕姐妹，赵飞燕的特点是纵欲成性，秽乱春宫。在入宫之前，即与射鸟者相通，入宫后，在与成帝相交时，“飞燕瞑目牢握，涕交颐下，战栗不迎帝。帝拥飞燕，三夕不能接，略无谴意。宫中素幸者从容问帝，帝曰：‘丰若有余，柔若无骨，迁延谦畏，若远若近，礼义人也，宁与女曹婢胁肩者比邪？’既幸，流丹浃藉”，她居然伪装成处女，骗过成帝，赢得“礼义人”的赞誉，自此以后，不仅毫无收敛，反而变本加厉地行淫乱之事，“在远条馆，多通侍郎宫奴多子者”，为了稳固自己的地位，她深知“母以子贵”的信条，私通多子之人，目的是想通过生子来稳固自己在宫中的地位，对于欲告

---

① （清）纪昀总纂：《四库全书总目提要》，河北人民出版社2000年版，第3654页。

② 鲁迅著，郭豫适导读：《中国小说史略》，上海古籍出版社1998年版，第23页。

③ 吴志达：《中国文言小说史》，齐鲁书社1994年版，第58页。

④ 薛洪绩：《试论〈飞燕外传〉的产生时代及其特出成就》，《学术研究丛刊》1984年第1期。

发其事者,“每泣下凄恻,以故白后奸状者,帝辄杀之。侍郎宫奴鲜绔蕴香恣纵,栖息远条馆,无敢言者”。由于乱用方药,结果“后终无子”。

与其姐姐相比,赵合德工于心计,当成帝召其入宫时,为了防止飞燕嫉妒,她表示,“非贵人姊召不敢行,愿斩首以报宫中”,在进宫时又精心打扮,“合德新沐,膏九回沉水香。为卷发,号新髻;为薄眉,号远山黛;施小朱,号慵来妆。衣故短绣裙小袖李文袜”,对成帝欲擒故纵,这与飞燕形成鲜明的对比。在后宫相处,她表面上处处谦让,迎合飞燕,甚至在飞燕误唾其袖时,她不仅不反感,反而奉承说:“姊唾染人绀袖,正似石上华,假令尚方为之,未必能若此衣之华,以为石华广袖”,以此讨好飞燕。她为了满足成帝的淫欲,讨好成帝,“昭仪辄进帝,一丸一幸。一夕,昭仪醉进七丸,帝昏夜拥昭仪居九成帐,笑吃吃不绝。抵明,帝起御衣,阴精流输不禁,有顷,绝倒。揭衣视帝,余精出涌,沾污被内。须臾帝崩”。结果机关算尽,害死了成帝,自己也呕血而死。

第三,情节曲折,富于变化。《赵飞燕外传》的情节描写富于变化,如:

> 后所通宫奴燕赤凤者,雄捷能超观阁,兼通昭仪。赤凤始出少嫔馆,后适来幸,时十月五日。宫中故事,上灵安庙。是日吹埙击鼓,歌连臂踏地,歌《赤凤来曲》。后谓昭仪曰:“赤凤为谁来?”昭仪曰:“赤凤自为姊来,宁为他人乎?”后怒以杯抵昭仪裙曰:“鼠子能啮人乎?”昭仪曰:“穿其衣,见其私足矣,安在啮人乎?”昭仪素卑事后,不虞见答之暴,孰视不复言。樊嫕脱簪叩头出血,扶昭仪为拜后。昭仪拜,乃泣曰:“姊宁忘共被夜长,苦寒不成寐,使合德雍姊背邪?今日垂得贵,皆胜人,且无外搏。我姊弟其忍内相搏乎?”后亦泣,持昭仪手,抽紫玉九雏钗为昭仪簪髻乃罢。帝微闻其事,畏后不敢问,以问昭仪。仪曰:“后妒我尔,以汉家火德,故以帝为赤龙凤。”帝信之,大悦。

常言道:“感情是自私的。”同性二人可以共用一床被,不可共用一个异性。争风吃醋是女性的本能,后宫嫔妃众多,后宫争宠亦是常见的现象。赵飞燕的情郎赤凤在和飞燕相通的同时,也与合德私通,这不能不让飞燕妒火中烧,姊妹之间的冲突一触即发,只是没有合适的时机而已,合德自恃有飞燕把柄在手,无所顾忌。“宫中故事,上灵安庙”,正好为她们的冲突提供了时机,当日演奏《赤凤来曲》,飞燕借题发挥,合德反唇相讥,激怒飞燕,合德“孰视不复言”,结果“樊嫕脱簪叩头出血,扶昭仪为拜后”,表示屈服。尽管成帝也知道飞燕之事,但是由于“畏后”而不敢言。合德为自己开脱,曰:“后妒我尔，以汉家火德，故以帝为赤龙凤”，骗取成帝的信任，“帝信之，大悦”。这段描写，说明《飞燕外传》的作者已经注意到情节的引人入胜之处。

明代胡应麟称《赵飞燕外传》为“传奇之首”①，是针对其题材而言的，宫闱秘闻本来具有神秘性，是吸引人们探求其秘密的渊薮，特别是赵飞燕姊妹的故事，更具有传奇色彩。她们出身低微，饱经苦难，但她们却能进入深宫，成为帝后，其中的原因引起好奇之士的关注，《赵飞燕外传》一书的出现，满足了人们的好奇心。这一题材不仅对杂传产生了影响，而且对唐宋之后以宫闱为题材的传奇小说产生了很大影响，如以隋炀帝、唐玄宗、杨贵妃等帝后宫廷生活为题材的作品成为创作的热门，不能不说是受《赵飞燕外传》影响的结果，同时，《赵飞燕外传》所用的文学手法，对这些小说也有较大影响，故胡应麟说它是“传奇之首也”，道出了其在思想内容与艺术形式上对唐宋传奇小说的影响。

五、汉武帝三传

（一）《汉武故事》

1.《汉武故事》的成书年代及作者

《汉武故事》，又称《汉孝武故事》或《汉武帝故事》，关于其作者为谁，历来众说纷纭，总的说来，有以下几种说法：

第一，认为是班固所撰。《三辅黄图》、《崇文总目》、《宋史·艺文志》、《郡斋读书志》、《文献通考》持这一观点。

第二，认为是王俭所作。《郡斋读书志》先云《汉武故事》为“右世言班固撰”，《续谈助》卷一《洞冥记跋》亦引张柬之语：‘《汉武故事》，王俭造’”②，胡应麟亦说“不类孟坚，是六朝人作也”③。清代学者多持此观点。

---

① （明）胡应麟：《少室山房笔丛》卷二九《丙部·九流绪论下》，上海书店出版社2001年版，第283页。

② （宋）晁公武：《郡斋读书志》卷九《传记类·赵飞燕外传》条，上海古籍出版社1990年版，第374页。

③ （明）胡应麟：《少室山房笔丛》卷二九《丙部·九流绪论下》，上海书店出版社2001年版，第285页。

第三，清孙诒让认为是葛洪所作[①]，孙氏的根据是葛洪家藏有《汉武帝禁中起居注》一卷和《汉武故事》二卷，另又引张柬之的话，认定葛洪曾撰有《汉武故事》。余嘉锡认为是葛洪所作，王俭再作。[②]

第四，文人所为。鲁迅先生持这一观点，他说："《汉武帝故事》，今存一卷，记武帝生于猗兰殿至崩葬茂陵杂事，且下及成帝时。其中虽多神仙怪异之言，而颇不信方士，文亦简雅，当是文人所为。"[③]鲁迅是依据文本的语言来断定的。

以上的看法，均为人所质疑，司马光认为是班固所作的说法靠不住，他说："《汉武故事》语多诞妄，非班固书，盖后人为之，托固名耳。"(《资治通鉴考异》)清代姚振宗则为其作了解释，他认为："六朝人每喜抄合古书，而王俭有《古今集记》，疑王俭抄入《集记》中，故张柬之以为王俭造"[④]，姚氏的说法是有一定道理的。葛洪所作的说法似乎也站不住脚，因为在葛洪之前，潘岳作《西征赋》中，即已引用《汉武故事》中的典故。鲁迅先生的说法只是一种推测，认为文字典雅是文人所作，但哪个文人所作，他也没有说清楚。

我们认为该书似乎成于方士之手，其原因有二：

第一，汉武帝企慕长生，宠幸方士，很多方术之士都受到重用，据《史记·封禅书》记载：

> 是时李少君亦以祠灶、谷道、却老方见上，上尊之……少君言上曰："祠灶则致物，致物而丹沙可化为黄金，黄金成以为饮食器则益寿，益寿而海中蓬莱仙者乃可见，见之以封禅则不死，黄帝是也。臣尝游海上，见安期生，安期生食巨枣，大如瓜。安期生仙者，通蓬莱中，合则见人，不合则隐。"于是天子始亲祠灶，遣方士入海求蓬莱安期生之属，而事化丹沙诸药齐为黄金矣。[⑤]

---

① （清）孙诒让：《札迻》卷十一，清光绪二十年刻本。

② 余嘉锡：《四库提要辨证》卷一八《子部九·小说家类三》，科学出版社1958年版，第1122—1124页。

③ 鲁迅著，郭豫适导读：《中国小说史略》，上海古籍出版社1998年版，第18页。

④ （清）姚振宗：《隋书经籍志考证》卷一六《史部·旧事类》，中华书局1955年版，第68页。

⑤ （汉）司马迁：《史记·封禅书》，中华书局1959年版，第1385页。

《后汉书·方术传序》亦云：

汉自武帝颇好方术，天下怀协道艺之士，莫不负策抵掌，顺风而届焉。后王莽矫用符命，及光武尤信谶言，士之赴趣时宜者，皆骋驰穿凿，争谈之也。①

不只是汉武帝如此，中国的历代帝王都有此种行为。在汉武帝之前，秦始皇就曾派徐福带童男童女去海上求取仙方，以求长生不老。上有所好，下必从之，方术之士只凭虚幻荒谬的东西即可获得将军的封号，更加引起人们的神往，所以人们趋之若鹜，要想得到帝王的赏识就必须编造玄而又玄的成仙故事来欺骗帝王，《汉武故事》那些"挟飞仙以遨游"的故事，和方士的行为应该有不可分割的关系。

第二，有关方术的内容充斥全书。

对于鬼神、方术在中国的影响，鲁迅先生有一段精辟的论述，他说：

中国本信巫，秦汉以来，神仙之说盛行，汉末又大畅巫风，而鬼道愈炽；会小乘佛教亦入中土，渐见流传。凡此，皆张皇鬼神，称道灵异，故自晋讫隋，特多鬼神志怪之书。其书有出于文人者，有出于教徒者。②

在《汉武故事》中，有关方术的段落比比皆是，如：

《汉武故事》曰：拳夫人进为婕好，居钩弋宫，解黄帝素女之术。从上至甘泉，因幸，告上曰："妾相运正应为陛下生一男，男七岁妾当死，今年必死，宫中多蛊气，必伤圣体。"言终而卧，遂卒。既殡，香闻十余里，因葬云陵。上哀悼，又疑非常人，发冢室，棺无尸，惟履存。为起通灵台于甘泉。常有一青鸟集台上，至宣帝时乃止。③

《汉武故事》曰：公孙卿至东莱，云见一人，长五丈，自称巨公，牵一

① （宋）范晔：《后汉书·方术列传上》，中华书局2007年版，第792页。

② 鲁迅著，郭豫适导读：《中国小说史略》，上海古籍出版社1998年版，第24页。

③ （宋）李昉等编，夏剑钦、王巽斋校点：《太平御览》第二卷，河北教育出版社1994年版，第310页。

> 黄犬，把一黄雀，欲谒天子，因忽不见。①
>
> 《汉武故事》曰：栾大有方术，常于殿前树旌，数百人因令自相击庭中，去地十余丈，观者大骇。②

以上段落中，方术之事充斥其中，如果不是精通方术的人，很难作出。况且由于当时士大夫对于方术之士"忿其奸妄不经"，绝不会摄略其术的，可见，《汉武故事》应是方术之士所为。

2.《汉武故事》的基本内容

关于汉武帝的事迹，司马迁在《史记·孝武本纪》，班固在《汉书·武帝纪》中都有所记载，但二位史学家的记载以军国大事为主，司马迁在《史记》中尚有汉武帝迷信方士，追求长生的荒唐举动，而班固只字未提。其实，武帝作为一位雄才大略的君主，他在文景之治的基础上，把汉王朝推向鼎盛，成为备受后世称赞之主，其生活中的事件，司马迁略有涉及，班固苑于为尊者讳、为亲者讳、为贤者讳的信条，对汉武帝的私生活讳莫如深。《汉武故事》所选择的主要是汉武帝生活中的事，可以弥补正史记载之不足。

第一，汉武帝风流韵事之描绘。

"食、色，人之性也"，出于本能，男人好色似乎是很正常的事，对于平民百姓，本也无可厚非，但对于帝王则难以理解。作为正史，是不允许有这方面的记载，而作为杂传，由于没有太多的忌讳，可以放开来写。《汉武故事》对于汉武帝爱好女色的描写，和一般男人没有什么区别。在汉武帝众多的后妃中，他最喜欢的人是陈皇后阿娇和李夫人，《汉武故事》对此作了记载：

> 《汉武故事》曰：武帝四岁封胶东王，长主抱膝上，问曰："儿欲得妇不？"长主指左右长御百余人，皆云不用。因指其女问曰："阿娇好不？"笑对云："好。若得阿娇作妇，当作金屋贮之。"长主大悦，乃苦要上，遂

---

① （宋）李昉等编，夏剑钦、王巽斋校点：《太平御览》第八卷，河北教育出版社1994年版，第240页。

② （宋）李昉等编，夏剑钦、王巽斋校点：《太平御览》第三卷，河北教育出版社1994年版，第1020页。

定婚。①

又曰：又起明光宫，发燕赵美女二千人以充之，率取十五以上二十以下，年满四十者出嫁。凡诸宫美人可七八千，帝从行郡国，载之后车，与上同辇者十六人，员数恒使满，皆自然美丽，不使粉白黛黑，侍衣轩者亦如之。②

汉武帝在四岁时，即知爱美人。当然，他不是爱美人不爱江山的主，而是美人江山都爱的人，在年幼时，即爱阿娇，欲筑金屋而藏之，从而留下了金屋藏娇的典故，可见其情商并不低，说明他是天生的情种。对倾国倾城的李夫人，更是宠爱有加，李夫人去世后，他通过方士来遥望李夫人，说明他也是重情之人，这一情节，对白居易很有启发，在《长恨歌》中，写杨贵妃缢死之后，唐玄宗日夜思念，于是"为感君王辗转思，遂叫方士殷勤觅。排空御气奔如电，上天入地求之遍。上穷碧落下黄泉，两处茫茫皆不见"(《长恨歌》)，这段对杨贵妃的刻骨思念，应该是受了《汉武故事》的启发。

不仅对宫中的妃子如此钟情，汉武帝还像世俗中的男人一样，"家花没有野花香"，还要到宫外去寻找美人，他也要像周穆王遇西王母、楚怀王遇巫山神女，楚襄王遇高塘神女一样，寻找尘世外的女人。《汉武故事》也谈到汉武帝遇西王母的故事，书中有多处记载，如：

《汉武故事》曰：西王母当降，上烧兜末香。兜末香，兜渠国所献，如大豆。涂门，香闻百里。关中常大疾疫，死者因生。③

《汉武故事》曰：后西王母下，出桃七枚，母自啖二，以五枚与帝。帝留核着前，王母问曰："用此何为？"上曰："此桃美，欲种之。"母叹曰："此桃三千年一着子，非下土所植也！"后上杀诸道士妖妄者百余人，西王母遣使谓上曰："求仙信邪，欲见神人而杀戮，吾与帝绝矣！"又致三桃，曰：

① (宋)李昉等编，夏剑钦、王巽斋校点：《太平御览》第二卷，河北教育出版社 1994 年版，第 736 页。

② (宋)李昉等编，夏剑钦、王巽斋校点：《太平御览》第四卷，河北教育出版社 1994 年版，第 182 页。

③ (宋)李昉等编，夏剑钦、王巽斋校点：《太平御览》第八卷，河北教育出版社 1994 年版，第 874 页。

“食此，可得极寿。”①

第二，关于汉武帝迷信方士，求仙行为的记载。

人总是要死的，这是宇宙间不可改变的规律，但“生年不满百，常怀千岁忧”，许多人仍“知其不可而为之”，力图突破这一自然规律，从有限走向无限。汉武帝虽然是一代霸主，但作为一个人，他也有普通人好生恶死的特点。为了使眼前的富贵与自己同在，为了生命的永久，汉武帝也开始了追求长生的艰难历程。在古人的心目中，“神龟虽寿，犹有竟时。螣蛇乘雾，终为土灰”（曹操《步出夏门行》其二），长生之人只有一种，那就是神仙，而人不能直接与神仙沟通，其间要有中介，这个中介就是方士。汉武帝重用方士，追求长生的行为，在《汉武故事》中多有记载：

《汉武帝故事》曰：帝作金茎擎玉杯，以承云表之露，拟和玉屑，服之以求仙。②

《汉武故事》曰：帝拜栾大为天道将军，使着羽衣，立白茅，上授玉印。大亦羽衣，立白茅。上授印，示不臣也。③

《汉武故事》曰：上祀太时，祭常有光明照长安城，如月光。上以问东方朔：“此何神也？”朔曰：“此司命之神，总鬼神者也。”上曰：“祠之，能令益寿乎？”对曰：“皇者寿命悬于天，司命无能为也。”④

第三，关于汉武帝大造宫殿、奢侈享乐之事的记载。

《汉武帝故事》曰：又起建章宫，为千门万户。其东凤阙高二十丈，其北太液池，池中渐台高二十丈。池中又为三山，以象蓬莱、方丈、瀛洲，削金石为鱼龙禽兽之属。其南有玉台，玉堂基与中央前殿等去地十

---

① （宋）李昉等编，夏剑钦、王巽斋校点：《太平御览》第八卷，河北教育出版社 1994 年版，第 853 页。

② （宋）李昉等编，夏剑钦、王巽斋校点：《太平御览》第一卷，河北教育出版社 1994 年版，第 112 页。

③ （宋）李昉等编，夏剑钦、王巽斋校点：《太平御览》第八卷，河北教育出版社 1994 年版，第 982 页。

④ （宋）李昉等编，夏剑钦、王巽斋校点：《太平御览》第八卷，河北教育出版社 1994 年版，第 81 页。

二门，阶陛皆用玉璧。又作神明台，井干楼，高五十余丈，皆悬阁辇道相属焉。其后又为酒池肉林，聚天下四方奇异鸟兽于其中，鸟兽能言能歌舞，或奇形异态，不可称载。傍别造华殿，四夷珍宝充之，琉璃珠玉、火浣布、切玉刀不可称数。巨象、大雀、狮子、骏马充塞苑厩。自古已来，所未见者必备。[①]

(二)《汉武帝别国洞冥记》

1.《汉武帝别国洞冥记》的题名及作者

《汉武帝别国洞冥记》，简称《洞冥记》，它的最早记录见于《隋书·经籍志》，它被录入杂传类，题为《汉武洞冥记》，郭氏撰。此后历代的书目对它的归类不同，有的入杂传类，如《日本国见在书目录》；有的入传记类，如《册府元龟·国史部·采撰一》、《通志·艺文志》。该书的名字在不同的书中也各异，《旧唐书·经籍志》题名《汉别国洞冥记》，《新唐书·艺文志》、《崇文总目》题名为《汉武帝别国洞冥记》，《太平御览经史图书纲目》、《中兴馆阁书目》、《宋史·艺文志》题为《洞冥记》。关于《洞冥记》的卷数有一卷和四卷之别，实际上，一卷本恐怕是合四卷本而成。《洞冥记》的现存版本多为四卷本。

关于《洞冥记》的作者，《隋书·经籍志》著录为郭氏撰，《旧唐书·经籍志》题为郭宪撰。《直斋书录解题》题作“东汉光禄大夫郭宪撰”，《册府元龟·国史部·采撰一》亦题为“郭宪为光禄勋，撰《汉武洞冥记》一卷”，此后诸书皆题郭宪为作者。郭宪，《后汉书·方术列传》有传，其传曰：

> 郭宪字子横，汝南宋人也。少师事东海王仲子。时王莽为大司马，召仲子，仲子欲往。宪谏曰：“礼有来学，无有往教之义。今君贱道畏贵，窃所不取。”仲子曰：“王公至重，不敢违之。”宪曰：“今正临讲业，且当讫事。”仲子从之，日晏乃往。莽问：“君来何迟？”仲子具以宪言对，莽阴奇之。及后篡位，拜宪郎中，赐以衣服。宪受衣焚之，逃于东海之滨。莽深忿恚，讨逐不知所在。

---

① (宋)李昉等编，夏剑钦、王巽斋校点：《太平御览》第四卷，河北教育出版社 1994 年版，第 1061—1062 页。

光武即位，求天下有道之人，乃征宪拜博士。再迁，建武七年，代张堪为光禄勋。从驾南郊。宪在位，忽回向东北，含酒三潠。执法奏为不敬。诏问其故。宪对曰："齐国失火，故以此厌之。"后齐果上火灾，与郊同日。

八年，车驾西征隗嚣，宪谏曰："天下初定，车驾未可以动。"宪乃当车拔佩刀以断车靷。帝不从，遂上陇。其后颍川兵起，乃回驾而还。帝叹曰："恨不用子横之言。"

时匈奴数犯塞，帝患之，乃召百僚廷议。宪以为天下疲敝，不宜动众。谏争不合，乃伏地称眩瞀，不复言。帝令两郎扶下殿，宪亦不拜。帝曰："常闻'关东觥觥郭子横'，竟不虚也。"宪遂以病辞退，卒于家。①

从比较简单的传记中，可以看出，郭宪是个有气节的士人，当王莽不以礼招其师时，他不仅阻止其师王仲子去见王莽，而且在王莽篡位后也决不仕伪朝。在被王莽拜为郎中后，焚衣逃走，隐居于海滨，显示他不仕伪朝的气节。光武帝时，拜为博士，迁光禄勋。郭宪为人刚直，多谏帝失，对于是否作过《洞冥记》一事，其传中没有记载。

《后汉书》把郭宪入《方士列传》，既为方士，那么，对于神仙之事肯定比较关注。书名题为《洞冥记》，是由于书的卷三"有明茎草，夜如金灯，折枝为炬，照见鬼物之形。仙人宁封常服此草，于夜暝时，辄见腹光通外，亦名洞冥草"②，由于能洞见鬼物，所以名其书为《洞冥记》。

至于郭宪为什么要作《洞冥记》，他在书的正文前有一段小序，作了说明：

宪家世述道书，推求先圣往贤之所撰集，不可穷尽，千室不能藏，万乘不能载，犹有漏逸。或言浮诞，非政教所同，经文史官记事，故略而不取，盖偏国殊方，并不在录。愚谓古曩余事，不可得而弃。况汉武帝，明俊特异之主，东方朔因滑稽浮诞，以匡谏洞心于道教，使冥迹之奥，昭然显著。今籍旧史之所不载者，聊以闻见，撰《洞冥记》四卷，成一家之书，庶明博君子该而异焉。武帝以欲穷神仙之事，故绝域遐方，贡其珍异奇

① （南朝宋）范晔：《后汉书·方术列传上》，中华书局 2007 年版，第 793 页。

② 上海古籍出版社编，王根林等校点：《汉魏六朝笔记小说大观·汉武帝别国洞冥记》，上海古籍出版社 1999 年版，第 132 页。

物，及道术之人，故于汉世盛于群主也。故编次之云尔。[1]

这段引文讲述了《洞冥记》的材料来源：一是来自道家之书；二是由于汉武帝求仙活动，各地贡献了珍异奇物及道术之人，这是材料的另一个来源。其成书的目的是为了崇尚神仙道术，载录奇异灵怪之事。

2.《汉武帝别国洞冥记》的基本内容

第一，汉武帝、东方朔出生灵异之事的描述，如：

汉武帝未诞之时，景帝梦一赤彘从云中直下，入崇兰阁。帝觉而坐于阁上，果见赤气如烟雾来蔽户牖。望上，有丹霞蓊郁而起，乃改崇兰阁为猗兰殿。后王夫人诞武帝于此殿，有青雀群飞于霸城门，乃改为青雀门。乃更修饰，刻木为绮榱，雀去，因名青绮门。

东方朔，字曼倩。父张夷，字少平，妻田氏女。夷年二百岁，颜如童子。朔生三日，而田氏死，时景帝三年也……朔以元封中游蒙鸿之泽，忽见王母采桑于白海之滨。俄有黄眉翁指阿母以告朔曰："昔为吾妻，托形为太白之精，今汝此星精也。吾却食吞气，已九千余岁，目中瞳子，色皆青光，能见幽隐之物，三千岁一反骨洗髓，二千岁一刻肉伐毛。自吾生，已三洗髓、五伐毛矣。"[2]

第二，对各国珍奇怪异之物的记载，如：

元鼎五年，郅支国贡马肝石百斤。常以水银养之，内玉柜中，金泥封其上。国人长四尺，惟饵此石而已。半青半白，如今之马肝。舂碎以和九转之丹，服之，弥年不饥渴也。以之拂发，白者皆黑。帝坐群臣于甘泉殿，有发白者，以石拂之，应手皆黑。

吠勒国贡文犀四头，状如水兕。角表有光，因名明犀。

元封三年，大秦国贡花蹄牛。其色驳，高六尺，尾环绕其身，角端有

---

① 上海古籍出版社编，王根林等校点：《汉魏六朝笔记小说大观·汉武帝别国洞冥记》，上海古籍出版社1999年版，第123页。

② 上海古籍出版社编，王根林等校点：《汉魏六朝笔记小说大观·汉武帝别国洞冥记》，上海古籍出版社1999年版，第124页。

肉，蹄如莲花，善走，多力。

元封五年，勒毕国贡细鸟，以方尺之玉笼盛数百头，形如大蝇，状似鹦鹉，声闻数里之间，如黄鹄之音也。

勒毕国，人长三寸，有翼，善言语戏笑，因名善语国。①

第三，关于汉武帝与西王母及其他美女往来的描绘，如：

帝所幸宫人，名丽娟，年十四，玉肤柔软，吹气胜兰。不欲衣缨拂之，恐体痕也。每歌，李延年和之，于芝生殿唱回风之曲，庭中花皆翻落。置丽娟于明离之帐，恐尘垢污其体也。帝常以衣带系丽娟之袂，闭于重幕之中，恐随风而去也。丽娟以琥珀为佩，置衣裾里，不使人知，乃言骨节自鸣，相与为神怪也。②

元光中，帝起寿灵坛。坛上列植垂龙之木，似青梧，高十丈，有朱露，色如丹汁，洒其叶，落地皆成珠。其枝似龙之倒垂，亦曰珍枝树。此坛高八丈，帝使董谒乘云霞之辇以升坛。至夜三更，闻野鸡鸣，忽如曙，西王母驾玄鸾，歌春归乐，谒乃闻王母歌声而不见其形。歌声绕梁三匝乃止，坛傍草树枝叶或翻或动，歌之感也。四面列种软枣，条如青桂。风至，自拂阶上游尘。③

第四，有关汉武帝宫殿建筑的描写，如：

建元二年，帝起腾光台，以望四远。于台上撞碧玉之钟，挂悬黎之磬，吹霜条之篪，唱来云依日之曲。方朔再拜于帝前，曰："臣东游万林之野，获九色凤雏，涔源丹獭之水赤色。西过洞壑，得沧渊虬子静海游珠。洞壑在虞渊西，虬泉池在五柞宫北，中有追云舟、起凤舟、侍仙舟、

① 上海古籍出版社编，王根林等校点：《汉魏六朝笔记小说大观·汉武帝别国洞冥记》，第127—129页。

② 上海古籍出版社编，王根林等校点：《汉魏六朝笔记小说大观·汉武帝别国洞冥记》，第135页。

③ 上海古籍出版社编，王根林等校点：《汉魏六朝笔记小说大观·汉武帝别国洞冥记》，第125页。

含烟舟。或以杉棠为柂楫，或以木兰文柘为橹棹，又起五层台于月下。”①

元鼎元年，起招仙阁于甘泉宫西。编翠羽麟毫为帘，青琉璃为扇，悬黎火齐为床，其上悬浮金轻玉之磬。浮金者，色如金，自浮于水上；轻玉者，其质贞明而轻。有霞光绣，有藻龙绣，有连烟绣，有走龙锦，有云凤锦，翻鸿锦。阁上烧荃靡香屑，烧粟许，其气三月不绝。有青鸟，赤头，道路而下，以迎神女。②

第五，有关汉武帝求仙活动的记载，如：

（武帝）弥好仙术，与东方朔狎昵，帝曰：“朕所好甚者不老，其可得乎？”朔曰：“臣能使少者不老。”帝曰：“服何药耶？”朔曰：“东北有地日之草，西南有春生之鱼。”帝曰：“何以知之？”朔曰：“三足乌数下地食此草，羲和欲驭，以手掩乌目，不听下也，长期食此草。盖鸟兽食此草，美闷不能东矣。”帝曰：“子何以知乎？”朔曰：“臣小时掘井，陷落地下数十年，无所托寄。有人引臣欲往此草，中隔红泉，不得渡，其人以一只屐与臣，臣泛红泉，得至此草之处，臣采而食之。其国人皆织珠玉为业，邀臣入云端之幕，设玄珉雕枕，刻黑玉，铜镂为日月云雷之状，亦曰缕云枕。又荐蛟毫之白缛，以蛟毫织为缛也。此毫柔而冷，常以夏日舒之，因名柔毫缛。又有水藻之屏，臣举手拭之，恐水流湿其席，乃其光也。”③

3.《汉武帝别国洞冥记》的杂传价值

杂传与史传一样，都有侧重传人与传事的不同，传人以记载人物的行为事迹为主，如《史记·廉颇蔺相如列传》，主要记载了廉颇在军事上的战功，蔺相如主要记载他在完璧归赵、渑池会、将相和等事迹中所表现的爱国之

① 上海古籍出版社编，王根林等校点：《汉魏六朝笔记小说大观·汉武帝别国洞冥记》，第125页。

② 上海古籍出版社编，王根林等校点：《汉魏六朝笔记小说大观·汉武帝别国洞冥记》，第127页。

③ 上海古籍出版社编，王根林等校点：《汉魏六朝笔记小说大观·汉武帝别国洞冥记》，第135页。

举。而传事则以记载事件为主，这些事件虽然与传主有关系，但是脱离人而存在，也就是说不是传主自身的行为。《洞冥记》中所记载的，大多不是汉武帝本人的行为，而是与他分离，但又相关的事件，如外国进献的奇珍异宝，不是汉武帝直接进行的活动，但又是与他有关的，由于他把汉王朝推向鼎盛，得到四夷的尊重，所以四夷才进献这些物品。整个《洞冥记》所记的所有事件都是围绕汉武帝来展开记述的。

（三）《汉武内传》

《汉武内传》又称《汉武帝内传》，它的最早著录为《隋书·经籍志》杂传类，三卷。《旧唐书·经籍志》入杂传类，《新唐书·艺文志》入道教神仙类，《郡斋读书志》入传记类，《中兴馆阁书目》入杂传类，《宋史·艺文志》入传记类，卷数二卷。

现在所传的《汉武帝内传》，以明代正统的《道藏》本最为详细。清人钱熙祚以《道藏》本为底本进行了校勘，收入《守山阁丛书》。关于《汉武内传》的作者，有三种说法：第一种认为是葛洪所撰，此说起自唐代张柬之，宋晁公武《续谈助》卷一《洞冥记跋》引张氏语称“葛洪造《汉武内传》”，清人孙诒让[①]、今人余嘉锡[②]祖述此说。第二种说法认为是班固所撰，明代徐火勃的《红雨楼书目》、《四库全书总目》等均持此说。第三种说法认为是郭宪所作，《玉海》卷五八《艺文》之《传》持此看法。

关于此书的成书年代，古今学者多认为是魏晋或六朝人所为，胡应麟认为“是六朝人作，盖齐梁间好事之徒为之也”[③]，其他如周中孚、钱熙祚、今人李丰楙等皆认为是此时的作品。

《汉武内传》有很多的部分与《汉武故事》和《洞冥记》重合，如关于汉武帝的出生、汉武帝求仙、汉武帝与西王母相会等，但多了汉武帝服食仙药、东方朔死之事的描述，如汉武帝服食仙药之事：

---

① （清）孙诒让：《札迻》卷一一，光绪二十年刻本。

② 余嘉锡：《四库提要辨证》卷一八《子部·小说家类三》“汉武内传”条，科学出版社1958年版，第1124—1129页。

③ （明）胡应麟：《少室山房笔丛》卷三二《丁部·四部正讹下》，上海书店2001年版，第318页。

《汉武帝内传》曰：西王母曰："仙之次药，有灵丘仓鸾之血。"①

西王母曰：仙次，药有八阮赤韭。②

西王母仙药，有昆丘神雀。③

关于东方朔之死：

《汉武内传》曰：西王母曰："东方朔为太山仙官，太仙使至方丈，助三天司命。朔但务山水游戏，擅弄雷电，激波扬风，风雨失时。"④

关于此书的杂传价值和《洞冥记》基本相同，故不赘述。

① （宋）李昉等编，夏剑钦、王巽斋校点：《太平御览》第八卷，河北教育出版社 1994 年版，第 329 页。

② （宋）李昉等编，夏剑钦、王巽斋校点：《太平御览》第八卷，河北教育出版社 1994 年版，第 823 页。

③ （宋）李昉等编，夏剑钦、王巽斋校点：《太平御览》第八卷，河北教育出版社 1994 年版，第 391 页。

④ （宋）李昉等编，夏剑钦、王巽斋校点：《太平御览》第一卷，河北教育出版社 1994 年版，第 121 页。

第二章　中古自传研究

第一节　自传释名及其他

一、自传释名及流变

自传，又称自叙、自序、叙传、传等，这种情况，如果套用苏轼《喜雨亭记》一句话，“其名大小不一，志喜一也”，那么，我们可以说自传名称不一，记载作者本人的事迹是一样的。传的本意是经师对于经典的训释，如《诗经》有《毛传》、《韩诗内传》、《韩诗外传》；《春秋》有《公羊传》、《谷梁传》、《左传》。这里“传”是解释的意思，韩愈《师说》云：“李氏子蟠，年十七好古文，六艺经传皆通习之”，这里的“传”就是解释、训释的意思，所以，刘熙说：“传，转也，转移所在，执以为信也”[①]，“传，传也，以传示后人也”[②]。解释经文的文字成为传，引申开来，文学的训释也可以成为传，再引申而言，对他人和自己行为事迹进行载录也可以称为传，如《史记》中的列传。“序”，《说文解字》曰：“序，东西墙也。《释宫》曰：‘东西墙谓之序’……经传多假‘序’为‘叙’”[③]，又说“叙，次第也。《咎繇谟》曰：‘天叙有典。’《释诂》曰：‘舒业顺叙绪也。’古或假‘序’为之”[④]，这也是训释经典的意思，如众所周知的《毛诗序》。但是训释

---

① (汉)刘熙撰，(清)毕沅疏证，王先谦补：《释名疏证补·释书契》，中华书局2008年版，第205页。

② (汉)刘熙撰，(清)毕沅疏证，王先谦补：《释名疏证补·释典艺》，中华书局2008年版，第212页。

③ (汉)许慎撰，(清)段玉裁注：《说文解字注》，上海古籍出版社1981年版，第794页。

④ (汉)许慎撰，(清)段玉裁注：《说文解字注》，上海古籍出版社1981年版，第246页。

经典一般比较注重谈论义理，当然有时也记事，随着时代的发展，到了西汉时期，序、叙逐渐离经而独立，由谈论义理转为重在记录事实。

那么，如何界定“自传”的概念呢？“自传，简要地说是个人自叙生平的一种写作样式。能够真实地而且艺术地记叙自己的实际人生的作品，可称为自传文学，它属于传记文学的一类。”①陈兰村先生简洁明了地概述了自传的基本特征，然而，也有值得商榷之处。“生平”指人物完整的一生，而自传是作者生前所做，记录的内容并非传主完整的一生。同时，“艺术地记叙”表明自传可以采用艺术手法，而艺术则允许虚构，这样势必会影响自传的真实性。故此，我们可以这样来给自传下个定义：自传，就是作者自叙生平中某些片段的一种写作样式，其中某些具有文学性的作品，可以称之为自传文学。

中国古代自传起源很早，从现有文献看来，最早的自传起源于战国时期，唐代刘知几认为：

> 盖作者自叙，其流出于中古乎？案屈原《离骚经》，其首章上陈氏族，下列祖考；先述厥生，次显名字。自叙发迹，实基于此。降及司马相如，始以自叙为传。然其所叙者，但记自少及长，立身行事而已。逮于祖先所出，则蔑尔无闻。至马迁又征三闾之故事，放文园之近作，模楷二家，勒成一卷。于是扬雄遵其旧辙，班固酌其余波，自叙之篇，实烦于代。虽属辞有异，而兹体无易。②

刘知几把自传的源头远溯于战国时期楚国诗人屈原的《离骚》，其实，自传的源头还可上溯到春秋时期的孔子。记载孔子及其弟子言行的语录集《论语》中即有自传的萌芽，如：

> 吾十有五而志于学，三十而立，四十而不惑，五十而知天命，六十而耳顺，七十而从心所欲不逾矩。③

---

① 陈兰村：《中国古代名人自传选》，中国青年出版社1997年7月版，第1页。

② （唐）刘知几撰，（清）浦起龙释，吕思勉评：《史通》，上海古籍出版社2008年版，第183页。

③ 程树德撰，程俊英、蒋见元点校：《论语集释·为政》，中华书局1990年版，第70—76页。

这是孔子对其一生几个关键阶段的总结，这与后世的自传有其一致之处，因为，成熟的自传所记载的多为传主人生的关键阶段，孔子的语录具备了后世自传的基本特征，故可以看作是中国古代自传的萌芽。

降及战国，屈原的《离骚》“其首章上陈氏族，下列祖考；先述厥生，次显名字。自叙发迹，实基于此”①。《离骚》是一首长篇政治抒情诗，然而在诗的开头，即自述家世、父亲及自己的出生和命名：

帝高阳之苗裔兮，朕皇考曰伯庸。摄提贞于孟陬兮，惟庚寅吾以降。皇览揆余初度兮，肇赐余以嘉名。名余曰正则兮，字余曰灵均。

《离骚》的开头虽然具备了自传的基本特点，但接下来为了塑造自己的人格和表现自己为了实现理想，上天入地，上下求索，而大量采用想象、夸张、神话等浪漫主义手法，与传记文学讲究真实性而大相径庭，所以，《离骚》还不能看作是真正意义上的自传文，它不具备自传文的基本形态。

刘知几认为汉代最早写作自传的人是司马相如，“降及司马相如，始以自叙为传。然其所叙者，但记自少及长，立身行事而已。逮于祖先所出，则蔑尔无闻”②。刘知几对司马相如是持批判态度的，认为他没有述及祖先，可惜这篇自传已经失传。至于这篇自传失传的原因，也有人认为是由于文中记载了司马相如窃卓文君一事，作为封建时代正统文人，做此偷香窃玉之事，有失大雅，后人收集文集时删去或不收录，以至失传，但至少在唐代这篇自传还存在于世。

西汉时期，司马迁《史记》的第七十列传为《太史公自序》，这是自传的典范作品，成为后世自传文的圭臬。由此以后，自传创作历代不绝。特别是一些专著的作者，在著作最后都做有自传，如班固的《汉书·叙传》、王充的《论衡·自纪》、葛洪的《抱朴子外篇·自叙》等。自东汉末年到魏晋南北朝时期，是自传创作的繁荣期，不仅史学家对自传情有独钟，一些政治家、文学家、学者、僧人也开始大量撰述自传。马融、郑玄作有《自叙》，曹操作有《让县自明本志令》、曹丕作有《自叙》、陶渊明作有《五柳先生传》、释法显作有

---

① （唐）刘知几撰，（清）浦起龙释，吕思勉评：《史通》，上海古籍出版社2008年版，第183页。

② （唐）刘知几撰，（清）浦起龙释，吕思勉评：《史通》，上海古籍出版社2008年版，第183页。

《法显传》、江淹作有《自序传》、刘孝标作有《自序》、袁粲作有《妙德先生传》，这些自传构成了中古杂传的主体。隋唐以后的自传创作基本上继承了中古自传的模式，革新性不大。

二、古代自传产生的基本原因

（一）对生命的重视触动了自传的产生

自从人类产生之后，在很长的一段时间里，忽视了自我的生存价值，而把自己的生存归之于天或天帝。直到春秋战国时期，一些有志之士才认识到人的价值，如郑国的子产发出了“天道远，人道迩”①，孔子马厩失火，而孔子回来“曰：‘伤人乎？’不问马”②。这既是时代的强音，也是人的价值被初步认识的表现。到了战国时期，孟子提出了“民为贵，社稷次之，君为轻”③的观点，他又说“仲尼曰：‘始作俑者，其无后乎？’为其象人而用之也”④。以《左传》为代表的历史著作也体现了民本思想。尽管如此，在为数众多的历史著作中，生命意识还没有被提到议事日程，这些历史著作记事还是以事件为中心，而不是以人为中心。真正体现对生命重视的传记作品则是司马迁的《史记》，它首开了以人物为中心的纪传体史传的先河，在传记文学史上具有划时代意义。《史记》的最后一篇《太史公自序》是现存早期最完整的自传，这篇自传体现了司马迁对于生命的重视。司马迁因李陵事件而被处以宫刑，这种酷刑不仅是肉体上的痛苦，也是人格上的极大侮辱。他在《报任少卿书》中，论述了这种酷刑的严酷程度。

> 太上不辱先，其次不辱身，其次不辱理色，其次不辱辞令，其次诎体受辱，其次易服受辱，其次关木索被棰楚受辱，其次剔毛发婴金铁受辱，其次毁肌肤断肢体受辱，最下腐刑，极矣！⑤

至于受刑之人在社会上被人歧视的情况，也做了描述：

---

① （春秋）左丘明著，李维琦等注：《左传·昭公十八年》，岳麓书社2001年版，594页。

② 程树德撰，程俊英、蒋见元点校：《论语集释·乡党下》，中华书局1990年版，第712页。

③ （清）焦循：《孟子正义·尽心下》，中华书局1987年版，第973页。

④ （清）焦循：《孟子正义·梁惠王上》，中华书局1987年版，第63页。

⑤ （清）严可均辑，任雪芳审订：《全汉文·报任少卿书》，商务印书馆1999年版，第268页。

> 故祸莫憯于欲利，悲莫痛于伤心，行莫丑于辱先，诟莫大于宫刑。刑余之人，无所比数，非一世也，所从来远矣。昔卫灵公与雍渠同载，孔子适陈；商鞅因景监见，赵良寒心；同子参乘，袁丝变色：自古而耻之。夫以中材之人，事有关于宦竖，莫不伤气，而况慷慨之士乎！①

他没有选择自杀以结束生命，而是用历史上那些遭受不幸，却珍惜生命、追求生命不朽的伟人来鼓励自己。

> 假令仆伏法受诛，若九牛亡一毛，与蝼蚁何以异！
>
> 盖文王拘而演《周易》；仲尼厄而作《春秋》；屈原放逐，乃赋《离骚》；左丘失明，厥有《国语》；孙子膑脚，《兵法》修列；不韦迁蜀，世传《吕览》；韩非囚秦，《说难》、《孤愤》；《诗》三百篇，大底圣贤发愤之所为作也。此人皆意有所郁结，不得通其道，故述往事，思来者。②

那些不珍惜生命，轻易去死的行为，是轻于鸿毛的。所以他要"隐忍苟活，幽于粪土之中而不辞者，恨私心有所不尽，鄙没世，而文采不表于后世也"③。

这既是对于生命的重视，也是生命光辉的再现。对生命的重视，成就了司马迁，成就了《史记》这部伟大的文学和史学著作，也成就了中国的自传文学。司马迁的精神成为后世遭遇不幸士人的精神家园，他们从中汲取了动力，成就了不朽的事业。司马迁的《太史公自序》，也成为后世自传写作的楷模，班固、王充、葛洪等人的自传与司马迁的自传如出一辙，是《太史公自序》的翻版。

（二）追求生命不朽是自传产生的直接动力

人最宝贵的东西是生命，生命属于每个人，只有一次。如何使有限的生命创造无限的价值，并且永垂不朽呢？中国古人提出了"三不朽"的论断，这个论断出自于《左传》。

---

① （清）严可均辑，任雪芳审订：《全汉文·报任少卿书》，商务印书馆 1999 年版，第 266—267 页。

② （清）严可均辑，任雪芳审订：《全汉文·报任少卿书》，商务印书馆 1999 年版，第 269 页。

③ （清）严可均辑，任雪芳审订：《全汉文·报任少卿书》，商务印书馆 1999 年版，第 269 页。

二十四年春，穆叔如晋。范宣子逆之，问焉，曰："古人有言曰，'死而不朽'，何谓也？"穆叔未对。宣子曰："昔匄之祖，自虞以上，为陶唐氏，在夏为御龙氏，在商为豕韦氏，在周为唐杜氏，晋主夏盟为范氏，其是之谓乎？"穆叔曰："以豹所闻，此之谓世禄，非不朽也。鲁有先大夫曰臧文仲，既没，其言立。其是之谓乎！豹闻之，大上有立德，其次有立功，其次有立言，虽久不废，此之谓不朽。"①

所谓的"立德"，就是树立高尚的道德；"立功"，就是为国建立功勋；"立言"，就是把真知灼见形诸语言文字，著书立说，传于后世。中国古代的先哲为了超越个体生命的有限性，追求人生的不朽，做了不懈的努力，孔子由于"君子疾没世而名不称焉"②，而招徒授学；屈原"老冉冉其将至兮，恐修名之不立"(《离骚》)而上下求索。对于广大的士人来说，"立德"、"立功"似乎可望而不可即，他们把不朽的追求寄托在立言上。青史留名是一种美好的愿望，但这种愿望实现起来并非易事。因为，尽管司马迁写作《史记》时，不管是帝王将相还是市井细民，只要专其一操者，都可以入传，但是这种传统并没有被很好地继承下来，特别是到了唐代以后，官修史书，入传者以官位的大小来决定，一般没有官职或官职低微者很难入传，由此，他们只有靠著书立说来传名后世。这就引发了他们对文章的重视，正如曹丕所说：

盖文章，经国之大业，不朽之盛事。年寿有时而尽，荣乐止乎其身，二者必至之常期，未若文章之无穷。是以古之作者，寄身于翰墨，见意于篇籍，不假良史之辞，不托飞驰之势，而声名自传于后。③

曹丕在这里鼓励文人要珍惜时光，抓紧创作，以求不朽。但是对于文学家来说，如果只是从事文学作品的创作，有时还不能使人们深入了解自己的人生与志向，而自传的创作，则不仅实现不朽人生，还可以以自己的人生经验为后人提供借鉴，使他们更好地了解自己，从而推动了古代自传的健康发展。

---

① (春秋)左丘明著，李维奇等注：《左传·襄公二十四年》，岳麓书社2001年版，第432—433页。

② 程树德撰，程俊英、蒋见元点校：《论语集释·卫灵公下》，中华书局1990年版，第1102页。

③ 郭绍虞主编：《中国历代文论选·典论·论文》，上海古籍出版社1979年版，第61页。

三、古代自传的基本特征

(一)作者与传主的同一性

作者与传主的同一性是自传与他传的显著区别,人们通常所说的"二十四史"(亦或二十五史)除了个别史学家的自传外,绝大部分传主与作者不是同一的,是作者为古人或自己前辈作传。如司马迁的《史记》记述了上自传说中的黄帝下至汉武帝时代三千多年的历史,除了极少数传主是自己的同时代人物,如《史记・孝武本纪》,但"《史记・孝武本纪・集解》引张晏曰:'武纪,褚先生补作也'"①,《史记》的传主绝大多数是前代之人。从班固开始,基本是后人为前人作传,发展到后来,则新朝为旧朝做史已成为惯例。后人为前人作传,由于时代久远,资料缺乏,所写传记难免有失真之处。然而,自传多写作者亲身经历的事,事实确凿清楚,有助于了解作者的思想观点、人生态度以及当时的社会状况,如我们通过读刘禹锡的《子刘子自传》,即可了解永贞革新失败后,唐肃宗"内禅"的真相。

(二)自传作者身份各异

与史传相比,自传的作者身份各异。史传作者,特别是正史传记的作者,绝大部分都是史学家或史官,特别是唐代以后,非史官不能撰史。中古时期及此后自传作者的身份呈现多元化,他们中有帝王,如曹操作有《让县自明本志令》,曹丕作有《自叙》,朱元璋作有《皇陵碑》(《皇陵碑》名义上是朱元璋为自己的父母写的,然而主要内容是写自己的苦难身世、参加元末农民战争和夺取政权、定都南京的经过,实际上是朱元璋的自传);有政治家兼文学家如欧阳修作有《六一居士传》,文天祥作有《指南路后序》;有史学家如刘知几作有《自叙》;有文学家如江淹作有《自序传》,刘孝标作有《自序》,陆龟蒙作有《甫里先生传》,宋濂作有《白牛生传》;有思想家如王充作有《自纪》;有著名学者,如马融、郑玄作有《叙传》,段玉裁作有《八十自序》,梁启超作有《三十自述》;有隐士和亦仕亦隐者如陶渊明作有《五柳先生传》,白居易作有《醉吟先生传》;有僧人如释法显作有《法显传》。自传作者的多元性导致自传作品风格的丰富性。

---

① 转引自陈兰村主编的《中国传记文学发展史》,语文出版社 1999 年版,第 104 页。

（三）篇幅短小，形式灵活

正史传记的篇幅一般都比较长，如《史记》中《项羽本纪》、《汉书》中《王莽传》、《三国志》中的《武帝纪》等篇幅都很长，《王莽传》字数达几万字。以《史记》为例，大部分传记的篇幅都在数千字以上，而古代自传则篇幅长短不一，有的几百字，如陶渊明的《五柳先生传》、刘孝标的《自序》等，有的达一万多字，如《法显传》，而太平天国后期重要将领李秀成被俘后写的自述，则达三万多字，但大多数自传的字数在一千至两千之间。

古代的史传模式基本上是单一模式，开头介绍传主家世、字号、主要政治活动、官职以及子孙情况。自传的形式多种多样，仅从自传的题目看就有多种形式：有的以"官名＋书序"的形式出现，如《太史公自序》；有的以"作者名字＋传"的形式，如《法显传》；有的以"字号＋传"形式，如刘禹锡的《子刘子自传》、欧阳修的《六一居士传》；有的以墓志铭的形式，如王绩的《自撰墓志铭》、徐渭的《自为墓志铭》、张岱的《自为墓志铭》，其他的，有的以公文形式出现的，如曹操《让县自明本志令》，有的以墓碑文形式，如朱元璋的《皇陵碑》等等。

（四）传记的重点侧重于对传主精神风貌和独特个性的描写

史传作品多侧重于传主的政治、军事、外交活动的描写，很少涉及传主的内心世界、外貌特征和日常生活的描写。而自传则侧重于传主内心世界、外貌特征和日常生活的描写。外貌描写，如宋濂在《白牛生传》中说自己的外貌"躯干短小，细目而疏髯"；徐渭在《自为墓志铭》中说自己的性格是"贱而懒且直，故惮贵交似傲，与众处不免袒裼似玩，人多病之"，刻画了自己超然于世而又玩世不恭的性格特征。自传中的心理描写以李清照的《金石录后序》最为典型，写与丈夫分别时："余意甚恶"；得知丈夫卧病时："余惊怛"；见到丈夫病危时："余悲恸仓皇，不忍问后事。"朱元璋的《皇陵碑》中有很多的心理描写，这里就不再举例。

第二节　中古自传的主题之一——彰显个性 自明本志

中古自传的主题之一就是彰显个性，自明本志，这一方面以王充的《自纪》和曹操的《让县自明本志令》为代表。

一、彰显个性

王充(27—97?),字仲任,会稽上虞人。东汉著名思想家、文学理论家。王充出身于寒门,少年时代勤奋好学,曾游学洛阳的太学,师事于班彪。王充学无所遗,博通百家之言,曾任上虞县掾功曹、会稽郡都尉府掾功曹、扬州治中等小官。罢职后家居著书,以毕生精力,历时三十多年,著成哲学巨著《论衡》,《自纪》是《论衡》全书八十五篇的最后一篇,是王充的自传。王充的自传以剖析个性为主,主要讲了三个方面的内容。

(一)个性的剖析

王充的一生仕途多舛,命与仇谋,得意时甚少,失意时居多。常言道:命运不能决定人的一生,性格却能决定人的一生。王充仕途的不顺,是与他的性格直接相关的。

> 王充一世的坎壈与其独特的个性之间的关系是互促互进的。由于个性独特而导致仕途坎壈,因为仕途坎壈而使得心理更加异常,极其异常的个性心理使之愈加不能容于世俗、不能适应社会,从而使之产生异于常人的伟大思想。①

王充在童年时即表现出了与众不同的个性,这在他的自传中有明确的记载:

> 建武三年,充生。为小儿,与侪伦遨戏,不好狎侮。侪伦好掩雀、捕蝉、戏钱、林熙,充独不肯。诵奇之。六岁教书,恭愿仁顺,礼敬具备。矜庄寂寥,有巨人之志。父未尝笞,母未尝非,闾里未尝让。八岁出于书馆,书馆小僮百人以上,皆以过失袒谪,或以书丑得鞭。充书日进,又无过失。手书既成,辞师受《论语》、《尚书》,日讽千字。经明德就,谢师而专门,援笔而众奇。所读文书,亦日博多。才高而不尚苟作,口辩而不好谈对,非其人,终日不言。其论说始若诡于众,极听其终,众乃是

① 王治理:《王充及其文学思想》,齐鲁书社2007年版,第43页。

之。以笔著文，亦如此焉；操行事上，亦如此焉。[1]

如果从家长对孩子的希望来说，幼时的王充确实是个好孩子，一心读书，心无旁骛，与小伙伴们贪玩相比，确乎是值得肯定的。然而，过于与众不同，就有些孤僻的嫌疑了，所以，王充的这种不同就连其父也感到奇怪，长大成人后，这种个性不仅没有改观，反而更加与众不同。

> 充为人清重，游必择友，不好苟交。所友位虽微卑，年虽幼稚，行苟离俗，必与之友。好杰友雅徒，不泛结俗才……不清不见尘，不高不见危，不广不见削，不盈不见亏。士兹多口，为人所陷，盖亦其宜。[2]

水至清则无鱼，人至明则无友，王充的性格中含有一定的孤芳自赏的因素，个性的清高很容易招来世俗的非议和陷害。实际上，在现实生活中，个性清高或孤僻的人，很难处理好人际关系，即如林黛玉，孤高自许、目下无尘，所以在贾府的人际关系就很紧张。儒家讲究"君子和而不同，小人同而不和"[3]，进入仕途的人，如果想要有所发展，必须容众，必须有良好的人际关系，如果过分张扬自己的个性，就会与同僚发生冲突，与上级产生抵牾。王充的个性，使他几次入仕，几次失意，他视别人为"俗人"，别人则"因其微过，蜚条陷之"。尽管王充自己说自己"自明，亦不非怨其人"，但内心应该是极为愤懑的。对于王充的性格，现代学者周桂钿有一段精彩的论断：

> 人有两种性格，一是善与人同，一是善与人异。善与人同者一切思想总是跟多数人相同，十分随俗。这种人从政比较适宜，他的想法总是代表多数人的意见，能够得到多数人的支持，并且也容易跟上下左右的人搞好关系，在任何时候，总能作出大家都能够接受的处理决定，协调各种矛盾关系……相反，善与人异者有一种逆反心理，总是提出与众不同的特殊意见。他的想法往往是违俗的……王充的性格是善与人异的。[4]

---

① 黄晖：《论衡校释·自纪》，中华书局1990年版，第1188—1189页。

② 黄晖：《论衡校释·自纪》，中华书局1990年版，第1190页。

③ 程树德撰，程俊英、蒋见元点校：《论语集释·子路下》，中华书局1990年版，第935页。

④ 周桂钿：《王充评传》，南京大学出版社1993年版，第154—155页。

对于自己性格对仕途的影响，王充在自传中有明确的记载：

> 充仕数不耦，而徒著书自纪。或戏曰："所贵鸿材者，仕宦耦合，身容说纳，事得功立，故为高也。今吾子涉世落魄，仕数黜斥，材未练于事，力尽于职，故徒幽思属文，著记美言，何补于身？众多欲以何趋乎？"答曰："材鸿莫过于孔子。孔子才不容，斥逐，伐树，接淅，见围，削迹，困饿陈、蔡，门徒菜色。今吾材不逮孔子，不偶之厄，未与之等，偏可轻乎？"①
>
> 见污伤，不肯自明；位不进，亦不怀恨。贫无一亩庇身，志佚于王公；贱无斗石之秩，意若食万钟。得官不欣，失位不恨。②
>
> 充性恬淡，不贪富贵。为上所知，拔擢越次，不慕高官。不为上所知，贬黜抑屈，不恚下位。比为县吏，无所择避。③
>
> 忧德之不丰，不患爵之不尊；耻名之不白，不恶位之不迁。④

王充淡泊名利，"得官不欣，失位不恨"，这从反面说明他的仕途并非是一帆风顺的。他的仕途"不耦"表明，他并非没有官作，而是没有做到他理想的官职，仕途之路不是畅通无阻的。王充的不遇是由于他的教育经历、文化背景以及思想倾向都与统治阶级的价值观念格格不入的。任何的统治阶级为了维护其统治，都扶植同道，排除异己，从思想文化到组织机构，都要以有利于其统治为原则，王充的家庭出身、所受的教育及其个性，决定了他不是统治阶级所需要的人，故而，他的失意在所难免。王充的《自纪》对自己性格的揭示，体现了他"疾虚妄"精神。他的个性，没有使他仕途显赫，从而立功名以不朽，却成就了一个思想家，使他通过立言而不朽。

（二）家世的剖析

王充特立独行的个性，既与他的个性有关，也与他的家世有密切关系。在《自纪》中，他对自己的家世作了剖析：

---

① 黄晖：《论衡校释・自纪》，中华书局1990年版，第1204页。

② 黄晖：《论衡校释・自纪》，中华书局1990年版，第1190页。

③ 黄晖：《论衡校释・自纪》，中华书局1990年版，第1191页。

④ 黄晖：《论衡校释・自纪》，中华书局1990年版，第1191页。

其先本魏郡元城一姓。孙一几世尝从军有功，封会稽阳亭。一岁卒国绝，因家焉，以农桑为业。世祖勇任气，卒咸不揆于人。岁凶，横道伤杀，怨仇众多。会世扰乱，恐为仇所擒，祖父汎举家担载，就安会稽，留钱塘县，以贾贩为事。生子二人，长曰蒙，少曰诵。诵即充父。祖世任气，至蒙、诵滋甚。故蒙、诵在钱塘，勇势凌人，末复与豪家丁伯等结怨，举家徙处上虞。①

与屈原、司马迁、葛洪等在自传中夸耀祖上辉煌不同，王充在自传既记述了祖上的光荣历史，也写了其“任气”的家风。王充的祖上倒是很像《史记·魏其武安侯列传》中灌夫的家风。其先祖既是以军人起家，那么有勇自不必待言，而有勇又成为他们横行乡里、杀人越货的本钱。由于自恃有勇，横行乡里，结果构怨甚多，为躲避仇敌，到处迁徙，由魏郡至钱塘，由钱塘至会稽，由会稽至上虞。可见，王充的祖上实在无足多者。王充在这里实事求是地对祖上进行了剖析，既体现了他“疾虚妄”的精神，也是与他的个性相一致的。他没有对祖上进行粉饰，也没有为他们的恶行找种种借口，而是如实记录。对此他遭到后世卫道者的批判，最有代表性的批判来自刘知几，他说：

王充《论衡》之《自纪》也，述其父祖不肖，为州闾所鄙，而己答以瞽顽舜神，鲧恶禹圣。夫自叙而言家世，固当以扬名显亲为主，苟无其人，阙之可也，至若盛矜于己，而厚辱先，此何异证父攘羊，学子名母，必责以名教，实三千之罪人也。②

刘知几认为，自叙家史，应该显亲扬名，如果没有什么可以显扬的，就应该阙而不谈。而王充自述父祖的行为，很显然是不孝的表现，这将引起人们对自己先人的鄙视，自己竟然能够比于舜、禹，这种靠侮辱先人以抬高自己的行为就如同“证父攘羊，学子名母”一样令人非常不齿，王充实在是有罪之人。刘知几的观点是从封建正统的为亲者讳、为尊者讳、为贤者讳的角度出发的。按着这种观点，王充不应将父祖说得很不堪，尤其是不应以父祖为衬托，将自己说得品德高尚，这是绝对不能理解和容忍的。实际上，王充之所

---

① 黄晖：《论衡校释·自纪》，中华书局 1990 年版，第 1187 页。

② (唐)刘知几撰，(清)浦起龙通释，吕思勉评：《史通》，上海古籍出版社 2008 年版，第 183 页。

以这样做，是有他的原因的，也是迫不得已的，从下面一段可以看出：

> 充细族孤门。或啁之曰："宗祖无淑懿之基，文墨无篇籍之遗，虽著鸿丽之论，无所禀阶，终不为高。夫气无渐而卒至曰变，物无类而妄生曰异，不常有而忽见曰妖，诡于众而突出曰怪。吾子何祖？其先不载。况未尝履墨涂，出儒门，吐论数千万言，宜为妖变，安得宝斯文而多贤？"答曰：鸟无世凤凰，兽无种麒麟，人无祖圣贤，物无常嘉珍。才高见屈，遭时而然。士贵故孤兴，物贵故独产。文孰常在，有以放贤。是则澧泉有故源，而嘉禾有旧根也。屈奇之士见，倜傥之辞生，度不与俗协，庸甬不能程。是故罕发之迹，记于牒籍；希出之物，勒于鼎铭。五帝不一世而起，伊、望不同家而出。千里殊迹，百载异发。士贵雅材而慎兴，不因高据而显达。母骊犊骍，无害牺牲；祖浊裔清，不榜奇人。鲧恶禹圣，叟顽舜神。伯牛寝疾，仲弓洁全；颜路庸固，回杰超伦。孔、墨祖愚，丘、翟圣贤；杨家不通，卓有子云；桓氏稽可，谲出君山。更禀于元，故能著文。①

从上文可以看出，王充并不是要出自己先人的丑，而是如实介绍自己的祖上情况。他先人虽然"任气"而为，在自己家乡魏郡元城时，确实是为害乡里的，但迁到钱塘、会稽、上虞后，再"任气"也是无奈之举。因为，在宗法社会里，迁居异地，没有同姓氏族的保障，最容易被当地人当作异类而遭受冷遇。王充的家族很难融入当地人的生活圈子，难免受歧视、被排斥，这样很容易加重愤世嫉俗的心理。为了反抗当地豪族的欺凌，王充祖上几代以暴抗暴，这大概是刚勇任气、不为人屈的家风形成的一个重要原因。王充出生于这样的家庭，心理个性不能不受到一定的影响，对他的性格形成也有很大的影响。

（三）对不平之世的剖析

王充仕途坎坷除了个性及家世的影响外，还与当时的社会环境有着重要关系，察举制度就是一个重要原因。察举制度是汉代一项重要的选拔人才的制度，在实行之初，确实为国家选拔了一批优秀人才。但随着时间的推移，这项制度也暴露出一系列的弊端。由于察举缺乏衡量的客观标准，察举

---

① 黄晖：《论衡校释·自纪》，中华书局1990年版，第1205—1207页。

者的主观因素占很大的成分，被举者往往名不副实，汉代的一首民谣“举秀才，不知书；察孝廉，父别居。寒素清白浊如泥，高地良将怯如鸡”[①]，则集中反映了这一问题。另外，还依据举荐者的多少来决定被举荐者的德与才，所以，经常出头露面的人往往举荐的人就多，而埋头实干的人，则举荐的人少。很多善于处理人际关系，能广泛笼络别人、讨好别人的人就能获得很好的称誉，而志向高洁，不好结交志向不同之徒的正直之士则埋没草野或身居下僚。王充“为人清重”、“不泛结俗材”，自然遭到“俗材”的嫉恨，故而沉沦下僚。

总之，尽管王充满腹才学，但由于其个性独特、出身细族孤门，再加上不合理的人才选拔制度，造成了他怀才不遇、一生坎坷。他的《自纪》对此作了多方面的揭示。

二、自明本志

曹操（155—220），字孟德，小字阿瞒，沛国谯（今安徽亳州）人，汉末著名的政治家、军事家、文学家。曹操祖父曹腾为宦官，父曹嵩为曹腾养子。曹操二十岁举孝廉，先任洛阳北部尉，迁顿丘令。因参与镇压黄巾起义有功，升为济南相。董卓之乱时，曾经随袁绍讨伐董卓，后迎汉献帝到许昌，自任大将军、丞相，“挟天子以令诸侯”，先后消灭了吕布、袁绍、袁术等割据势力，统一北方，成为北方的实际统治者。建安二十一年受封魏王，曹操死后，其子曹丕称帝，追尊曹操为武帝，史称魏武帝。

曹操诗歌以乐府为主，继承了汉乐府“感于哀乐，缘事而发”[②]的精神，反映了汉末动乱的现实，诗歌风格慷慨悲凉。曹操散文现存 154 篇，具有清峻、通脱的特点。

《让县自明本志令》作于建安十五年（211）十二月，曹操时年五十六岁。据《三国志·武帝纪》记载，建安十五年冬，“作铜雀台”，这句话下面，裴松之注引用了《魏武故事》中的一则材料，补充原文，这则材料，即是曹操的一篇令文。清代严可均编辑《全三国文》时，题名为《让县自明本志令》。令，是一种以上告下的文体，但这篇令文，曹操自述了从二十岁举孝廉，到五十六岁写这篇令文时，三十六年的人生经历、思想的发展变化，已经具备了自传的

① 杨明照：《抱朴子外篇校笺·审举》，中华书局 1991 年版，第 393 页。
② （汉）班固：《汉书·艺文志》，中华书局 2007 年版，第 342 页。

基本要素，具有自传性质，因此，可认定为曹操的自传。

这篇文章的写作背景有必要介绍一下，曹操自“挟天子以令诸侯”之后，先后消灭了吕布、袁绍、袁术等地方割据势力，基本上统一了北方。建安十三年七月，曹操南征荆州刘表，八月，刘表病死，其子刘琮率众投降。十二月，曹操在赤壁被孙权、刘备联军打败而退据北方。从此，曹操牢牢控制着淮河以北的广大地区。因位高权重，朝野上下有很多人认为曹操将要篡汉自立，这些人包括朝廷内部的拥汉派和朝外的反对派。拥汉派中包括自己的部下，如荀彧、崔琰、刘熙、耿纪、吉本、魏讽等。特别是曹操的心腹谋臣荀彧，他是怀着匡复汉室的目的参加曹操集团的，并为曹操集团推荐了荀攸、陈群、司马懿、华歆、王朗、郭嘉等当代名士。随着政权的巩固，曹操代汉自立的野心已昭然若揭，只是时机尚未成熟而已，荀彧对此自然是持否定态度，认为“太祖本兴义兵以匡朝宁国，秉忠贞之诚，守退让之实；君子爱人以德，不宜如此”①。连心腹谋臣都持此等态度，可见，朝廷内部的拥汉派势力还是很大的。在朝外，孙权、刘备两大割据势力也在窥伺神器，孙权公开指责曹操“托名汉相，其实汉贼也”。在此极为紧张的政治空气下，曹操很有必要表明自己的政治态度，以安抚部下，打击政敌，明志于国人，于是退还朝廷赐封四县中的三县，并发布了这篇令文来表明自己忠于汉室，并无篡汉之心。

这篇令文主要讲了四个问题，第一个问题是叙说自己最初的志向。二十岁被举为孝廉时，当时的志向是打算做一名郡太守，由于担心被天下人看作平庸之辈，所以在任济南相时，“始除残去秽，平心选举，违忤诸常侍。以为豪强所忿，恐致家祸，故以病还”②。曹操早年的志向绝对不容置疑，虽然说曹操的远祖是西汉相国曹参，但他当时的情况是祖父为宦官，父亲为宦官养子，在重视门第的社会氛围下，曹操可以说是出身卑微，并且《三国志·武帝纪》说他“少机警，有权数，而任侠放荡，不治行业，故世人未之奇也”③。裴松之注引《曹瞒传》云：“太祖少好飞鹰走狗，游荡无度。”④出身卑微，行为又不检点，想要位列三公，无异于痴人说梦，所以曹操说自己当初的目标是当

---

① (晋)陈寿撰，(刘宋)裴松之注：《三国志·荀彧荀攸贾诩传》，中华书局1959年版，第317页。

② (晋)陈寿撰，(刘宋)裴松之注：《三国志·武帝纪》，中华书局1959年版，第32页。

③ (晋)陈寿撰，(刘宋)裴松之注：《三国志·武帝纪》，中华书局1959年版，第2页。

④ (晋)陈寿撰，(刘宋)裴松之注：《三国志·武帝纪》，中华书局1959年版，第2页。

一郡守绝不是故作谦虚之语，而是实事求是的。虽然“世人未之奇也”，但曹操还是为有识之士所识的，“梁国桥玄，南阳何颙异焉。玄谓太祖曰：‘天下将乱，非命世之才不能济也，能安之者，其在君乎！’”①裴松之注引孙盛《异同杂语》云：“（曹操）尝问许子将：‘我何如人也？’子将不答。固问之，子将曰：‘子治世之能臣，乱世之奸雄。’太祖大笑。”②尽管如此，曹操还是会遇到伯乐的，故在二十岁时被举为孝廉，少年得志，总想有所作为，《三国志·武帝纪》注引《曹瞒传》云：“太祖初入尉廨，缮治四门。造五色棒，悬门左右各十余枚，有犯禁者，不避豪强，皆棒杀之。后数月，灵帝爱幸小黄门蹇硕叔父夜行，即杀之。京师敛迹，莫敢犯者。近习宠臣咸疾之，然不能伤，于是共称荐之，故迁为顿丘令。”③由于曹操执法严明，自身又无懈可击，憎恨他的宦官们只好采取以退为进的办法，共同推荐他为顿丘令而远离京师。对于这一段人生经历，曹操认为还很值得回顾，在《戒子植》一文中，说：“吾昔为顿丘令，年二十三。思此时所行，无悔于今。今汝年亦二十三矣，可不勉欤！”④可见曹操对于这段人生经历很感自豪，认为自有可圈可点之处。

辞官以后，曹操觉得自己还年轻，想苟全性命于乱世，待到清平之世再出来做官，“故以四时归乡里，于谯东五十里筑精舍，欲秋夏读书，冬春射猎，求底下之地，欲以泥水自蔽，绝宾客往来之望”⑤。黄巾之乱，打破了曹操的田园梦，朝廷征其为骑都尉，参加镇压黄巾的战争。黄巾之乱平定后，各地军政长官拥兵作乱，曹操被迁为典军校尉。此时曹操的志向又有了发展，“意遂更，欲为国家讨贼立功，欲望封侯作征西将军，然后题墓道言‘汉故征西将军曹侯之墓’，此其志也”⑥。有了第一次出仕的经验，复出后的曹操志向发生转变实属正常，因为，第一次只当到顿丘令，第二次刚一出山，即被任为骑都尉，继迁典军校尉，典军校尉是掌管近卫军的军官，距离做将军并不遥远。尽管如此，曹操的志向还是有限的。

第二个问题是曹操陈述自己身为宰相的经历。中兴六年，大将军何进与袁绍谋诛宦官，遭到何太后反对，何进召董卓进京，想要以此来胁迫太后，

---

① （晋）陈寿撰，（刘宋）裴松之注：《三国志·武帝纪》，中华书局1959年版，第2页。

② （晋）陈寿撰，（刘宋）裴松之注：《三国志·武帝纪》，中华书局1959年版，第3页。

③ （晋）陈寿撰，（刘宋）裴松之注：《三国志·武帝纪》，中华书局1959年版，第3页。

④ （清）严可均辑，马志伟审订：《全三国文·戒子植》，商务印书馆1999年版，第33页。

⑤ （晋）陈寿撰，（刘宋）裴松之注：《三国志·武帝纪》，中华书局1959年版，第32页。

⑥ （晋）陈寿撰，（刘宋）裴松之注：《三国志·武帝纪》，中华书局1959年版，第32页。

结果事情泄密，卓未至，而何进被宦官所杀。董卓进京后，废少帝为弘农王，立灵帝少子陈留王为帝，是为献帝。董卓横行不法，“卓迁相国，封郿侯，赞拜不名，剑履上殿，又封卓母为池阳君，置家令、丞。卓既率精兵来，适值帝室大乱，得专废立，据有武库甲兵，国家珍宝，威震天下。卓性残忍不仁，遂以严刑胁众，睚眦之隙必报，人不自保。尝遣军到阳城。时适二月社，民各在其社下，悉就断其男子头，驾其车牛，载其妇女财物，以所断头系车辕轴，连轸而还洛，云攻贼大获，称万岁。入开阳城门，焚烧其头，以妇女与甲兵为婢妾。至于奸乱宫人公主，其凶逆如此”①。董卓的暴行，激起天下诸侯的反抗，他们推举袁绍为盟主，起兵反卓，曹操任奋威将军。天下大乱，正是英雄用武之时，各地军阀乘机扩充势力，而曹操却持低调态度，“是时合兵能多得耳，然常自损，不欲多之；所以然者，多兵意盛，与强敌争，倘更为祸始。故汴水之战数千，后还到扬州更募，亦复不过三千人，此其本志有限也”②。初平三年，青州黄巾聚众百万，杀死地方官吏，威震朝廷，曹操大破黄巾，收其降众三十万，号为青州兵，这三十万是曹操起家的本钱，于是才产生了成就王霸之业的想法。此后，曹操凭着这三十万精锐，削平了二袁、吕布、刘表等军阀，基本上统一了北方。为了恢复战乱造成的“白骨露于野，千里无鸡鸣。生民百遗一，念之断人肠”（曹操《蒿里行》）的萧条局面，曹操还推行屯田制，恢复社会生产。曹操的强大，还有力地震慑了地方军阀觊觎皇位的野心，如“袁术僭号于九江，下皆称臣，名门曰建号门，衣被皆为天子之制，两妇预争为皇后。志计已定，人有劝术使遂即帝位，露布天下，答言‘曹公尚在，未可也’”③。建安十八年，曹操率军与孙权对阵江南，孙权曾为笺与曹操曰：“足下不死，孤不得安。”④所以，曹操说：“设使国家无有孤，不知当几人称帝，几人称王。”⑤曹操的话绝不是自吹自擂，夸大虚饰，而是实话实说，毫不掩饰。

第三个问题是事汉不篡汉。曹操功高权重，位极人臣，一人之下，万人之上，再加上他素不信什么“君权神授”的天命观，有人认为他有不逊之志，对此，他举了四组例子来说明自己并无篡汉自立之心。第一组是齐桓公、晋文公的例子。齐桓公之时，“周室微，唯齐、楚、秦、晋为强。晋初与会，献公

① （晋）陈寿撰，（刘宋）裴松之注：《三国志·董二袁刘传》，中华书局 1959 年版，第 174 页。

② （晋）陈寿撰，（刘宋）裴松之注：《三国志·武帝纪》，中华书局 1959 年版，第 33 页。

③ （晋）陈寿撰，（刘宋）裴松之注：《三国志·武帝纪》，中华书局 1959 年版，第 33 页。

④ （宋）司马光编：《资治通鉴》卷六六，中华书局 2007 年版，第 779 页。

⑤ （晋）陈寿撰，（刘宋）裴松之注：《三国志·武帝纪》，中华书局 1959 年版，第 33 页。

死，国内乱。秦穆公辟远，不与中国会盟。楚成王初收荆蛮有之，夷狄自置。唯独齐为中国会盟，而桓公能宣其德，故诸侯宾会”，在“九合诸侯，一匡天下”①、主弱臣强的情况下，齐桓公仍尊奉周室。晋文公是春秋五霸的第二个霸主，也曾会盟诸侯，势力也很庞大，但亦能尊奉周室。曹操借这两个人物来说明，自己尽管兵势强大，仍然尊奉王室。反过来说，兵势不强大，就不能尊奉王室，自己兵势强大了，仍然尊奉王室，那么其他人也不敢不尊奉王室，因为自己起了表率作用。第二组例子是周文王以大事小，是德行崇高的表现。西周文王之时，“遵后稷、公刘之业，则古公、公季之法，笃仁，敬老，慈少。礼下贤者，日中不暇食以待士，士以此多归之。伯夷、叔齐在孤竹，闻西伯善养老，盍往归之。太颠、闳夭、散宜生、鬻子、辛甲大夫之徒皆往归之”，“西伯阴行善，诸侯皆来决平。于是虞、芮之人有狱不能决，乃如周。入界，耕者皆让畔，民俗皆让长。虞、芮之人未见西伯，皆惭，相谓曰：‘吾所争，周人所耻，何往为，只取辱耳。’遂还，俱让而去。诸侯闻之，曰‘西伯盖受命之君’”②。尽管如此，周文王仍侍奉殷室，对于此种行为，孔子由衷赞美说：“三分天下有其二，以服侍殷，周之德可谓至德矣。”③曹操以周文王自况，说明自己手握重兵，仍尊汉天子，德行也是崇高的。第三组是乐毅、蒙恬的例子。燕昭王时，为了打败齐国，筑黄金台招纳人才，乐毅应招而来，被燕昭王任为大将，率领燕、赵、韩、魏、楚五国兵攻打齐国得胜，被封为昌国君。昭王死，惠王立，以骑劫代乐毅为将。乐毅逃往赵国，被封为望诸君。因受燕国之恩，乐毅到赵国后发誓不做危害燕之事，在他与燕惠王的信中表白了这一原则。蒙恬为秦国名将，秦始皇时期受命率三十万精兵守卫长城，始皇死后，二世胡亥囚禁了蒙恬，蒙恬说：“自吾先人及至子孙，积信于秦三世矣；今臣将兵三十余万，其势足以背畔，然自知必死而守义者，不敢辱先人之教以不忘先王也”④，曹操举这两个人的例子是说自己世受皇恩，即使受到不公正的待遇也不会背叛朝廷。第四组举周公的例子。周公，即周公旦，周武王的弟弟，古代贤相的典型。周武王死后成王即位，周公辅政。管叔及其群弟散布流言，说周公将要篡位，周公避居洛阳，后成王看到周公在武王病危时于祖庙祷告愿意代武王死的策书时，才知周公的忠贞，并迎回了周公。曹操借此

---

① （汉）司马迁：《史记·齐太公世家》，中华书局 1959 年版，第 1491 页。

② （汉）司马迁：《史记·周本纪》，中华书局 1959 年版，第 117 页。

③ （晋）陈寿撰，（刘宋）裴松之注：《三国志·武帝纪》，中华书局 1959 年版，第 33 页。

④ （晋）陈寿撰，（刘宋）裴松之注：《三国志·武帝纪》，中华书局 1959 年版，第 33 页。

是要说明自己怀有忠心而不被理解，是和周公相同的。总之，曹操举了这么多例子，无非是为了说明一个问题，就是自己对汉朝是忠心耿耿的，绝无篡汉之心。

第四个问题是表明自己让县不让兵权的原因。前面叙述了自己从政、起兵一直到走上相位的过程，并表明了自己忠于汉朝、决不背叛的忠心，那么，是不是就此放弃兵权，“委捐所典兵众以还执事，归就武平侯国”呢？曹操认为，那是万万不可的。“诚恐已离兵为人所祸也。既为子孙计，又已败则国家倾危，是以不得慕虚名而处实祸，此所不得为也。”①靠军队起家的曹操深知枪杆子里面出政权，没有自己的军队，便没有自己的一切，这是放之四海而皆准的道理。不客气地讲，让他放弃军队，无异于与虎谋皮。但他讲得也很坦然，自己也想像介之推、申包胥那样功成身退，然而，这样会带来两种后果，一是危害子孙，二是危害国家。介之推跟随重耳(晋文公)流亡国外二十年，重耳归国论功行赏，介之推与母亲隐居绵山。春秋时期，伍子胥带吴兵入楚郢都，申包胥乞秦师，哭泣七日七夜，感动了秦哀公出兵救援，楚昭王奖赏功臣。申包胥逃避了赏赐。介、申二人的行为，最大的损失只是自己没有受赏，而不会危及子孙、危害国家。曹操从事政治、军事活动多年，树敌自不在少数，况且还有朝廷内部的拥汉派和朝外的反对派存在，放弃兵权必然会使子孙遭受灭顶之灾。江南的孙权、刘备，西南的刘璋、张鲁自不必说，就是北方被曹操镇压了的军阀的余党也会乘机兴兵作乱，统一而稳定的北方大地就会重新陷入战乱之中。以曹操的睿智，是绝不会“慕虚名而处实祸”的。这也是曹操这位历经沙场征战、饱经宦海沉浮、深谙政治斗争经验的政治家所悟出的安邦立身的真谛。兵权不让，但也不是一毛不拔，决定退还朝廷所封阳夏、柘、苦三县二万户的封地，只享受武平县一万户的租税，以减少别人的诽谤议论。

总之，曹操的这篇自传性质的令文，在军事失败、政治不利的情况下，真实地暴露自己的隐私、剖析自己的苦衷，将自己的心理动机和真实思想公布于天下，起到了打击政敌、安抚部下的作用。其行文风格一改令文僵化刻板的模式，体现了曹操散文清峻、通脱的艺术风格。

---

① (晋)陈寿撰，(刘宋)裴松之注：《三国志·武帝纪》，中华书局1959年版，第33页。

第三节　中古自传的主题之二——仕与隐的二重变奏

仕与隐、穷与达，是中国古代知识分子人生走向的两条基本途径。关于“仕”，人们通常理解为在朝为官，这只是其中的一个方面，其实，“仕”的本义是“事其事”的意思，《说文解字》云：

> 仕，学也，训仕为入官，此今义也。古义官训仕，仕训学。故《毛诗》传五言士，事业。而《文王有声》传亦言也，事也。是仕与士比事也，是仕与士皆事其事之谓。学者，觉悟也，事其事则日就于觉悟也。子夏曰：仕而优则学，学而优则仕。《公冶长》篇：子使漆雕开仕。注云：仕，仕于期也。以仕学分处，起于此时矣。①

“事其事”，就是做事的意思，文人入仕，就是要做事。在古代，文人要做事就要进入仕途，侧立于朝，为官为宦，才能实现自己的人生理想。在中古文人中，最为辉煌的仕者莫过于曹丕，隐居“自适其志”者莫过于陶渊明。下面以他们为代表加以分析。

一、成功之士的自豪与自信

曹丕在中古士人中是最为成功者，他依仗乃父的庇荫，二十三岁为五官中郎将，副丞相，曹操死后，继任丞相、魏王，三十三岁代汉帝而自立，建立曹魏政权。曹丕在文学上也卓有建树，他是邺下文学集团的中心人物之一，他所作的七言诗《燕歌行》是成熟的七言诗，也是现存最早的文人所作的七言诗。其《典论・论文》是中国古代文学批判史上的重要文献，特别是他把文学提高到“经国之大业，不朽之盛事”的地位，对于中古文学的自觉，发挥了重要的作用。曹丕的自传文《自叙》，为《三国志》裴注所引用，《三国志・文帝纪》文后的“评曰”之后，裴松之注引，有“《典论》帝《自叙》曰”，这是说明，此叙为曹丕所著《典论》中的一篇。按着古人著书往往把自序或自叙放于书末的习惯，曹丕的《自叙》应该是《典论》的最后一篇，裴松之注引只是一部

① （汉）许慎撰，（清）段玉裁注：《说文解字注》，上海古籍出版社 1981 年版，第 658 页。

分，严可均辑《全三国文》时较之裴注多了下面几句，“所著书、论、诗、赋，凡六十篇。至若智而能愚、勇而能怯、仁以接物、恕以及下，以付后之良史”①。这说明曹丕《自叙》现存的部分并不是完整的，其中有佚失的内容。

曹丕的《自叙》作于他为太子时，在对自己此前的人生经历的叙述中，充满了成功者的那种自豪与自信，记载了自己的文治武功，表明自己是魏王最合适的继承人。

这篇《自叙》先叙述了自己出生的时代背景：

> 初平之元，董卓杀主鸩后，荡覆王室。是时四海既困中平之政，兼恶卓之凶逆，家家思乱，人人自危。山东牧守，咸以《春秋》之义，“卫人讨州吁于濮”，言人人皆得讨贼。于是大兴义兵，名豪大侠，富室强族，飘扬云会，万里相赴；兖、豫之师战于荥阳，河内之甲军于孟津。卓遂迁大驾，西都长安。而山东大者连郡国，中者婴城邑，小者聚阡陌，以还相吞灭。会黄巾盛于海岱，山寇暴于并、冀，乘胜转攻，席卷而南，乡邑望烟而奔，城郭睹尘而溃，百姓死亡，暴骨如莽。②

东汉自桓、灵以来，外戚、宦官先后专权，其后便是黄巾农民大起义，社会陷入混乱之中。到了汉献帝时期，董卓专权，以袁绍为首的十八路诸侯讨董卓，其后群雄蜂起，兵连祸结、生灵涂炭，社会动荡不安。介绍自己出生时的社会背景，以表明自己是在战斗里成长的。乱世在给生灵带来灾难的同时，也给英雄提供了一展雄才的舞台。接下来，便转入对自己幼年的叙述：

> 余时年五岁，上以世方扰乱，教余学骑射，六岁而知射。又教余骑马，八岁而能骑射矣。③

五岁学射，六岁知射，八岁能骑射，在如此幼小的年龄即能如此，表明自己在儿童时代的杰出能力。幼年的辛苦并没有白费，关键时刻发挥了作用。

> 以时之多故，每征，余常从。建安初，上南征荆州，至宛，张绣降。

① （清）严可均辑，马志伟审订：《全三国文·自叙》，商务印书馆1999年版，第81页。
② （晋）陈寿撰，（刘宋）裴松之注：《三国志·文帝纪》，中华书局1959年版，第89页。
③ （晋）陈寿撰，（刘宋）裴松之注：《三国志·文帝纪》，中华书局1959年版，第89页。

旬日而反，亡兄孝廉子修、从兄安民遇害。时余年十岁，乘马得脱。①

对于文武之道的见解，表明曹丕已经具备了身为人主的素质，为自己以后的政治活动打下了基础。作者接下来对自己的高超武艺进行了具体的描述：

建安十年，始定冀州，岁、貊贡良弓，燕、代献名马。时岁之暮春，勾芒司节，和风扇物，弓燥手柔，草浅兽肥，与族兄子丹猎于邺西，终日手获獐鹿九，雉兔三十。后军南征曲蠡，尚书令荀彧奉使犒军，见余谈论之末，彧言："闻君善左右射，此实难能。"余言："执事未睹夫项发口纵，俯马蹄而仰月支也。"彧喜笑曰："乃尔！"余曰："埒有常径，的有常所，虽每发辄中，非至妙也。若驰平原，赴丰草，要狡兽，截轻禽，使弓不虚弯，所中必洞，斯则妙矣。"时军祭酒张京在坐，顾彧拊手曰："善。"②

礼、乐、射、御、书、术是儒家的六艺，射是人的谋生本领之一，在战争年代，则不仅可以全身保命，而且可以立功疆场。射猎是古代的军事训练方式之一，即如清代的木兰秋狝，是清王朝的军事演习方式。所以，在古代，皇帝经常组织臣民狩猎，以检阅军队的战斗力。曹丕和族兄曹真于邺西狩猎，收获甚丰，可见其武功之高。最后又通过和尚书令荀彧的谈话，从侧面表现自己"扬手接飞猱，俯身散马蹄"（曹植《白马篇》）幽并游侠儿般的雄姿。

叙述完自己的骑射功夫，接下来，曹丕描述了自己剑术的高超：

余又学击剑，阅师多亦，四方之法各异，唯京师为善。桓、灵之间，有虎贲王越善斯术，称于京师。河南史阿言昔与越游，具得其法，余从阿学之精熟。尝与平虏将军刘勋、奋威将军邓展等共饮，宿闻展善有手臂，晓五兵，又称其能空手入白刃。余与论剑良久，谓言将军法非也，余顾尝好之，又得善术。因求与余对。时酒酣耳热，方食芊蔗，便以为杖，下殿数交，三中其臂，左右大笑。展意不平，求更为之。余言吾法急属，难相中面，故齐臂耳。展言愿复一交。余知其欲突以取交中也，因伪深进，展果寻前，余却脚鄛，正截其颡，坐中惊视。③

---

① （晋）陈寿撰，（刘宋）裴松之注：《三国志・文帝纪》，中华书局 1959 年版，第 89 页。
② （晋）陈寿撰，（刘宋）裴松之注：《三国志・文帝纪》，中华书局 1959 年版，第 89—90 页。
③ （晋）陈寿撰，（刘宋）裴松之注：《三国志・文帝纪》，中华书局 1959 年版，第 90 页。

这段对于自己剑术的叙述，主要讲了两个问题：第一，自己曾得名师传授剑术，自己的师祖剑术“称于京师”，自己的师傅俱得师祖的剑术；第二，实践证明，自己的剑术不是空招，具有实战功效，奋威将军邓展精通武艺，能够“空手入白刃”，和自己交手两次都以失败而告终。曹丕对自己剑术的描写，毫无谦虚之处，似乎自己就是一个“无招胜有招，无剑胜有剑”的江湖剑客。但是一个人如果光有武功似乎只是一介武夫，还必须济以文韬。在叙述自己的武功之后，曹丕又对自己的文韬进行了描绘：

> 上雅好诗书文集，虽在军旅，手不释卷，每每定省从容，常言人好学则思专，长则善忘。长大而能勤学者，唯吾与袁伯业耳。余是以少诵《诗》、《论》，及长而备历五经、四部，《史》、《汉》、诸子百家之言，靡不毕览。①

受乃父的影响，曹丕自幼则诵读诗书，历览儒家经典，兼通《史记》、《汉书》及诸子百家的著作，为其成为文学家打下了坚实的基础。

作为成功士人的典范，曹丕的这篇《自叙》全是自夸之言，从幼年夸到中年，从武略夸到文韬，充分体现了作为王储的自豪感。对此，川合康三说：“我觉得，对于自己优于他人这一点，作者有一种向周围人、同时也向他自己宣示的迫切愿望。不管文章是在何时何地写的，也不管文章如何缺乏自知之明，强调自己是曹操唯一合法继承人，这才是文章真正的主旨。”②对于此点，刘知几也甚为不满，他也批评说：“夫自媒自炫，士女丑行。然则人莫我知，君子不耻。……历观扬雄已降，其自叙也，始以夸尚为宗。至魏文帝、傅玄、陶梅、葛洪之徒，则又逾于此者矣。何则？身兼片善，行有微能，皆剖析具言，一二必载。岂所谓宪章前圣，谦以自牧者欤？”③其实，曹丕的《自叙》虽然有夸饰的成分，但也不像刘知几与川合康三说的那么严重，笔者认为这其中有两点原因：一是受其家风的影响，曹丕的家风就是被人们所概括的“通脱”，正如鲁迅所说：“我们可以说汉末魏初的文章是清峻、通脱。在曹操本身，也是一个改造文章的祖师，可惜他的文章传的很少。他胆子很大，文章

---

① (晋)陈寿撰，(刘宋)裴松之注：《三国志·文帝纪》，中华书局1959年版，第90页。

② [日]川合康三著，蔡毅译：《中国的自传文学》，中央编译出版社1998年版，第33页。

③ (唐)刘知几撰，(清)浦起龙通释，吕思勉评：《史通》，上海古籍出版社2008年版，第184页。

从通脱得力不少，做文章时又没有顾忌，想写的便写出来”[①]，这反映在文学上就是不隐晦，想说什么就说什么，曹丕正如乃父那样，写文章直言不讳，畅所欲言。二是曹丕本人确实成就斐然，他除了在做官这一方面受其出身的影响外，在文韬武略方面，则是自身努力的结果。在《自叙》中对于自己的官位，曹丕只字未提，应该说这篇自叙基本上是符合事实的。

二、委运任化、自适其志

隐士是中国古代的一个特殊阶层，历朝历代隐居之士不绝如缕，他们或为了躲避战乱，或为了逃避朝廷的征召，或为了与黑暗现实隔绝，总之，他们与当政者采取非暴力不合作态度。而在众多的隐士之中，陶渊明是较为特殊的一个，他把隐居看做是一种人生态度，一种生活方式，自适其志，委运任化，躬耕自给，其人生态度为后世文人所敬仰。

陶渊明(365—427)，字元亮，一说名潜，字渊明，浔阳柴桑人，东晋著名的诗人和传记文学家，死后被尊称为靖节先生，有《靖节先生集》流传于世。陶渊明的文学成就以诗歌为高，是中国古代田园诗的开创者和优秀诗人。陶渊明也是中古时期杰出的传记文学家，他的传记作品主要有《五柳先生传》和《晋故征西大将军长史孟府君传》两种，尽管他的作品不多，但对后世影响颇大。

《五柳先生传》是陶渊明以第三人称传写五柳先生人生志趣的作品，实际上是作者的自传。

(一)《五柳先生传》的特色与内容

作为一篇别开生面的自传作品，《五柳先生传》具有自己的独特之处。研读全文，即可以体会其特色。

> 先生不知何许人也，亦不详其姓字。宅边有五柳树，因以为号焉。[②]

人物传记的通常格式是交代自己的姓、字、号、籍贯，而这里作者不仅没有交代，而是一概忘怀，只记得宅边有五柳树，于是自以为号。这表明他生活在

---

① 鲁迅:《鲁迅全集》第三卷，人民文学出版社 2005 年版，第 524 页。

② 逯钦立校注:《陶渊明集》，中华书局 1975 年版，第 175 页。

别一世界，即隐士的世界。这段开头似乎受了阮籍《大人先生传》的影响，《大人先生传》的开头曰："大人先生盖老人也，不知姓字。"连人物的姓字都不知，实际上是表现其超脱现实，忘情世事的品格。刘向《列仙传》和葛洪《神仙传》中的人们，常常是不知何处人，不知其名，这是那些生活在别一世界人们的共同特征。至于为什么称为五柳先生？是因为古代村庄多种植榆树、柳树，宅边有五柳树，表明他居住在乡村，远离城市的喧嚣，这是隐士的行为。关于隐士所居之处，还有"三径"一词，此词出自汉代蒋诩的"舍中竹下开三径"(《文选》李善注引《三辅决录》)①，"三径"成为隐士的居所，在陶渊明之前就已经定型，陶渊明的《归去来兮辞》中就有"三径就荒，松菊犹存"之语，表明自己归隐田园的决心。陶渊明称自己为五柳先生，与"三径"为隐士隐居之所有异曲同工之妙。陶渊明的这种手法为后世所继承，王绩、白居易、欧阳修等人皆祖述其法。

闲静少言，不慕荣利。②

"娴静少言"是与当时社会的清谈之风相悖的，东晋时期，清谈盛极一时，一个人能否清谈成为衡量他是否是名士的标志。陶渊明对于这种于国无益的清谈之风是很反感的，故此"娴静少言"，表示了一种超然世外的悠闲态度。

"不慕荣利"是与东晋世风密切相关的，自曹魏实行九品中正制度以来，一个人的出身，决定了其在社会上的地位，决定了仕途是否通达。一些出身地位较低的人，往往通过与门阀士族联姻的方式来改变自己的血统，提高自己的地位。陶渊明的祖父陶侃虽然位至将军，但由于不是士族，故而被人视为"小人"。陶渊明不愿走这条"曲线救国"之路，是他独立个性的表现。"娴静少言，不慕荣利"，表明了他对现实社会的态度与不屑。

好读书，不求甚解，每有会意，便欣然忘食。③

自汉武帝"罢黜百家，独尊儒术"，设六经博士以来，儒生们寻章摘句、皓首穷经成为通向仕途的一条捷径，读书带有很大的功利性。而陶渊明把读书看

---

① 逯钦立校注：《陶渊明集》，中华书局1975年版，第162页。

② 逯钦立校注：《陶渊明集》，中华书局1975年版，第175页。

③ 逯钦立校注：《陶渊明集》，中华书局1975年版，第175页。

作是一种人生的乐趣，他不是为了功名富贵，而是为了从书中得到审美的愉悦，所以他说："奇文共欣赏，疑义相与析"（陶渊明《移居二首》第一首），每当读书有所心得，便"欣然忘食"，与那种读书为了功名的观念大异其趣。

> 性嗜酒，家贫不能常得。亲旧知其如此，或置酒而招之。造饮辄尽，期在必醉。既醉而退，曾不吝去留。①

嗜酒似乎是中古文人的普遍现象，但中古士人嗜酒有几种目的：

一是为了享乐，为了增加生命的密度。从汉末以来，酒色游宴是常常连在一起的，古诗十九首中就有"斗酒相娱乐，聊厚不为薄"、"不如饮美酒，被服纨与素"。曹植《与吴季重书》云："愿举泰山以为肉，倾东海以为酒，伐云梦之竹以为笛，斩泗滨之梓以为筝，食若填巨壑，饮若灌漏卮；其乐固难量，岂非大丈夫之乐哉！"②《三国志·吴主传》"（黄龙元年）十二月，权使太中大夫郑泉聘刘备于白帝，始复通也"③条下裴松之注引吴书曰："郑泉字文渊，陈郡人。博学有奇志，而性嗜酒，其间居每曰：'原得美酒满五百斛船，以四时甘脆置两头，反覆没饮之，惫即住而啖肴膳。酒有斗升减，随即益之，不亦快乎！'"④这里饮酒只是为了享乐，酒的作用与声色犬马相埒。

二是为了全身远祸。在魏晋易代之际，政治斗争十分残酷，"许多文人莫名其妙地卷入政治斗争而遭到杀戮，如孔融、杨修、祢衡、丁仪、丁廙、嵇康、陆机、陆云、张华、潘岳、石崇、欧阳建、孙拯、嵇绍、牵秀、郭璞、谢混、谢灵运、范晔、袁淑、鲍照、吴迈远、袁粲、王融、谢朓等"⑤。"实际的社会情势逼得他们不得不饮酒；为了逃避现实，为了保全生命；他们不得不韬晦，不得不沉湎。从上面看来，饮酒好像只是快乐的追求，而实际却有更大的忧患背景在后面。这是对现实的不满和迫害的逃避，心里是充满了悲痛的感觉的。当时政治的腐化黑暗，社会的混乱无章，而且属于易代前夕……处在这种局势下，不积极不可能，单纯地消极也不可能；因为很可能引来政治上的迫害，那

---

① 逯钦立校注：《陶渊明集》，中华书局1975年版，第175页。

② （清）严可均辑，马志伟审订：《全三国文·与吴季重书》，商务印书馆1999年版，第160页。

③ （晋）陈寿撰，（刘宋）裴松之注：《三国志·吴主传》，中华书局1959年版，第1126页。

④ （晋）陈寿撰，（刘宋）裴松之注：《三国志·吴主传》，中华书局1959年版，第1129页。

⑤ 袁行霈：《中国文学史》第二卷，高等教育出版社1998年版，第9页。

么最好的办法是自己来布置一层烟幕，一层保护色的烟幕。于是终日酣畅，不问世事了；于是出言玄远，口不臧否人物了"[①]。这种处事方式有时还是有效果的，如阮籍，"籍本有济世志，属魏、晋之际，名士少有全者，籍由是不与世事，遂酣饮为常。文帝初欲为武帝求婚于籍，籍醉六十日，不得言而止。钟会数以时事问之，欲因其可否而致之罪，皆以酣醉免"[②]。

与上面两种情况不同的是，陶渊明饮酒既不是为了增加生命的密度，也不是为了享乐，更不是为了全身远祸，而是追求一种酒中的真趣。"真"即自然，没有任何的功利性。庄子曰："真者所以受于天也，自然不可易也，故圣人法天贵真"，"真者，精诚之至也，不精不诚，不能动人。故强哭者虽悲不哀，强怒者虽严不威，强亲者虽笑不和。真悲无声而哀，真怒未发而威，真亲未笑而和。真在内者，神动于外，是所以贵真也。其用于人理也，事亲则慈孝，事君则忠贞，饮酒则欢乐"[③]。陶渊明饮酒的真正目的就是要追求一种通过饮酒忘情世事，在醉中去体味那种自由自在的精神境界。他饮不守礼，公然蔑视传统的礼法，追求行动上的随意性，可见他要以一种最自然的状态生活于世间。"家贫不能常得"，揭示了生活的困窘，但经济上的拮据，并没有改变他的人生乐趣，孔子赞扬颜回"一箪食，一瓢饮，在陋巷，人不堪其忧，回不改其乐"。对于贫困泰然处之，其乐陶陶，陶渊明的境界和颜回有异曲同工之处。不饮则已，一饮则一醉方休，是陶氏的饮酒美学，也就是要在醉中得到一种人生的乐趣，这对于那些汲汲于名利，被名缰利锁扭曲的人来说，是一种向自然状态的回归。

环堵萧然，不蔽风日。短褐穿结，箪瓢屡空。晏如也。[④]

人类最基本的生活需要就是衣、食、住、行之需，陶渊明的贫穷应该是赤贫，家徒四壁，所穿的衣服也是千疮百孔，打着补丁，吃的东西也是盆钵罄尽，但他还是快乐如初，不因贫而夺其志，保持内心平静的精神状态。所以鲁迅评价他"是个非常平和的田园诗人。他的态度是不容易学的，他非常之穷，而心里很平静。家常无米，就去向人家门口求乞"，"他穷到衣服也破烂不堪，

---

① 王瑶：《中古文学史论集》，古典文学出版社1956年版，第37页。
② (唐)房玄龄等：《晋书·阮籍传》，中华书局1974年版，第1360页。
③ (清)郭庆藩：《庄子集释·渔父》，中华书局1961年版，第1032页。
④ 逯钦立校注：《陶渊明集》，中华书局1975年版，第175页。

而还在东篱下采菊，偶然抬起头来，悠然的见了南山，这是何等自然”。

常著文章自娱，颇示己志。忘怀得失，以此自终。[①]

赋诗作文也是陶渊明的乐趣之一，他写文章的目的既不是为了猎取功名，也不是为了发泄内心的不平，更不是为了和别人辩论。他作文章是娱乐的一种方式，是有感而发的，是自然而然的，和他“采菊东篱下，悠然见南山”的心境是一样的。由此我们可以推想，陶渊明的文章内容应该是隐逸的境界，田园的风光，村民的淳朴。这些应该是他远离官场，独守田园心态的外现。“忘怀得失”与前面的“不慕荣利”是相呼应的，他要忘怀的是尘世的喧嚣，忘怀对名利的追求，是心灵回归自然，正如他的诗中所说“结庐在人境，而无车马喧。问君何能尔，心远地自偏。采菊东篱下，悠然见南山”（《饮酒二十首》其六）。他要在静谧的乡村中，在淳朴的田园中，在淡泊名利中以终天年。

赞曰：黔娄之妻有言：“不戚戚于贫贱，不汲汲于富贵。”极其言兹若人之俦乎？酣觞赋诗，以乐其志，无怀氏之民欤？葛天氏之民欤？[②]

黔娄的故事出自刘向的《古列女传》卷二十一，黔娄死了，连块像样的裹尸布都没有，曾子感到很悲痛，但其妻认为，黔娄富贵有余，可以谥为康。其理由是黔娄不为贫贱而忧虑，不为富贵而汲汲追求。对于黔娄，扬雄、左思以及陶渊明之后的鲍照等都十分仰慕黔娄面对贫穷所表现出的那种自适自足的良好心态。陶渊明引用黔娄之妻的话，表明自己和黔娄是同道者，无论贫贱富贵都安之若素。他对酒当歌，歌唱隐居的快乐，歌唱人生的追求。他的诗在追求“丽采百字之偶，争价一句之奇”[③]的形式主义文风的时代，用素描般的笔，描绘了一幅幅朴素平淡的现实生活画面。可以说其诗是其志的外现，其志是其诗的内涵。最后，文中提到了远古帝王无怀氏与葛天氏，据说在他们治下的百姓，因生活自适称意，而歌之颂之，蹈之舞之，陶渊明对此无限神往。他在自传的结尾引用这两个远古洪荒的时代，暗寓自己逍遥自适，乐天

---

① 逯钦立校注：《陶渊明集》，中华书局1975年版，第175页。

② 逯钦立校注：《陶渊明集》，中华书局1979年版，第175页。

③ （南朝宋）刘义庆著，王运熙、周锋译注：《文心雕龙·明诗》，上海古籍出版社2010年版，第23页。

知命，有如上古淳朴社会中的人，逍遥自适，不求名利。

（二）《五柳先生传》的传记价值

从传记文学的角度来说，《五柳先生传》是中国古典传记中的精品。首先，它首创了以第三人称述志抒怀的自传文体，自此以后，《五柳先生传》式的自传成为一种模式，为后代文人所认同，王绩、白居易、宋濂等都采用这种模式来书写其人生。其次，是自传形式的新开拓，现存最早的自传作品是司马迁的《太史公自序》，它采用史传的写法，来自述生平与志向。在述家族的流变史时，远自颛顼时代，近讫自身的时代，显示了自己辉煌的家世。然后自述自己的人生遭际，作《史记》的目的及来由。而陶渊明在作自己的自传时，并没有沿袭太史公的既成模式，而是另辟蹊径。《五柳先生传》只传精神，不传形式，是自传史上一次划时代的革命。他给读者留下了很大的想象空间，使读者沿着传主的情感历程，去思索其人生追求，体味其中的韵味，从而使整篇作品具有一种空灵之美。再次，整篇传记并没有提及传主对社会的态度，但并非传主对社会是没有非议的，在对自由的追求中，在对人生情趣的书写中，渗透了传主的批判意识。这种“寓褒贬于叙事之外”的风格，是《春秋》精神的艺术再现。最后，《五柳先生传》的出现，标志着自传作品由传人、传事向传情的嬗变，为自传百花园增添了一道靓丽的春色，并且这种自传方式逐渐取代了史传式的自传方式，成为了自传的主流形式，从唐宋到明清，这种方式的后继者不绝如缕。具体说来，其主要特征有：一是不标传主名字，而以字或号为传主之名，如欧阳修号六一居士，六一居士则成为自传的篇名；二是传文不是以记述自己的人生历程、行为事迹为主，而是以表现传主的人生情趣、理想追求为主，“情”或“志”成为传记的核心；三是笔调的诙谐幽默，类似小品文，轻松、明快；四是与史传型的自传相比，篇幅短小，言简意赅，惜墨如金。

第四节　中古自传的主题之三——立言不朽的人生追求

立德、立功、立言是古人所追求的“三不朽”，然而，对于文人来说，立德、立功似乎可望不可即，那么就只有剩下立言一条道路了。中国历史上的许多文人，之所以能够青史留名，就是由于他们从事著述，通过作品使其不朽，曹丕说："盖文章，经国之大业，不朽之盛事。年寿有时而尽，荣乐止乎其身，二者必至之常期，未若文章之无穷。是以古之作者，寄身于翰墨，见意于篇籍，不假良史之辞，不托飞驰之势，而声名自传于后。"①中国古代许多知识分子就是通过著书立说来实现人生的不朽的。在中古自传中，为了实现人生不朽而努力的士人，当属马融、郑玄和葛洪了。

一、仕途的坎坷是促使文人从事著述的先决条件

"学而优则仕"是文人进入仕途的原动力，在中国古代，许多文人都怀有远大的理想，而理想的实现则需要一定的内部、外部条件。内部条件就自身要有才学，有治国经邦之术。而外部条件，则是要有清明的政治环境，有圣明君主的赏识。同时，还要有自身的健康。纵观中古时代，是一个危机四伏、兵连祸结、政治斗争极为残酷的时代，文人不仅不能实现治国平天下的理想与抱负，就连生命也很难保全。通过立功、立德以求不朽的路被堵塞了，他们只有通过立言来实现人生的不朽。

东汉自桓、灵以来，政治一片混乱，《后汉书·党锢列传》云：

> 逮桓、灵之间，主荒政缪，国命委于阉寺，士子羞与为伍，故匹夫抗愤，处士横议，遂乃激扬名声，互相题拂，品核公卿，裁量执政，婞直之风，于斯行矣。②

这样的政治环境，使得士人的人生理想受到极大的挑战，由于他们不屑与阉寺为伍，故不能进入权力中枢，只能从事著述。如马融，据《后汉书》本传载：

> （马融）为人美辞貌，有俊才。初，京兆挚恂以儒术教授，隐于南山，不应征聘，名重关西，融从其游学，博通经籍。③
>
> 桓帝时为南郡太守。先是融有事忤大将军梁冀旨，冀讽有司奏融在郡贪浊，免官，髡徙朔方。自刺不殊，得赦还，复拜议郎，重在东观著述，以病去官。④

① 郭绍虞：《中国历代文论选·典论·论文》，上海古籍出版社 1979 年版，第 61 页。
② （南朝宋）范晔：《后汉书·党锢列传》，中华书局 2007 年版，第 638 页。
③ （南朝宋）范晔：《后汉书·马融列传》，中华书局 2007 年版，第 568 页。
④ （南朝宋）范晔：《后汉书·马融列传》，中华书局 2007 年版，第 571 页。

马融是东汉的大儒，其人生理想不能说不远大，但他生在外戚专权的时代，邓骘、梁冀先后专权，因忤梁冀，被梁冀指使人诬陷其贪污而免官，后虽赦免，但面对险恶的政治环境，只得以病去官。

郑玄亦是汉末大儒，《后汉书》本传曰：

> 遂造太学受业，师事京兆第五元先，始通《京氏易》、《公羊春秋》、《三统历》、《九章算术》。又从东郡张恭祖受《周官》、《礼记》、《左氏春秋》、《韩诗》、《古文尚书》。以山东无足问者，乃西入关，因涿郡卢植，事扶风马融。①
>
> 玄自游学，十余年乃归乡里。家贫，客耕东莱，学徒相随已数百千人。及党事起，乃与同郡孙嵩等四十余人俱被禁锢，遂隐修经业，杜门不出。时任城何休好《公羊》学，遂著《公羊墨守》、《左氏膏肓》、《谷梁废疾》；玄乃发《墨守》，针《膏肓》，起《废疾》。休见而叹曰："康成入吾室，操吾矛，以伐我乎！"初，中兴之后，范升、陈元、李育、贾逵之徒争论古今学，后马融答北地太守刘环及玄答何休，义据通深，由是古学遂明。
>
> 董卓迁都长安，公卿举玄为赵相，道断不至。会黄巾寇青部，乃避地徐州，徐州牧陶谦接以师友之礼。建安元年，自徐州还高密，道遇黄巾贼数万人，见玄皆拜，相约不敢入县境。②

如此的才学也不能说不够渊博，但遭遇党锢之祸，只能杜门不出，研究学问。党禁刚刚解除，又遭遇董卓之乱，最后只好归家收徒授学，著书立说。

西晋的陆喜也是"少有声名，好学有才思"，"太康中，下诏曰：'伪尚书陆喜等十五人，南士归称，并以贞洁不容皓朝，或忠而获罪，或退身修志，放在草野。主者可皆随本位就下拜除，敕所在以礼发遣，须到随才授用。'乃以喜为散骑常侍"③。

尽管从表面上看起来陆喜是受到重用了，但如果我们研究一下当时陆喜所处的政治形势，就会发现，情况远非如此。西晋是以曹魏政权为起家的本钱的，孙吴是西晋的敌国，孙吴被西晋灭掉后，为了加强对江南的管理，消除南北敌对情绪，司马炎在减少苛捐杂税的同时，对吴地遗民中优秀者，擢

---

① （南朝宋）范晔：《后汉书·张曹郑列传》，中华书局2007年版，第358页。

② （南朝宋）范晔：《后汉书·张曹郑列传》，中华书局2007年版，第358—359页。

③ （唐）房玄龄等：《晋书·陆喜传》，中华书局1974年版，第1486—1487页。

以录用，晋武帝在太康九年诏令举荐贤能。吴郡陆氏是江东地区最为显赫的家族之一，孙吴时期，一门有二相、五侯、将军十余人，陆氏家族的优秀人才陆机、陆云在西晋统一后，应征入洛，陆喜是陆机的从父兄，自然也要受到朝廷的笼络。但陆机入洛后，却受到北人的轻视、侮辱，王永平先生经过深入研究认为，陆机兄弟受到的轻视、侮辱主要表现在几个方面：一是在语音上北人嘲笑陆氏兄弟"音楚"；二是一些北人在公开场合有意侮辱陆氏兄弟；三是陆氏兄弟好游权门，结交贾谧为人所不齿。大名鼎鼎的陆氏兄弟尚且如此，那么名声在他们之下的陆喜就更不用说了，所以，陆喜的仕途也不能说不坎坷。①

身体是革命的本钱，从政要有健康的体格。还有，性格决定命运，文人的性格也决定了他是否能够立德、立功，即如王充因性格孤僻，所以仕途偃蹇。在中古士人中，身体、性格都不适为官为宦者，以葛洪为代表。在葛洪的《自叙》中，对此有所描述：

> 洪之为人而骙野，性钝口讷，形貌丑陋，而终不辩自矜饰也。冠履垢弊，衣或蓝缕，而或不耻焉。俗之服用，俄而屡改；或忽广领而大带，或促身而修袖，或长裾曳地，或短不蔽脚。洪期于守常，不随世变。言则率实，杜绝嘲戏，不得其人，终日默然，故邦人咸称之为抱朴之士。是以洪著书因以自号焉。
>
> 洪禀性望尪羸，兼之多疾，贫无车马，不堪徒行，行亦性所不好。又患弊俗舍本逐末，交游过差，故遂抚笔闲居，守静荜门，而无趣从之所。至于权豪之徒，虽在密迩，而莫或相识焉。②
>
> 不晓谒以故初不修见官长。至于吊大丧，省困疾，乃心欲自勉强，令无不必至，而居疾少健，桓复不周，每见讥责于论者，洪引咎而不恤也。意苟无余，而病使心违，顾不愧己而已，亦何理于人之不见亮乎？③

为官之人要求身体健康，这是必然的要求，同时性格也是主要的，以上细说了其厌烦社交、不通世故的内向性格，但对于那种常见的自命清高、蔑视世俗、独标一格的名士派头，采取了相对遏制的态度。作者反复强调自己的无

① 王永平：《陆机入洛之遭遇及其死因考析》，《东南文化》2000年第3期。

② 杨明照：《抱朴子外篇校笺·自叙》，中华书局1991年版，第662—664页。

③ 杨明照：《抱朴子外篇校笺·自叙》，中华书局1991年版，第665—666页。

能和体弱多病，自己与世俗的格格不入，实际上是说自己缺乏社交能力，所以，尽管葛洪很有能力，但还是难以升官发财，葛洪的《自叙》还记载了他的军事才能：

昔大安中石冰作乱，六州之地，柯振叶靡，违正党逆。

义军大都督邀洪为将兵都尉，累见敦迫。既桑梓恐虏，祸深尤大；古人有急疾之义，又畏军法，不敢任志。遂募合数百人，与诸军旅进。

曾攻城之别将，破之日，钱帛山积，珍玩蔽地，诸军莫不放兵收拾财物，继毂连担。洪独约令所领，不得妄离行阵，士有庶得众者，洪即斩之已徇，于是无敢委杖。而果有伏贼数百，出伤诸军。诸军悉发无部队，皆人马负重，无复战心，遂致惊乱，死伤狼藉，殆欲不振。独洪军整齐彀张，无所损伤，以救诸军之大崩，洪有力焉。后别战斩贼小帅，多获甲首，而献捷幕府。

于是大都督加洪伏波将军，例给布百匹。诸将多封闭之，或送还家。而洪分赐将士及施知故之贫者，余之十匹，又径以市肉酤酒，以享将吏。于时窃擅一日之美谈焉。①

从上面的记载可以看出，葛洪还具有一定的军事才能，他所统帅的军队不仅军纪严明而且还颇具战斗力。葛洪自己也有古代名将之风，不怕死，不爱财，所赏财物"分赐将士及施知故之贫者，余之使匹，又径以市肉酤酒，以享将吏"。军功虽大，但由于不善于社交，和李广一样，还是难封。古代文人之所以在仕途上难以畅达，上面是其主要原因。

二、"发愤著书"是实现人生不朽的唯一途径

"发愤著书"是司马迁提出来的，他在《报任少卿书》中说：

盖文王拘而演《周易》；仲尼厄而作《春秋》；屈原放逐，乃赋《离骚》；左丘失明，厥有《国语》；孙子膑脚，《兵法》修列；不韦迁蜀，世传《吕览》；韩非囚秦，《说难》、《孤愤》；《诗》三百篇，大抵贤圣发愤之所为作也。此人皆意有所郁结，不得通其道，故述往事，思来者。及左丘明无目，孙子

① 杨明照：《抱朴子外篇校笺·自叙》，中华书局1991年版，第683—687页。

断足，终不可用，退而论书策以舒其愤，思垂空文以自见。[①]

司马迁的“发愤著书”说揭示了我国古代社会一种普遍存在的文化心理现象：古代的志士仁人，他们身怀远大理想，但在现实社会中，遭受痛苦或不幸，内心抑郁不平之气，因而激发起从事著述的强烈愿望和坚韧毅力，最终创作出传世不朽的著作或作品。中古士人遭遇各种不幸，内心的不平使他们在学术上或思想上取得了杰出的成绩。

马融不仅开门授徒，而且著述颇丰，他的《自叙》仅存残篇，《世说新语·文学》第一，刘孝标注引其《自叙》的片段，只是说马融“少而好问，学无常师”[②]，对于他的著述没有提及，如果我们参照范晔《后汉书·马融列传》则可以知道马融的众多著述：

融才高博洽，为世通儒，教养诸生，常有千数。涿郡卢植，北海郑玄，皆其徒也。善鼓琴，好吹笛，达生任性，不拘儒者之节。居宇器服，多存侈饰。常坐高堂，施绛纱帐，前授生徒，后列女乐，弟子以次相传，鲜有入其室者。尝欲训《左氏春秋》，及见贾逵、郑众注，乃曰：“贾君精而不博，郑君博而不精。既精既博，吾何加焉！”但著《三传异同说》。注《孝经》、《论语》、《诗》、《易》、《三礼》、《尚书》、《列女传》、《老子》、《淮南子》、《离骚》，所著赋、颂、碑、诔、书、记、表、奏、七言、琴歌、对策、遗令，凡二十一篇。[③]

马融不仅是一位优秀的老师，还是一位优秀的学者，其对古代典籍的著述对后世产生了巨大影响。他的学生郑玄则是青出于蓝而胜于蓝，他的《自序》也只有残篇：

遭党锢之事，逃难注《礼》。党锢事解，注《古文尚书》、《毛诗》、《论

① （清）严可均辑，任雪芳审订：《全汉文·报任少卿书》，商务印书馆1999年版，第266—267页。

② （南朝宋）刘义庆撰，（南朝梁）刘孝标注，余嘉锡笺疏：《世说新语笺疏》，上海古籍出版社1993年版，第189页。

③ （南朝宋）范晔：《后汉书·马融列传》，中华书局2007年版，第572页。

语》。为袁谭所逼,来至元城,乃注《周易》。①

郑玄《自序》残篇同样只是记载了他的部分著述,实际上,他还有许多的著述,范晔《后汉书》记载:

凡玄所注《周易》、《尚书》、《毛诗》、《仪礼》、《礼记》、《论语》、《孝经》、《尚书大传》、《中候》、《乾象历》,又著《天文七政论》、《鲁礼禘祫义》、《六艺论》、《毛诗谱》、《驳许慎五经异义》、《答临孝存周礼难》,凡百余万言。②

郑玄是马融的学生,他在其师的基础上,取得了更大的成绩,所以,在他毕业离开马融时,"融喟然谓门人曰:'郑生今去,吾道东矣。'"③

同样,陆喜也有许多创作,其《自叙》曰:

刘向省《新语》而作《新序》,桓谭咏《新序》而作《新论》。余不自量,感子云《法言》而作《言道》,睹贾子美才而作《访论》,观子政《洪范》而作《古今历》,览蒋子通《万机》而作《审机》,读《幽通》、《思玄》、《四愁》而作《娱宾》、《九思》,真所谓忍愧者也。④

葛洪学识渊博,多才多艺,儒道兼修,又精通方术及神仙之事,他的著述极为丰富,在其《自叙》中对此有所论及:

凡著内篇二十卷,外篇五十卷,碑、颂、诗、赋百卷,军书、檄移、章表、笺记三十卷,又撰俗所不列者为《神仙传》十卷,又撰高尚不仕者为《隐逸传》十卷,又抄五经、七史、百家之言、兵事、方伎、短杂、奇要三百一十卷,别有《目录》。其《内篇》言神仙、方药、鬼怪、变化、养生、延年、禳邪、却祸之事,属道家;其《外篇》言人间得失,世事臧否,属儒家。⑤

---

① (清)严可均辑,许振生审订:《全后汉文·自叙》,商务印书馆1999年版,第851页。

② (南朝宋)范晔:《后汉书·张曹郑列传》,中华书局2007年版,第360页。

③ (南朝宋)范晔:《后汉书·张曹郑列传》,中华书局2007年版,第358页。

④ (唐)房玄龄等:《晋书·陆喜传》,中华书局1974年版,第1486页。

⑤ 杨明照:《抱朴子外篇校笺·自叙》,中华书局1991年版,第698页。

除了自传所谈到的著述外,《晋书》本传还提到了他的其他著述,如著有《金匮药方》一百卷,《肘后要急方》四卷。《隋书·经籍志》著录了他的著作有《丧服变除》一卷,《汉书钞》三十卷,《神仙传》十卷,《遁甲肘后立成囊中秘》一卷,《三元遁甲图》三卷,《遁甲返覆图》一卷,《遁甲要用》四卷,《遁甲秘要》一卷,《遁甲要》一卷,《龟决》二卷,《周易杂占》十卷,《肘后方》六卷,《玉函煎方》五卷,《神仙服食药方》十卷,《抱朴君书》一卷等十七种。葛洪的文学作品大多散佚,今仅存《遐观赋》残文,诗仅存五首,另有《汉武帝故事》和《西京杂记》,由于不署作者姓名,有人认为可能为葛洪所作。葛洪在《自叙》中,承认自己的性格、外貌、学识、武功都低人一筹,这种自轻自贱的做法,说明自己资质凡庸,无可名世,只有通过著述来显亲扬名,实现人生之不朽。

魏晋时代是文学自觉的时代,马融、郑玄生活在汉末,葛洪生活在东晋,一是生活在文学自觉即将到来之际,即前文学自觉时代,一是生活在文学自觉时代之后,即后文学自觉时代,但他们都认识到通过著述可以实现古人所说的"三不朽"之一——立言。他们没有浪费时光,遗憾后世,这一点,曹丕说得很明白:

> 故西伯幽而演易,周旦显而制礼,不以隐约而弗务,不以康乐而加思。夫然则古人贱尺璧而重寸阴,惧乎时之过已。而人多不强力;贫贱则慑于饥寒,富贵则流于逸乐,遂营目前之务,而遗千载之功。日月逝于上,体貌衰于下,忽然与万物迁化,斯志士之大痛也![①]

第五节　中古自传的主题之四——舍身求法

鲁迅在《中国人失掉自信力了吗?》一文中,赞扬了几种"中国的脊梁",其中之一就是"舍身求法的人"。在中国佛教史上,第一个舍身求法的人是东晋僧人法显。在中古自传中,反映舍身求法的主题,则以法显的自传《法显传》为代表。

法显(? —422?),东晋时代的高僧,著名的旅行家、翻译家和地理学家。据南朝梁释慧皎的《高僧传》记载,法显俗姓龚,平阳武阳(今山西省临汾市)

① 郭绍虞主编:《中国历代文论选·典论·论文》,上海古籍出版社1979年版,第61页。

人。晋隆安三年(399),他与同学慧景、慧整、慧应、慧嵬等人从长安出发西去天竺(古印度)寻求戒律。经过河西走廊,越过今新疆境内的大沙漠,经过今巴基斯坦、阿富汗等地,到达印度。后又渡海去狮子国(今斯里兰卡)。航海归途中又经过今印度尼西亚,北航至今山东半岛的崂山登陆,此时是东晋义熙八年(412)。次年由陆路回到建康。从长安出发到回到建康,前后十五年。法显出发去天竺时已经是六十岁左右,在古代交通极为不便,交通设施极为简陋的情况下,克服了重重困难,还学会外语(梵文)。尤为难得的是,他是中国历史上第一个陆去海还、游学于古印度,取经归来的僧人,这比唐代玄奘陆去陆还,其困难还要增加数倍。法显亲笔记下了他历游天竺的经过及其感受,回国后写成《法显传》这部伟大的作品。《法显传》是一部记游性的著作,同时又是中国传记文学史上第一部僧人的自传。法显的事迹,南朝梁僧祐的《出三藏记》、《法显法师传》和南朝梁释慧皎的《高僧传》都有所记载。

关于《法显传》的版本,《隋书·经籍志》杂传类著录《法显传》二卷,《法显行传》一卷,没有署作者姓名。地理类有《佛国记》一卷,题名沙门释法显撰。《隋书·经籍志》之二卷本《法显传》已经失传,一卷本的《法显行传》有《佛国记》、《历游天竺记传》、《法明游天竺记》、《法显传》等异名。

一、《法显传》的基本内容

(一)通过对路途艰难的记载,表明了法显为实现理想而顽强进取的精神

《法显传》首先讲了法显西行求法的原因,"法显昔在长安慨律藏残缺,于是遂以弘始二年岁在己亥,与慧景道整慧应慧嵬等同契至天竺寻求戒律"[①]。东晋时期是我国佛教快速发展的时期,但在佛教流传的过程中,因一些佛教戒律出现佚失或被人篡改的情况,致使佛教秩序出现混乱局面,为了证定教规,矫正佛教时弊,法显便不顾高龄萌生出前往天竺取经求法的念头。

在法显西行之前,虽然汉代张骞曾经出使西域,打通了汉地通往西域之路,但张骞只是到达了西域地区,西域通往天竺的道路并没有开通。法显要在人迹罕至的地方通行,其困难可想而知。《法显传》有多处记载了其路途

① (东晋)释法显撰,章巽校注:《法显传校注》,中华书局2008年版,第1页。

的艰难：

沙河中多有恶鬼、热风，遇则皆死，无一全者。上无飞鸟，下无走兽。遍望极目，欲求度处，则莫知所拟，唯以死人枯骨为标识耳。①

从此西行向北天竺。在道一月，得度葱岭。葱岭冬夏有雪。又有毒龙，若失其意，则吐毒风，雨雪，飞沙砾石。遇此难者，万无一全。彼土人人即名为雪山人也。②

其道艰阻，崖岸险绝，其山唯石，壁立千仞，临之目眩，欲进则投足无所。下有水，名新头河。昔人有凿石通路施傍梯者，凡度七百，度梯已蹑悬緪过河。河两岸相去减八十步。九译所绝，汉之张骞、甘英皆不至。③

法显等三人南度小雪山。雪山冬夏积雪。山北阴中遇寒风暴起，人皆噤战。慧景一人不堪复进，口出白沫，语法显云："我亦不复活，便可时去，勿得俱死。"于是遂终。法显抚之悲号："本图不果，命也奈何！"复自力前，得过岭。④

得此梵本已，即载商人大船，上可有二百余人。后系一小船，海行艰险，以备大舶毁坏。得好信风，东下二日，便值大风。船漏水入。商人欲趣小船，小船上人恐人来多，即斫緪断，商人大怖，命在须臾，恐船水漏，即取粗财货掷着水中。法显亦以君墀及澡罐并余物弃掷海中，但恐商人掷去经像，唯一心念观世音及归命汉地众僧："我远行求法，愿威神归流，得到所止。"如是大风昼夜十三日，到一岛边，潮退之后，见船漏处，即补塞之。⑤

尽管西行与回归途中遭遇各种艰难险阻，法显都勇往直前，毫不退却，这种百折不挠、舍身求法的精神正是来自对理想与信念的执着追求。

(二)《法显传》对西行途中各国佛教繁荣的情况作了详细的记录

佛教发源于古印度，从印度自西向东传播，西域各国尊佛信佛业已成为

① (东晋)释法显撰，章巽校注：《法显传校注》，中华书局 2008 年版，第 6 页。
② (东晋)释法显撰，章巽校注：《法显传校注》，中华书局 2008 年版，第 21 页。
③ (东晋)释法显撰，章巽校注：《法显传校注》，中华书局 2008 年版，第 22 页。
④ (东晋)释法显撰，章巽校注：《法显传校注》，中华书局 2008 年版，第 43 页。
⑤ (东晋)释法显撰，章巽校注：《法显传校注》，中华书局 2008 年版，第 142—143 页。

时尚,《法显传》对此做了详尽的载录:

> 在道一月五日,得到于阗。其国丰乐,人民殷盛,尽皆奉法,以法乐相娱。众僧乃数万人,多大乘学,皆有众食。彼国人民星居,家家门前皆起小塔,最小者可高二丈许。作四方僧房,供给客僧及余所须。国主安顿供给法显等于僧伽蓝……其城西七八里有僧伽蓝,名王新寺。作来八十年,经三王方成。可高二十五丈,雕文刻镂,金银覆上,众宝合成。塔后作佛堂,庄严妙好,梁柱、户扇、窗牖,皆以金薄。别作僧房,亦严丽整饰非言可尽。①
>
> 从此北行一由延,到那揭国城。是菩萨本以银钱贸五茎华,供养定光佛处。城中亦有佛齿塔。供养如顶骨法。城东北一由延,到一谷口。有佛锡杖,亦起精舍供养,杖以牛头旃檀作,长丈六七许,以木筒盛之,正复百千人,举不能移。入谷口四日西行,有佛僧伽梨精舍供养……那竭城南半由延,有石室,博山西南向,佛留影此中。去十余步观之,如佛真,金色相好,光明炳著。转近转微,仿佛如有……西四百步许,佛在时剃发剪爪。佛自与诸弟子共造塔,高七八丈,以为将来塔法,今犹在。边有寺,寺中有七百余僧。此处有诸罗汉、辟支佛塔乃千数。②
>
> 过是诸处已,到一国,国名摩头罗。有遥捕那河,河边左右有二十僧伽蓝,可有三千僧,佛法转盛。凡沙河已西,天竺诸国,国王皆笃信佛法。③

中国早期的佛教是由西域传入的小乘佛教,法显对西行途经诸国佛教的记载,反映了佛教在西域的盛况。

(三)《法显传》不仅记录了法显对于佛教的虔诚,还描写了他在异国他乡的寂寞、对同伴的深情和对祖国的故园之恋

法显虽是个出家人,但他并非没有正常人的情感,《高僧传·法显传》记载了他的亲情与友情:"顷之,母丧,至性过人,丧事毕,仍即还寺";慧景死后,"显

---

① (东晋)释法显撰,章巽校注:《法显传校注》,中华书局2008年版,第11—12页。

② (东晋)释法显撰,章巽校注:《法显传校注》,中华书局2008年版,第39—40页。

③ (东晋)释法显撰,章巽校注:《法显传校注》,中华书局2008年版,第46页。

抚之泣曰:'本图不果,命也奈何。'"[①]《法显传》对法显的情感也有所记载:

> 法显、道整初到祇洹精舍,念昔世尊住此二十五年,自伤生在边地,共诸同志游历诸国,而或有还者,或有无常者,今日乃见佛空处,怆然心悲。彼众僧出,问法显等言:"汝等从何国来?"答曰:"从汉地来。"彼众僧叹曰:"奇哉!边国之人乃能求法至此!"自相谓言:"我等诸师和上相承以来,未见汉道人来到此也。"[②]
>
> 塔边复起一僧伽蓝,名无畏,山有五千僧。起一佛殿,金银刻镂,悉以众宝,中有一青玉像,高二丈许,通身七宝焰光,威相严显,非言所载。右掌中有一无价宝珠。法显去汉地积年,所与交接悉异域人,山川草木,举目无旧,又同行分披,或流或亡,顾影唯己,心常怀悲。忽于此玉像边见商人以晋地一白绢扇供养,不觉凄然,泪下满目。[③]

法显作为一个出家人,他绝非不食人间烟火,在看到同伴在西行途中不幸早逝,悲从中来,不能自禁。身在异国他乡,见到故国的一把扇子而潸然泪下,可见传主的感情是多么的真切而丰富啊!这样的描写,没有把法显写成神,使人感到亲切真实。

二、《法显传》的传记价值

"《法显行传》不仅是一篇游历的记载,而是一篇人性底叙述。我们看到悲欢离合,看到生死无常,看到法显底慨然生悲,看到印度诸僧底相顾骇叹。这里所见的不仅是事迹而是人生,所以这一篇便成为有价值的自传。"[④]

《法显传》是传记文学史上第一篇僧人的自传,也是第一篇以僧人求法为内容的自传,它开辟了僧人自传的新纪元,丰富了自传的题材内容,使自传的作者多元化。整个传记以法显西行求法为中心,记述了所历诸国的风土人情、异域风光、奇风异俗。全书以人物为中心,以事件为血肉,所记事件都紧扣传主的身份,都与传主的求法行为有关,它是一部以传事为主的自传。传中人物形象鲜明、丰满,法显西行之时已经六十岁左右了,对于一个

---

① (梁)释慧皎撰,汤用彤校注,汤一玄整理:《高僧传》,中华书局1992年版,第87—88页。

② (东晋)释法显撰,章巽校注:《法显传校注》,中华书局2008年版,第62页。

③ (东晋)释法显撰,章巽校注:《法显传校注》,中华书局2008年版,第128页。

④ 朱东润:《八代传叙文学述论》,复旦大学出版社2006年版,第124页。

年迈老人来说，这本身就不可思议，路上还要经历常人难以想象的困难，举目无亲，语言不通，远离祖国，但他凭着对信念的执着、对佛法的虔诚，终于完成了这次艰难之旅。

第六节　中古其他自传略论

中古时期的自传，除了以上的数种之外，还有一些或散佚失传，或只剩下残篇断简，故对一些残存较多的自传作一简论。

一、杜预的自传

杜预，字元凯，西晋名将，唐代大诗人杜甫十三世祖。西晋初年，经羊祜举荐，拜征南大将军、都督荆州诸军事，率众平吴，因功进爵当阳县侯。杜预不仅是著名的军事将领，还是有名的经学大师，他酷爱《左传》，自称“有《左传》癖”，他所著的《春秋左氏经传集解》为研究《左传》的权威性著作。杜预的自传，目前只存有一句话，“少而好学，在官则勤于吏治，在家则滋味典籍”[①]。这句话基本上概括了杜预的日常行为与思想性格。据《晋书》杜预本传载，平吴战争结束后，杜预认为：

> 天下虽安，忘战必危，勤于讲武，修立泮宫，江汉怀德，化被万里。攻破山夷，错置屯营，分据要害之地，以固维持之势。又修劭信臣遗迹，激用滍淯诸水以浸原田万余顷，分疆刊石，使有定分，公私同利。众庶赖之，号曰“杜父”。旧水道唯沔汉达江陵数千百里，北无通路。又巴丘湖，沅湘之会，表里山川，实为险固，荆蛮之所恃也。预乃开杨口，起夏水达巴陵千余里，内泻长江之险，外通零桂之漕。南土歌之曰：“后世无叛由杜翁，孰识智名与勇功。”
>
> 预公家之事，知无不为。凡所兴造，必考度始终，鲜有败事。[②]

上面所引是杜预“在官则勤于吏治”的具体表现。在经学方面，杜预也有独

---

① (清)严可均辑，何宛屏等审订：《全晋文·自述》，商务印书馆 1999 年版，第 438 页。

② (唐)房玄龄等：《晋书·杜预传》，中华书局 1974 年版，第 1031 页。

到的见解，这与他“少而好学”是分不开的。

既立功之后，从容无事，乃耽思经籍，为《春秋左氏经传集解》。又参考众家谱第，谓之《释例》。又作《盟会图》、《春秋长历》，备成一家之学，比老乃成。又撰《女记赞》。当时论者谓预文义质直，世人未之重，唯秘书监挚虞赏之，曰：“左丘明本为《春秋》作传，而《左传》遂自孤行，《释例》本为《传》设，而所发明何但《左传》，故亦孤行。”①

杜预在早年常言：“德不可以企及，立功立言可庶几也。”②立德、立功、立言，是中国古人所追求的“三不朽”，然而，许多人经过不懈的努力，也只是实现其中的一个方面，而杜预却以其平吴军功和著述，实现了人生“三不朽”中的两不朽，这和他的人生理想是相一致的。所以，他的自传，可以说既是对自己人生的总结，也是其人生理想的外现。

二、傅玄、傅畅的自传

傅玄，字休奕，北地泥阳人，“玄少孤贫，博学善属文，解钟律。性刚劲亮直，不能容人之短……迁弘农太守，领典农校尉。所居称职，数上书陈便宜，多所匡正。五等建，封鹑觚男。武帝为晋王，以玄为散骑常侍。及受禅，进爵为子，加驸马都尉”③。傅玄是晋代文学较有成就者，其咏物赋成就最高，并著有《傅子》一书，“为内、外、中篇，凡有四部、六录，合百四十首，数十万言”④。傅玄的自传，目前也残缺不全，严可均从《意林》等书辑得一些残篇。其内容主要是傅玄的一些见解，傅玄首先借鉴司马迁《太史公自序》的写法，称自己的祖先“出自陶唐，傅说之后”。还有傅玄对史学界的一些看法，称“班固《汉书》，因父得成，遂没不言彪，殊异马迁也”。傅玄认为，班固的《汉书》有其父班彪的一份功劳，但是他没有提及班彪，隐没了乃父的功劳，是不客观的。这与司马迁不同，司马迁之所以能够写出《史记》，是由于他的父亲早就有写作一部史书的愿望，司马迁是继承司马谈的遗志来完成这部伟大著作的，司马迁在自传中多次提到乃父，表明《史记》是父子两代人努力的结

① （唐）房玄龄等：《晋书·杜预传》，中华书局1974年版，第1031—1032页。
② （唐）房玄龄等：《晋书·杜预传》，中华书局1974年版，第1025页。
③ （唐）房玄龄等：《晋书·傅玄传》，中华书局1974年版，第1317页。
④ （唐）房玄龄等：《晋书·傅玄传》，中华书局1974年版，第1323页。

果。而班固的父亲班彪也有这个愿望，但班固却没有提到其父的作用，这一点傅玄是持异议的。傅玄的《自叙》还提到他对人生的感悟，“人之涉世，譬如弈棋，苟不尽道，谁无死地，但不幸耳”①。由于散佚太多，我们无从了解到傅玄自传中的更多内容。

傅畅，字世道，傅玄从弟傅祗的小儿子，元康初被封为武乡亭侯，永嘉年间，曾为秘书丞，没于石勒，石勒以为大将军右司马，著有《晋诸公赞》二十二卷，《公卿故事》九卷。傅畅的自传，只有《太平御览》中存有部分内容，严可均辑入《全晋文》卷五二。现存的部分反映了两件事，一是通过一件儿时的轶事来表现他的大器，他年五岁时，其父亲的好友将其金环送与侍者，“谓余当吝惜，而余笑与之，经数日不索，遂于此见名，言论甚重”。另一件事，是九品中正实行时，傅畅为中正官，由于他做事公正，取得了一定成就，“是以乡里素滞屈者，渐得叙也”②。

三、皇甫谧、梅陶的自传

皇甫谧，字士安，自号玄晏先生，西晋著名的学者，《晋书》卷五一有传。皇甫谧自幼喜好读书，虽然身染沉疴，犹手不释卷，时人谓之“书淫”。他曾经向晋武帝借书，武帝便送书一车与之。皇甫谧身体一直不好，在其《自叙》中有所反映，现存的自传只有一句话，“士安每病，母辄推燥居湿，以视易单”③，反映了他的病况。《晋书》本传记载了他的上晋武帝疏，疏云：“久婴笃疾，躯半不仁，右脚偏小，十有九载。又服寒食药，违错节度，辛苦荼毒，于今七年。隆冬裸袒食冰，当暑烦闷，加以咳逆，或若湿虐，或类伤寒，浮气流肿，四肢酸重”④，可见，病得不轻。由此，我们可以推测，皇甫谧的自传应该主要反映了他的病况和著述情况。皇甫谧“所著诗赋诔颂论难甚多，又撰《帝王世纪》、《年历》、《高士》、《逸士》、《列女》等传、《玄晏春秋》，并重于世”⑤。

梅陶，晋元帝初为王敦谘议参军，后任章郡太守，成帝初为尚书，拜光禄大夫，著有《新论》一卷，《集》二十卷。梅陶的《自叙》仅存一百多字，存于《北堂书钞》、《初学记》、《太平御览》中。余文如下：

---

① 严可均辑，何宛屏等审订：《全晋文・自叙》，商务印书馆 1999 年版，第 526 页。

② 严可均辑，何宛屏等审订：《全晋文・自叙》，商务印书馆 1999 年版，第 551 页。

③ 严可均辑，何宛屏等审订：《全晋文・自序》，商务印书馆 1999 年版，第 758 页。

④ （唐）房玄龄等：《晋书・皇甫谧传》，中华书局 1974 年版，第 1415 页。

⑤ （唐）房玄龄等：《晋书・皇甫谧传》，中华书局 1974 年版，第 1418 页。

余居中丞，曾以法鞭皇太子傅，亲友莫不致谏，余笑而应之曰："堂高由于陛下，皇太子所以得崇于上，由吾奉王宪于下也。吾敢枉道曲媚。"后皇太子特见延请，赐以清宴之礼，敬之如师。[1]

从上面文字可以得知，梅陶是个不畏强势，严于执法之人，由于他敢于鞭违法的太子太傅而受到太子的赞赏，"赐以清宴之礼，敬之如师"，是个封建时代正直官吏的形象。

四、袁粲的自传

袁粲，字景倩，陈郡阳夏人，南朝宋人，太尉袁淑之子，《宋书》卷八九有传。因早年丧父，祖母哀其幼孤，名之曰愍孙，因仰慕荀粲的为人，遂改名为袁粲。官至骁骑将军，南东海太守。袁粲清整有风操，自遇甚厚，尝著《妙德先生传》来续嵇康的《高士传》以自况。

《妙德先生传》的风格与《五柳先生传》类似，但它们的风格却大异。自传的题目，妙德先生之"妙德"实际上是对自己的嘉德懿行的概括。那么，何为"妙德"呢？文曰："气志渊虚，姿神清映，性孝履顺，栖冲业简，有舜之遗风"，这既是对"妙德"的诠释，也是自己人格的体现。对于自己的学识，作者做了叙说，"然九流百氏之言，雕龙谈天之艺，皆泛识其大归，而不以成名"，自己虽然学识渊博，但不愿以此来猎取功名，这与那些汲汲于功名者大异其趣，这也是嵇康之遗风的再现。作者也曾经做过官，但是，自己做官是由于家贫的缘故。而自己的愿望或说人生理想是"混其声迹，晦其心用，故深交或迕，俗察罔识。所处席门常掩，三径裁通，虽扬子寂漠，严叟沉冥，不是过也。修道遂志，终无得而称焉"[2]。很显然，作者追求的是隐士的生活方式，与陶渊明的生活方式大异其趣。因为陶渊明的《五柳先生传》中的五柳先生是个虚拟化的形象，是作者理想的化身，而袁粲《妙德先生传》中的妙德先生所奉行的是儒家的"穷则独善其身"的精神，其实他还有"达则兼善天下"的一面，并不是真正的隐士，五柳先生则是与世彻底隔绝了。《妙德先生传》与《五柳先生传》二者可以说是"形同而神不同"。

---

① (清)严可均辑，何宛屏等审订：《全晋文・自叙》，商务印书馆1999年版，第1374页。

② (清)严可均辑，苑育新审订：《全宋文・妙德先生传》，商务印书馆1999年版，第444页。

五、王筠的自传

王筠，字元礼，一字德柔，南朝梁著名文学家，《梁书》卷三三有传。少极聪明，七岁即能属文，年十六岁，作《芍药赋》，文辞甚美，称誉当时。其文学才能受到当时文坛领袖沈约和昭明太子萧统的赞赏与提携。为官曾任中军临川王参军、太子舍人、中书郎兼宁远湘东王长史、贞威将军、临海太守、太子詹事等职。王筠一生的主要成绩在于文学方面，这也是他进入仕途的本钱，因为南朝的绝大部分帝王都喜爱文学，朝中的大臣对文学也情有独钟，所以，王筠既能发挥其特长，又能依此来干谒名禄。王筠本人引以自豪的也在于文学方面，他的自传对于为官之事只字未提，主要载录其文学及学术成绩。

作者在自传中首先介绍了自己好学的情况，"余少好钞书，老而弥笃，虽遇见瞥观，皆即疏记。后重省览，欢性弥深，习与性成，不觉笔倦"①。好学是中国古今文人学者的共同特点，王筠也不例外，他超出别人的地方大概在于"后重省览，欢性弥深"，这既是学术研究的基础，也是文学创作的累积过程。接下来叙述自己自十三四岁起，至齐建武二年乙亥至梁大同六年，四十余年的读书情况，"幼年读《五经》，皆七八十遍，爱《左氏春秋》，吟讽常为口实，广略去取，凡三过五钞"②，如此认真的读书，实在是难得之至，应该具备了大学者的基本素养，因为汉代许多学者专攻一经，以至皓首穷经，也不过如此。到了魏晋南北朝，经学的一统天下被打破了，但是，读经、研究经学的风气并未断绝，王筠这样从事研究著述，也是渊源有自的。除此之外，对于《周官》、《仪礼》、《国语》、《尔雅》、《山海经》、《本草》及诸子史籍也有所研究，说明王筠涉猎极为广泛，并不是专攻一经者，这也是学者型文学家的基本特点。王筠的自传与司马迁、曹操、曹丕、陶渊明等人相比虽然显得平淡无奇，但我们也从中了解到其从事学术研究与文学创作的概况，对于我们研究王筠的学术与文学具有一定的史料价值。

---

① （清）严可均辑，冯瑞生审订：《全梁文·自序》，商务印书馆1999年版，第720页。

② （清）严可均辑，冯瑞生审订：《全梁文·自序》，商务印书馆1999年版，第720页。

第三章　中古别传研究

第一节　别传释名及其概说

关于别传的概念，清代王兆芳《文体通释》曰："别传者，别，分也，传文分别于正传以外，与之异处也。主于续事正传，搜遗重录。源出《东方朔别传》，流有后世别传甚多。"王兆芳认为，别传是独立于正史传记之外的传记作品，它是要把正史没有采纳的传主资料或为正史所遗漏的材料搜集起来重新撰述的人物传记。他认为最早的别传是《东方朔别传》，由此，后世沿袭这种作传传统为人物作传。实际上，别传就是正史之外的人物传记。那么，人们为什么要撰写别传呢？是由于此人没有为正史所记载。正如三国时期的管辰在述其为什么要作《管辂别传》时说："向使辂宦达，为宰相大臣，膏腴流于明世，华曜列乎竹帛，使幽验皆举，秘言不遗，千载之后，有道者必信而贵之，无道者必疑而怪之；信者以妙过真，夫妙与神合者，得神则无所惑也。恨辂才长命短，道贵时贱，亲贤遐潜，不宣乎于良史，而为鄙弟所见追述；既自暗浊，又从来久远，所载卜占事，虽不识本卦，捃拾残余，十得二焉。"①管辰之所以为他哥哥管辂作传，是因为管辂才高命短，遭遇不幸，以至史书无名。由此可见，别传产生的主要原因是由于所传人物不被列入正史的缘故，还有的是由于正史记载比较简单或载录不够全面。需要说明的是，《三国志》将管辂列入《方技传》，《三国志》作于西晋时期，管辰作《管辂传》时，当时史书中没有管辂的传记，陈寿为管辂作传时应该采用了《管辂别传》中的资料。

别传作为人物传记的一种形式，它具有以下特点：

第一，别传基本上以单篇传记为主，也就是一人一传，如《郭林宗别传》、

① (晋)陈寿撰，(刘宋)裴松之注：《三国志·方技传》，中华书局1959年版，第828页。

《陈寔别传》、《马融别传》、《董卓别传》、《卢植别传》等。

第二，别传的作者呈现多元性，他们绝大部分是非史官身份。有很多别传的作者为传主的亲人，如陶渊明为其外祖父写的《晋故征西大将军长史孟府君传》、钟会为其母亲作的《张夫人传》、嵇喜为其弟嵇康作的《嵇康传》、管辰为其兄作的《管辂别传》、顾恺之为其父作的《顾悦传》等等。所以，姚振宗在《补后汉书艺文志》中说："别传多是家传，何颙使君家传其一也。"还有的作者是朝中的显宦、王公贵族、著名文人，如钟会（作有《张夫人传》）、萧统（作有《陶渊明传》）、傅玄（作有《马钧序》）、何劭（作有《荀粲传》、《王弼传》）皇甫谧（作有《庞娥亲传》）等，但是绝大多数别传作者不详。

第三，别传有时是以家族群体出现的，也就是说，一个家族中有很多人物都在别传中出现，如琅琊王氏家族就有《王丞相别传》（亦称《王导别传》）、《王邵别传》、《王荟别传》、《王殉别传》、《王敦别传》、《王湛别传》、《王恭别传》、《王濛别传》、《王胡之别传》、《王述别传》等。谯郡桓氏家族有《桓温别传》、《桓彝别传》、《桓豁别传》、《桓冲别传》、《桓玄别传》等。这种家族人物别传的出现是东晋门阀士族制度下的产物。

第四，别传的传主多数在正史中没有一席之地或正史载录极为简单，但其操行确有可嘉者，人们为使其不失于时，故为其作传。如祢衡、何晏、嵇康，在《三国志》中只是一笔带过，几十个字，所以，人们为了使后代对其有更多的了解，便为之作别传。还有的在正史中根本就没有一席之地，如司马徽、马钧、辛宪英、钟会母张夫人等，但他（她）们的行为确实有可圈可点之处，故人们为之作传。

第五，别传的传主大致可以分为十类：一是帝王别传；二是名臣（包括正反两方面的人物）别传；三是中下级官吏的别传；四是思想家别传；五是文人学者的别传；六是科技人士的别传；七是方术之士的别传；八是僧道人物的别传；九是杰出女性的别传；十是遁世高蹈者的别传。

第六，别传的内容多非传主的政治、军事、外交活动，多以传主的生活琐事、人际交往及学术活动为主，这些可以补正史记载之不足，如《汉武帝内传》、《曹瞒传》等。

至于别传产生于什么时代，目前尚难以确定，虽然王兆芳认为源出于《东方朔别传》，但它与另一人物别传《李陵别传》一样，也可能是后人的作品。南朝宋裴松之注《三国志》时，引用了《管辂别传》，《管辂别传》是他弟弟管辰写的；引《孙资别传》时又注明是"出自其家"。以上两个例子说明，至迟在曹魏时期，别传作为一种传记形式已经产生并在社会上广泛使用。

中古时期，别传创作异常丰富，但是它们大多已经失传了，只是在《三国志》裴松之注、《世说新语》刘孝标注、《文选》李善注，以及一些类书如《初学记》、《北堂书钞》、《太平御览》、《艺文类聚》等有片段保存外，大部分已失传。

第二节　动荡岁月的帝王人生——中古帝王别传研究

中古帝王的别传以汉献帝与曹操的别传最为有名，帝王别传与正史中帝王的传记不同，正史中帝王的传记大多突出其政治、军事、外交等事关国家政权的大事，而别传则突出传主的不为人知的一面，以他们的生活琐事为主，可以补正史记载之不足。汉献帝的别传有四部，曹操的别传有三部，下面分而述之。

一、汉献帝别传

汉献帝刘协，汉灵帝中子，中平六年四月，少帝刘辩即位后，封其为渤海王，徙封陈留王。九月，董卓废少帝，立刘协为帝。建安二十五年，逊位于曹丕，曹丕称天子，奉刘协为山阳公，魏青龙二年三月庚寅日去世，谥孝献皇帝，《后汉书》卷九有传。汉献帝是汉王朝的最后一个皇帝，也是一位多灾多难的皇帝。在中国历史上，历代的亡国之君多为昏君，但是汉献帝并不是一个昏君，他并非不想有所作为，实现汉王朝的中兴，但历史并没有给予他这样的机会。可以说，汉献帝的多灾多难超过历史上任何倒霉的皇帝，因为从他出生的那天起，灾难就降临到他的头上。何皇后为了防止其母王美人与其争位，便害死王美人，本来汉灵帝因献帝似己而有意立他为君，但何皇后在其兄大将军何进的支持下，立刘辩为帝。董卓专权后，废少帝，立其为帝，但权力从来就没有落到他的手上。董卓之后是李傕、郭汜乱政，此后，曹操"挟天子以令诸侯"，到了曹丕，干脆废献帝自立为君。可以说，汉献帝一直过着高级俘虏的生活，连自己的皇后、妃子都保护不了。大概是人们比较同情他的遭遇，于是便为他写了多部别传。现存的献帝别传主要有《献帝传》、《献帝春秋》、《献帝纪》和《山阳公载记》，下面分而述之。

（一）《献帝传》

《献帝传》，《隋书·经籍志》等史志无著录，著者、卷数不详，其佚文主要见于《三国志》裴松之注引、《后汉书》李贤注引以及《北堂书钞》、《太平御览》、《艺文类聚》等类书的征引。从现存佚文来看,《献帝传》比较全面地载录了汉献帝完整的一生,为研究这一时期的历史提供了弥足珍贵的资料。

1.《献帝传》比较真实地揭示了汉魏禅位的内幕。禅让实际上就是夺权的遮羞布,《献帝传》用洋洋万言来叙述汉魏禅让的全过程。

> 左中郎将李伏表魏王曰:“昔先王初建魏国,在境外者闻之未审,皆以为拜王。武都李庶、姜合羁旅汉中,谓臣曰:‘必为魏公,未便王也。定天下者,魏公子桓,神之所命,当合符谶,以应天人之位。’”
>
> ……
>
> 魏王侍中刘廙、辛毗、刘晔、尚书令桓阶、尚书陈矫、陈群、给事黄门侍郎王毖、董遇等言:“臣伏读左中郎将李伏上事,考图纬之言,以效神明之应,稽之古代,未有不然者也。……殿下践阼未期,而灵象变于上,群瑞应于下,四方不羁之民,归心向义,唯惧在后,虽典籍所传,未若今之盛也。”
>
> ……
>
> 于是侍中辛毗、刘晔、散骑常侍傅巽、卫臻、尚书令桓阶、尚书陈矫、陈群、给事中博士骑都尉苏林、董巴等奏曰:“伏见太史丞许芝上魏国受命之符;令书恳切,允执谦让,虽舜、禹、汤、文,义无以过。……天命久矣,非殿下所得而拒之也。”
>
> 癸丑,宣告群寮。督军御史中丞司马懿、侍御史郑浑、羊秘、鲍勋、武周等言:“令如左。伏读太史丞许芝上符命事……天地之灵,历数之运,去就之符,惟德所在。”
>
> ……
>
> 乙卯,册诏魏王禅代天下。
>
> ……
>
> 侍中刘廙、常侍卫臻等奏议曰:“汉氏遵唐尧公天下之议,陛下以圣德膺历数之运,天人同欢,靡不得忻,宜顺灵符,速践皇阼。问太史丞许芝,今月十七日己未直成,可受禅命,辄治坛场之处,所当施行别奏。”
>
> ……
>
> 辅国将军清苑侯刘若等百二十人上书曰:“……臣等昧死以请,辄

整顿坛场，至吉日受命，如前奏，分别写令宣下。”①

于此可见，禅位于曹丕，可谓顺天应人，然而，曹丕却“上书三辞，诏三报不许”②。在汉王朝大厦将倾之际，那些世食汉禄者，不是挽狂澜于既倒，而是积极向新主子邀功请赏，不断上书劝进，曹丕却装模作样，故不答应，最后似乎是万般无奈才勉为其难登上帝位。而实际上，这场闹剧的直接导演者就是曹丕，还是《魏氏春秋》一句话道出了禅让的实质，“帝升坛礼毕，顾谓群臣曰：‘舜、禹之事，吾知之矣。’”③

2.《献帝传》还载录了汉末其他人物的生活片段。《献帝传》不仅记载了汉献帝的一些事迹，而且还记载了其他历史人物的事迹，如袁绍的谋士沮授。

沮授说绍云：“将军累叶辅弼，世济忠义……且今州城初定，宜迎大驾，安宫邺都，挟天子而令诸侯，畜士马以讨不庭，谁能御之！”绍悦，将从之。郭图、淳于琼曰：“……若迎天子以自近，动辄表闻，从之则权轻，违之则拒命，非计之善者也。”授曰：“今迎朝廷，至义也，又于时宜大计也，若不早图，必有先入者也。夫权不失机，功在速捷，将军其图之！”绍弗能用。④

绍将南师，沮授、田丰谏曰：“师出历年，百姓疲弊，仓庾无积，赋役方殷，此国之深忧也。宜先遣使献捷天子，务农逸民；若不得通，乃表曹氏隔我王路。然后进屯黎阳，渐营河南，益作舟船，缮治器械，分遣精骑，钞其边鄙，令彼不得安，我取其逸。三年之中，事可坐定也。”审配、郭图曰：“兵书之法，十围五攻，敌则能战。今以明公之神武，跨河朔之强众，以伐曹氏。譬若覆手，今不时取，后难图也。”……绍疑焉。乃分监军为三都督，使授及郭图、淳于琼各典一军，遂合而南。⑤

绍临发，沮授会其宗族，散资财以与之曰：“夫势在则威无不加，势亡则不保一身，哀哉！”其弟宗曰：“曹公士马不敌，君何惧焉！”授曰：“以

① (晋)陈寿撰，(刘宋)裴松之注：《三国志・文帝纪》，中华书局1959年版，第62—68页。
② (晋)陈寿撰，(刘宋)裴松之注：《三国志・文帝纪》，中华书局1959年版，第74页。
③ (晋)陈寿撰，(刘宋)裴松之注：《三国志・文帝纪》，中华书局1959年版，第75页。
④ (晋)陈寿撰，(刘宋)裴松之注：《三国志・董二袁刘传》，中华书局1959年版，第195页。
⑤ (晋)陈寿撰，(刘宋)裴松之注：《三国志・董二袁刘传》，中华书局1959年版，第196页。

曹兖州之明略，又挟天子以为资，我虽克公孙，众实疲弊，而将骄主汰，军之破败，在此举也。”

绍将济河，沮授谏曰：“胜负变化，不可不详。今宜留屯延津，分兵官渡，若其克获，还迎不晚，设其有难，众弗可还。”绍弗从。

授大呼曰：“授不降也，为军所执耳！”太祖与之有旧，逆谓授曰：“分野殊异，遂用圮绝，不图今日乃相禽也！”授对曰：“冀州失策，以取奔北。授智力俱困，宜其见禽耳。”太祖曰：“本初无谋，不用君计，今丧乱过纪，国家未定，当相与图之。”授曰：“叔父、母、弟，县命袁氏，若蒙公灵，速死为福。”太祖叹曰：“孤早相得，天下不足虑。”①

上面的文字中，三个人物的形象非常鲜明，沮授是一位忠心耿耿、深谋远虑的战略家，他与曹操集团的荀彧、郭嘉不相上下，在他被杀之前，曹操叹曰：“孤早相得，天下不足虑”，可见他的不同凡响。沮授很早就向袁绍提出了“挟天子以令诸侯”的战略思想，如果袁绍予以采纳的话，凭借袁氏“四世三公、门生故吏遍天下”以及袁绍曾当过诸侯讨伐董卓联军统帅的巨大影响，再加上他的几十万军队，打败曹操，轻而易举，可是这一决策没有被袁绍采纳，失去了先机。沮授还是一位忠贞之士，虽然他也知道袁绍难成大事，但他还是坚持“忠臣不侍二主”的古训，在被俘后，拒不投降，只求速死。袁绍的性格也很突出，他的特点正如曹操所说：“好谋无断”，在沮授与审配、郭图意见相左的情况下，他应该采取正确的决策，结果没有采取。同时，上面的文字还反映了袁绍内部的不团结，在谋士之中，沮授与郭图、审配矛盾重重，袁绍作为一个统帅，他本应化解这些矛盾，加强内部团结，但他反而加大了这些矛盾，由此我们可以看出，袁绍的失败是必然的。

《献帝传》有较强的传人意识，很多人物性格比较鲜明，但这部别传也存在结构松散、内容不够集中的缺陷。

（二）《献帝春秋》

《献帝春秋》，《隋书·经籍志》题为“《献帝春秋》十卷，袁晖撰”。其佚文主要见于《三国志》裴松之注引。《献帝春秋》的结构比《献帝传》更为松散，汉献帝出场很少，但众多的汉末英雄却纷纷登场，展露雄姿，如：

---

① （晋）陈寿撰，（刘宋）裴松之注：《三国志·董二袁刘传》，中华书局1959年版，第199—200页。

> 太祖围濮阳，濮阳大姓田氏为反间，太祖得入城。烧其东门，示无反意。及战，军败。布骑得太祖而不知是，问曰："曹操何在？"太祖曰："乘黄马走者是也。"布骑乃释太祖而追黄马者。门火犹盛，太祖突火而出。[①]

以上反映了曹操机警的性格。

> 卓欲废帝，谓绍曰："皇帝冲暗，非万乘之主。陈留王犹胜，今欲立之。人有少智，大或痴，亦知复何如，为当且尔？卿不见灵帝乎？念此令人愤毒！"绍曰："汉家君天下四百许年，恩泽深渥，兆民戴之来久。今帝虽幼冲，未有不善宣闻天下，公欲废嫡立庶，恐众不从公议也。"卓谓绍曰："竖子！天下事岂不决我？我今为之，谁敢不从？尔谓董卓刀为不利乎！"绍曰："天下健者，岂唯董公？"引佩刀横揖而出。[②]

这里，董卓自恃武力，蛮横、霸道、擅自废立，袁绍以其家世为汉臣，忠于朝廷，遏制董卓的不法行为，敢于针锋相对的性格极为鲜明，这在袁绍的人生中是难得的亮点之一。

> （吕）布问太祖："明公何瘦？"太祖曰："君何以识孤？"布曰："昔在洛，会温氏园。"太祖曰："然。孤忘之矣。所以瘦，恨不早相得故也。"布曰："齐桓舍射钩，使管仲相；今使布竭股肱之力，为公前驱，可乎？"布缚急，谓刘备曰："玄德，卿为坐客，我为执虏，不能一言以相宽乎？"太祖笑曰："何不相语，而诉明使君乎？"意欲活之，命使宽缚。主簿王必趋进曰："布，勍虏也。其众近在外，不可宽也。"太祖曰："本欲相缓，主簿复不听，如之何？"[③]

这段文字的背景是吕布被曹操俘虏，此时曹操正是创业之际，急需人才，即

① （晋）陈寿撰，（刘宋）裴松之注：《三国志·武帝纪》，中华书局1959年版，第12页。

② （晋）陈寿撰，（刘宋）裴松之注：《三国志·董二袁刘传》，中华书局1959年版，第190页。

③ （晋）陈寿撰，（刘宋）裴松之注：《三国志·吕布臧洪传》，中华书局1959年版，第228页。

使是“不仁不孝而有治国用兵之术”(《举贤勿拘品行令》)①者都包揽无疑。对于吕布这样的一代英雄,现在自愿请降,无疑是好事,但吕布的反复无常,使曹操不能不小心从事,而刘备也早就觊觎天下,此时他最担心如果曹操与吕布强强联合,是自己最大的威胁,所以在曹操征求他意见时,借口吕布的旧部还在,忽悠曹操杀了吕布。吕布虽然为一代英雄,但他贪生怕死的一面此时也暴露无遗。

此外,《献帝春秋》还载录了袁术、袁绍、孙策、孙权、刘备等地方割据势力,以及张辽、王朗、陈登等人的故事。由于此书散佚较多,无法窥知全貌。

(三)《山阳公载记》

《山阳公载记》,《隋书·经籍志》题为乐资著,全书十卷。《山阳公载记》的佚文主要见于《三国志》裴松之注引和《世说新语》刘孝标注引。山阳公是汉献帝的封号,曹丕代汉以后,奉汉献帝刘协为山阳公。《山阳公载记》是汉献帝的别传,和汉献帝的前两部别传一样,《山阳公载记》也是一部内容庞杂的传记。《山阳公载记》对人物性格也有所刻画。如:

> 《山阳公载记》曰:公船舰为备所烧,引军从华容道步归,遇泥泞,道不通,天又大风,悉使羸兵负草填之,骑乃得过。羸兵为人马所蹈藉,陷泥中,死者甚众。军既得出,公大喜,诸将问之,公曰:“刘备,吾俦也。但得计少晚;向使早放火,吾徒无类矣。”备寻亦放火而无所及。②

反映了曹操在兵败之际的乐观性格和远见卓识。

> 王闻王必死,盛怒,召汉百官诣邺,令救火者左,不救火者右。众人以为救火者必无罪,皆附左;王以为“不救火者非助乱,救火乃实贼也”。皆杀之。③

刻画了曹操暴虐的性格。

---

① (清)严可均辑,马志伟审订:《全三国文·举贤勿拘品行令》,商务印书馆1999年版,第22页。

② (晋)陈寿撰,(刘宋)裴松之注:《三国志·武帝纪》,中华书局1959年版,第31页。

③ (晋)陈寿撰,(刘宋)裴松之注:《三国志·武帝纪》,中华书局1959年版,第51页。

初卓为前将军，皇甫嵩为左将军，俱征韩遂，各不相下。后卓征为少府并州牧，兵当属嵩，卓大怒。及为太师，嵩为御史中丞，拜于车下。卓问嵩："义真服未乎？"嵩曰："安知明公乃至于是！"卓曰："鸿鹄固有远志，但燕雀自不知耳。"嵩曰："昔与明公俱为鸿鹄，不意今日变为凤皇耳。"卓笑曰："卿早服，今日可不拜也。"①

董卓的自傲与得意，皇甫嵩的不卑不亢，跃然纸上。

（四）《献帝纪》

《献帝纪》，《隋书·经籍志》没有著录，著者、卷数不详，它是否与《献帝传》同为一传，无法确定，故暂作两传处理。其佚文主要存在于《三国志》裴松之注引。现存部分主要记载汉献帝在李傕、郭汜之乱时颠沛流离的遭遇。

《献帝纪》曰：是时新迁都，宫人多亡衣服，帝欲发御府缯以与之，李傕弗欲，曰："宫中有衣，胡为复作邪？"诏卖厩马百余匹，御府大司农出杂缯二万匹，与所卖厩马直，赐公卿以下及贫民不能自存者。李傕曰"我邸阁储偫少"，乃悉载置其营。贾诩曰"此上意，不可拒"，傕不从之。②

《献帝纪》曰：初，议者欲令天子浮河东下，太尉杨彪曰："臣弘农人，从此已东，有三十六滩，非万乘所当从也。"刘艾曰："臣前为陕令，知其危险，有师犹有倾覆，况今无师，太尉谋是也。"乃止。及当北渡，使李乐具船。天子步行趋河岸，岸高不得下，董承等谋欲以马羁相续以系帝腰。时中宫仆伏德扶中宫，一手持十匹绢，乃取德绢连续为辇。行军校尉尚弘多力，令弘居前负帝，乃得下登船。其余不得渡者甚众，复遣船收诸不得渡者，皆争攀船，船上人以刃栎断其指，舟中之指可掬。③

天子遭遇尚且如此，其他民众的遭遇可想而知。

---

① （晋）陈寿撰，（刘宋）裴松之注：《三国志·董二袁刘传》，中华书局1959年版，第178页。

② （晋）陈寿撰，（刘宋）裴松之注：《三国志·董二袁刘传》，中华书局1959年版，第183页。

③ （晋）陈寿撰，（刘宋）裴松之注：《三国志·董二袁刘传》，中华书局1959年版，第186—187页。

二、曹操别传

曹操的别传有三:《曹瞒传》、《曹操别传》、《魏武别传》,由于《曹操别传》、《魏武别传》残存文字较少,故重点对《曹瞒传》进行研究分析。

(一)《曹瞒传》

1.《曹瞒传》的基本情况

《曹瞒传》在《隋书·经籍志》没有著录,《旧唐书·经籍志》归入史部杂传类,署名"吴人作",《新唐书·艺文志》归入史部杂传类,题为《曹瞒传》一卷。此传虽然早已佚失,但裴松之在注《三国志》时,多有引用,另外《水经注》、《文选注》及《太平御览》也有所引用,是中古别传中保存较为完整的别传。

关于《曹瞒传》的作者,《旧唐书·经籍志》署名为"吴人作",这一署名引起了后人的猜测。姚振宗认为,这个吴人是指三国时代的吴国人,作者姓名是"被山"。"他在《三国艺文志》史部杂史类著录《曹瞒传》时,考证说:'《艺文类聚》百谷部引被山《曹瞒传》,则作者姓被名山,吴人也。邵思《姓解》云《古今人表》有被衣,为尧师,被音披。又有被雍,《左传》有郑大夫被雍。汉有牂牁太守被条,吴有被离,此被山之所出欤?'"[①]章宗源则认为"吴人"指三国时代的吴国人。焦竑认为,中古杂传,大多为"幽人处士"[②]所为,或者是方闻之士们,"因其尚志,率尔而作",这些作者大多没有留下姓名。熊明认为"'吴人'系指三国时吴国人,而作者之姓名不详。章宗源《隋书经籍志考证》、侯康《补三国艺文志》及梁章钜《三国志旁证》都认为'吴人'指三国时吴人"[③]。笔者比较同意熊明先生的意见,因为从历史上来看,魏和吴长期以来是敌国的关系,著名的赤壁之战就是孙吴联军与曹魏展开的。三国鼎立时期,魏吴两国也是局部冲突时有发生。司马炎建立西晋政权也是以曹魏为基础建立起来的,西晋政权实际上是曹魏政权的延续。公元280年,孙吴被西晋所灭。孙吴所占据的地区,战国时属于楚国,楚国有很强烈的民族意

---

① 熊明:《杂传与小说:汉魏六朝杂传研究》,辽海出版社2004年版,第178—179页。

② (清)焦竑:《国史经籍志》卷三《传记类序》,《续修四库全书》本。

③ 熊明:《杂传与小说:汉魏六朝杂传研究》,辽海出版社2004年版,第179页。

识，秦始皇统一六国后，楚地就流行"楚虽三户，亡秦必楚"①的誓言。吴国被西晋灭亡后，吴人对曹魏怀有极强的民族仇恨，他们仇恨曹魏，自然仇视曹魏的创始人曹操，因此，他们做《曹瞒传》是很自然的事。从《曹瞒传》的题名也可以看出，该传充满了蔑视之意。曹操，小字阿瞒，《曹瞒传》的作者以曹操的小字为传名，很显然是极大的蔑视，如果不是充满仇恨也不会如此。至于该传的作者，也可能是出于种种原因，没有留下来，不管怎么讲，这种人身攻击的行为是不大被人认同的。

需要说明的是，在诸书所引《曹瞒传》的内容时，对曹操的称呼也不一致，《三国志》裴松之注称谓也不一样，有时称"太祖"，有时称"公"，有时称"王"，《世说新语》称"操"，《太平御览》注引称"曹操"或其他。对于这种情况，卢弼认为："太祖之称非《曹瞒传》本文如此，此传作于吴人，直斥其小字，岂肯称太祖，此与下称公、称王皆裴注随正文称耳。"②章宗源《隋书经籍志考证》云："语皆质直不为魏讳，故《世说注》、《文选注》所引皆称操名，惟《魏志注》多称太祖，自系裴松之所改，非吴人原本。"卢、章二位先生的见解确实很有见地。

《曹瞒传》早已亡佚，其残篇只是见于诸书所引，目前对此书辑佚者，据笔者所见，主要有朱东润和熊明二位先生，朱先生的辑本见于《八代传叙文学述论》（复旦大学出版社 2006 年版，第 197—202 页），熊明先生的辑本见于《杂传与小说：汉魏六朝杂传研究》（辽海出版社 2004 年版，第 182—186 页）。

2.《曹瞒传》的主要内容

《曹瞒传》可以说是一份判决书，文中历数曹操的种种罪过，其性格核心是曹操"酷虐变诈"、"轻佻无威重"和"峻刻"等，全书主要围绕这些特点对曹操进行传写。其中主要是曹操的"酷虐变诈"。请看下面文字：

> 太祖一名吉利，小字阿瞒。
>
> 太祖少好飞鹰走狗，游荡无度，其叔父数言之于嵩。太祖患之，后逢叔父于路，乃阳败面喎口；叔父怪而问其故，太祖曰："卒中恶风。"叔父以告嵩。嵩惊愕，呼太祖，太祖口貌如故。嵩问曰："叔父言汝中风，已差乎？"太祖曰："初不中风，但失爱于叔父，故见罔耳。"嵩乃疑焉。自

---

① （汉）司马迁：《史记·项羽本纪》，中华书局 1959 年版，第 300 页。

② 卢弼：《三国志集解》，中华书局 1982 年影印本，第 5 页。

后叔父有所告，嵩终不复信，太祖于是益得肆意矣。①

曹操，“姓曹，讳操，字孟德”。这是史传常用的介绍传主的方式，但《曹瞒传》一开始不介绍曹操的姓字，而是介绍其小名，“一名吉利，小字阿瞒”，这一方式表现了作者对传主的厌恶之情。在上面的介绍中，曹操是个不务正业的纨绔子弟，其奸诈似乎与生俱来的，是天才的奸诈，一个少年，居然欺骗了两个大人。少年即如此奸诈，那么成年之后，可想而知。《曹瞒传》中还记载了曹操走上仕途后的种种欺诈行为。

公闻攸来，跣出迎之，抚掌笑曰：“子远来，吾事济矣！”既入坐，谓公曰：“袁氏军盛，何以待之？今有几粮乎？”公曰：“尚可支一岁。”攸曰：“无是，更言之！”又曰：“可支半岁。”攸曰：“足下不欲破袁氏邪，何言之不实也！”公曰：“向言戏之耳。其实可一月，为之奈何？”攸曰：“公孤军独守，外无救援而粮谷已尽，此危急之日也。今袁氏辎重有万余乘，在故市、乌巢，屯军无严备；今以轻兵袭之，不意而至，燔其积聚，不过三日，袁氏自败也。”公大喜，乃选精锐步骑，皆用袁军旗帜，衔枚缚马口，夜从间道出，人抱束薪，所历道有问者，语之曰：“袁公恐曹操抄略后军，遣兵以益备。”闻者信以为然，皆自若。既至，围屯，大放火，营中惊乱。大破之，尽燔其粮谷宝货，斩督将眭元进、骑督韩莒子、吕威璜、赵叡等首，割得将军淳于仲简鼻，未死，杀士卒千余人，皆取鼻，牛马割唇舌，以示绍军。将士皆怛惧。时有夜得仲简，将以诣麾下，公谓曰：“何为如是？”仲简曰：“胜负自天，何用为问乎！”公意欲不杀。许攸曰：“明旦鉴于镜，此益不忘人。”乃杀之。②

许攸是曹操的旧相识，是官渡之战胜负的关键，当时袁绍兵多粮足，而曹操是兵少缺粮，正是由于许攸送来了绝密情报，曹操才奇袭袁绍的屯粮之地乌巢，烧掉袁绍的粮草，使袁绍的部队不战自乱，曹军才取得胜利。但是曹操对许攸并不信任，在许攸问及粮草情况时，曹操先说“可支一岁”，再说“可支半岁”，又说“其实可一月”，直到许攸揭了曹操已无粮草的底细后，曹操才大喜。《曹瞒传》把这作为曹操奸诈的表现，虽然说在战争紧张时代，小心是必

① （晋）陈寿撰，（刘宋）裴松之注：《三国志・武帝纪》，中华书局1959年版，第1—2页。

② （晋）陈寿撰，（刘宋）裴松之注：《三国志・武帝纪》，中华书局1959年版，第21—22页。

需的，但曹操的这种做法显然是不诚信的表现。在儒家看来，只有你对人诚信，别人才对你诚信，曹操对许攸的做法，是不为儒家所肯定的，被看作是其奸诈的表现。另有一件事，也毫无疑问地反映了曹操的奸诈本性：

> 又有幸姬常从昼寝，枕之卧，告之曰："须臾觉我。"姬见太祖卧安，未即寤，及自觉，棒杀之。常讨贼，廪谷不足，私谓主者曰："如何？"主者曰："可以小斛以足之。"太祖曰："善。"后军中言太祖欺众，太祖谓主者曰："特当借君死以厌众，不然事不解。"乃斩之，取首题徇曰："行小斛，盗官谷，斩之军门。"其酷虐变诈，皆此类也。①

对自己喜爱的美人，因没有按时叫醒自己，就棒杀之，是其凶残的表现。曹操在军粮不足的情况下，授意粮官以小斛放粮，引起士兵不满时，又借粮官的头来安抚众人，反映了他凶残狡诈的本质。《曹瞒传》还载录了曹操杀害皇后之事，皇后身为国母，如没有大过，即使是皇帝本人也不能随意废之，曹操由于伏皇后"坐昔与父故屯骑校尉完书，云帝以董承被诛怨恨公，辞甚丑恶"②，就将其处死。

> 公遣华歆勒兵入宫收后，后闭户匿壁中。歆坏户发壁，牵后出。帝时与御史大夫郗虑坐，后被发徒跣过，执帝手曰："不能复相活邪？"帝曰："我亦不自知命在何时也。"帝谓虑曰："郗公，天下宁有是邪！"遂将后杀之，完及宗族死者数百人。③

这里伏皇后哀怜无助，汉献帝的敢怒而又无可奈何的悲惨场面，令人不忍卒读，而曹操的欺君罔上于此可见一斑。曹操的凶残，还表现在对得罪过自己或背叛自己的人，也一律杀无赦。

> 然持法峻刻，诸将有计画胜出己者，随以法诛之，及故人旧怨，亦皆无余。其所刑杀，辄对之垂涕嗟痛之，终无所活。初，袁忠为沛相，尝欲以法治太祖，沛国桓邵亦轻之，及在兖州，陈留边让言议颇侵太祖，太祖

① （晋）陈寿撰，（刘宋）裴松之注：《三国志・武帝纪》，中华书局1959年版，第55页。
② （晋）陈寿撰，（刘宋）裴松之注：《三国志・武帝纪》，中华书局1959年版，第44页。
③ （晋）陈寿撰，（刘宋）裴松之注：《三国志・武帝纪》，中华书局1959年版，第44页。

杀让，族其家，忠、邵俱避难交州，太祖遣使就太守士燮尽族之。桓邵得出首，拜谢于庭中，太祖谓曰："跪可解死邪！"遂杀之。[1]

曹操嫉贤妒能，对于才能超过自己的人，则想尽办法诛之。而对于曾经触犯过自己的，更是格杀勿论。下面一段文字反映了曹操的滥杀无辜：

自京师遭董卓之乱，人民流移东出，多依彭城间。遇太祖至，坑杀男女数万口于泗水，水为不流。陶谦帅其众军武原，太祖不得进。引军从泗南攻取虑、睢陵、夏丘诸县，皆屠之；鸡犬亦尽，墟邑无复行人。[2]

曹操的这种滥杀无辜的行为，与董卓等军阀毫无二致。

《曹瞒传》在对曹操进行批判的同时，还记载了他的乐观精神：

公将过河，前队适渡，超等奄至，公犹坐胡床不起。张郃等见事急，共引公入船。河水急，比渡，流四五里，超等骑追射之，矢下如雨。诸将见军败，不知公所在，皆惶惧，至见，乃悲喜，或流涕。公大笑曰："今日几为小贼所困乎！"[3]

还坐在胡床上，就遭到马超的袭击，本来就很狼狈，但是在打了败仗之后，曹操并没有沮丧，而是用一句戏言来安慰自己和诸将，反映了他的权谋和大将风度。为了鼓励部下出谋划策，曹操即使没有采纳他们的意见，为了不堵塞言路，对那些出谋者，也进行鼓励：

时寒且旱，二百里无复水，军又乏食，杀马数千匹以为粮，凿地入三十余丈乃得水。既还，科问前谏者，众莫知其故，人人皆惧。公皆厚赏之，曰："孤前行，乘危以侥幸，虽得之，天所佐也，故不可以为常。诸君之谏，万安之计，是以相赏，后勿难言之。"[4]

---

① (晋)陈寿撰，(刘宋)裴松之注：《三国志·武帝纪》，中华书局1959年版，第55页。

② (晋)陈寿撰，(刘宋)裴松之注：《三国志·荀彧荀攸贾诩传》，中华书局1959年版，第310页。

③ (晋)陈寿撰，(刘宋)裴松之注：《三国志·武帝纪》，中华书局1959年版，第44页。

④ (晋)陈寿撰，(刘宋)裴松之注：《三国志·武帝纪》，中华书局1959年版，第30页。

上面文字所记之事发生在北征乌丸时，对于是否进军，大家意见很不一致，曹操站在主张前进的一边，但在取得胜利后，对于那些持不同意见者，也进行了安慰，反映了曹操作为大军统帅的风范与气度。《曹瞒传》还反映了曹操的料事如神：

遣候者数部前后参之，皆曰："定从西道，已在邯郸。"公大喜，会诸将曰："孤已得冀州，诸君知之乎？"皆曰："不知。"公曰："诸君方见不久也。"①

在"文化大革命"后期的批林批孔运动中，曹操被作为法家的代表来歌颂的原因，主要在于下面的事件：

太祖初入尉廨，缮治四门。造五色棒，县门左右各十余枚，有犯禁，不避豪强，皆棒杀之。后数月，灵帝爱幸小黄门蹇硕叔父夜行，即杀之。京师敛迹，莫敢犯者。近习宠臣咸疾之，然不能伤，于是共称荐之，故迁为顿丘令。②

这段反映了曹操严于执法，遏制豪强的无畏精神，使得那些依仗权势横行不法之徒"咸疾之，然不能伤"，说明曹操的行为既打击了邪恶势力，又无懈可击。对于割发代首，也不能简单地认为是曹操奸诈的表现，因为在古人看来，人之发肤受之父母，弃之不孝。在《三国志演义》中，夏侯惇拔矢啖睛、周昉断发赚曹休都是这种观念的反映。《曹瞒传》对与曹操相关的人物也有所记载，如吕布是曹操统一北方过程中的主要敌人之一，《曹瞒传》对其也有所记载，虽然只有几句，却很传神。

时人语曰："人中有吕布，马中有赤兔。"③

吕布在董卓之乱后，也是割据一方的军阀之一，如果借助《三国志演义》对吕布的描写，则有助于对上面话的理解（虽然是小说里面的事，但从一个

---

① （晋）陈寿撰，（刘宋）裴松之注：《三国志·武帝纪》，中华书局1959年版，第25页。

② （晋）陈寿撰，（刘宋）裴松之注：《三国志·武帝纪》，中华书局1959年版，第3页。

③ （晋）陈寿撰，（刘宋）裴松之注：《三国志·吕布臧洪传》，中华书局1959年版，第220页。

侧面也能说明一些问题)。吕布是《三国志演义》中的四大美男子(吕布、赵云、马超、周瑜)之一,他的武功也是天下第一,因为关羽、张飞都是万人敌,在虎牢关三英战吕布中,关羽、张飞二人战吕布不下,最后刘备出马相助,才战败吕布,这说明吕布的武功是第一的。吕布所骑的赤兔马也是马中极品,吕布凭借它打败十八路诸侯,吕布死后此马归关羽所乘,关羽又骑着它南征北战,立下赫赫战功,所以,上面文字虽少,却反映了吕布的英雄气概。当然,如同其他别传一样,《曹瞒传》也有一些虚幻、荒诞的描写,如:

> 王使工苏越徙美梨,掘之,根伤尽出血。越白状,王躬自视而恶之,以为不祥,还遂寝疾。①

伐树而树根出血本身就很荒诞,作者的用意无非是为了说明曹操是个奸诈之人,其行为导致神人共怒。杂传中出现荒诞的描写,在中古杂传中是比较常见的事,《曹瞒传》也很难脱离这种风气的影响。

很显然,《曹瞒传》的传主曹操是一个变形的传主,绝不是历史上的曹操。在《曹瞒传》中,我们所看到的是个劣迹斑斑的曹操,试想一个嗜杀成性的人,是不可能长久维持自己的统治的,董卓即是明显的例子。《曹瞒传》带有明显的人身攻击的性质,尽管如此,它还是一篇出色的别传。

首先,作者抓住传主的主要性格特征:酷虐变诈,并以此为中心,载录了大量的事例,如欺骗叔、父;在为洛阳县尉时造五色棒,棒杀犯禁者;在许攸面前几度说谎;借粮官的头来平息众怒;棒杀宠妾;屠杀百姓数万口于泗水,导致泗水为之不流;杀害伏皇后,并族其全家。这些都是历史上暴君的杰作,作者用这些事例,反复渲染,强化传主的主要性格,给读者一个很深的印象。

其次,在强化主要性格的同时,也没有忽视其次要性格。其次要性格主要是豁达开朗、机敏权变。这方面的例子如:在坐于胡床之时,遭到马超的突袭,面对这种狼狈不堪的场面,一笑了之;在北征乌丸取胜后,对于当初持反对意见者,进行鼓励,不堵塞言路;在与袁绍决战之际,许攸来投,光着脚出来迎接,以示敬贤。特别是下面的文字,更反映了曹操的大度:

> 为尚书右丞司马建公所举。及公为王,召建公到邺,与欢饮,谓建

---

① (晋)陈寿撰,(刘宋)裴松之注:《三国志·武帝纪》,中华书局1959年版,第53页。

公曰："孤今日可复作尉否？"建公曰："昔举大王时，适可作尉耳。"王大笑。建公名防，司马宣王之父。①

这段文字与前面记载曹操嫉贤妒能相比，显得恢弘大度。主次性格相结合的传人方法，避免了人物性格的脸谱化，使传主的事迹真实可信，这是《曹瞒传》作为优秀别传的成功之处。

最后，《曹瞒传》注意通过人物的语言、行动和细节描写来表现人物性格。如曹操诈称中风来欺骗其叔、父这一细节，表现了他善于欺诈的性格特征。还有许攸来投时，曹操的表现最为经典。许攸来投奔之时正是曹操与袁绍对峙，曹操处于极为不利的形势下，此时袁绍兵多粮多，曹操兵少，且粮草即将罄尽，曹操一方面派人去许昌紧急催粮，另一方面又派人送信与留守许昌的荀彧商议是否退兵。而曹操催粮的书信却落到许攸之手，许攸建议袁绍乘曹操粮尽之时出击，必将获胜，其建议不为袁绍采纳，许攸一气之下来投奔曹操。曹操知道许攸此时来投，必将带来重要情报，所以，没有穿鞋就跑出来迎接，以示尊贤之礼，并说"子远来，吾事济矣"。这反映了曹操的机敏性格。而当许攸问及粮草之事时，曹操又一而再再而三地不说实话，因为许攸毕竟是袁绍的部下，他的到来有可能是刺探军情，这反映了曹操的警觉。当许攸建议曹操袭击袁绍的屯粮之地乌巢时，曹操马上行动，这反映了曹操的果断。运用人物语言来表现人物心理，在《曹瞒传》中也有经典的事例，如曹操派华歆入宫收伏皇后时，伏后对汉献帝曰："不能复相活邪"，汉献帝云："我亦不自知命在何时也"，并问郗虑曰："郗公，天下宁有是邪？"这里伏皇后被杀前无助的哀号，汉献帝爱莫能助的无奈以及对以臣弑君的不平，通过他们的语言表现了出来。总之，《曹瞒传》众多细节的使用，对于反映曹操的性格特征发挥了重要作用。

《曹瞒传》现存的残篇大多被《三国志演义》所吸收，并成为表现曹操凶残、暴虐、狡诈的力证，这也说明中古杂传对后世小说的影响是深远的。

（二）《曹操别传》与《魏武帝别传》

除了《曹瞒传》之外，以曹操为传主的别传还有《曹操别传》和《魏武别传》。《曹操别传》只是在《太平御览》中存有五条，其中两条与《曹瞒传》相同或相近。《魏武别传》只是在《太平御览》中存有一条。朱东润先生在辑佚

---

① （晋）陈寿撰，（刘宋）裴松之注：《三国志·武帝纪》，中华书局1959年版，第49页。

《曹瞒传》时把它们集在一起，这说明他认为这三个别传实为一传。熊明先生经过分析把它们看作是各不相干的三传，至于到底应该是看作一传还是三传，由于缺乏有力的证据，暂且存疑。

因上面二传存世较少，故一并论之。

《曹操别传》曰：拜操典军校尉，还谯、沛，士卒共叛，袭击之。操得脱身亡走，窜平河，亭长舍，称曹济南处士。卧养足创八九日，谓亭长曰："曹济南虽败，存亡未可知。公幸能以车牛相送，往还四五日，吾厚报公。"亭长乃以车牛送操，未至谯，数十里骑求操者多，操开帷示之，皆大喜，始寤是操。①

这段反映了曹操兵败受伤，机智养病脱身之事。

《曹操别传》曰：操引兵入砀，发梁孝王冢，破棺，收金宝数万斤。天子闻之，哀泣。②

反映曹操发掘王侯之墓的暴行。

《曹操别传》曰：吕布枭勇，且有骏马。时人为之语曰："人中有吕布，马中有赤兔。"③

写曹操统一北方的劲敌吕布的英雄形象。

《曹操别传》曰：武皇帝为兖州，以毕谌为别驾，兖州乱，张孟劫谌母弟，帝见谌曰："孤绥抚失和，闻卿母弟为张邈所执，人情不相远，卿可去孤自遣，不为相弃。"谌涕泣曰："当以死自效。"帝亦垂涕答之，谌明日便

---

① （宋）李昉等编，夏剑钦、王巽斋校点：《太平御览》第四卷，河北教育出版社 1994 年版，第 869 页。

② （宋）李昉等编，夏剑钦、王巽斋校点：《太平御览》第七卷，河北教育出版社 1994 年版，第 550 页。

③ （宋）李昉等编，夏剑钦、王巽斋校点：《太平御览》第四卷，河北教育出版社 1994 年版，第 1080 页。

走，后破下邳，得谌，还以为掾。①

反映了曹操体谅下属，宽宏大量的王者之风。

《曹操别传》曰：始袁忠为沛相，薄待操，沛国桓劭亦轻之。及在兖州，陈留边让颇笑曹操。操杀让，族其家。忠、劭俱避难交州。操远使就太守士燮尽族劭。劭得出首，拜谢于中庭。操谓劭曰："跪可解死耶?"遂杀之。②

以上反映了曹操对于反对自己者统统杀无赦的残忍行为。

《魏武别传》目前只存有一条，"武皇帝子中山恭王兖尚俭约，教敕妃妾纺绩纫习为家人之事"③。很难得知其别传的全貌。

曹操的三部别传，对曹操的称呼也不尽相同，有的称"操"，有的称"帝"，有的称"公"，有的称"太祖"，有的称"王"。说明是由于作者不同，或后人对曹操的态度不同所致，但不管怎样，它们还是使我们看到了曹操真实的一面。

综上所述，汉献帝四传和曹操三传虽然都是帝王的别传，但它们却具有不同的特色。汉献帝四传中，汉献帝的作用类似于史传中"经"的作用，如《史记》中的十二本纪，体现历史的纵向顺序，其他人物传记都是围绕此展开的。汉献帝四传也是以汉献帝为中心记载了众多人物的事迹，如沮授、吕布、曹操等人。同时，还披露了人所不知的秘密，如汉魏禅让的真相，对于这一事件，《三国志》记载比较简单，"汉帝以众望在魏，乃召群公卿士，告祠高庙。使兼御史大夫张音持节奉玺绶禅位，册曰……乃为坛于繁阳。庚午，王升坛即阼，百官陪位。事讫，降坛，视燎成礼而反。改延康为黄初，大赦"④。从这段文字的记载中，我们看不出什么猫腻，而汉献帝四传中却揭示了这场夺权真相，可以弥补正史记载之不足。

---

① （宋）李昉等编，夏剑钦、王巽斋校点：《太平御览》第三卷，河北教育出版社 1994 年版，第 450 页。

② （宋）李昉等编，夏剑钦、王巽斋校点：《太平御览》第六卷，河北教育出版社 1994 年版，第 91—92 页。

③ （宋）李昉等编，夏剑钦、王巽斋校点：《太平御览》第四卷，河北教育出版社 1994 年版，第 586 页。

④ （晋）陈寿撰，（刘宋）裴松之注：《三国志・武帝纪》，中华书局 1959 年版，第 62 页。

曹操三传，特别是《曹瞒传》并没有像汉献帝四传那样，记载当时的历史大事，兼及其他人物的事迹，而是紧紧抓住曹操这个一代奸雄的性格特点——奸诈、残忍来为之作传，人物性格极为鲜明。

第三节　忠与奸的交相对照——中古名臣别传研究

这里所说的名臣包括建功立业者与危害国家者，不管他们是流芳千古还是遗臭万年，他们都在历史上留下了深深的印记。中古是个乱世，忠于国家者与制造混乱者都大有人在，把他们放在一起来研究，通过对比可以突出各自的性格。

一、《赵云别传》

赵云是三国时期蜀汉著名的大将之一，由于《三国志演义》的成书与传播，他的故事在普通百姓中可以说是家喻户晓。在《三国志演义》中，赵云是刘备的"五虎大将"之一，与其他四位大将相比，赵云可以说是很完美的一个人。关羽是刘备的结义兄弟，他曾有过温酒斩华雄、斩颜良、诛文丑、过五关斩六将、斩蔡阳、擒于禁、斩庞德、水淹七军的赫赫战功。但是，此人心高气傲，目中无人，在刘备与曹操对峙的关键时刻，没有听从诸葛亮的建议，破坏了孙刘联盟，以至败走麦城，兵败身死。张飞与关羽一样，也是刘备的结义兄弟，也曾经有大战长板桥，喝退曹操百万雄兵，取西川立下头功，大战马超，智夺瓦罐隘的武功，但此人好酒误事，在刘备与吕布发生争夺战的紧张时刻，因嗜酒，而丢了城池，连刘备的老婆都落入吕布手里。还有他虐待士卒，结果在吴蜀之战的前夜，被士卒所杀，连头都被送与东吴。马超加入刘备集团较晚，虽然此前也曾为报父仇，在西安、潼关大战曹操，并大战曹操的虎将许褚，但归属刘备后似乎没有什么战功。黄忠在关羽取长沙时归顺刘备，也曾经追随刘备南征北战，他最为辉煌的战绩是在定军山斩了曹操手下的名将夏侯渊。但是他争强好胜，在猇亭之战时，因为刘备随意说了一句表扬年轻人的话，就心中不服，擅自出兵，结果受伤而死。赵云则不同，他似乎没有任何缺点。从军事上讲，赵云归附刘备以后，曾经大战长坂坡，七出七入，单骑救主；汉水之战时，赵云单枪匹马，大开寨门面对数十万敌军；街亭失守后，赵云负责断后，不失一兵一卒。从忠诚方面讲，赵云先跟随公孙瓒，尽管感到公孙瓒非其主，对刘备心存敬服，但是直到公孙瓒死后才归附刘备，此后为蜀汉事业鞠躬尽瘁，死而后已。同时，赵云还是很有远见的人物，战桂阳时，赵范欲将其寡嫂嫁与赵云，被赵云拒绝。刘备伐吴，本是失策之举，赵云极力反对，刘备执意不从，结果大败而归。所以说，赵云在“五虎大将”中是唯一没有缺点之人。然而，这只是小说家言，如果我们读一下陈寿的《三国志》就会发现，情况远非如此。

在《三国志》中，赵云的传记是与关羽、张飞、马超、黄忠合在一起的。赵云的传记只有416个字，并且还有一部分非赵云的传记。就实际情况而言，赵云的地位与关羽、张飞、马超、黄忠以及魏延都无法相比。在封建时代，特别是战争年代，加官进爵是论功行赏的。从《三国志》的记载看，建安二十四年(219)，刘备称汉中王，拜关羽为前将军，假节钺；张飞为右将军，假节；马超为左将军，假节；黄忠为后将军，赐爵关内侯；魏延为汉中太守，镇军将军。赵云只是翊军将军。公元221年，刘备称帝，此时关羽、黄忠已逝，张飞、马超都得到升迁，而赵云则原地踏步。这些都说明赵云是逊于其他五人的。同时，陈寿为赵云作的传记，字数也少于其他人，从侧面说明赵云亚于其他人，其主要原因，大概是由于赵云主要在刘备、诸葛亮身边，在前线的时间比较少，在以军功封赏的时代，赵云是“很吃亏”的，所以赵云的官位是低于关羽、张飞、马超、黄忠、魏延的。尽管如此，作为蜀汉的开国将军，赵云还有着非同一般的优秀品格，《赵云别传》则集中反映了赵云的这些品格。

(一)深明大义，志存高远

赵云生于乱世英雄起四方的东汉末年，当时各路军阀为了各自的利益，征战不休。而各地的英雄豪杰也为了功名富贵投身到军阀的门下，那么赵云又是如何选择的呢？《赵云别传》有如下的记载：

> 云身长八尺，姿颜雄伟，为本郡所举，将义从吏兵诣公孙瓒。时袁绍称冀州牧，瓒深忧州人之从绍也，善云来附，嘲云曰：“闻贵州人皆愿袁氏，君何独回心，迷而能反乎？”云答曰：“天下汹汹，未知孰是，民有倒县之厄，鄙州论议，从仁政所在，不为忽袁公私明将军也。”①

① (晋)陈寿撰，(刘宋)裴松之注：《三国志·关张马黄赵传》，中华书局1959年版，第948—949页。

这段话表明赵云将兵参加公孙瓒队伍的目的是为了“从仁政所在”，和那些为了自己的利益而参战者，有着本质的不同。后来发现公孙瓒也是为了自己利益而作战的军阀时，便以兄丧为由脱离公孙瓒，投身到刘备集团。刘备是汉室后裔，又以辅国安民为目标，这正是赵云所追求的“明君”，二人情投意合，“先主与云同床眠卧，密遣云合募得数百人，皆称刘左将军部曲，绍不能知，遂随先主至荆州”①。从此，赵云追随刘备，矢志不渝，下面的文字就足以说明这点：

> 初，先主之败，有人言云已北去者，先主以手戟擿之曰：“子龙不弃我走也。”顷之，云至。②

这里既反映了刘备的知人善任，又表现了赵云对刘备的忠心耿耿。在公与私的问题上，赵云始终以公事为主，并且在很多问题的看法上，富于远见。

> 从平江南，以为偏将军，领桂阳太守，代赵范。范寡嫂曰樊氏，有国色，范欲以配云。云辞曰：“相与同姓，卿兄犹我兄。”固辞不许。时有人劝云纳之，云曰：“范迫降耳，心未可测；天下女不少。”遂不取。范果逃走，云无纤介。③

（二）为国为民，直言敢谏

> 益州既定，时议欲以成都中屋舍及城外园地桑田分赐诸将。云驳之曰：“霍去病以匈奴未灭，无用家为，今国贼非但匈奴，未可求安也。须天下都定，各反桑梓，归耕本土，乃其宜耳。益州人民，初罹兵革，田宅皆可归还，今安居复业，然后可役调，得其欢心。”先主即从之。④

---

① （晋）陈寿撰，（刘宋）裴松之注：《三国志・关张马黄赵传》，中华书局1959年版，第949页。

② （晋）陈寿撰，（刘宋）裴松之注：《三国志・关张马黄赵传》，中华书局1959年版，第949页。

③ （晋）陈寿撰，（刘宋）裴松之注：《三国志・关张马黄赵传》，中华书局1959年版，第949页。

④ （晋）陈寿撰，（刘宋）裴松之注：《三国志・关张马黄赵传》，中华书局1959年版，第950页。

赵云本来就是抱着报国安民的目的参与刘备集团的，有人主张把成都周围的土地与田舍分给将士，这对于浴血奋战的将士来说是好事，但是，必将给百姓带来不利。赵云的主张对于争取民心，稳固刘备集团在西蜀的地位，具有很重要的作用，所以“先主从之”。在孙权袭取荆州，刘备准备大举伐吴之时，赵云又根据当前的形势和刘备集团的目标，表示不同意见。

> 孙权袭荆州，先主大怒，欲讨权。云谏曰：“国贼是曹操，非孙权也，且先灭魏，则吴自服。操身虽毙，子丕篡盗，当因众心，早图关中，居河、渭上流以讨凶逆，关东义士必裹粮策马以迎王师。不应置魏，先与吴战；兵势一交，不得卒解。”先主不听，遂东征，留云督江州。先主失利于秭归，云进兵至永安，吴军已退。①

可惜这种逆耳的忠言没有被刘备采纳，结果伐吴之战，以刘备集团的失败而告终。此役使刘备集团大伤元气，失去了进取中原的本钱，为蜀汉集团最后的灭亡埋下了伏笔。

（三）是非分明，公正无私

赵云忠于职守，克己奉公，这一点深得刘备的赏识，常把一些棘手的事交给他来处理，赵云都圆满完成任务。

> 先主入益州，云领留营司马。此时先主孙夫人以权妹骄豪，多将吴吏兵，纵横不法。先主以云严重，必能整齐，特任掌内事。权闻备西征，大遣舟船迎妹，而夫人内欲将后主还吴，云与张飞勒兵截江，乃得后主还。②

孙夫人是孙权的妹妹，刘备的妻子，对于其“横行不法”的行为，刘备为了整肃内廷，特派赵云来担任此事，说明赵云具备完成这一任务的条件。此时，赵云还做了一件挽救危机的大事，就是截江救后主。连此次算上，赵云曾经

---

① （晋）陈寿撰，（刘宋）裴松之注：《三国志·关张马黄赵传》，中华书局1959年版，第950页。

② （晋）陈寿撰，（刘宋）裴松之注：《三国志·关张马黄赵传》，中华书局1959年版，第949页。

两次救过后主刘禅。孙权趁刘备西征之际接其妹回国，并带上刘禅，其目的是要把刘禅作为人质，迫使刘备答应一些条件，在此关键时刻，赵云救回后主，避免了危害蜀汉事件的发生。赵云的公正无私，还表现了他不徇私情。在赤壁之战前的博望坡战役中，赵云俘虏了夏侯惇的部将夏侯兰，夏侯兰是赵云同乡。

> 兰是云乡里人，少小相知，云白先主活之。荐兰明于法律，以为军正。云不用自近，其慎虑类如此。①

赵云之所以请求刘备不杀夏侯兰，一则是由于夏侯兰是赵云的同乡好友，看在同乡的情谊上，本应如此；二则夏侯兰"明于法律"，是个人才，刘备集团处于发展之际，正需求这样的人才，故赵云把夏侯兰推荐给了刘备，而不是留在自己身边，扩充自己的势力。这种克己奉公的高尚品德赢得朝野的赞赏，故在其去世后，刘禅给予了高度的评价。

> 后主诏曰："云昔从先帝，功积既著。朕以幼冲，涉涂艰难，赖恃忠顺，济于危险。夫谥所以叙元勋也，外议云宜谥。"大将军姜维等议，以为云昔从先帝，劳绩既著，经营天下，遵奉法度，功效可书。当阳之役，义贯金石。忠以卫上，君念其赏；礼以厚下，臣忘其死。死者有知，足以不朽；生者感恩，足以殒身。谨按谥法，柔贤慈惠曰顺，执事有班曰平，克定祸乱曰平，应谥云曰顺平侯。②

赵云的行为远远超过法正、杨仪等人徇私报复、好恶由己的恶行。

(四)谦虚低调，谦恭退让

在蜀汉集团中，赵云虽然没有关羽、张飞、魏延等人的地位高，功劳大，但他非常谦虚低调，不贪功、不计较，深得刘备、诸葛亮的赞赏。这与关羽形成了鲜明的对照。如马超归附刘备后，关羽不服，《三国志》关羽本传云：

---

① (晋)陈寿撰，(刘宋)裴松之注：《三国志·关张马黄赵传》，中华书局1959年版，第949页。

② (晋)陈寿撰，(刘宋)裴松之注：《三国志·关张马黄赵传》，中华书局1959年版，第951页。

羽闻马超来降，旧非故人，羽书与诸葛亮，问："超人才可谁比类？"亮知羽护前，乃答之曰："孟起兼资文武，雄烈过人，一世之杰，黥、彭之徒，当与冀德并驱争先，犹未及髯之绝伦逸群也。"羽美须髯，故亮谓之髯。羽省书大悦，以示宾客。①

正是由于过于自傲，关羽最后给国家给自己都带来了极大的危害。而赵云处处以国家利益为重，即使有了功劳也不居功自傲。

亮曰："街亭军退，兵将不复相录，箕谷军退，兵将初不相失，何故？"芝答曰："云身自断后，军资什物，略无所弃，兵将无缘相失。"云有军资余绢，亮使分赐将士，云曰："军事无利，何为有赐？其物请悉入赤岸府库，须十月为冬赐。"亮大善之。②

在诸军皆有失的情况下，赵云的部队毫发无损，面对诸葛亮的奖赏，赵云首先想到的是集体的利益，这种大公无私的行为受到了诸葛亮的赞赏。

总之，《赵云别传》以赵云的优秀品质为核心展开撰述，通过一些典型事例来反映赵云的品质，在中古别传中是比较优秀的篇章。其主要内容已经被《三国志演义》所吸收，并成为小说的主要情节。

二、《费祎别传》

费祎，字文伟，江夏鄳人，三国蜀汉著名的大臣，诸葛亮死后，为军师，不久代蒋琬为尚书令，后又迁为大将军、录尚书事，蜀汉延熙十六年，为魏降人郭循所害，谥敬侯。《费祎别传》的佚文主要见于《三国志》卷四四裴松之注引及《太平御览》、《艺文类聚》、《北堂书钞》等类书的征引，但多不出裴松之所引。费祎曾多次出使孙吴，其别传记载其不辱使命之事。

《祎别传》曰：孙权每别酌好酒以饮祎，视其已醉，然后问以国事，并论当世之务，辞难累至。祎辄辞以醉，退而撰次所问，事事条答，无所遗失。

---

① （晋）陈寿撰，（刘宋）裴松之注：《三国志·关张马黄赵传》，中华书局1959年版，第940页。

② （晋）陈寿撰，（刘宋）裴松之注：《三国志·关张马黄赵传》，中华书局1959年版，第950页。

《祎别传》曰：权乃以手中常所执宝刀赠之，祎答曰："臣以不才，何以堪明命？然刀所以讨不庭、禁暴乱者也，但原大王勉建功业，同奖汉室，臣虽暗弱，终不负东顾。"①

《费祎别传》还记载他杰出的政治才能以及廉洁奉公的品格。

《祎别传》曰：于时军国多事，公务烦猥，祎识悟过人，每省读书记，举目暂视，已究其意旨，其速数倍于人，终亦不忘。常以朝晡听事，其间接纳宾客，饮食嬉戏，加之博弈，每尽人之欢，事亦不废。董允代祎为尚书令，欲学祎之所行，旬日之中，事多愆滞。允乃叹曰："人才力相县若此甚远，此非吾之所及也。听事终日，犹有不暇尔。"

《祎别传》曰：祎雅性谦素，家不积财。儿子皆令布衣素食，出入不从车骑，无异凡人。②

费祎有诸葛亮之风，所以，诸葛亮在出师北伐时，要后主刘禅重用他。

三、《卫玠别传》

卫玠，字叔宝，河东安邑人，祖父卫瓘，官至太尉，父卫恒，晋代著名的书法家，专攻草隶书，著有《四体书势》，官黄门侍郎。卫玠曾为太子洗马，时称卫洗马，《晋书》卷三六有传。《卫玠别传》，《隋书·经籍志》等史志无著录，其佚文主要存于《太平御览》、《艺文类聚》、《初学记》、《北堂书钞》等类书的征引。

卫玠和宋玉、潘安一样是中国古代有名的美男子，故《卫玠别传》有很多地方是侧重描写其外貌姿容的。

骠骑王济，玠之舅也。尝与同游，语人曰："昨日吾与外生共坐，若

① （晋）陈寿撰，（刘宋）裴松之注：《三国志·蒋琬费祎姜维传》，中华书局1959年版，第1061页。

② （晋）陈寿撰，（刘宋）裴松之注：《三国志·蒋琬费祎姜维传》，中华书局1959年版，第1061页。

明珠之在侧，朗然来照人。”①

玠在群伍之中，实有异人之望。龆龀时，乘白羊车于洛阳市上，咸曰：“谁家璧人？”于是家门州党号为“璧人”。②

这两段文字，都是通过侧面描写来突出卫玠俊美的仪容。

卫玠自幼体弱，死时年仅二十七岁，可谓英年早逝。《世说新语》与《卫玠别传》对此多有描绘。

王丞相见卫洗马，曰：“居然有羸形，虽复终日调畅，若不堪罗绮。”③

卫玠从豫章至下都，人久闻其名，观者如堵墙。玠先有羸疾，体不堪老，遂成病而死。时人谓“看杀卫玠”。④

《玠别传》曰：玠素抱羸疾。⑤

卫玠不仅人才出众，而且品德也为世所钦敬。

《玠别传》曰：永和中，刘真长、谢仁祖共商略中朝人。或问：“杜弘治可方卫洗马不？”谢曰：“安得比！其间可容数人。”⑥

卫玠不仅有才学，还是有名的清谈家，对于卫玠的才学和清谈情况，《卫玠别传》也运用侧面烘托的手法进行了描写。

《玠别传》曰：玠颖识通达，天韵标令，陈郡谢幼舆敬以亚父之礼。

---

① (南朝宋)刘义庆著，(南朝梁)刘孝标注，余嘉锡笺疏：《世说新语笺疏》，中华书局1983年版，第721页。

② (南朝宋)刘义庆著，(南朝梁)刘孝标注，余嘉锡笺疏：《世说新语笺疏》，中华书局1983年版，第722页。

③ (南朝宋)刘义庆著，(南朝梁)刘孝标注，余嘉锡笺疏：《世说新语笺疏》，中华书局1983年版，第722页。

④ (南朝宋)刘义庆著，(南朝梁)刘孝标注，余嘉锡笺疏：《世说新语笺疏》，中华书局1983年版，第722页。

⑤ (南朝宋)刘义庆著，(南朝梁)刘孝标注，余嘉锡笺疏：《世说新语笺疏》，中华书局1983年版，第722页。

⑥ (南朝宋)刘义庆著，(南朝梁)刘孝标注，余嘉锡笺疏：《世说新语笺疏》，中华书局1983年版，第621页。

论者以为出王眉子、平子、武子之右。世咸谓“诸王三子，不如卫家一儿”。娶妇乐广女。裴叔道曰：“妻父有冰清之姿，婿有璧润之望，所谓秦晋之匹也。”为太子洗马。永嘉四年，南至江夏，与兄别于梁里涧，语曰：“在三之义，人之所重，今日忠臣致身之道，可不勉乎？”行至豫章，乃卒。①

《玠别传》曰：“玠少有名理，善《易》、《老》，自抱羸疾，初不于外擅相酬对。时友叹曰：‘卫君不言，言必入真。’”武昌见大将军王敦，敦与谈论，咨嗟不能自已。②

《玠别传》曰：玠少有名理，善通《庄》、《老》。琅琊王平子高气不群，迈世独傲，每闻玠之语议，至于理会之间，要妙之际，辄绝倒与坐。前后三闻，为之三倒。时人遂曰：“卫君谈道，平子三倒。”③

玠，字叔宝。陈留阮千里有令闻，当年太尉王君见而问曰：“老庄与圣教同异？”阮曰：“将无同。”太尉善其言而辟之为掾，世号曰“三语掾”。君见而嘲之曰：“一言可辟，何假三？”阮曰：“苟是天下民望，可无言而辟，复何假于一言！”④

通过对比和别人的评论来突出其出众的才学。

《卫玠别传》还载录了人们对他的品鉴，是汉魏人物品评风气的继续。

《玠别传》曰：玠有虚令之秀，清胜之气，在群伍之中，有异人之望。祖太保见玠五岁曰：“此儿神爽聪令，与众大异，恐吾年老，不及见尔。”⑤

卫玠以其学识与品德深为人们所敬仰，他死数年之后，人们还怀念他，并为

---

① (南朝宋)刘义庆著，(南朝梁)刘孝标注，余嘉锡笺疏：《世说新语笺疏》，中华书局1983年版，第111—112页。

② (南朝宋)刘义庆著，(南朝梁)刘孝标注，余嘉锡笺疏：《世说新语笺疏》，中华书局1983年版，第248—249页。

③ (南朝宋)刘义庆著，(南朝梁)刘孝标注，余嘉锡笺疏：《世说新语笺疏》，中华书局1983年版，第530页。

④ (宋)李昉等编，夏剑钦、王巽斋校点：《太平御览》第三卷，河北教育出版社1994年版，第47页。

⑤ (南朝宋)刘义庆著，(南朝梁)刘孝标注，余嘉锡笺疏：《世说新语笺疏》，中华书局1983年版，第465页。

他改葬。

《玠别传》曰：玠咸和中改迁于江宁。丞相王公教曰："洗马明当改葬。此君风流名士，海内所瞻，可修三牲之祭，以敦旧好。"①

《卫玠别传》还记载了同时代其他人物的事迹。

从传记文学角度来看，《卫玠别传》最大的创新之处是注重用他人的评价和对比手法来传人记事，这是其价值所在。

四、《梁冀别传》

梁冀是东汉后期著名的权奸，历仕顺、冲、质、桓四朝，其为政二十年，"一门前后七封侯，三皇后，六贵人，二大将军，夫人、女食邑称君者七人，尚公主者三人，其余卿、将、尹、校五十七人。在位二十余年，穷极满盛，威行内外，百僚侧目，莫敢违命，天子恭己而不得有所亲豫"。及其被诛之日，"诸梁及孙氏中外宗亲送诏狱，无长少皆弃市。……其它所连及公卿列校刺史二千石死者数十人，故吏宾客免黜者三百余人，朝廷为空"，"收冀财货，县官斥卖，合三十余万万，以充王府，用减天下税租之半"②。像梁冀这样在东汉中期权倾朝野的人物，本应单独立传，但范晔却把他附于梁统传的后面，作为附传，反映了范晔对他的厌恶之情。鉴于梁冀为政二十年，给国家、给百姓带来的种种危害，人们作《梁冀别传》以警示后人，是很正常的。

《梁冀别传》主要围绕梁冀滥用职权、残害忠良、穷奢极欲而展开。

太仓令秦宫（梁冀家的仆人），出入冀妻寿所，语言、饮食独往独来，屏去御者。寿姊夫宗欣不知书，因寿气力起家，拜太仓令。③

冀妻孙寿从弟安，以童幼拜黄门侍郎、羽林监。④

---

① （南朝宋）刘义庆著，（南朝梁）刘孝标注，余嘉锡笺疏：《世说新语笺疏》，中华书局1983年版，第752页。

② （南朝宋）范晔撰《后汉书·梁统列传》，中华书局2007年版，第352页。

③ （宋）李昉等编，夏剑钦、王巽斋校点：《太平御览》第三卷，河北教育出版社1994年版，第222页。

④ （宋）李昉等编，夏剑钦、王巽斋校点：《太平御览》第七卷，河北教育出版社1994年版，第298页。

梁冀为官，确实是一人得道，鸡犬升天，连自己家的仆人、儿童都当了县令、羽林监，这是他滥用职权的结果。《梁冀别传》还记载了梁冀夺人钱财、草菅人命的事件。

梁冀爱监奴秦宫，官至太仓令，得出入妻所，每见辄屏御者，托以言事，因通焉。(宫)内外兼宠，刺史、二千石皆谒拜之。扶风人士孙奋居富，冀从贷钱五千万，奋以三千万与之，冀大怒，乃告郡县，认奋母为守臧婢，云盗白珠十斛、紫磨金千斤以叛，遂收考奋兄弟，死于狱中，悉没货财。①

不仅梁冀本人为了敲诈钱财，污人为盗，就连其妻的情人也狐假虎威，威慑百官。对于不顺从自己的人，梁冀则捏造罪名、大开杀戒。

冀为河南尹，居职恣暴，多为非法。辽东太守侯猛初拜不谒，冀托以它事，乃腰斩之。郎中汝南袁著年十九，见冀凶纵，不胜其愤，乃诣阙上书，冀闻而密遣掩捕得笞杀之。②

《梁冀别传》还记载了梁冀奢侈享乐的一些案例。

梁冀奢僭，四方调发，岁时贡献，皆先输上第于冀，乘舆乃其次焉。又广开园囿，采土筑山，十里九溪，以象二崤，深林邃涧，有若自然，奇禽怪兽，飞走其间。妻共冀乘辇，张羽盖饰以金银，游第内。③

冀未诛时，妇人作不聊生髻。④

---

① (宋)李昉等编，夏剑钦、王巽斋校点：《太平御览》第四卷，河北教育出版社 1994 年版，第 1118 页。

② (宋)李昉等编，夏剑钦、王巽斋校点：《太平御览》第四卷，河北教育出版社 1994 年版，第 1054 页。

③ (宋)李昉等编，夏剑钦、王巽斋校点：《太平御览》第四卷，河北教育出版社 1994 年版，第 1058 页。

④ (宋)李昉等编，夏剑钦、王巽斋校点：《太平御览》第四卷，河北教育出版社 1994 年版，第 122 页。

冀作狐尾单衣，上短下长。[①]

冀好格五六博。[②]

冀好蹴鞠。[③]

梁冀身为大将军，在享受“入朝不趋，剑履上殿，谒赞不名，礼仪比萧何；悉以定陶、阳成余户增封为四县，比邓禹；赏赐金钱、奴婢、彩帛、车马、衣服、甲第，比霍光；以殊元勋。每朝会，与三公绝席。十日一入，平尚书事。宣布天下，为万世法”[④]待遇之时，他不思报效君恩、勤于政事，每日沉溺于享乐之中。梁冀不仅压制百官，连皇帝也不放在眼里，“冲帝又崩，冀立质帝。帝少而聪慧，知冀骄横，尝朝群臣，目冀曰：‘此跋扈将军也。’冀闻，深恶之，遂令左右进鸩加煮饼，帝即日崩”[⑤]。梁冀最后落个灭顶之灾，也是罪有应得。

《梁冀别传》还注意对传主及其家人的外貌进行描写。

冀鸢肩，文传曰：“赵壹肩高二尺，高自抗竦，为乡党所摈。”[⑥]

子胤为河南尹。胤一名胡狗，时年十六，容貌甚陋，不胜冠带，道路见者，莫不嗤笑焉。[⑦]

上面的描写很抽象，大有写意风格，应该是作者带着厌恶的情感所为，体现了其爱憎分明的意向，这种写法在明清小说中是较为常见的现象，说明中古别传对明清小说在人物描写方面的影响还是很大的。

从传记角度来说，《梁冀别传》主题鲜明，它紧扣梁冀权奸这一身份，围

---

① （宋）李昉等编，夏剑钦、王巽斋校点：《太平御览》第六卷，河北教育出版社 1994 年版，第 418 页。

② （宋）李昉等编，夏剑钦、王巽斋校点：《太平御览》第七卷，河北教育出版社 1994 年版，第 77 页。

③ （宋）李昉等编，夏剑钦、王巽斋校点：《太平御览》第七卷，河北教育出版社 1994 年版，第 83 页。

④ （南朝宋）范晔撰：《后汉书·梁统列传》，中华书局 2007 年版，第 351 页。

⑤ （南朝宋）范晔撰：《后汉书·梁统列传》，中华书局 2007 年版，第 349 页。

⑥ （宋）李昉等编，夏剑钦、王巽斋校点：《太平御览》第四卷，河北教育出版社 1994 年版，第 80 页。

⑦ （宋）李昉等编，夏剑钦、王巽斋校点：《太平御览》第四卷，河北教育出版社 1994 年版，第 196 页。

绕他跋扈朝廷、滥杀无辜、奢侈享乐的性格特征来为其作传，使人物性格鲜明、突出，呈现立体感。

五、《董卓别传》

董卓是汉末的军阀，也算是一代枭雄，他以残暴著称，《三国志》卷六、《后汉书》卷七二有传。《董卓别传》主要载录董卓作为一个欺君害民之暴虐军阀的本性，《董卓列传》的作者之所以要为董卓这样的枭雄作别传，其目的也是要发挥古代史书褒善贬恶的功能。在汉末的历史上，董卓是一个极为关键的人物，正是由于他的出现，才把汉王朝推向了绝路。《后汉书·董卓别传》对于董卓进京的原因，作了描述："及帝崩，大将军何进、司隶校尉袁绍谋诛阉宦，而太后不许，乃私呼卓将兵入朝，以胁太后。卓得召，即时就道。并上书曰：'中常侍张让等窃幸承宠，浊乱海内。臣闻扬汤止沸，莫若去薪；溃痈虽痛，胜于内食。昔赵鞅兴晋阳之甲，以逐君侧之恶人。今臣辄鸣钟鼓如洛阳，请收让等，以清奸秽。'"[①]董卓身为西凉太守，驻扎边地，本没有机会进京的，但是何进这个屠户出身的大将军为诛宦官，竟然召董卓这个恶煞进京，结果把汉王朝推向了绝路。

董卓本是个武装起来的西凉农民，他深信枪杆子里面出政权的道理，在西凉招兵买马，招降纳叛，早已觊觎皇位，准备进京了，只是没有时机而已。何进的无谋，对董卓来说是天赐良机，其后的一系列事件，如十八路诸侯讨董卓，李傕、郭汜之乱以及各路军阀的混战都由此拉开序幕。

从现存《董卓别传》残篇来看，主要反映了董卓作为暴虐军阀的种种暴行。

> 卓孙年七岁，爱以为己子。为作小铠胄，使骑駃騠马，与玉甲一具。俱出入，以为麟驹凤雏，至杀人之子，如蚤虱耳。[②]

七岁孩子尚且草菅人命，作为统兵将领的董卓更是杀人如麻。

> 卓知所为不得远近，意欲以力服之，遣兵于洛阳城。时遇二月社，

① （南朝宋）范晔撰：《后汉书·董卓列传》，中华书局 2007 年版，第 679 页。

② （宋）李昉等编，夏剑钦、王巽斋校点：《太平御览》第三卷，河北教育出版社 1994 年版，第 1148 页。

民在社下饮食，悉就断头，驾其车马，载其妇女财物，以断头系车辕轴，还洛，云攻（败贼）大获。称万岁。入关洛阳城门，焚烧其头。[①]

卓会公卿，召诸降贼饭，行责降者曰："何不凿眼！"应声，眼皆落地。[②]

如此残暴之人，必将遭到天下百姓的愤恨，故董卓被杀之日，人们弹冠相庆。

吕布杀卓，百姓相对欣喜抃舞，皆卖家中珠环、衣服、床榻，以买酒食，自相庆贺。长安酒肉为之踊贵。[③]

董卓不仅残害百姓，而且欺君罔上，如：

卓讽朝廷，使光禄宣播持节拜卓为太师，位诸侯上。引还长安，百官迎路拜揖。卓遂僭拟车服，乘金华青盖，画两轮，时人号为竽摩车。[④]

这种欺君害民之辈，难怪被杀之日，百姓欢欣鼓舞。但是，《董卓别传》并没有落入写好人一切皆好，写坏人一切皆坏的俗套，而是在写董卓残暴的同时，也写了他善于笼络人心的一面，如：

太常张奂将师北征，表卓为军司马。从军行，卓手斩购募羌酋，拜五官中郎，赐缣九十匹。卓叹曰："为者则己，有者则士。"悉以缣分与兵吏。[⑤]

---

① （宋）李昉等编，夏剑钦、王巽斋校点：《太平御览》第四卷，河北教育出版社1994年版，第36页。

② （宋）李昉等编，夏剑钦、王巽斋校点：《太平御览》第四卷，河北教育出版社1994年版，第58页。

③ （宋）李昉等编，夏剑钦、王巽斋校点：《太平御览》第七卷，河北教育出版社1994年版，第708页。

④ （宋）李昉等编，夏剑钦、王巽斋校点：《太平御览》第七卷，河北教育出版社1994年版，第257—258页。

⑤ （宋）李昉等编，夏剑钦、王巽斋校点：《太平御览》第四卷，河北教育出版社1994年版，第937页。

董卓能够得到一些人的支持和拥护与他挥金如土的行为是直接相关的，《董卓别传》的作者这样传人，应该是受到司马迁“不虚美，不隐恶”的作传原则影响的，只有这样才使人感到《董卓别传》真实、可信。

六、《桓温别传》

《桓温别传》，《隋书·经籍志》等史志无著录，著者、卷数不详。桓温，字元子，宣城太守桓彝之子。幼时为温峤所赏识，故名之曰温。尚南康长公主，拜驸马都尉，除琅琊太守，累迁徐州刺史。晋明帝时，桓温为都督荆梁四州诸军事、安西将军、荆州刺史、领南蛮校尉、假节。伐蜀有功，进位征西大将军、开府，封临贺郡公。桓温北伐成功后，加封征讨大都督、督司冀二州诸军事，封南郡公，死后追赠丞相，谥宣武，《晋书》列传六八有传。桓温作为一代权臣，其事迹在社会上多有流传，故《桓温别传》所载事迹基本上能反映桓温的人生轨迹，由于散佚较多，只有结合《世说新语》等书记载方能窥知一二。《桓温别传》的佚文大多存在于《世说新语》刘孝标的注中，下面作一简要分析。

作为一代枭雄，桓温的事迹很多，现存的《桓温别传》佚文也能窥见其一鳞半爪。首先，《桓温别传》对桓温的生平作了简洁明快的介绍。

> 温字元子，谯国龙亢人，汉五更桓荣后也。父彝，有识鉴。温少有豪迈风气，为温峤所知，累迁琅琊内史，进征西大将军，镇西夏。时逆胡未诛，余烬假息，温亲勒郡卒，建旗致讨，清荡伊、洛，展敬园陵。薨，谥宣武侯。①

这段小传，简洁明了，要言不烦，对桓温的整个一生做了完整介绍。《桓温别传》还介绍了桓温为政宽仁的举措。

> 温以永和元年自徐州迁荆州刺史，在州宽和，百姓安之。②

---

① (南朝宋)刘义庆著，(南朝梁)刘孝标注，余嘉锡笺疏：《世说新语笺疏》，中华书局1983年版，第135—136页。

② (南朝宋)刘义庆著，(南朝梁)刘孝标注，余嘉锡笺疏：《世说新语笺疏》，中华书局1983年版，第216页。

此事《世说新语》记载可以佐证：

桓公在荆州，全欲以德被江、汉，耻以威刑肃物，令史受杖，正从朱衣上过。桓式（桓温第三子）年少，从外来，云："向从阁下过，见令史受杖，上捎云根，下拂地足。"意讥不著。桓公云："我犹患其重。"①

这反映了桓温为政以德的举措。《桓温别传》还对桓温的名士风度作了概括："温有豪迈风气也。"②《世说新语》有一则故事可对此进行诠释：

王、刘与桓公共至覆舟山看。酒酣后，刘牵脚加桓公颈，桓公甚不堪，举手拨去。既还，王长史语刘曰："伊讵可以形色加人不！"③

这里"王"是指王濛，"刘"指刘惔。刘惔酒后把脚放到桓温的颈上，桓温不以为意，既是魏晋风流的体现，又反映了桓温的宽容大度。

《桓温别传》还记载了桓温的功绩。

兴宁九年，以温克复旧京，肃静华夏，进都督中外诸军事、侍中、大司马，加黄钺，使入参朝政。④

由于功劳卓著，时人对他评价甚高，《世说新语》载：

桓大司马下都，问（刘）真长曰："闻会稽王（简文帝司马昱）奇进，尔邪？"刘曰："极进，然故是第二流中人耳！"桓曰："第一流复是谁？"刘曰：

① （南朝宋）刘义庆著，（南朝梁）刘孝标注，余嘉锡笺疏：《世说新语笺疏》，中华书局1983年版，第216—217页。

② （南朝宋）刘义庆著，（南朝梁）刘孝标注，余嘉锡笺疏：《世说新语笺疏》，中华书局1983年版，第389页。

③ （南朝宋）刘义庆著，（南朝梁）刘孝标注，余嘉锡笺疏：《世说新语笺疏》，中华书局1983年版，第389页。

④ （南朝宋）刘义庆著，（南朝梁）刘孝标注，余嘉锡笺疏：《世说新语笺疏》，中华书局1983年版，第618页。

“正是我辈耳!”①

《桓温别传》还记载了桓温赫赫的战功,其中西征巴蜀就是其一,对于能否伐蜀,朝野意见不一,但桓温以独特的胆识,坚决主张伐蜀,结果凯旋而归。

《温别传》曰:初,朝廷以蜀处险远,而温众寡少,悬军深入,甚以忧惧。而温直指成都,李势面缚。②

总之,从《桓温别传》的佚文中,我们还是可以窥见桓温人生之一斑。

七、《桓玄别传》

桓玄,字敬道,一名灵宝,大司马桓温之子,袭父爵为南郡公。二十三岁拜太子洗马,后任建威将军、平越中郎将、广州刺史、假节。后逼晋帝禅位,自立为帝,因荒淫奢侈引起部下叛乱而被杀,《晋书》列传六九有传。《桓玄别传》,《隋书·经籍志》等史志无著录,著者、卷数不详,其佚文见于《世说新语》刘孝标注引,以及《北堂书钞》、《太平御览》等类书的征引。

《桓玄别传》首先继承了史传的传统,为我们介绍了桓玄的基本情况。

玄,字敬道,谯国龙亢人,大司马温少子也。幼童中,温甚爱之。临终命以为嗣。年七岁,袭封南郡公,拜太子洗马、义兴太守。不得志,少时去职,归其国。与荆州刺史殷仲堪素旧,情好甚隆。③

上面介绍了桓玄的出身,其出身于高干家庭,其父亲是大司马桓温,桓玄是典型的高干子弟。在他七岁的时候,就继承乃父的爵位,应该是中国历史上最年轻的高干之一。正是由于他的才能无与伦比,所以,为了防范他,皇帝没有敢重用他。这里特意介绍了他与殷仲堪为好友,为下文作张本。《桓玄

① (南朝宋)刘义庆著,(南朝梁)刘孝标注,余嘉锡笺疏:《世说新语笺疏》,中华书局1983年版,第618页。

② (南朝宋)刘义庆著,(南朝梁)刘孝标注,余嘉锡笺疏:《世说新语笺疏》,中华书局1983年版,第476页。

③ (南朝宋)刘义庆著,(南朝梁)刘孝标注,余嘉锡笺疏:《世说新语笺疏》,中华书局1983年版,第53页。

别传》还记载了桓玄作为政治家的冷酷。

玄克荆州，杀殷道护及仲堪参军罗企生、鲍季礼，皆仲堪所亲仗也。①

殷仲堪是桓玄的好友，连好友的部下都开杀戒，可见政治斗争的残酷性。其中的原因主要是由于殷仲堪是个忠实的保皇派，而桓玄是个有野心的人，为了实现自己的政治野心，除掉殷仲堪也是顺理成章的事。实际上，早在其父桓温时期，桓玄就有个人野心，故袭父爵位后，朝廷就不敢重用他，只是让他当一些没有实权的官，《桓玄别传》云：

玄初拜太子洗马，时朝廷以温有不臣之迹，故抑玄为素官。②

《桓玄别传》还记载他为地方官时从事建设的情况：

玄居南州，大筑斋第，以郡在国南，故曰南州。③

由于散佚得严重，《桓玄别传》是否还有其他记载，已经不得而知。

综上所述，别传大致可以分为两类，一类是褒扬的，如赵云、费祎、卫玠；一类是批判的，如梁冀、董卓、桓温、桓玄。尽管如此，每类别传并非绝对雷同，而是同中有异。如赵云与费祎都是蜀国的重臣，《赵云别传》主要记载赵云帮助刘备治国的事迹，主要是内政方面的，《费祎别传》则载录费祎的外交事件。赵云、费祎的别传又与卫玠的别传不同，《卫玠别传》主要记载卫玠的俊美仪容和高尚的道德，赵云、费祎的别传则记载二人的政治活动。

在受批判一类中，梁冀与董卓又不同，《梁冀别传》载录梁冀滥用职权，奢侈腐化之事。《董卓别传》则载录他残暴不仁，滥杀无辜的事件。

---

① （南朝宋）刘义庆著，（南朝梁）刘孝标注，余嘉锡笺疏：《世说新语笺疏》，中华书局1983年版，第57页。

② （南朝宋）刘义庆著，（南朝梁）刘孝标注，余嘉锡笺疏：《世说新语笺疏》，中华书局1983年版，第895页。

③ （宋）李昉等编，夏剑钦、王巽斋校点：《太平御览》第二卷，河北教育出版社1994年版，第610页。

第四节　行比天高、身为下官
——中古中下级官吏别传研究

中古时期，还有一些中下级官吏的别传，这些别传的传主，有的名不见经传，有的在史书中被一笔带过，缺乏详细记载。但他们为官时的政绩却有值得肯定之处，故而人们为其作别传加以彰显。

一、《钟离意别传》

《钟离意别传》，在《隋书·经籍志》中没有著录，只是见于《后汉书》李贤注，《文选》注以及《太平御览》所引。清人姚振宗的《后汉书艺文志》和侯康的《补后汉书艺文志》将其入杂传类。钟离意生活于汉光武帝和显帝时期，他一直为中下级官吏。《后汉书》卷四一有他与第五伦、宋均、寒朗的合传。《钟离意别传》所记载的内容约有一半为《后汉书》钟离意本传所载。从现存《钟离意别传》内容看，主要记述钟离意为地方官时治理地方的业绩，具体有如下内容。

(一)《钟离意别传》记载了钟离意爱民如子的行为

> 《钟离意别传》曰：建武十四年，吴大疾疫，署意中部尉都邮，意乃露身不冠，身循行病者门，入家至赐与医药，诣神庙为民祷祭祀，召录医师百人合和草药，恐医小子或不良毒药斋贼害民命，先自吞尝，然后施行。其所临护四千余人，并得差愈。后日府君出行灾害，百姓攀车涕泣曰："明邮府君不须出也。但得钟离都邮，民皆活也。"①

瘟疫流行，百姓受难，钟离意不仅招集医师合和草药，还唯恐一些医师不负责任或水平低而害百姓，钟离意亲自尝药，这种行为大有神农采药为百姓治病，一日身中七十毒的壮举。

---

① (宋)李昉等编，夏剑钦、王巽斋校点：《太平御览》第六卷，河北教育出版社 1994 年版，第 618 页。

（二）对于其德治行为的记载

中国古代向来提倡以德治国，要求官吏能够用自己的德行感化百姓，使他们自觉守法。《钟离意别传》中有这方面的记载：

《钟离意别传》曰：司徒侯霸辟意署议曹掾，以诏书送囚徒三百余人到河北连阴。冬盛寒，徒皆贯连械，不复能行。到弘农县，使令出见钱为徒作襦袴，各有计数。令对曰："被诏书，不敢妄出钱。"意曰："使者奉诏命，宁私行耶？出钱使上尚书，使者亦当上之。"光武皇帝得上状，见司徒侯霸曰："所使吏何乃仁恕用心乎？诚良吏也。"襦袴既且悉到，前县给赐糜粥。后谓徒曰："使者不忍善人婴刑，饥寒感恻于心。今已得衣矣，欲悉解善人械桎，得逃去耶？"皆对曰："明使君哀徒，恩过慈父，身成灰土，不敢逃亡。"意复曰："徒中无欲归候亲者耶？"其有节义者五六十人，悉解械桎，先遣之，与期日会作所，徒皆先期至也。①

囚徒所受到的待遇，向来极差，特别是被押解的囚徒，苦不堪言，如果我们阅读《水浒传》，从林冲发配时所受的虐待，即可明了。《水浒传》虽然是小说，但从中也可以反映出封建时代犯人所受待遇之一斑。钟离意在押解囚徒之时，正遇到严冬，他不仅为囚徒准备棉衣，还放一些人回去与亲友相聚，结果囚徒为其大义所感召，都先期返回约定的地点。这种人性化的管理，使钟离意的形象不仅仅是一个奉公守法的良吏，还是一个富有人情味的善者形象。

（三）惩治强暴

《钟离意别传》曰：意迁东平瑕丘令。男子倪直勇悍有力，便弓弩，飞射走兽，百不脱一，桀悖好犯长吏。意到官，召署捕贼掾，敕谓之云："令昔尝破三军之众，不用尺兵；尝缚暴虎，不用尺绳，但以良诈为之耳。掾之气势安若？宜慎之。"因复召直子涉署门下，将游徼私出入寺门，无所关白。收涉鞭之，直走之寺门，吹气大言，言无上下。意气敕直，能为子屈者，自缚诣令，不则鞭杀其子。直果自缚。意告曰："令前告汝，尝缚暴虎，不用尺绳。汝自视何如，虎自缚耶？"敕狱械直父子，结连其头，

---

① （宋）李昉等编，夏剑钦、王巽斋校点：《太平御览》第六卷，河北教育出版社 1994 年版，第 56 页。

对榜欲死。掾吏陈谏乃贷之，由是相率为善。所谓上德之政，鹰化为鸠，暴虎成狸，此之谓也。①

(四)愧杀贪婪者

《钟离意别传》曰：意为瑕丘令，立春遣户曹史檀建赍青帻幡白都邮，都邮不受。建留于家，还白意言受。他日，意见都邮，而都邮谢意，言所以不受青帻幡者，已自有也。意还，召建问状，建惶怖叩头。意曰："勿叩头使外闻也。"出因转署主记史假，遣无期。建归家，父问之曰："朝大夫众贤能者多，子何功才既获显荣，假乃无期，宠厚将何谓也？无得有不信于贤主耶？"建长跪，以青帻幡意语父。父嘿然，有顷，令妻设酒杀鸡，与建相乐。谓建曰："吾闻有道之君，以义理杀人；无道之君，以血刃加人。长假无期，唯死不还，将何以自裁乎？"酒毕进药，建遂物故。②

(五)廉洁自律

显宗以意为尚书。时交趾太守坐赃千金，征还，付法。以资物薄入大司农，诏班赐群臣。意得珠玑，悉以委地，不拜赐。帝怪而问其故，对曰："臣闻孔子忍渴于盗泉之水，曾参回车于胜母之间，恶其名也。此赃秽之宝，诚不敢拜受。"帝嗟叹曰："清乎尚书之言！"乃更以库钱三十万赐意。③

《钟离意别传》突出钟离意以古圣先贤为榜样，不受皇帝赏赐的不洁之物，说明他是一个严于律己的古代清官形象。

(六)《钟离意别传》的传记价值

第一，注意全方位、多视角来传写人物。全传通过钟离意爱护百姓、以

① (宋)李昉等编，夏剑钦、王巽斋校点：《太平御览》第三卷，河北教育出版社1994年版，第494—495页。

② (宋)李昉等编，夏剑钦、王巽斋校点：《太平御览》第三卷，河北教育出版社1994年版，第1024页。

③ (宋)李昉等编，夏剑钦、王巽斋校点：《太平御览》第六卷，河北教育出版社1994年版，第46页。

德治国、仁爱囚徒、惩治强暴、不受不洁之赐，来塑造这个封建时代清明官吏的形象。

第二，人物形象鲜明突出。不仅传主钟离意形象鲜明，就是一些传中的人物倪直、檀建、檀建之父也是活生生的人物。如倪直，是个自恃勇悍有力，横行不法之人；檀建是个要小聪明、贪图财物之人；檀建之父，是个正义之人，他为儿子的行为感到耻辱，毅然令其自尽，以雪家门之辱。

第三，注意用细节描写来刻画人物。如对钟离意惩治倪直的描写，对倪建因贪图财物被遣回，而后其父令其自杀的描写。

第四，事件曲折变幻，富有传奇性。如惩治檀建的描写，就一波三折，很有戏剧性，使人难以预测事件的进展。钟离意派檀建去给都邮送青帻幡，都邮不收，檀建便据为己有，回报说都邮已经接受。本以为可以瞒天过海，没有想到，有朝一日钟离意遇到了都邮，都邮就送青帻幡一事向钟离意表示感谢，此事东窗事发，檀建叩头谢罪。意外的是钟离意并没有惩罚他，而是给他放了无期的长假。檀建认为事情已经了结，就回到家里，这引起其父的怀疑。问明事情的前因后果之后，明白了钟离意的用意。于是令檀建之母为其准备酒食，在酒食之间，檀建之父把钟离意的用意讲了出来，酒后，檀建服药自杀。此事虽小，却极富戏剧性色彩。

第五，人物事件富有谶纬、神秘色彩。这种情况在中古杂传中并不罕见，杂传作者为了突出传主的某一方面特点，往往把传主神秘化、谶纬化，如下面一段文字：

> 意为鲁相，到官，出私钱万三千文，付户曹孔欣修夫子车，身入庙，拭几席剑履。男子张伯除堂下草，土中得玉璧七枚，伯怀其一，以六枚白意。意令主簿安置几前。孔子教授堂床下首有悬瓮，意召孔䜣问："此何瓮也？"对曰："夫子瓮也，背有丹书，人莫敢发也。"意曰："夫子圣人，所以遗瓮，欲以悬示后贤。"因发之，中得素书，文曰"后世修吾书，董仲舒。护吾车，拭吾履，发吾笥，会稽钟离意。璧有七，张伯藏其一"。意即召问伯，果服焉。①

这段描写似乎就将钟离意神秘化了，也许是后人的杜撰，也许实有其事。我们所说的实有其事，可能是钟离意已经发现张伯私藏了一枚如意，如果逼

---

① （南朝宋）范晔撰：《后汉书·钟离意传》，中华书局2005年版，第951页。

问，张伯会死不承认，采取这种方法，使张伯不得不承认私藏如意一事，避免了许多麻烦。这也可能是钟离意要的一个小花招，此招之所以有效，是由于在汉代孔子被神化了，钟离意大概正是利用了这一心理的缘故。

二、《李固别传》

李固，司徒李郃之子，《后汉书》卷六三有传。李固为人正直，曾为地方官多年，汉质帝被梁冀毒杀之后，在立新帝问题上与梁冀发生冲突，被梁冀捏造罪名所杀。《李固别传》目前也只剩残篇，但也反映了一些史实。

> 益州及司隶辟，皆不就，门徒或称从事掾，固曰："未曾受其位，不宜获其号。"①
>
> 梁冀欲立清河王蒜，常侍曹腾闻议定，见冀曰："清河为人严明，若遂即位，将军受祸不久矣。"冀更会议立蠡吾侯子，惟固与杜乔深据本议。桓帝立，固与杜乔以本立蒜下狱。太后诏固出，冀乃复令黄门常侍作飞章虚奏，收固等系狱，皆死。京师谚曰："直如弦，死道边；曲如钩，反封侯。"②
>
> 梁冀诛固而露尸于四衢，命有敢临者加其罪。固弟子汝南郭况，年始成童，游学洛阳，乃左提章钺，右秉铁锧，诣阙上书，乞收固尸。不许。往临哭，陈辞于前，遂守丧不去。③

以上段落反映了李固为人正直，敢于反抗强暴，忠于朝廷的品德。

三、《邴原别传》

邴原，字根矩，北海朱虚人，少与管宁齐名，后归曹操，被辟为司空掾，死于从曹操伐吴途中，《三国志》卷一一有传。

《邴原别传》，《隋书·经籍志》等书无著录，最早见于姚振宗的《三国艺

---

① (宋)李昉等编，夏剑钦、王巽斋校点：《太平御览》第三卷，河北教育出版社 1994 年版，第 470 页。

② (宋)李昉等编，夏剑钦、王巽斋校点：《太平御览》第四卷，河北教育出版社 1994 年版，第 560—561 页。

③ (宋)李昉等编，夏剑钦、王巽斋校点：《太平御览》第五卷，河北教育出版社 1994 年版，第 341 页。

文志》和侯康的《补三国艺文志》，著者、卷数不详。其存文见于《三国志》卷一一邴原本传裴松之注所引。相对于《三国志》邴原本传来说，其别传载录比较详细，能够反映邴原的生活全貌，具体如下：

（一）《邴原别传》反映了邴原少年求学的情况

原十一而丧父，家贫，早孤。邻有书舍，原过其旁而泣。师问曰："童子何悲？"原曰："孤者易伤，贫者易感。夫书者，必皆具有父兄者，一则羡其不孤，二则羡其得学，心中恻然而为涕零也。"师亦哀原之言而为之泣曰："欲书可耳！"答曰："无钱资。"师曰："童子苟有志，我徒相教，不求资也。"于是遂就书。一冬之间，诵《孝经》、《论语》。①

这里作者为我们塑造了一个好学上进的少年形象，由于邴原的求学精神，感动了塾师，免费教其读书，而邴原也不负师望，一冬即能读《孝经》、《论语》。

（二）别传又写邴原游学的情况

邴原游学安丘孙崧，面对孙崧的推辞，邴原以其独特的见解折服了孙崧，使孙崧以书相分。

欲远游学，诣安丘孙崧。崧辞曰："君乡里郑君，君知之乎？"原答曰："然。"崧曰："郑君学览古今，博闻强识，钩深致远，诚学者之师模也。君乃舍之，蹑屣千里，所谓以郑为东家丘者也。君似不知，而曰'然'者何？"原曰："先生之说，诚可谓苦药良针矣；然犹未达仆之微趣也。人各有志，所规不同，故乃有登山而采玉者，有入海而采珠者，岂可谓登山者不知海之深，入海者不知山之高哉！君谓仆以郑为东家丘，君以仆为西家愚夫邪？"崧辞谢焉。又曰："兖、豫之士，吾多所识，未有若君者；当以书相分。"原重其意，难辞之，持书而别。原心以为求师启学，志高者通，非若交游待分而成也，书何为哉？乃藏书于家而行。②

① （晋）陈寿撰，（刘宋）裴松之注：《三国志·袁张凉国田王邴管传》，中华书局1959年版，第351页。

② （晋）陈寿撰，（刘宋）裴松之注：《三国志·袁张凉国田王邴管传》，中华书局1959年版，第351—352页。

在邴原看来，真正的良师应该是学生人生的导师，而不仅仅是知识的传授者，这也正是他不愿意拜郑玄为师的原因。郑玄虽然在学术上为一代名儒，但他是经学大师，而不是人生的导师，这说明邴原不仅要学习知识，还要学习做人的道理，和一般书生只重学习知识不同。通过一番交谈，邴原发现孙崧也不是自己理想的老师，碍于情面接受了孙崧的赠书，但他只是把孙崧的赠书藏在家里，没有看，便又去寻找良师益友了，游学回来后，又把书还给了孙崧，以示自己当初不愿拂孙崧之意。《邴原别传》中关于邴原为求学而戒酒的事，也很感人。

> 原旧能饮酒，自行之后，八九年间，酒不向口。单步负笈，苦身持力，至陈留则师韩子助，颍川则宗陈仲弓，汝南则交范孟博，涿郡则亲卢子幹。临别，师友以原不饮酒，会米肉送原。原曰："本能饮酒，但以荒思废业，故断之耳。今当远别，因见贶饯，可一饮宴。"于是共坐饮酒，终日不醉。①

为了求学，原来很能饮酒的邴原竟然戒酒八九年，其坚强的毅力，在今天也很有教育意义。然而，最能体现人物个性的是邴原回击曹丕刁难宾客的一件事。

> 太子燕会，众宾百数十人，太子建议曰："君父各有笃疾，有药一丸，可救一人，当救君邪？父邪？"众人纷纭，或父或君。时原在坐，不与此论。太子咨之于原，原悖然对曰："父也。"太子亦不复难之。②

曹丕的问题本来就是一个两难的问题，救君不救父，就是不孝，救父不救君，就是不忠。在家国同构、忠孝一体的情况下，是很难回答的，然而，邴原勃然答曰"父也"，表现了他守正不阿的品性。曹丕本来是想难为众宾客，反而自讨没趣。邴原的道德操守与为人，受到了士大夫的景仰，就连曹操及其重要谋士荀彧也给予他高度的评价。

---

① （晋）陈寿撰，（刘宋）裴松之注：《三国志·袁张凉国田王邴管传》，中华书局1959年版，第352页。

② （晋）陈寿撰，（刘宋）裴松之注：《三国志·袁张凉国田王邴管传》，中华书局1959年版，第353—354页。

文若（荀彧）曰："此一世异人，士之精藻，公宜尽礼以待之。"

太祖曰："此君名重，乃亦倾士大夫心？"

令曰："邴原名高德大，清规邈世，魁然而峙，不为孤用。闻张子颇欲学之，吾恐造之者富，随之者贫也。"

令曰："子弱不才，惧其难正，贪欲相屈，以匡励之。虽云利贤，能不恧恧！"①

从传记文学的角度说，邴原别传是一篇比较成功的传记作品，在写人叙事方面，既能写到传主的政治活动，也注意其生活琐事，使读者能够获得传主的立体形象。特别是细节描写的成功运用，丰富了传主的性格，如面对曹丕的刁难，邴原"勃然"曰，则把笔触深入邴原的内心世界，表现了他对曹丕故意刁难的不满和愤怒，可以说是传神之笔。

四、《吴质别传》

吴质，字季重，济阴人，以其文才为魏文帝曹丕所重，官至振威将军，假节都督河北诸军事，封列侯。《三国志》吴质本传附于王粲传后，只三十余字。《吴质别传》的佚文主要见于《三国志》裴松之注引，《太平御览》、《艺文类聚》、《北堂书钞》等类书征引，但《太平御览》等类书的征引多不出于《三国志》卷二一裴注所引。

质别传曰：帝尝召质及曹休欢会，命郭后出见质等。帝曰："卿仰谛视之。"其至亲如此。质黄初五年朝京师，诏上将军及特进以下皆会质所，大官给供具。酒酣，质欲尽欢。时上将军曹真性肥，中领军朱铄性瘦，质召优，使说肥瘦。真负贵，耻见戏，怒谓质曰："卿欲以部曲将遇我邪？"骠骑将军曹洪、轻车将军王忠言："将军必欲使上将军服肥，即自宜为瘦。"真愈恚，拔刀瞋目，言："俳敢轻脱，吾斩尔。"遂骂坐。质案剑曰："曹子丹，汝非屠几上肉，吴质吞尔不摇喉，咀尔不摇牙，何敢恃势骄邪？"铄因起曰："陛下使吾等来乐卿耳，乃至此邪！"质顾叱之曰："朱铄，敢坏坐！"诸将军皆还坐。铄性急，愈恚，还拔剑斩地。遂便罢也。及文

① （晋）陈寿撰，（刘宋）裴松之注：《三国志·袁张凉国田王邴管传》，中华书局 1959 年版，第 353 页。

> 帝崩，质思慕作诗曰……太和四年，入为侍中。时司空陈群录尚书事，帝初亲万机，质以辅弼大臣，安危之本，对帝盛称“骠骑将军司马懿，忠智至公，社稷之臣也。陈群从容之士，非国相之才，处重任而不亲事。”帝甚纳之。明日，有切诏以督责群，而天下以司空不如长文，即群，言无实也。质其年夏卒。质先以怙威肆行谥曰丑侯。质子应仍上书论枉，至正元中乃改谥威侯。①

曹丕与吴质不仅是文友而且还是莫逆之交，在中国古代文学批评史上，曹丕与吴质曾有多篇谈论文学的书信为人们所重视，可见二人关系的密切程度。《吴质别传》就谈到二人关系的密切，曹丕可以允许吴质仰视郭后，说明他们关系非同一般。并且在吴质朝京师时，“诏上将军及特进以下皆会质所，大官给供具”。而吴质这位朝廷新贵也仗着与皇帝的关系，公然敢于拿朝廷显贵曹真开涮，并发生激烈冲突，吴质破口大骂，大有灌夫骂坐之风。由于吴质行事过于狗仗人势，横行无忌，故在其死后谥为丑侯，后经其子申诉才改为威侯。

五、《任嘏别传》

任嘏，字昭先，乐安博昌人。其父任旐，字子旗，以德行著名。《任嘏别传》云：

> 汉末，黄巾贼起，天下饥荒，人民相食。寇到博昌，闻旐姓字，乃相谓曰：“宿闻任子旗，天下贤人也。今虽作贼，那可入其乡邪？”遂相帅而去。由是声闻远近，州郡并招举孝廉，历酸枣、祝阿令。②

任旐以至行感化农民起义军，可见其德行之高尚。任嘏幼极聪明，“夙智性成，故乡人为之语曰：‘蒋氏翁，任氏童。’”“年十四始学，疑不再问，三年中诵五经，皆究其义，兼包群言，无不综览，于时学者号之神童。”③因出身道德高尚人家，任嘏后也以德行著称于世。

---

① （晋）陈寿撰，（刘宋）裴松之注：《三国志・王卫二刘传》，中华书局 1959 年版，第 609—610 页。

② （晋）陈寿撰，（刘宋）裴松之注：《三国志・徐胡二王传》，中华书局 1959 年版，第 748 页。

③ （晋）陈寿撰，（刘宋）裴松之注：《三国志・徐胡二王传》，中华书局 1959 年版，第 748 页。

遂遇荒乱，家贫卖鱼，会官税鱼，鱼贵数倍，嘏取直如常。又与人共买生口，各雇八匹。后生口家来赎，时价直六十匹。共买者欲随时价取赎，嘏自取本价八匹。共买者惭，亦还取本价。比居者擅耕嘏地数十亩种之，人以语嘏，嘏曰："我自以借之耳。"耕者闻之，惭谢还地。及邑中争讼，皆诣嘏质之，然后意厌。其子弟有不顺者，父兄窃数之曰："汝所行，岂可令任君知邪！"其礼教所化，率皆如此。①

从政以后，任嘏在推行教化的同时，也不断加强自己的道德修养。

会太祖创业，召海内至德，嘏应其举，为临菑侯庶子、相国东曹属、尚书郎。文帝时，为黄门侍郎。每纳忠言，辄手书怀本，自在禁省，归书不封。帝嘉其淑慎，累迁东郡、赵郡、河东太守，所在化行，有遗风余教。嘏为人淳粹凯悌，虚己若不足，恭敬如有畏。其修身履义，皆沉默潜行，不显其美，故时人少得称之。②

从《任嘏别传》可知，任嘏是三国时期道德教化的典型。

六、《孟宗别传》

《孟宗别传》的佚文见于《北堂书钞》、《艺文类聚》、《太平御览》等类书的征引。《孟宗别传》主要记载孟宗为官及生活琐事。

宗为光禄勋，大会，宗先少酒，偶有强者，饮一杯便吐。传诏司察宗吐麦饭，察者以闻，上乃叹息曰："至德清纯如此。"③

此事反映了孟宗为官廉洁。

① （晋）陈寿撰，（刘宋）裴松之注：《三国志・徐胡二王传》，中华书局1959年版，第748页。

② （晋）陈寿撰，（刘宋）裴松之注：《三国志・徐胡二王传》，中华书局1959年版，第748页。

③ （宋）李昉等编，夏剑钦、王巽斋校点：《太平御览》第三卷，河北教育出版社1994年版，第198页。

宗为豫章太守，人思其惠，路有行歌，故时人生子以“孟”为名。[1]

此条反映了孟宗深受百姓爱戴的情况。

宗事母至孝，母亦能训之以礼。宗初为雷池监，奉鱼于母，母还其所寄，遂绝不复食鱼。后宗典知粮谷，乃表陈曰：“臣昔为雷池监，母三年不食鱼；臣若典梁谷，臣母不可以三年不食米。臣是以死守之。”[2]

母贤子孝，使孟宗成为孝子贤臣。

七、《陆绩别传》

陆绩，字公纪，吴郡吴人，孙吴谋士之一。《陆绩别传》主要记陆绩直言敢谏之事。

孙策在吴，张纮为上宾，共论四海未安，当用武治而平之。绩年少，末坐，遥，大声言曰：“昔管仲相齐桓公，九合诸侯，一匡天下，不用兵车。孔子曰：远人不服，修文德以来之。今论者不务道德之术，而惟当用武，绩虽童蒙，窃所未安。”[3]

绩，字公纪，郡人也。太守王朗命为功曹，风化肃穆，郡内大治。[4]

以上反映了陆绩主张以德治国的思想，正由于如此，王朗任用他为功曹时，郡内大治。

---

① （宋）李昉等编，夏剑钦、王巽斋校点：《太平御览》第三卷，河北教育出版社 1994 年版，第 445 页。

② （宋）李昉等编，夏剑钦、王巽斋校点：《太平御览》第四卷，河北教育出版社 1994 年版，第 447 页。

③ （宋）李昉等编，夏剑钦、王巽斋校点：《太平御览》第四卷，河北教育出版社 1994 年版，第 389 页。

④ （宋）李昉等编，夏剑钦、王巽斋校点：《太平御览》第三卷，河北教育出版社 1994 年版，第 462 页。

八、《虞翻别传》

虞翻，字仲翔，会稽余姚人，孙吴主要谋臣之一，曾追随孙策、孙权建功立业。《虞翻别传》主要记载他因公废私，忠于王事之事。

> （王）朗使翻见豫章太守华歆，图起义兵。翻未至豫章，闻孙策向会稽，翻乃还。会遭父丧，以臣使有节，不敢过家，星行追朗至候官。朗遣翻还，然后奔丧。而传云孙策之来，翻衰绖诣府门，劝朗避策，则为大异。①

除此之外，《虞翻别传》中主要收录了虞翻的一些奏章。

九、《桓阶别传》

《桓阶别传》记载桓阶为官清廉之事。

> 阶为尚书令，文帝行幸，见诸少子无裤，上博手曰："长者子无裤。"是日拜三子为黄门郎。②

由于为官清廉，以至三子无裤，感动文帝，赐三子为郎。桓阶出京为官后，仍然生活简朴，得到文帝的表彰。

> 上已平荆州，引为主薄，每有深谋疑事，尝与君筹之，或日昃忘食，或夜坐彻旦。擢为赵郡太守，会郡僚送之，上曰："北边未清，以卿威能震敌，德怀远人，故用相烦，是亦寇恂河内之类。"阶在郡，时俸尽，食酱醇，上闻之，数戏之曰："卿家酱颇得成不耶？"诏曰："昔子文清俭，朝不谋夕而有脯粮之秩；宣子守约，箪食鱼飧而有加粱之赐。岂况光光大魏，富有四海。栋宇大臣而有蔬食，非吾所以礼贤之意也，其赐射鹿师

① （晋）陈寿撰，（刘宋）裴松之注：《三国志·虞陆张骆陆吾朱传》，中华书局1959年版，第1317页。

② （宋）李昉等编，夏剑钦、王巽斋校点：《太平御览》第三卷，河北教育出版社1994年版，第133页。

二人，并给媒。”①

《桓阶别传》还有桓阶政绩的记载：

阶为赵郡太守，期月之间，增户万余。路有遗一囊，耕者见之，举以系树。数日，其主还取。②

治理一郡达到路不拾遗的程度，可谓是良吏典型。

十、《晋故征西大将军长史孟府君传》

《晋故征西大将军长史孟府君传》，又称《孟嘉传》或《孟嘉别传》，是陶渊明为其外祖父孟嘉所作的一部别传，该别传现存于《陶渊明集》。

孟嘉是当时有名的名士，作者抓住了他的名士身份来塑造传主形象。

弱冠、俦类咸敬之。同郡郭逊，以清操知名，时在君右，常叹君温雅平旷，自以为不及。逊从弟立，亦有才志，与君同时齐誉，每推服焉。由是名冠州里，声流京邑。③

这里通过与他人的对比，来突出孟嘉的操守。对于孟嘉的风度，《孟嘉别传》也有所记载：

旬又余日，更版为劝学从事。时亮崇修学校，高选儒官，以君望实，故应尚德之举，太傅河南褚裒，简穆有器识，时为豫章太守，出朝宗亮，正旦大会州府人士，率多时彦，君坐次甚远，裒问亮：“江州有孟嘉，其人何在？”亮云：“在坐，卿但自觅。”裒历观，遂指君谓亮曰：“将无是耶？”亮欣然而笑，喜裒之得君，奇君为裒之所得。乃益器焉。④

---

① （宋）李昉等编，夏剑钦、王巽斋校点：《太平御览》第三卷，河北教育出版社 1994 年版，第 445 页。

② （宋）李昉等编，夏剑钦、王巽斋校点：《太平御览》第七卷，河北教育出版社 1994 年版，第 654 页。

③ 逯钦立校注：《陶渊明集》，中华书局 1979 年版，第 169 页。

④ 逯钦立校注：《陶渊明集》，中华书局 1979 年版，第 169—170 页。

上述文字并没有直接描写孟嘉的风度，而是通过褚裒问庾亮孟嘉何在，庾亮让褚裒在众人中寻找，褚裒找出了孟嘉这件事，来突出孟嘉的不凡。

《孟嘉别传》除了突出孟嘉的风度外，还对其才学进行了描写。

> 君色和而正，温甚重之。九月九日，温游龙山，参佐毕集，四弟二甥咸在坐。时左吏并着戎服。有风吹君帽坠落，温目左右及宾客勿言，以观其举止。君初不觉，良久入厕。温命取还之。廷尉太原孙盛，为咨议参军，时在坐，温命纸笔令嘲之。文成示温，温以着坐处。君归，见嘲笑而请笔作答，了不容思，文辞超卓，四座叹之。①

《孟嘉别传》除了侧面描写外，也注意通过人物语言来传写人物。

> 温尝问君："酒有何好，而卿嗜之？"君笑而答曰："明公但不得酒中趣尔。"又问听妓，丝不如竹，竹不如肉，答曰："渐进自然。"②

发言玄远，意味深长，是魏晋士人特有的语言风格，作为晋代有名的士人，孟嘉也不例外，其语言是名士风度的典型体现。

《孟嘉别传》还有一些细节描写，也很感人，特色鲜明。

> 太尉颍川庾亮，以帝舅民望，受分陕之重，镇武昌，并领江州。辟君部庐从事。下郡还，亮引见，问风俗得失。对曰："嘉不知，还传当问从吏。"亮以麈尾掩口而笑。诸从事既去，唤弟翼语之曰："孟嘉故是盛德人也。"③

这里庾亮举麈尾而笑的举动，是很传神之笔。

总之，作为孟嘉的外甥，陶渊明为其外祖父所作的传记，是真实、亲切的。作者能够抓住一切能够表现传主性格的事件及细节来刻画人物，自有其可圈可点之处。

综上所述，这一类别传可以说是各具特色，《钟离意别传》记载钟离意仁

---

① 逯钦立校注：《陶渊明集》，中华书局 1979 年版，第 170 页。

② 逯钦立校注：《陶渊明集》，中华书局 1979 年版，第 171 页。

③ 逯钦立校注：《陶渊明集》，中华书局 1979 年版，第 169 页。

爱百姓，惩治强暴的事迹。《李固别传》主要记李固敢于和权奸梁冀作斗争之事。《邴原别传》载录邴原少年求学和回击曹丕刁难之事。《吴质别传》写吴质依仗曹丕势力，横行无忌的恶行。《晋故征西大将军长史孟府君传》记载孟嘉的名士风度。其他几部别传也很与众不同。

第五节　乱世书生的众生群像
——中古文人学者别传研究

中古文人处于社会黑暗、政治斗争极为紧张的时代，他们的人格呈现多元性，所以他们的别传也丰富多彩，从不同角度再现了文人群体的不同风貌。

一、《郭林宗别传》

《郭林宗别传》，又称《郭泰别传》、《郭子别传》，《隋书·经籍志》没有著录，最早见于《后汉书·黄宪传》注引。清代姚振宗的《后汉书艺文志》和侯康《补后汉书艺文志》将其入史部杂传类。关于郭泰的别传其名有三，有人认为不是一传而是三传。郭泰是汉末著名文人，其有多种传记，也在情理之中。

朱东润先生认为："《郭林宗别传》杂见《三国志注》、《世说新语注》、《后汉书注》及《太平御览》诸书，所引或称《郭泰别传》，较之《郭林宗别传》字句相同，大致是一篇传，引用者随意立名，便形似两传了。"①那么，《郭林宗别传》到底是一篇？是两篇？还是三篇？因此传已经失传，只剩下断篇残简，难以确定，本着疑则阙疑的原则，暂且存疑。

郭泰，字林宗，太原介休人，《后汉书》卷六八将其与苻融、许劭合为一传，其中郭泰传占了此传的绝大部分篇幅。郭泰是汉末的著名文人，汉末党锢之祸时，文人受到空前劫难，《后汉书》云：

> 自是正直废放，邪枉炽结，海内希风之流，遂共相标榜，指天下名士，为之称号。上曰"三君"，次曰"八俊"，次曰"八顾"，次曰"八及"，次

① 朱东润：《八代传叙文学述论》，复旦大学出版社2006年版，第61页。

> 曰“八厨”，犹古之“八元”、“八凯”也。窦武、刘淑、陈蕃为“三君”。君者，言一世之所宗也。李膺、荀翌、杜密、王畅、刘祐、魏朗、赵典、朱寓为“八俊”。俊者，言人之英也。郭林宗、宗慈、巴肃、夏馥、范滂、尹勋、蔡衍、羊陟为“八顾”。顾者，言能以德行引人者也。张俭、岑晊、刘表、陈翔、孔昱、苑康、檀敷、翟超为“八及”。及者，言其能导人追宗者也。度尚、张邈、王考、刘儒、胡母班、秦周、蕃向、王章为“八厨”。厨者，言能以财救人者也。①

在这场浩劫（党锢之祸）中，正直士人如李膺、张俭、陈蕃、杜密、范滂等都受到严重的冲击，而从《后汉书·郭泰传》中看不出郭泰与阉党集团作斗争的事迹，相反他倒是一个明哲保身者。《后汉书》本传载：“或问汝南范滂曰：‘郭林宗何如人?’滂曰：‘隐不违亲，贞不绝俗，天子不得臣，诸侯不得友，吾不知其它。’后遭母忧，有至孝称。林宗虽善人伦，而不为危言核论，故宦官擅政而不能伤也。及党事起，知名之士多被其害，唯林宗及汝南袁闳得免焉。遂闭门教授，弟子以千数。”②李膺是郭泰的挚友，在李膺奋起与宦官作斗争之时，郭泰却苟全性命，闭门授徒，与李膺等人形成鲜明的对比。《后汉书》郭泰本传记载郭泰另一方面的事迹就是他善于品鉴人物，关于这一方面，传中举了很多例子。

关于《郭泰别传》的成书，应该是在范晔作《后汉书》之前，因为范晔在《后汉书·郭泰传》中说：“其奖拔士人，皆如所鉴。后之好事，或附益增张，故多华辞不经，又类卜相之书。今录其章效于事者，著之篇末。”③可见，范晔是见过《郭泰别传》的，这从另一方面说明《郭泰别传》成书于《后汉书》之前。《郭林宗别传》所传内容与《后汉书·郭泰传》大体相同。下面对《郭林宗别传》的传记价值作一些分析。

（一）明确的传人意识

现存的《郭林宗别传》除了没有对其明哲保身作记录之外，主要写其品鉴人物的事迹，并且这些事件在《后汉书·郭泰传》中都有所记载，二者多有重合之处。

---

① （南朝宋）范晔撰：《后汉书·党锢列传》，中华书局2007年版，第639页。
② （南朝宋）范晔撰：《后汉书·郭泰传》，中华书局2007年版，第650页。
③ （南朝宋）范晔撰：《后汉书·郭泰传》，中华书局2007年版，第650页。

郭林宗在汉末以善于品鉴人物而著称,《郭林宗别传》抓住郭林宗善于品鉴人物这一特点为其作传。《后汉书》将他与许劭合为一传,主要是由于二人都善于品鉴人物。品鉴人物是根据人物平时细小的言行来预测人物未来的人生走向,品鉴人物与江湖术士的抽签算命绝不相同,它是有一定的科学依据的。我们认为这是由于品鉴者根据人物性格来推测的,性格决定命运这是人们所公认的事实。人所共知的曹操曾经请许劭为其品藻之事,《后汉书·郭符许传》云:"曹操微时,常卑辞厚礼,求为己目。劭鄙其人而不肯对,操乃伺隙胁劭,劭不得已,曰:'君清平之奸贼,乱世之英雄。'操大悦而去。"[1]许劭对曹操的品藻并不高,但曹操却"大悦"而去,因为他预测了曹操将来必为人上之人,故曹操"大悦"。汉末刘劭还专门写了一本关于人物品鉴的书——《人物志》。汤用彤先生认为《人物志》可注意之处有八点:

一曰品人物则由形所显观心所蕴。
二曰分别才性而详其所宜。
三曰验之行为以正其名目。
四曰重人伦则尚谈论。
五曰察人物常失于奇尤。
六曰致太平必赖圣人。
七曰创大业则尚英雄。
八曰美君德则主中庸无为。[2]

许劭生活的时代,外戚与宦官相继专权,以至政局淆乱、朝纲不振。他希望圣人出现,能够治国、平天下。他写此书的目的是为选拔人才而作,同时,汉末人物品藻已经成为一时的风气,许劭、郭林宗都是这方面的杰出人物,《郭林宗别传》记载了许多他品鉴人物的事例,结论都准确无误,如下面几例:

茅容,字季伟,陈留人。年四十余,耕于野,时与等辈避雨树下,众皆夷倨,容独危坐。林宗见而奇异,与共言,因请寓宿。旦日,容杀鸡为馔。林宗谓为己设,既而以供其母,自以菜蔬与容同饭。林宗起拜之

① (南朝宋)范晔:《后汉书·郭泰传》,中华书局2007年版,第650页。
② 汤用彤:《魏晋玄学论稿》,上海古籍出版社2005年版,第1—6页。

曰:"卿贤乎哉!"因劝令学,卒以成德。①

钜鹿孟敏,字叔达,敦朴质直。客居太原,杂处凡俗,未有所名。尝至市买甑,荷担坠地坏之,径去不顾。适遇到林宗,见而异之,因问曰:"坏甑可惜,何以不顾?"客曰:"甑既已破,视之何益?"林宗赏其介决,因以知其德行,谓必为美士,劝令读书。游学十年,遂知名,三府并不就,东夏以为美贤。②

贾淑字子厚,林宗乡人。虽世有冠冕,而性险害,邑里患之。林宗遭母忧,淑来吊之,而钜鹿孙咸直亦至。咸直以林宗贤而受恶人吊,心怪之,不进而去。林宗遽追而谢曰:"贾子厚诚凶德,然洗心向善。仲尼不逆互乡,故许其进也。"淑闻之,改过自厉,终成善士。《诗》不云乎:'生刍一束,其人如玉。'吾无德以堪之。"③

(二)新的传记手法的使用

在中古杂传中,出现了新的传记手法,这就是"带叙法",即在以一个人为中心叙述的同时,顺带叙写相关人物的生平片段,如写郭林宗考验魏德公一段:

林宗尝止陈国文学,见童子魏德公,知其有异。德公求近其房止,供给洒扫。林宗尝不佳,夜中命作粥,德公为之进焉。林宗一啜,怒而呵之曰:"高明为长者作粥,不如意,使沙不可食。"以杯过地。德公更为粥,三进三呵,德公姿无变容,颜色殊悦。林宗乃曰:"始见子之面,今乃知卿心。"遂友善之,卒为妙士。④

这里先写郭林宗发现童子魏德公与众不同,然后对其进行考验。魏德公为其作粥,林宗故意刁难,而魏德公态度如一。在郭林宗的指导下,终于成为

---

① (宋)李昉等编,夏剑钦、王巽斋校点:《太平御览》第四卷,河北教育出版社1994年版,第449—450页。

② (南朝宋)刘义庆著,(南朝梁)刘孝标注,余嘉锡笺疏:《世说新语笺疏》,中华书局1983年版,第1020页。

③ (宋)李昉等编,夏剑钦、王巽斋校点:《太平御览》第五卷,河北教育出版社1994年版,第432页。

④ (宋)李昉等编,夏剑钦、王巽斋校点:《太平御览》第七卷,河北教育出版社1994年版,第923页。

人才。传中对魏德公的涵养，通过作粥一事做了揭示，塑造了一个老成持重、颇具内涵的儿童形象。

还有孟敏，他买甑，甑坠地而不顾，表现了他的决绝与果断的性格。郭林宗感觉他是可造之才，故劝其读书，“游学十年，遂知名”。这些都是以传郭林宗事迹为主，而兼及他人的典型。

(三)细节描写与事件的曲折性

《郭林宗别传》很注意人物的细节描写，通过细节来彰显人物性格，如对孟敏甑毁不顾的描写、魏德公为郭林宗作粥的描写都起到揭示人物性格的作用。事件曲折性的描写，如茅容，在众人避雨树下，“众皆夷倨，容独危坐”，表明他的与众不同。在“(茅)容杀鸡为馔”时，郭林宗以为是为了客(郭林宗)而做，结果是为其母而做，茅容自己与郭林宗食蔬菜，使故事出现了波折，最后郭林宗劝其读书，“卒以成德”。

总之，《郭林宗别传》塑造了一个为国选拔人才、培养人才的士人形象，他虽然没有像李膺、陈蕃、张俭、杜密那样与宦官作斗争，但是他却及时发现人才、培养人才，为挽救汉王朝的危亡作出了贡献。

二、《郑玄别传》

《郑玄别传》，《隋书·经籍志》中没有著录，清代侯康的《补后汉书艺文志》入史部杂传类，姚振宗的《后汉书艺文志》亦入史部杂传类。此传的名字，姚振宗作《郑玄别传》，侯康、曾朴作《郑康成别传》，此书已经亡佚，其佚文现存于诸书的征引。

郑玄，字康成，汉末的经学大师，《后汉书》卷三五有传。《郑玄别传》所载的事与《后汉书》本传有重合之处，也有数事为本传所不载。《后汉书》郑玄本传主要记载郑玄生逢乱世，在家著书授徒，拒绝了何进、董卓、袁绍等人的征召，在学术上取得卓越成就的事迹。《郑玄别传》则是按照时间的顺序，记载了郑玄这个经学大师不平凡的一生。

郑玄在少年时期即表现了与众不同的远大志向：

> 玄年十二，随母还家，正腊宴会，同列十余人，皆美服盛饰，语言闲

适，玄独漠然如不及。母私督数。乃曰：此非我志，不在此愿。①

有了远大的志向，还需要自身的努力，在少年时期即表现出了出众的才能，《郑玄别传》云：

玄少好学书数，十三诵《五经》，好天文、占侯、风角、隐术。年十七，见大风起，诣县曰："某时当有火灾。"至时果然，智者异之。年二十一，博极群书，精历数图纬之言，兼精算术。遂去吏，师故兖州刺史第五元先。就东郡张恭祖受《周礼》、《礼记》、《春秋传》。周流博观，每经历山川，及接颜一见，皆终身不忘。②

玄年十六，号曰神童。民有献禾者，欲表府，文辞鄙陋。玄为改作，又著颂一篇。侯相高其才，为修冠礼。③

由于博学多才，长于文辞，郑玄赢得了人们的赞赏，侯相为其修冠礼。

郑玄作为一代名儒，还注意教育子孙，整肃家风。

玄病困，戒子益恩曰："吾家旧贫，为父母群弟所容，去厮役之吏，游周秦之都，往来幽、并、兖、豫之役。获觐通人大儒，得意者咸从捧手，有所受焉。遂博稽六艺，究览传记。今我告尔以事，将闲居以安性，覃思以终业。自非国君之命，问亲族之忧，展孝坟墓，观省野物，曷尝扶杖出门乎？家事大小，汝一承之。吾茕茕一夫，曾无同生相依，其勖求君子之道，研钻勿替，恭慎威仪，以近有德。显誉成于僚友，德行立于己志，若致声称，亦有荣于所生耳。"④

对于子孙教育可谓言者谆谆，情深意切，以自己的亲身经历，教育儿子要"闲

---

① (宋)李昉等编，夏剑钦、王巽斋校点：《太平御览》第一卷，河北教育出版社1994年版，第286页。

② (南朝宋)刘义庆著，(南朝梁)刘孝标注，余嘉锡笺疏：《世说新语笺疏》，中华书局1983年版，第223页。

③ (宋)李昉等编，夏剑钦、王巽斋校点：《太平御览》第七卷，河北教育出版社1994年版，第809页。

④ (宋)李昉等编，夏剑钦、王巽斋校点：《太平御览》第四卷，河北教育出版社1994年版，第801页。

居以安性，覃思以终业”，体现了一个慈父的深情。

郑玄生逢乱世，淡泊名利，致力于著书立说、开门授徒，面对权臣的辟召，以退隐为上。

> 玄在袁绍坐，汝南应邵因自赞曰：“故太山太守应仲远北面称弟子何如？”玄笑曰：“仲尼之门考以四科，回赐之徒不称官阀。”邵有惭色。①

何进以国舅兼大将军，对于一般人来说是想巴结而不得的事，并且一旦攀附上何进，升官发财是唾手可得的事，但郑玄却退避三舍，体现了一个封建知识分子的铁骨。对于应邵的得意之举，郑玄用孔子弟子事例予以回应，使这个得意之士面有惭色。也反映了郑玄重学术轻官位的价值观。

《郑玄别传》对郑玄的学术追求和学术成就作了较多的载录。

> 扶风马季长以英儒著名，玄往从之，参考同异。季长后戚，嫚于待士，玄不得见，住左右，自起精庐，既因绍介得通。时涿郡卢子干为门人冠首，季长又不解剖裂七事，玄思得五，子干得三。季长谓子干曰“吾与汝皆弗如也”。季长临别，执玄手曰：“大道东矣，子勉之。”②
>
> 何休，字邵公。作《公羊解注》，妙得公羊本意。作《公羊墨守》、《左氏膏肓》、《谷梁废疾》。玄后乃发《墨守》，针《膏肓》，起《废疾》。休见而叹曰：“康成入吾室，操吾矛，以伐我乎？”③

作者通过马融和何休对郑玄的评论来展示郑玄的学术成就。郑玄的学术成就和人品受到了人们的景仰，《郑玄别传》对此有所反映。

> 建安元年，自徐州还高密，道遇黄巾贼数万人，见玄皆再拜。④

---

① （宋）李昉等编，夏剑钦、王巽斋校点：《太平御览》第四卷，河北教育出版社 1994 年版，第 1045 页。

② （南朝宋）刘义庆著，（南朝梁）刘孝标注，余嘉锡笺疏：《世说新语笺疏》，中华书局 1983 年版，第 223 页。

③ （宋）李昉等编，夏剑钦、王巽斋校点：《太平御览》第五卷，河北教育出版社 1994 年版，第 797—798 页。

④ （宋）李昉等编，夏剑钦、王巽斋校点：《太平御览》第五卷，河北教育出版社 1994 年版，第 298 页。

郑玄的品德不仅感动了士人，就连黄巾农民起义军见之皆拜，可见，郑玄的品德是世所公认的。由于他的高尚品德，所以孔融建议设立“郑公乡”。

> 国相孔文举教高密县曰：“公者，人德之正号，不必三事大夫也，今郑君乡宜曰郑公乡。”①

郑玄一生并没有做过什么高官显宦，但以他的学术和人品为人们所钦敬。他去世后，虽然他遗嘱薄葬，但是人们还是自觉来为其送葬。

> 玄卒，遗令薄葬。自郡守以下尝受业者，衰绖赴者千余人。②

《郑玄别传》对郑玄的外貌也有所描写，“玄长八尺余，须眉美秀，姿容甚伟”③。《郑玄别传》还对其后人情况作了补叙。

> 玄一子名益，字益恩。年二十三，相国孔府君举为孝廉。府君以多寇屯都昌，为贼管亥所围，乃令从家将兵奔救，遇贼见害，时年二十七也。妻有遗体生男，玄以太岁在丁卯，生此男以丁卯日生，生叉手理与玄相似，故名曰小同。④

郑玄在乱世中能够保全性命，黄巾起义军见之下拜，而其子益恩却死于战乱中，幸好益恩有遗腹子，使郑家不绝于后，因其孙有乃祖之风，故名之曰小同。这种写法是借鉴正史传记在传主事迹之后，对其子孙有所交代的一种方式。

作为一篇出色的人物别传，《郑玄别传》围绕郑玄这个经学大师的学术人生作了集中撰述，其中的一些事件，可以补正史记载之不足。

---

① （宋）李昉等编，夏剑钦、王巽斋校点：《太平御览》第二卷，河北教育出版社 1994 年版，第 493 页。

② （宋）李昉等编，夏剑钦、王巽斋校点：《太平御览》第五卷，河北教育出版社 1994 年版，第 392 页。

③ （南朝宋）刘义庆著，（南朝梁）刘孝标注，余嘉锡笺疏：《世说新语笺疏》，中华书局 1983 年版，第 223 页。

④ （宋）李昉等编，夏剑钦、王巽斋校点：《太平御览》第四卷，河北教育出版社 1994 年版，第 25 页。

三、《陈寔别传》

《陈寔别传》只在《北堂书钞》、《太平御览》及《文选》李善注中还存有一些残篇。其中个别段落还是比较精彩的，如：

> 寔字仲躬，颍川人。自为儿童不为戏弄等类所归。寔在乡间，平心率物，其有诤讼，辄求判正，晓譬曲直，返无怨者。至乃叹曰："宁为刑罚所加，不为陈君所断。"时岁荒民俭，有盗夜入其室，止于梁上。寔阴见之，乃起自整拂，呼命子孙，正色训之曰："夫人不可不自勉，不善之人未必本恶，习与性成，遂至于此，如梁上君子矣。"盗大惊，自投于地，稽首归罪。寔徐譬之曰："视君状貌，不似恶人，宜深克己反善。然此当由困贫。"令遗绢二匹。自是，县无复盗窃。[①]

这一段先写陈寔儿童与青年时期"不为戏弄等类"与乡间"其有争讼，辄求判正，晓譬曲直，返无怨者"，反映了他正直无私的性格特征。接下来，陈寔在有盗入室的情况下，便叫起子孙，现场直播地训诫子孙。这既教育了子孙，又教育了盗者，以致使这位梁上君子"稽首归罪"。这一记录充满了故事性，同时陈寔的音容笑貌也栩栩如生。

四、《蔡邕别传》

对于蔡邕来说，他的名气似乎远没有他的女儿蔡文姬大，但是读过中文系或历史系的人都晓得，蔡邕绝非等闲之辈。南宋陆游有诗云："斜阳古柳赵家庄，负鼓盲翁正作场。死后是非谁管得，满村听说蔡中郎"（《小舟游近村舍舟步归》），元代高明还把他写入著名的南戏《琵琶记》，当然，高明所写的蔡邕绝非历史上的蔡邕，最起码史书中没有蔡邕再婚的事实。

蔡邕，字伯喈，是个学无所不逮的文化巨匠，被称为东汉文学的殿军，是一个百科全书式的文人，他好辞章、数术、天文，妙操音律。但蔡邕生不逢时，他生活的时代，正是大乱的前夜，为了躲避政治上的危险，他选择了退居乡里。军阀董卓入京后，为了收买人心，强迫其为官。董卓被杀之后，被王

---

① （宋）李昉等编，夏剑钦、王巽斋校点：《太平御览》第四卷，河北教育出版社 1994 年版，第 370 页。

允借口所杀。现存《蔡邕别传》只记载他善于弹琴、辨音之事。

蔡邕不仅是汉末的名儒，而且也是家乡人民的骄傲，“东国宗敬邕，不言名，咸称蔡君”。兖州陈留，并图画蔡邕形象而颂之曰：“文同三闾，孝齐参、骞。”①这里，人们认为他的文学水平和屈原一样好，孝行可以和曾参、张骞齐名，可见蔡邕的影响之大。另外，关于蔡邕为什么有如此高的学问，人们认为是东汉文学家、科学家张衡转世。

> 张衡死月，蔡邕母始怀孕。此二人才貌甚相类。时人云：邕是衡之后身。②

既然是张衡转世，那么才华当然与众不同了。对于蔡邕的被杀，《蔡邕别传》中也有所记载。

> 初司徒王允，数与邕会议，允词常屈，由是衔邕。及允诛董卓，并收邕，众人争之不能得。太尉马日磾谓允曰：“伯喈忠直，素有孝行。且旷世逸才，才识汉事，当定十志。今子杀之，海内失望矣。”允曰：“无蔡邕独当，无十志何损？”遂杀之。③

从上面记载可知，蔡邕被杀，是王允公报私仇的结果。这里至于王允为什么在董卓被杀之后就拘捕了蔡邕，没有揭示，杀人总是要有原因的，即使没有原因，也要找个借口。如果参照一下《后汉书》蔡邕本传可知，蔡邕在董卓被杀后，只是一声叹息，就被王允所杀，由此可知，王允确实有挟私报复的嫌疑。

五、《孔融别传》

孔融，字文举，山东曲阜人，孔子二十世孙，建安七子之一，幼极聪明，成年以后为士林领袖，曾为北海相，后因反对曹操，被曹操所杀。《孔融别传》主要记载孔融幼年即聪明、懂礼、能言善辩、拯救党人及救杨彪之事。

---

① （宋）李昉等编：《太平广记》卷一六四《名贤·蔡邕》，中华书局1961年版，第1191页。

② （宋）李昉等编：《太平广记》卷一六四《名贤·蔡邕》，中华书局1961年版，第1190页。

③ （宋）李昉等编：《太平广记》卷一六四《名贤·蔡邕》，中华书局1961年版，第1190页。

孔文举年四岁时，与诸兄弟共食梨，引小者，人问其故，答曰："我小儿，法当取小。"由此宗族奇之。①

"融四岁，能让梨"，《三字经》这句话是以孔融让梨的故事来教育少年儿童，要从小就懂得谦恭礼让，知道尊重尊长，孔融对后世影响最大的大概就是这件事了。《孔融别传》还记载了孔融应对李膺之事，反映了他聪明机智、能言善辩。

融十岁，随父诣京师，闻汉中李公清节直亮，慕之，欲往观其为人。遂造公门，谓门者曰："我是公通家子孙也。"门者白之，公曰："高明祖父，常与孤游乎？"跪而应曰："先君孔子与明公先李老君，同德比义而相师友，则融与公累世通家。"坐众数十人莫不叹息，咸曰："异童子也！"太中大夫陈炜后至，曰："人小了了，大或未能佳。"少府寻声答曰："君之幼时，岂当惠乎？"李公抚抃大笑。顾少府曰："高明长大，必为伟器。"②

幼年孔融即表现出与众不同的才识与辩才，他回答李膺与陈炜的话显示了他思维的敏捷和从容不迫。《孔融别传》还记载了他不顾一切救杨彪之事。

袁术僭乱，曹操托杨彪与术婚姻，诬以欲废置，奏收下狱，劾以大逆。融闻之，不及朝服往见操曰："杨公四世清德，海内所瞻，《周书》父子兄弟，罪不相及，况以袁氏归罪！《易》称积善余庆，徒欺人耳？"操曰："此国家之意。"融曰："假使成王杀邵公，周公可得言不知耶？缨緌缙绅所以瞻仰明公者，以公聪明仁智，辅相汉朝，举直措枉，致之雍熙。今横杀无辜，则海内观听莫不解体。孔融鲁国男子便当拂衣而去。"操不得已，遂理出彪。③

---

① （宋）李昉等编，夏剑钦、王巽斋校点：《太平御览》第四卷，河北教育出版社1994年版，第221页。

② （宋）李昉等编，夏剑钦、王巽斋校点：《太平御览》第四卷，河北教育出版社1994年版，第221页。

③ （宋）李昉等编，夏剑钦、王巽斋校点：《太平御览》第四卷，河北教育出版社1994年版，第561页。

《孔融别传》还记载了他在当时朝野的巨大影响力。他得罪了大将军何进，何进想派人杀他，有人加以反对。

> 客言于进曰："孔文举于时英雄特杰，譬诸物类，犹众星之有北辰，百谷之有黍稷，天下莫不属目也。"①

《后汉书》孔融本传亦云：

> 后辟司空掾，拜中军候。在职三日，迁虎贲中郎将。会董卓废立，融每因对答，辄有匡正之言。以忤卓旨，转为议郎。时黄巾寇数州，而北海最为贼冲，卓乃讽三府同举融为北海相。②

在汉末，孔融在士林是唯马首是瞻的人物，但这个人在政治上未免有点幼稚，当年何进不敢杀他，他天真地认为曹操也会其奈我何，于是与曹操采取了非暴力不合作态度，最后还是为曹操所杀。

六、《祢衡别传》

祢衡，字正平，平原般（山东德平）人，东汉末年著名的文人。《后汉书》卷八〇《文苑列传》有传。有关祢衡的别传，目前有两个，一个是《平原祢衡别传》，另一个是《祢衡别传》。《平原祢衡别传》只见于《三国志・荀彧荀攸贾诩传》裴松之注引一条，而《祢衡别传》则在《北堂书钞》、《艺文类聚》、《太平御览》所引数条。至于《平原祢衡别传》和《祢衡别传》是两传还是一传，熊明先生经过考证，认为是两个各不相属的别传。然而，《平原祢衡别传》只见于《三国志・荀彧荀攸贾诩传》注引一条，其内容和《太平御览》等类书所引有重合之处，并且孤证难以为证，所以还难以确认二者是一传两名，还是各不相干的两个别传。《祢衡别传》的原本早已失传，只在类书中存有一些片段，但从这些片段中，我们也可以了解祢衡的一些事迹。《祢衡别传》主要围绕祢衡的狂傲性格来为其作传，揭示了性格决定命运这一颠扑不破的真理，同时，对其出众的才华，别传也有所述及。本节把《平原祢衡别传》和《祢衡

① （南朝宋）范晔撰：《后汉书・郑孔荀列传》，中华书局2005年版，第1529页。

② （南朝宋）范晔撰：《后汉书・郑孔荀列传》，中华书局2005年版，第1529页。

别传》看做一传，由此来透视祢衡的性格及其人生遭际。

(一)再现了祢衡狂傲不逊的性格

祢衡的狂傲主要表现在两个方面：一是蔑视天下豪杰，二是面折当时的实权人物，如曹操、刘表、黄祖等。

据《后汉书·文苑列传》记载，“(祢衡)少有才辩，而尚气刚傲，好矫时慢物。兴平中，避难荆州。建安初，来游许下。始达颍川，乃阴怀一刺，既而无所之适，至于刺(名片)字漫灭”①。可见，祢衡来到许昌是为了寻找机会，为官为宦，从而实现自己的抱负，然而，此时的许昌是曹操的天下，汉献帝只是被玩弄于曹操掌上的一个傀儡而已，祢衡是想投到汉献帝丹墀之下一展平生所学，但直到“刺字漫灭”，还是没有实现自己的理想。在许昌只有孔融对他较为赏识，为了推荐他，孔融还特地向汉献帝上了一篇奏章，称祢衡是“淑质贞亮，英才卓砾。初涉艺文，升堂睹奥。目所一见，辄诵于口；耳所瞥闻，不忘于心。性与道合，思若有神。弘羊潜计，安世默识，以衡准之，诚不足怪。忠果正直，志怀霜雪。见善若惊，疾恶如仇。任座抗行，史鱼厉节，殆无以过也。鸷鸟累百，不如一鹗。使衡立朝，必有可观。飞辩骋辞，溢气奋涌，解疑释结，临敌有余。昔贾谊求试属国，诡系单于；终军欲以长缨，牵致劲越。弱冠慷慨，前世美之。近日路粹、严象，亦用异才擢拜台郎，衡宜与为比”②。这里，孔融把祢衡吹嘘得可与西汉名臣桑弘羊、张安世、贾谊、终军及当代重臣路粹、严象相提并论，称其为不可多得的人才。但政治上弱智的孔融看错了形势，他本应该向曹操推荐，却推荐给了汉献帝，汉献帝做不了主，让曹操来考察，此时，祢衡却端起了架子，“操欲见之，而衡素相轻疾，自称狂病，不肯往，而数有恣言”③。这让曹操很不爽，而祢衡不仅不收敛，反而针锋相对。《祢衡别传》有如下的记载：

> 衡为鼓吏，裸身辱曹操。孔融复见操，说衡狂疾，令求得自谢。④
>
> 祢衡着宽布单衣、练巾。坐曹操大营门下，以杖捶地数骂责操及其

① (南朝宋)范晔撰：《后汉书·文苑列传》，中华书局2007年版，第776页。

② (南朝宋)范晔撰：《后汉书·文苑列传》，中华书局2007年版，第777页。

③ (南朝宋)范晔撰：《后汉书·文苑列传》，中华书局2007年版，第777页。

④ (宋)李昉等编，夏剑钦、王巽斋校点：《太平御览》第六卷，河北教育出版社1994年版，第757页。

先祖，无所不至。营令史入，启言外有狂生祢衡，言语悖逆，请案科治。操闻之，默然良久，乃敕外具上厩马三匹，并骑二人，挟将送置荆州，黄祖遂令杀之。①

祢衡的狂傲实际上是汉末党人"匹夫抗愤，处士横议，遂乃激扬名声，互相题拂，品核公卿，裁量执政，婞直之风，于斯行矣"②精神的继承者。祢衡与孔融一样是以卫道者的形象出现的，其目的是以实现匡扶汉室，重现汉代已有的辉煌为己任的。对于曹操这样的权奸，进行不妥协的斗争是其终极目标。对于祢衡的非礼行为，曹操并不是不想杀他，但怕担杀贤士的恶名，故派人将其挟持到荆州，想借荆州牧刘表之手来杀他。刘表虽然是汉室宗亲，但他并没有以匡扶汉室为己任，祢衡对其也极尽侮辱之能事，以示不满。

后复侮慢于(刘)表，表耻不能容，以江夏太守黄祖性急，故送衡与之。③

对于祢衡的侮慢行为，刘表并非不想杀他，而是他识破了曹操的诡计，不愿意上曹操的当，便派他到自己的手下江夏太守黄祖那里。对于黄祖，祢衡更加不屑一顾，对其非礼行为超过了对待刘表。

十月，朝黄祖于艨冲舟上，会设黍臛，衡年少在坐，黍臛至，先自饱，食毕，抟弄戏掷，其轻慢如此。④

靠杀人起家的黄祖可没有曹操、刘表那么多心眼，他所奉行的是"顺我者昌，逆我者亡"的人生哲学，终于有一天，"衡言不逊顺，祖惭，乃诃之，衡更熟视曰：'死公！云等道？'祖大怒，令五百将出，欲加棰，衡方大骂，祖恚，遂令杀之"⑤，祢衡死后，被葬在鹦鹉洲上。祢衡死时，年仅二十六岁，正是风华

---

① (宋)李昉等编，夏剑钦、王巽斋校点：《太平御览》第四卷，河北教育出版社1994年版，第861页。

② (南朝宋)范晔撰：《后汉书·党锢列传》，中华书局2007年版，第638页。

③ (南朝宋)范晔撰：《后汉书·文苑列传》，中华书局2007年版，第778页。

④ (宋)李昉等编，夏剑钦、王巽斋校点：《太平御览》第一卷，河北教育出版社1994年版，第229页。

⑤ (南朝宋)范晔：《后汉书·文苑列传》，中华书局2007年版，第778页。

正茂之际，曹操闻之，笑曰："腐儒舌剑，反自杀矣。"祢衡的狂傲是其反抗强权，维护国家统一，拥护皇权的表现，这是他值得肯定的一面。

（二）《祢衡别传》还揭示了祢衡非凡的记忆与绝世的才华

黄祖之子射作章陵太守，与衡有所之，见蔡伯喈所作石碑。正平一过视之，叹之言好。后日各归章陵，自恨不令吏写之。正平曰："吾虽一过，皆识，其中央第四行中，石书磨灭两字不分明，当是某字，恐不谛耳。"因援笔书之，初无所遗，惟两字不着耳。章陵虽知其才明，犹嫌有所脱失，故遣往写之；还以校正平所书，尺寸皆得，初无脱误，所疑两字，故如正平所遗字也。于是章陵敬服。①

祢衡不仅博闻强识，而且还有出众的文学才能，《祢衡别传》云：

南阳寇柏松记刘景升当躉小出，属守长胡政令给视之。柏柏父子宿与政不佳。景升不在，柏松子在后罗人盗迹胡政无状，便尔杀之。景升还，惭悼无已，即治杀胡政，为作三牲，醊焉。正平为作板书吊之。时当行在焉，上驻马授笔，倚柱而作之。②

黄祖时大会宾客，人有献鹦鹉者，祖举卮酒于衡曰："愿先生赋之，以娱佳宾。"衡揽笔而作，文无加点，辞采甚丽。③

祢衡由于生年不永，其流传下来的作品只有一赋：《鹦鹉赋》；一文：《吊张衡文》；二碑：《鲁夫子碑》、《颜子碑》。其中《鹦鹉赋》是其代表作，历来为人们所称赞。该赋首先描绘了鹦鹉的体貌、风姿与性灵，这只"性辩慧而能言兮，才聪明以识机"的鹦鹉，误入人们精心张构的罗网，远离家乡，来到异域，成为人们的玩物，沦为囚徒，不能施展平生抱负，它不仅不怨恨囚禁它的主人，反而安于被囚禁笼中的生活，在苟延残喘中求得生命的终结。实际上，这是

① （宋）李昉等编，夏剑钦、王巽斋校点：《太平御览》第五卷，河北教育出版社 1994 年版，第 638 页。

② （宋）李昉等编，夏剑钦、王巽斋校点：《太平御览》第五卷，河北教育出版社 1994 年版，第 694 页。

③ （宋）李昉等编，夏剑钦、王巽斋校点：《太平御览》第五卷，河北教育出版社 1994 年版，第 623 页。

祢衡自身命运的写照，祢衡来到许昌的目的是为实现自己的人生抱负，但是，曹操、刘表、黄祖等编制了一张无形的网，使其身在其中，无可奈何，只能以狂狷的行为，来表示反抗，故此，《鹦鹉赋》引起了后世文人的无限同情与共鸣，他们作了众多的鹦鹉赋来表示“同声相应，同气相求”。祢衡死后，被葬在鹦鹉洲上，这个长江中游的无名小岛也因祢衡而出了名，人们来此凭吊，也绝不只是发怀古之幽思，而是在寻找志同道合的同志和朋友。

（三）《祢衡别传》还揭示了性格与命运的二重变奏

性格决定命运，《祢衡别传》在赞扬祢衡以狂抗暴和绝世才华的同时，还对造成其悲剧命运的性格作了揭示。

> 《平原祢衡传》曰：衡字正平，建安初，自荆州北游许都，恃才傲逸，臧否过差，见不如己者不与语，人皆以是憎之。唯少府孔融高贵其才，上书荐之。衡时年二十四。是时许都虽新建，尚饶人士。衡尝书一刺怀之，字漫灭而无所适。或问之曰：“何不从陈长文、司马伯达乎？”衡曰：“卿欲使我从屠沽儿辈也！”又问曰：“当今许中，谁最可者？”衡曰：“大儿有孔文举，小儿有杨德祖。”又问：“曹公、荀令君、赵荡寇皆足盖世乎？”衡称曹公不甚多；又见荀有仪容，赵有腹尺，因答曰：“文若可借面吊丧，稚长可使监厨请客。”其意以为荀但有貌，赵健啖肉也。于是众人皆切齿。衡知众不悦，将南还荆州。装束临发，众人为祖道，先设供帐于城南，自共相诫曰：“衡数不逊，今因其后到，以不起报之。”及衡至，众人皆坐不起，衡乃号咷大哭。众人问其故，衡曰：“行尸柩之间，能不悲乎？”衡南见刘表，表甚礼之。将军黄祖屯夏口，祖子射与衡善，随到夏口。祖嘉其才，每在坐，席有异宾，介使与衡谈。后衡骄蹇，答祖言俳优饶言，祖以为骂己也，大怒，顾伍伯捉头出。左右遂扶以去，拉而杀之。①

祢衡虽然才华横溢，满腹经纶，又有一腔忠君爱国之情，但是，他的性格决定了其人生理想、政治抱负是不可能实现的。因为在党锢之祸时，汉天子尚且还有一定的地位，而祢衡时代，汉献帝无权无势，只是一个高级囚徒而已。此时的权力完全掌握在曹操手中，曹操是一个比皇帝还皇帝的人。对待文

---

① （晋）陈寿撰，（刘宋）裴松之注：《三国志·荀彧荀攸贾诩传》，中华书局1959年版，第311页。

人，曹操也是有其一套办法的，鲁迅说："（曹操）是一个精明人，他自己能做文章，又有手段，把天下的方士文士统统搜罗起来，省得他们跑到外面给他捣乱。所以他帷幄里面，方士文士就特别地多。"①曹操也并非不喜欢祢衡，也希望他到自己的阵营里来，可祢衡和孔融一样，对曹操采取了非暴力不合作态度，这不能不引起曹操的忌讳。况且，祢衡自恃才高，不把许都人物放在眼里，荀彧、赵稚长、陈群、司马朗都是当时的名士，家世与地位都很显赫，但祢衡对他们极尽贬斥之能事，这种行为使他失去了亲和力，除了痛快一下嘴，赢得人们的反感外，别无他用。即使对于他看上眼的孔融和杨修，也出言不逊，放言"大儿孔文举，小儿杨祖德，余子碌碌，不足数也"。狂狷如此，不仅不能实现自己的抱负，反而为此送掉了性命。所以说，祢衡的悲剧与其性格有着不可分割的联系。

从传记文学角度看，《祢衡别传》为我们塑造了一个不畏权势，张扬个性的真正文人形象。祢衡的故事引起了后世文人的无限同情，人们或缅怀他，"晴川历历汉阳树，芳草萋萋鹦鹉洲"（崔颢《黄鹤楼》）；或批判杀人者的无知，"黄祖斗筲人，杀之受恶名"（李白《望鹦鹉洲怀祢衡》）；或对其才高命短的慨叹，"文名轹万古，才藻凌九州"（清桑调元《鹦鹉洲吊祢处士》），"一碧最怜芳草老，千秋难得此生才"（清陈瑞林《鹦鹉洲》）。然而最多的是与祢衡《鹦鹉赋》同题的作品大量出现，曹魏的曹植、晋代的桓玄、傅咸、元代的张养浩都赋有《鹦鹉赋》，南朝宋颜延之、谢庄，唐代的王维、明代的王世贞、张拱机等都有以鹦鹉为题材的作品出现，他们以这种特殊的形式来纪念祢衡这位旷世奇才。在文学作品中，祢衡的故事也得到了彰显，明代徐渭的杂剧《狂鼓史渔阳三弄》、京剧的传统剧目《击鼓骂曹》以及一些地方剧种如川剧、徽剧、汉剧等都有此种题材的作品，都是对祢衡精神的延续和赞扬。特别是罗贯中的《三国志演义》第二十三回，以祢衡的"才情"、"狂傲"、"悲剧"为节点来展现祢衡与曹操的正面冲突，反映了中华民族反抗暴政、追求个性自由的优良传统，这一切也是《祢衡别传》的魅力所在。

七、《嵇康传》

嵇康，字叔夜，谯国铚人。正始文学的代表作家，与阮籍齐名，他们同是"竹林七贤"中人。与魏宗室通婚，官中散大夫，世称嵇中散。嵇康的作品除

① 鲁迅：《鲁迅全集》第三卷，人民文学出版社2005年版，第526页。

了诗文集外，还作有《圣贤高士传赞》一书，后文将论及。嵇康生活在魏晋禅代之际，他站在与司马氏对立的立场，又为钟会所谗害，为司马昭所杀。《三国志》卷二一与《晋书》卷四九有传。然《三国志》卷二一所载嵇康事只有一句话，“时又有谯郡嵇康，文辞壮丽，好言老、庄，而尚奇任侠。至景元中，坐事诛”①。这是因为陈寿生活于西晋时期，而嵇康案又是极为敏感的话题，故陈寿只用一句话加以概括，而不做深入的挖掘。《晋书》嵇康本传记载较为详赡。嵇康的别传见于《三国志》卷二一裴松之注引和《世说新语》刘孝标注引（刘注题为《嵇康别传》）。

《嵇康传》为其兄嵇喜所作，其内容也较为概括，现录《三国志》卷二一裴注所引如下：

> 家世儒学，少有俊才，旷迈不群，高亮任性，不修名誉，宽简有大量。学不师授，博洽多闻，长而好老、庄之业，恬静无欲。性好服食，尝采御上药。善属文论，弹琴咏诗，自足于怀抱之中。以为神仙者，禀之自然，非积学所致。至于导养得理，以尽性命，若安期、彭祖之伦，可以善求而得也；著《养生篇》。知自厚者所以丧其所生，其求益者必失其性，超然独达，遂放世事，纵意于尘埃之表。撰录上古以来圣贤、隐逸、遁心、遗名者，集为传赞，自混沌至于管宁，凡百一十有九人，盖求之于宇宙之内，而发之乎千载之外者矣。故世人莫得而名焉。②

上面的记载比较笼统，大致说明了嵇康的人生态度，及著《圣贤高士传赞》的情况。《嵇康别传》还载录了嵇康的性格特征。

> 《康别传》曰：“康性含垢藏瑕，爱恶不争于怀，喜怒不寄于颜。所知王睿冲在襄城，面数百，未尝见其疾声朱颜。此亦方中之美范，人伦之胜业也。”③

《嵇康别传》还反映了嵇康的为人及处世原则。

---

① （晋）陈寿撰，（刘宋）裴松之注：《三国志·王卫二刘传》，中华书局1959年版，第605页。

② （晋）陈寿撰，（刘宋）裴松之注：《三国志·王卫二刘传》，中华书局1959年版，第605页。

③ （南朝宋）刘义庆著，（南朝梁）刘孝标注，余嘉锡笺疏：《世说新语笺疏》，中华书局1983年版，第22—23页。

《康别传》：山巨源为吏部尚书郎，迁散骑常侍，举康，康辞之，并与山绝。岂不识山之不以一官遇己情邪？亦欲标不屈之节，以杜举者之口耳！乃答涛书，自说不堪流俗，而非薄汤武。大将军闻而恶之。[①]

这里给我们交代了嵇康被杀的原因。嵇康在《与山巨源绝交书》中明确提出连自己都“甚不可”的两大毛病，一是：“每非汤武而薄周孔，在人闲不止，此事会显，世教所不容。”二是：“刚肠疾恶，轻肆直言，遇事便发。”这两大缺点可以说是致命的毛病，对于第一点，鲁迅曾经有言：

非薄了汤武周孔，在现时代是不要紧的，但在当时却关系非小。汤武是以武定天下的；周公是辅佐成王的；孔子是祖述尧舜的，而尧舜是禅让天下的。嵇康都说不好，那么，教司马懿篡位的时候，怎么办才是好呢？没有办法。在这一点上，嵇康于司马氏的办事上有了直接的影响，因此就非死不可了。[②]

嵇康的《与山巨源绝交书》名义上是写给山涛的，实际上是借此发表的一篇宣言，表示公开与司马氏决裂，这不能不引起司马氏的注意。司马氏之所以没有马上杀他，是由于看时机，找借口罢了。俗话说，不怕没好事，就怕没好人，此时嵇康得罪了一个人，他就是司马昭的高级谋士钟会。钟会是洛阳贵介公子之一，其父钟繇位至三公，其兄钟毓官至将军。从武的钟会也喜欢舞文弄墨，由于他自觉水平与嵇康不是同一个档次，很希望得到嵇康的奖掖、推荐，但嵇康并不买钟会的账，《世说新语》载：

钟会撰《四本论》始毕，甚欲使嵇公一见。置怀中，既定，畏其难，怀不敢出，于户外遥掷，便回急走。[③]

钟士季精有才理，先不识嵇康。钟要于时贤俊之士，俱往寻嵇康。康方于大树下锻，向子期为佐鼓排。康扬槌不辍，旁若无人，移时不交

---

① (南朝宋)刘义庆著，(南朝梁)刘孝标注，余嘉锡笺疏：《世说新语笺疏》，中华书局1983年版，第767页。

② 鲁迅：《鲁迅全集》第三卷，人民文学出版社2005年版，第534页。

③ (南朝宋)刘义庆著，(南朝梁)刘孝标注，余嘉锡笺疏：《世说新语笺疏》，中华书局1983年版，第230页。

一言。钟起去，康曰："何所闻而来？何所见而去？"钟曰："闻所闻而来，见所见而去。"①

嵇康的行为，严重地刺激了这位高干子弟，于是便发生了下面的一段故事：

及是，言于文帝曰："嵇康，卧龙也，不可起。公无忧天下，顾以康为虑耳。"因谮"康欲助毋丘俭，赖山涛不听。昔齐戮华士，鲁诛少正卯，诚以害时乱教，故圣贤去之。康、安等言论放荡，非毁典谟，帝王者所不宜容。宜因衅除之，以淳风俗"。帝既昵听信会，遂并害之。②

人们大多把嵇康之死完全归罪于钟会，也不尽然，因为司马昭杀嵇康之心早就有之，钟会只是起到了推波助澜的作用而已。与嵇康同时代的阮籍也"不拘礼教，然发言玄远，口不臧否人物"，"籍又能清白眼，见礼俗之士，以白眼对之。及嵇喜来吊，籍作白眼，喜不怿而退。喜弟康闻之，乃赍酒挟琴造焉，籍大悦，乃见青眼。由是礼法之士疾之若仇，而帝每保护之"③。阮籍也曾受到礼法之士的攻击，但司马昭没有杀他，主要原因是由于阮籍没有威胁到他的统治，所以司马昭不愿意担杀名士的罪名。嵇康就不一样了，他的言论已经危及司马昭的统治，所以杀他是必然的。另外还有一个原因，就是嵇康巨大的社会影响力，使司马氏不能不重视，如果嵇康像祢衡一样，再持不合作的态度，也不会危及当政者，所以曹操不杀他，司马昭杀嵇康有类于曹操杀孔融。对于嵇康的影响力，《晋书》本传有所记载：

康临刑东市，太学生三千人请以为师，弗许。④

康之下狱，太学生数千人请之。于时豪俊皆随康入狱，悉解喻，一时散遣。康竟与安同诛。⑤

---

① （南朝宋）刘义庆著，（南朝梁）刘孝标注，余嘉锡笺疏：《世说新语笺疏》，中华书局1983年版，第901页。

② （唐）房玄龄等撰：《晋书·嵇康传》，中华书局1974年版，第1373页。

③ （唐）房玄龄等撰：《晋书·阮籍传》，中华书局1974年版，第1361页。

④ （唐）房玄龄等撰：《晋书·嵇康传》，中华书局1974年版，第1374页。

⑤ （南朝宋）刘义庆著，（南朝梁）刘孝标注，余嘉锡笺疏：《世说新语笺疏》，中华书局1983年版，第407页。

有如此巨大的社会影响力，又是反对派的领袖，想不杀他也不可能了。但是，嵇康临刑则表现了中国知识分子应有的敢于直面人生的潇洒、勇敢与气度。

> 嵇中散临刑东市，神气不变。索琴弹之，奏广陵散。曲终曰："袁孝尼尝请学此散，吾靳固不与，《广陵散》于今绝矣！"①

斯人已逝，万古长存，嵇康以他的人格魅力，影响了无数中国古今正直的知识分子，撑起了中国文化的脊梁，表现了他们坚持正义、不畏强暴的精神。嵇康那"目送归鸿，手挥五弦。俯仰自得，游心太玄"（嵇康《赠秀才入军》第十四章）的人格理想，仍是人们追求的目标。

文人给人的印象通常是清高，而中古文人别传则各具特色。《郭林宗别传》记载他为国家选拔、培养人才。《郑玄别传》记载他的学术成就。《蔡邕别传》记载他的文学艺术才能。《孔融别传》载录他在当时的巨大影响。《祢衡别传》记载他的敢于抗暴、狂放不羁以及文学才能。《嵇康传》写了他的性格特征和与司马氏的冲突。我们从这些文人别传中很容易就能发现那些为人们所常见的、知识分子身上存在的优良品格。

第六节　慧辨人生的昨日重现
——中古哲学家别传研究

魏晋时期，玄风大畅，谈玄析理成为名士的标志之一，此时产生了许多的哲学家别传，其代表作品为《何晏别传》、《荀粲传》、《王弼传》。

一、《何晏别传》

何晏，字平叔，南阳宛人，魏晋著名的玄学家，东汉末年大将军何进的孙子。父亲何咸，早卒，母亲尹氏。曹操任司空期间，纳尹氏为妾，同时收养了何晏，"晏长于宫省，又尚公主，少以才秀知名，好老、庄言，作《道德论》及诸

---

① （南朝宋）刘义庆著，（南朝梁）刘孝标注，余嘉锡笺疏：《世说新语笺疏》，中华书局1983年版，第407页。

文赋著述凡数十篇”[1]。何晏属于曹氏集团的人物，后为司马懿所杀。

何晏与曹丕、曹植年纪不相上下，因自幼聪明，深为曹操喜爱，却为曹氏兄弟，特别是曹丕所憎恨，《世说新语》载：

何晏七岁，明惠若神，魏武奇爱之。因晏在宫内，欲以为子。晏乃画地令方，自处其中。人问其故，答曰：“何氏之庐也。”魏武知之，即遣还。[2]

太祖为司空时，纳晏母并收养晏，其时秦宜禄儿阿苏亦随母在公家，并见宠辱公子。苏即朗也。苏性谨慎，而晏无所顾惮，服饰拟于太子，故文帝特憎之，每不呼其姓字，尝谓之为“假子”。[3]

对此，《世说新语》也有所记载：

晏小时，武帝雅奇之，欲以为子。每挟将游观，命与诸子长幼相次。晏微觉，于是，坐则专席，止则独立。或问其故，答曰：“礼，异族不相贯坐位。”[4]

可见，何晏自幼便感到寄人篱下的痛苦，他知道自己虽然为曹操所宠爱，但毕竟不是曹氏家族中的一员，说话做事处处以外人自居。

何晏自幼聪明，悟性极高，对于一些难解问题，皆能悟出其涵义，《何晏别传》云：

晏小时养魏宫，七八岁便慧心大悟。众无愚智莫不贵异之。魏武帝读兵书有所未解，试以问晏，晏分散所疑，无不冰释。[5]

---

① (晋)陈寿撰，(刘宋)裴松之注：《三国志·诸夏侯曹传》，中华书局1959年版，第292页。

② (南朝宋)刘义庆著，(南朝梁)刘孝标注，余嘉锡笺疏：《世说新语笺疏》，中华书局1983年版，第693页。

③ (晋)陈寿撰，(刘宋)裴松之注：《三国志·诸夏侯曹传》，中华书局1959年版，第292页。

④ (宋)李昉等编，夏剑钦、王巽斋校点：《太平御览》第四卷，河北教育出版社1994年版，第286页。

⑤ (宋)李昉等编，夏剑钦、王巽斋校点：《太平御览》第四卷，河北教育出版社1994年版，第221页。

如此的悟性，具备了成为玄学家的天分。何晏在当时是有名的美男子，《世说新语》云：

何平叔美姿仪，面至白，魏明帝疑其傅粉。正夏月，与热汤饼。既啖，大汗出，以朱衣自拭，色转皎然。①

《何晏别传》亦云：

何晏，南阳人，大将军何进之孙。遇害，魏武纳晏母，晏小，养于魏宫，至七八岁，惠心天悟，形貌绝美。②

当然，美的外貌并没有给何晏带来好运，曹丕、曹叡执政的黄初、太和年间，何晏受到压抑，郁郁不得志，此时开始服用五石散。何晏人生辉煌时期是正始年间，他在政治上走上了顶点，被任命为侍中尚书，主管选举，并且其玄学思想已经成熟，可惜好景不长，司马懿发动高平陵事件，何晏也因此被杀。

二、《荀粲传》

《荀粲传》，《隋书·经籍志》等史志书目无著录。其佚文主要见于《三国志》卷一〇《荀彧传》裴松之注引。《世说新语》注、《文选》注和《北堂书钞》分别引为《荀粲别传》、《荀粲列传》和《荀粲传》，可能是同书异名而已，注引内容大致相同。

《荀粲传》的作者何劭，字敬祖，陈国阳夏人，少与晋武帝同年，有总角之好。历官为太子中庶子、散骑常侍、侍中尚书、太子太师、尚书左仆射、司徒等职务。何劭博学善属文，《晋书》本传称其有"所撰《荀粲传》、《王弼传》及诸奏议文章并行于世"③。何劭的作品现存有《荀粲传》、《王弼传》、诗五首、文一篇。

荀粲是太尉荀彧的少子，《荀粲传》是中古现存为数不多的署有作者姓

---

① （南朝宋）刘义庆著，（南朝梁）刘孝标注，余嘉锡笺疏：《世说新语笺疏》，中华书局1983年版，第714页。

② （宋）李昉等编，夏剑钦、王巽斋校点：《太平御览》第四卷，河北教育出版社1994年版，第178页。

③ （唐）房玄龄等：《晋书·荀粲传》，中华书局1974年版，第999页。

名的别传之一。该传从两个方面来为荀粲作传：一是荀粲的玄学才能，即其谈玄析理之事。

> 粲字奉倩，粲诸兄并以儒术论议，而粲独好言道，常以为子贡称夫子之言性与天道，不可得闻，然则六籍虽存，固圣人之糠秕。粲兄俣难曰："《易》亦云'圣人立象以尽意，系辞焉以尽言'，则微言胡为不可得而闻见哉?"粲答曰："盖理之微者，非物象之所举也。今称'立象以尽意'，此非通于意外者也。'系辞焉以尽言'，此非言乎系表者也；斯则象外之意，系表之言，固蕴而不出矣。"及当时能言者不能屈也。又论父彧不如从兄攸。彧立德高整，轨仪以训物，而攸不治外形，慎密自居而已。粲以此言善攸，诸兄怒而不能回也。太和初，到京邑与傅嘏谈。嘏善名理而粲尚玄远，宗致虽同，仓卒时或有格而不相得意。裴徽通彼我之怀，为二家骑驿，顷之，粲与嘏善。夏侯玄亦亲。常谓嘏、玄曰："子等在世涂间，功名必胜我，但识劣我耳!"嘏难曰："能盛功名者，识也。天下孰有本不足而末有余者邪?"粲曰："功名者，志局之所奖也。然则志局自一物耳，固非识之所独济也。我以能使子等为贵，然未必齐子等所为也。"①

"六籍虽存，固圣人之糠秕"，这是魏晋玄学讨论中的一个专题，传中载录了荀粲与傅嘏、裴徽、夏侯玄等人的谈论，突出了荀粲的辩才。同时，荀粲认为乃父荀彧不如从兄荀攸，这反映了他不为尊者讳的实事求是精神。

二是反映了荀粲的爱情故事。对于此事，《世说新语》也有所载录：

> 荀奉倩与妇至笃，冬月妇病热，乃出中庭自取冷，还以身熨之。妇亡，奉倩后少时亦卒。以是获讥于世。②

《荀粲别传》对此记载更为详赡。

---

① （晋）陈寿撰，（刘宋）裴松之注：《三国志·荀彧荀攸贾诩传》，中华书局1959年版，第319—320页。

② （南朝宋）刘义庆著，（南朝梁）刘孝标注，余嘉锡笺疏：《世说新语笺疏》，中华书局1983年版，第1075页。

《粲别传》曰：粲常以妇人者，才智不足论，自宜以色为主。骠骑将军曹洪女有美色，粲于是娉焉，容服帷帐甚丽，专房燕婉。历年后妇病亡，未殡，傅嘏往唁粲；粲不哭而神伤。嘏问曰："妇人才色并茂为难。子之聘也，遗才存色。非难遇也，何哀之甚?"粲曰："佳人难再得！顾逝者不能有倾国之异，然未可易遇也。"痛悼不能已，岁余亦亡，亡时年二十九。①

这段叙述不免有荀粲好色的嫌疑，但是我们也不能否认他对爱情的忠贞，如果结合《世说新语》的记载，则会有更加清楚的认识，说明荀粲不仅重色，而且也十分重情，称他为一代情圣也不为过。荀粲是当时的名士，深受人们爱戴，故其英年早逝之后，人们为其送葬，场面极为感人。

粲简贵，不能与常人交接，所交皆一时俊杰。至葬夕，赴者裁十余人，皆同时知名士也，哭之，感恸路人。②

作为成功的别传作品，《荀粲别传》继承了史传传人叙事的特点，抓住了传主性格的主要特点，来加以凸显，使人物性格极为鲜明。

三、《王弼传》

《王弼传》，亦称《王弼别传》，是何劭的另一部别传作品，它主要记载了玄学家王弼的行为事迹。《王弼传》的佚文主要见于《三国志》卷一四、卷二八裴松之注引，《世说新语》刘孝标的注引以及《艺文类聚》、《太平御览》等类书的征引。

王弼，字辅嗣，山阳高平人，王粲之孙，王弼是中国及世界哲学史上极为罕见的一位哲学天才，在他仅仅二十四年的人生旅程中，即作有大批的哲学著作，现存有《老子注》、《老子指略》、《周易注》、《周易略例》、《论语释疑》等。

何劭的"这篇《王弼传》是写得相当成功的。他以简练的笔触，翔实的史料，朴素无华地描绘了这位并无显赫功业而又生命短暂的青年哲学家的形象，不仅表现了王弼个人性格上的特点和无限忠于哲学事业的品质，而且展

---

① （南朝宋）刘义庆著，（南朝梁）刘孝标注，余嘉锡笺疏：《世说新语笺疏》，中华书局1983年版，第1075页。

② （晋）陈寿撰，（刘宋）裴松之注：《三国志・荀彧荀攸贾诩传》，中华书局1959年版，第320页。

示了当时思想领域的形势和时代的精神风貌”①。

《王弼传》首先给我们展现了王弼幼年时期的哲学天赋：

> 弼幼而察慧，年十余，好老氏，通辩能言。父业，为尚书郎。时裴徽为吏部郎，弼未弱冠，往造焉。徽一见而异之，问弼曰：“夫无者诚万物之所资也，然圣人莫肯致言，而老子申之无已者何？”弼曰：“圣人体无，无又不可以训，故不说也。老子是有者也，故恒言无所不足。”寻亦为傅嘏所知。于时何晏为吏部尚书，甚奇弼，叹之曰：“仲尼称后生可畏，若斯人者，可与言天人之际乎！”②

《老子》是一部博大精深的哲学著作，王弼年仅十余岁即能精通《老子》，年未弱冠即能与当时的玄学家裴徽、傅嘏辩论，可见其不凡的哲学天赋。《王弼传》还向我们介绍了王弼虽然才高而不被重用的原因。

> 正始中，黄门侍郎累缺。晏既用贾充、裴秀、朱整，又议用弼。时丁谧与晏争衡，致高邑王黎于曹爽，爽用黎。于是以弼补台郎。初除，觐爽，请间，爽为屏左右，而弼与论道，移时无所他及，爽以此嗤之。时爽专朝政，党与共相进用，弼通俊不治名高。寻黎无几时病亡，爽用王沈代黎，弼遂不得在门下，晏为之叹恨。③

很显然，王弼不被重用是由于统治阶级内部斗争的结果。

对于王弼的才能，《王弼传》通过对比的手法，来加以突出。

> 淮南人刘陶善论纵横，为当时所推。每与弼语，常屈弼。弼天才卓出，当其所得，莫能夺也。性和理，乐游宴，解音律，善投壶。其论道傅会文辞，不如何晏，自然有所拔得，多晏也。④

---

① 余敦康：《魏晋玄学史》，北京大学出版社 2004 年版，第 73 页。

② （晋）陈寿撰，（刘宋）裴松之注：《三国志・王毌丘诸葛邓钟传》，中华书局 1959 年版，第 795 页。

③ （晋）陈寿撰，（刘宋）裴松之注：《三国志・王毌丘诸葛邓钟传》，中华书局 1959 年版，第 795 页。

④ （晋）陈寿撰，（刘宋）裴松之注：《三国志・王毌丘诸葛邓钟传》，中华书局 1959 年版，第 795 页。

对于王弼的著述,别传也做了叙述,并对他英年早逝表示叹惋。

弼注《易》,颍川人荀融难弼大衍义。弼答其意,白书以戏之曰:“夫明足以寻极幽微,而不能去自然之性。颜子之量,孔父之所预在,然遇之不能无乐,丧之不能无哀。又常狭斯人,以为未能以情从理者也,而今乃知自然之不可革。足下之量,虽已定乎胸怀之内,然而隔逾旬朔,何其相思之多乎?故知尼父之于颜子,可以无大过矣。”弼注《老》子,为之指略,致有理统。著《道略论》,注《易》,往往有高丽言。太原王济好谈,病《老》、《庄》,常云:“见弼《易》注,所悟者多。”然弼为人浅而不识物情,初与王黎、荀融善,黎夺其黄门郎,于是恨黎,与融亦不终。正始十年,曹爽废,以公事免。其秋遇疠疾亡,时年二十四,无子绝嗣。弼之卒也,晋景王闻之,嗟叹者累日,其为高识所惜如此。①

《王弼传》还继承了《史记》“不虚美,不隐恶”的传统,对王弼的缺点也做了撰述。

颇以所长笑人,故时为士君子所疾。②

总之,《王弼传》是一部比较成功的哲学家别传,它不仅是研究王弼生平的有价值的资料,而且对学者传记的写作也具有借鉴意义。

何晏、荀粲、王弼是中古著名的思想家,他们的别传在记载其玄学才能的同时,也记载了其他方面的内容。《何晏别传》还记载了他的身世和俊美的仪表。《荀粲传》则对其爱情故事有所叙述,使人感到哲学家并不是不食人间烟火者。《王弼传》除了载录其哲学成就之外,还载录他政治上的失意。三个人的别传合起来,构成了中古哲学家生活的整体风貌。

---

① (晋)陈寿撰,(刘宋)裴松之注:《三国志·王毋丘诸葛邓钟传》,中华书局1959年版,第795—796页。

② (晋)陈寿撰,(刘宋)裴松之注:《三国志·王毋丘诸葛邓钟传》,中华书局1959年版,第795页。

第七节　回春妙手、奇思绝巧
——中古科技人士别传研究

科学技术是第一生产力，然而在中国古代，科学家、发明家被视为百工之人而不受到重视。尽管如此，一些有识之士还是为一些杰出的科学家、发明家作有别传。这些别传以《华佗别传》和《马钧序》为代表。

一、《华佗别传》

华佗，字元化，沛国谯郡人，中国古代著名的医学家，生活于东汉末年，《三国志》卷二九及《后汉书》卷八二有传。

《华佗别传》，《隋书·经籍志》等史志没有著录，清人姚振宗的《三国艺文志》和侯康的《补三国艺文志》录入史部杂传类，著者不详。

《华佗别传》多记载华佗行医治病之事，为了突出华佗高超的医术，别传作者运用了传奇的笔法来为传主作传，使传主的行为蒙上了一层神秘色彩。

> 琅琊刘勋为河内太守，有女年几二十，左脚膝里上有疮，痒而不痛。疮愈数十日复发，如此七八年，迎佗使视，佗曰："是易治之。当得稻糠黄色犬一头，好马二匹。"以绳系犬颈，使走马牵犬，马极辄易，计马走三十余里，犬不能行，复令步人拖曳，计向五十里。乃以药饮女，女即安卧不知人。因取大刀断犬腹近后脚之前，以所断之处向疮口，令去二三寸。停之须臾，有若蛇者从疮中而出，便以铁椎横贯蛇头。蛇在皮中动摇良久，须臾不动，乃牵出，长三尺所，纯是蛇，但有眼处而无童子，又逆鳞耳。以膏散着疮中，七日愈。
>
> ……
>
> 又有妇人长病经年，世谓寒热注病者。冬十一月中，佗令坐石槽中，平旦用寒水汲灌，云当满百。始七八灌，会战欲死，灌者惧，欲止。佗令满数。将至八十灌，热气乃蒸出，嚣嚣高二三尺。满百灌，佗乃使

然火温床，厚覆，良久汗洽出，着粉，汗燥便愈。①

刘勋之女患有痼疾七八年，肯定也看过许多医生，但没有治愈。华佗一见，便知道病之所在，可见医术之高。并且，华佗的治疗方法也很独特，要用犬来治疗，还要求是黄色的犬，而且走马牵犬的里数也要有定数，很显然是作者为了突出华佗的医术高明而虚构出来的。至于病症也十分奇特，人的腿中长类蛇的东西，已接近于小说了，这大约是受魏晋南北朝志怪小说的影响所致。华佗治疗寒热注病者，也与众不同，在冬天把人放到石槽中，先用冷水浇灌，后又放到温床上蒸，汗出便愈。上面两例，无疑受到方术的影响，陈寿把华佗放入《方技传》，也许认为华佗的神奇医术类似方士的手段。

《华佗别传》还记载了他发明了五禽戏和人们练习五禽戏后的健身效果。

《佗别传》曰："吴普从佗学，微得其方。魏明帝呼之，使为禽戏，普以年老，手足不能相及，粗以其法语诸医。普今年将九十，耳不聋，目不冥，牙齿完坚，饮食无损。"②

五禽戏是华佗根据五种禽兽的运动原理发明的健身操，其基本原理是"生命在于运动"，《后汉书》华佗本传云：

佗语普曰："人体欲得劳动，但不当使极耳。动摇则谷气得销，血桩流通，病不得生，譬犹户枢，终不朽也。是以古之仙者为导引之事，熊经鸱顾，引挽腰体，动诸关节，以求难老。吾有一术，名五禽之戏：一曰虎，二曰鹿，三曰熊，四曰猿，五曰鸟。亦以除疾，兼利蹄足，以当导引。体有不快，起作一禽之戏，怡而汗出，因以着粉，身体轻便而欲食。"普施行之，年九十余，耳目聪明，齿牙完坚。③

这里，五禽戏实际上是锻炼身体的一套体操，正如人们现在打太极拳一样，

① （晋）陈寿撰，（刘宋）裴松之注：《三国志·方技传》，中华书局1959年版，第803页。
② （南朝宋）范晔：《后汉书·方术列传》，中华书局2005年版，第1850页。
③ （南朝宋）范晔：《后汉书·方术列传》，中华书局2007年版，第1804页。

能够舒筋活血，延缓衰老，可见华佗是中国古代运动体操的发明者之一。不仅如此，华佗还是中国古代的针灸专家，《华佗别传》云：

> 有人病脚躄，不能行，舆诣佗——（佗）便使解衣，点背数十处，相去一寸，或五寸，纵邪不相当，言“灸此各七壮，灸创愈即行”。后灸处夹脊一寸上下，行端直均调如引绳也。①

华佗认为服食药物对身体还是有益的，但不应乱服，否则就会有害，《华佗别传》云：

> 青黏者，一名地节，一名黄芝，主理五藏，益精气。本出于迷入山者，见仙人服之，以告佗。佗以为佳，语阿，阿又秘之。近者人见阿之寿而气力强盛，怪之，遂责所服食，因醉乱误道之。法一施，人多服者，皆有大验。②

总之，与《三国志》和《后汉书》中的华佗本传相比，《华佗别传》多神秘怪异色彩，是别传小说化的表现。

二、《马钧序》

《马钧序》，作者傅玄，字休奕，北地泥阳人。曹魏时期，官至郎中、安东卫参军、弘农太守、典农校尉。司马炎为晋王时，迁散骑常侍，晋国建立后，进爵为子爵，加驸马都尉，迁侍中、御史中丞、太仆、司隶校尉。死后谥刚，追封清泉侯。傅玄著述繁多，现存《傅子》一百二十卷，《集》五十卷。《马钧序》是傅玄为三国时期发明家马钧作的一篇别传，此传现存于《三国志·方技传》裴松之注引。

马钧是三国时期的发明家，但陈寿的《三国志·方技传》并未将其录入传中，笔者认为这或许是由于陈寿本为蜀国人，其有强烈的故国意识，诸葛亮在蜀国的地位类似神人，他发明的连弩有很大的杀伤力，但马钧在此基础上进行了改进，其杀伤力增加了五倍，超过了诸葛亮，并且在战争中运用，对

---

① （晋）陈寿撰，（刘宋）裴松之注：《三国志·方技传》，中华书局1959年版，第802页。

② （晋）陈寿撰，（刘宋）裴松之注：《三国志·方技传》，中华书局1959年版，第804—805页。

蜀国有极大的威胁，马钧的发明为陈寿所不喜，故未将其写入史传之中。当然，这只是笔者的一家之言。裴松之认为，以马钧的才能完全可以进入《三国志·方技传》，故在为《三国志·方技传》作注时，将其注引于《杜夔传》后。傅玄在《马钧序》后有一段议论，表明了他作传的目的。

此既易试之事，又马氏巧名已定，犹忽而不察，况幽深之才，无名之璞乎？后之君子其鉴之哉！马先生之巧，虽古公输般、墨翟、王尔，近汉世张平子，不能过也。公输般、墨翟皆见用于时，乃有益于世。平子虽为侍中，马先生虽给事省中，俱不典工官，巧无益于世。用人不当其才，闻贤不试以事，良可恨也。①

《马钧序》全文围绕着马钧"巧思绝世"来为其立传的。传中选取了几个典型事例来证明马钧的"巧思绝世"。

旧绫机五十综者五十蹑，六十综者六十蹑，先生患其丧功费日，乃皆易以十二蹑。②

这是写马钧对织机的改进。下面写了三件"异事"来反映马钧的奇思绝巧。

先生为给事中，与常侍高堂隆、骁骑将军秦朗争论于朝，言及指南车，二子谓古无指南车，记言之虚也。先生曰："古有之，未之思耳，夫何远之有！"二子哂之曰："先生名钧字德衡，钧者器之模，而衡者所以定物之轻重；轻重无准而莫不模哉！"先生曰："虚争空言，不如试之易效也。"于是二子遂以白明帝，诏先生作之，而指南车成。此一异也，又不可以言者也，从是天下服其巧矣。居京都，城内有地，可以为园，患无水以灌之，乃作翻车，令童儿转之，而灌水自覆，更入更出，其巧百倍于常。此二异也。其后人有上百戏者，能设而不能动也。帝以问先生："可动否？"对曰："可动。"帝曰："其巧可益否？"对曰："可益。"受诏作之。以大木雕构，使其形若轮，平地施之，潜以水发焉。设为女乐舞象，至令木人击鼓吹箫；作山岳，使木人跳丸掷剑，缘絙倒立，出入自在；百官行署，春

---

① （晋）陈寿撰，（刘宋）裴松之注：《三国志·方技传》，中华书局1959年版，第808页。

② （晋）陈寿撰，（刘宋）裴松之注：《三国志·方技传》，中华书局1959年版，第807页。

磨斗鸡，变巧百端。此三异也。[①]

这三件事，指南车、翻车、百戏，都是马钧善于发明创造的证明。《马钧序》还记载了马钧改进诸葛亮的连弩（即诸葛弩）及改进发石车之事。

先生见诸葛亮连弩，曰："巧则巧矣，未尽善也。"言作之可令加五倍。又患发石车，敌人之于楼边县湿牛皮，中之则堕，石不能连属而至。欲作一轮，县大石数十，以机鼓轮为常，则以断县石飞击敌城，使首尾电至。尝试以车轮县瓴甓数十，飞之数百步矣。[②]

这表明，马钧不仅善于发明创造，而且还善于在前人的基础上对一些已有的发明创造进行改进，使之尽善尽美。

马钧的发明创造并未引起人们的重视，反而引起一些人的非难。对于马钧受到的不公平待遇，傅玄也发表了他的感慨：

傅子谓裴子曰："子所长者言也，所短者巧也。马氏所长者巧也，所短者言也。以子所长，击彼所短，则不得不屈。以子所短，难彼所长，则必有所不解者矣。夫巧，天下之微事也，有所不解而难之不已，其相击刺，必已远矣。心乖于内，口屈于外，此马氏所以不对也。"傅子见安乡侯，言及裴子之论，安乡侯又与裴子同。傅子曰："圣人具体备物，取人不以一揆也：有以神取之者，有以言取之者，有以事取之者。有以神取之者，不言而诚心先达，德行颜渊之伦是也。以言取之者，以变辨是非，言语宰我、子贡是也。以事取之者，若政事冉有、季路，文学子游、子夏。虽圣人之明尽物，如有所用，必有所试，然则试冉、季以政，试游、夏以学矣。游、夏犹然，况自此而降者乎！何者？悬言物理，不可以言尽也，施之于事，言之难尽而试之易知也。今若马氏所欲作者，国之精器，军之要用也。费十寻之木，劳二人之力，不经时而是非定。难试易验之事而轻以言抑人异能，此犹以己智任天下之事，不易其道以御难尽之物，此所以多废也。马氏所作，因变而得是，则初所言者不皆是矣。其不皆是，因不用之，是不世之巧无由出也。夫同情者相妒，同事者相害，中人

---

① （晋）陈寿撰，（刘宋）裴松之注：《三国志·方技传》，中华书局1959年版，第807页。

② （晋）陈寿撰，（刘宋）裴松之注：《三国志·方技传》，中华书局1959年版，第807页。

所不能免也。故君子不以人害人，必以考试为衡石；废衡石而不用，此美玉所以见诬为石，荆和所以抱璞而哭之也。”①

这里既是为马钧鸣不平，也是对统治阶级压抑、不重视人才的不满，也是他之所以要为马钧作传的缘由。

作为中古的科技人士，华佗的别传突出其高超的医术，与众不同的治疗方法。马钧的别传则围绕他的“绝世巧思”来为其作传。二者的共性就是抓住了传主的特别之处来作传。

第八节　假作真时真亦假——中古方术之士别传研究

方术之士在中国古代是一个特殊的群体，他们靠卜筮、求仙、禳灾、导引、房中术等手段而生存于世。中古时期，方术盛行，故一些方术之士成为了别传的传主，本节对一些影响较大的方术之士的别传进行研究。

一、《樊英别传》

樊英，字季齐，南阳鲁阳人也。东汉著名的术士，《后汉书》卷八二《方术传上》有传。东汉一代，方术盛行，故范晔在《后汉书》卷八二、八三用两卷的篇幅为方术之士作传，传中的传主，起自西汉哀帝，贯穿东汉一代。方术在东汉为什么如此盛行？范晔对此作了解释，他说：

仲尼称《易》有君子之道四焉，曰“卜筮者尚其占”。占也者，先王所以定祸福，决嫌疑，幽赞于神明，遂知来物者也。若夫阴阳推步之学，往往见于坟记矣。然神经怪牒，玉策金绳，关扃于明灵之府，封縢于瑶坛之上者，靡得而窥也。至乃《河洛》之文，龟龙之图，箕子之术，师旷之书，纬候之部，钤决之符，皆所以探抽冥赜，参验人区，时有可闻者焉。

其流又有风角、遁甲、七政、元气、六日七分、逢占、日者、挺专、须臾、孤虚之术，及望云省气，推处祥妖，时亦有以效于事也。而斯道隐

① (晋)陈寿撰，(刘宋)裴松之注：《三国志·方技传》，中华书局1959年版，第807—808页。

远，玄奥难原，故圣人不语怪神，罕言性命。或开末而抑其端，或曲辞以章其义，所谓“民可使由之，不可使知之”。

汉自武帝颇好方术，天下怀协道艺之士，莫不负策抵掌，顺风而届焉。后王莽矫用符命，及光武尤信谶言，士之赴趣时宜者，皆骋驰穿凿，争谈之也。故王梁、孙咸名应图箓，越登槐鼎之任，郑兴、贾逵以附同称显，桓谭、尹敏以乖忤沦败，自是习为内学，尚奇文，贵异数，不乏于时矣。是以通儒硕生，忿其奸妄不经，奏议慷慨，以为宜见藏摈。子长亦云：“观阴阳之书，使人拘而多忌。”盖为此也。①

这里范晔对方术的起源作了追述，对方术的流派进行了剖析，对汉代为什么方术会如此盛行作了说明。方术盛行主要是因为在上者的提倡与使用，汉武帝为求长生而宠信方术之士，王莽矫符命而篡位，汉光武帝信谶纬而得到皇位，这一切都促使方术日炽，也反映出，方术由来已久，这也是范晔为什么作《方术列传》的原因。后汉几个有名的方士都有别传流传。

《樊英别传》主要记载樊英为人解困及解释怪异现象的事迹，如：

英被发，忽拔刀斫舍中，妻问故，曰：“郄生道遇钞。”郄生还云：“道遇贼，赖被发老人相救得全。”郄生名巡，字仲信，陈郡夏阳人，能传英业。②

郄生路上遇贼，樊英在家中即为其解困。还有樊英解释怪异现象之事，如：

汉顺帝时，殿下钟鸣，问英，对曰：“蜀岷山崩，山于铜为母，母崩子鸣，非圣朝灾。”后蜀果土山崩，日月相应。③

刘孝标在注此条时，还引用了《东方朔传》的文字，从二者的内容看，《樊英别传》的记载有可能是移植或模仿《东方朔别传》而来。尽管如此，此处还反映

---

① (南朝宋)范晔撰：《后汉书·方术列传上》，中华书局 2007 年版，第 792 页。

② (宋)李昉等编，夏剑钦、王巽斋校点：《太平御览》第四卷，河北教育出版社 1994 年版，第 119 页。

③ (南朝宋)刘义庆著，(南朝梁)刘孝标注，余嘉锡笺疏：《世说新语笺疏》，中华书局 1983 年版，第 285 页。

了他的博学多才，没有丰富的知识是难以作出这样解释的。《后汉书·方术列传上》记载了樊英的学识，“少受业三辅，习《京氏易》，兼明五经。又善风角、星算、《河洛》七纬，推步灾异。隐于壶山之阳，受业者四方而至。州郡前后礼请不应；公卿举贤良方正、有道，皆不行”①。

樊英虽为一介术士，但他不像汉武帝时期的李少君、少翁、栾大等术士一样依附于皇权之下，他保持了知识分子身上才有的骨气，《太平御览》的一则记载很能说明这一点。

> 顺帝策书备礼，玄纁征英，诏切郡县驾载上道。英不得已到京师。称疾不肯赴。乃强舆入殿，犹不以礼屈。帝怒曰：“朕能生君，能杀君；能贵君，能贱君；能富君，能贫君。君何慢朕？”英曰：“臣受命于天，生尽其命，天也；死得其命，亦天也。陛下(焉能生臣)，焉能杀臣！臣见暴君，如读仇雠，立朝犹不肯，可得贵乎？虽在布衣(之)列，环堵之中，晏然自得，不易万乘之尊，又何得而贱乎？陛下(焉能贵臣)，焉能贱臣！臣非礼之禄，万钟不受也；(若)申其志，虽箪食不厌也。陛下焉能富臣！”帝不能屈，而敬其名，使出就太医养疾，日置羊酒。②

面对汉顺帝的淫威，樊英不卑不亢，体现了中国古代士人的铮铮铁骨，和那些奴颜婢膝的方士相比，确实难能可贵。

《樊英别传》还反映了樊英的男女平等思想，“英尝病卧便室中，英妻遣婢拜问疾。英下床答拜。陈寔问英：‘何答婢拜？’英曰：‘妻，齐也，共奉祭祀。礼，无往而不反。’”③樊英生病，其妻遣婢女来探视，樊英并没有因为婢女地位低下而无礼待之，而是起身答谢。因为婢女是代表其妻来探视的，故而樊英的行为反映了他的男女平等观念。

《樊英别传》在传人方面，能够从多方面来撰写人物，既载录了樊英利用方术来为民解困，还记载了他傲视顺帝的淫威以及其思想中男女平等的观念，塑造了一个丰富的人物形象。《樊英别传》能够从多方面、多角度来传

---

① (南朝宋)范晔撰：《后汉书·方术列传上》，中华书局2007年版，第798页。

② (宋)李昉等编，夏剑钦、王巽斋校点：《太平御览》第四卷，河北教育出版社1994年版，第560页。

③ (宋)李昉等编，夏剑钦、王巽斋校点：《太平御览》第五卷，河北教育出版社1994年版，第298页。

人,是别传传人的一大突破。

二、《刘根别传》

《刘根别传》记载东汉方士刘根的事迹。刘根也是东汉著名的方士,《后汉书·方术列传》有其传记。《刘根别传》现在已经散佚,只剩下类书中所引的一些片段,尽管如此,还是反映了刘根的一些情况。

> 根弃世学道,入中岳嵩山石室中,峥嵘上,东南下五十丈,北人冬夏不衣,身毛皆长一二尺,颜状如年十五时。①

本段反映了刘根求仙学道的情况。

> 今年春,当有病,可服枣核中仁二七枚,能常服之,百邪不复干也。②

上面反映了刘根服食枣仁防病的情况。

> 颍川太守高府君到官,民人疫,郡中掾吏死者过半,夫人郎君悉得病,从根求消除病气。根曰:"于厅事之亥上穿地取沙三斛着中,以淳酒三升沃其上。"府君从之,病者悉得愈,疫气绝。③

此段反映了刘根为民开方治病之事。

> 取七岁男齿发,与己颈垢合烧,服之一岁,则不知老;常为之,使老有少容也。④

反映刘根服食异药以求长生。

总之,我们从《刘根别传》的残篇中可以推测出,《刘根别传》的基本内容应该是反映刘根作为一个方士所进行的防病、治病及养生之术。

---

① 《艺文类聚》卷七《山部上·嵩高山》,上海古籍出版社1987年影印本。
② 《艺文类聚》卷八七《果部下·枣》,上海古籍出版社1987年影印本。
③ 《艺文类聚》卷七四《地部三九·沙》,上海古籍出版社1987年影印本。
④ 《艺文类聚》卷七二〇《方术部一·养生》,上海古籍出版社1987年影印本。

三、《李郃别传》

《李郃别传》的传主李郃也是后汉著名的方士，范晔《后汉书》卷八二有传。虽然李郃是个方士，但是其别传所载的内容只有一件与方术有关，其余则反映他为官方正之事，和其他方士的传记不类。

李郃曾经作过上林苑令，“郃以郎谒者，为上林苑令”①。这说明李郃曾经为下层官吏。不仅如此，李郃还是一个正直的官吏，别传云：“郈（郈当为郃之误）上书太后，数陈忠言，其辞虽不能尽施行，辄有策诏褒赞焉。博士着两梁冠，朝会宜随士大夫例。时贱经学博士，乃在市长下，公奏以为非所以敬儒德、明国体也。上善公言，正月大朝引博士公府长史前。”②与一般方士超脱世外不同，李郃针对朝廷的一些弊病进谏，提出自己的主张，这说明他的行为已经超出方术之士的行为范围，是一个关心实事之人。东汉后期宦官与外戚专权是政治上的一大弊病，李郃对此现象进行了抵制，“邓骘弟豹为将作大匠。河南尹缺，豹欲得之。上及骘兄弟亦欲用，难便召拜，下诏令公卿举，骘以旨遣人讽公卿悉举豹。李郃曰：‘司隶河南尹，当整顿京师，检御贵戚，今反使亲家为之，必不可为后世法。’公举司隶羊浸不举豹。豹竟不得尹，恨公卿不举，对士大夫曰：‘李公宁能不举我，故我不得尹耶！’”③邓骘一家依仗邓太后的势力，炙手可热，无人敢惹，但李郃竟然敢捋虎须，反映了他不畏权势，敢于碰硬的道德情操。

作为方士，李郃没有像一些人那样以方术为手段，借机敛财，而是像读书人一样，不治产业，以读书为业，并且为人也雍容大度，《李郃别传》载：“公居贫而不好治产，有稻田三十亩，第宅一区。至京学问，常以赁书自给，为人沉深弘雅，有大度”④，这是一般方士所不可想象的。

《李郃别传》残篇中唯一写他方术行为的是下面一则：

---

① （宋）李昉等编，夏剑钦、王巽斋校点：《太平御览》第三卷，河北教育出版社 1994 年版，第 221 页。

② （宋）李昉等编，夏剑钦、王巽斋校点：《太平御览》第三卷，河北教育出版社 1994 年版，第 248 页。

③ （宋）李昉等编，夏剑钦、王巽斋校点：《太平御览》第三卷，河北教育出版社 1994 年版，第 376—377 页。

④ （宋）李昉等编，夏剑钦、王巽斋校点：《太平御览》第四卷，河北教育出版社 1994 年版，第 998 页。

> 郃字孟君，汉中人。和帝即位，分遣使者循州郡，观风俗，皆微服单行，当到益州，投公舍宿。时夏月露坐，为出酒与谈。公仰视问曰："二君发京师时，宁知二使者何日发耶？"二人惊相视而曰："不闻。"问公何以知之，公指星，有二使星向益州。二人知其深明，遂共谈，甚嘉异焉。①

这段记载或许是李郃知晓使者来益州并认出二人身份，而故弄玄虚。这是唯一一段表明其方士身份的文字。

中国古代传记作品，一般很少对人物进行外貌描写，即如《史记》也是如此。《史记》为众多的人物作了传，但是很少对人物进行外貌描写，即使有，也是速写式的粗线条的勾勒，如对刘邦的勾勒，"高祖为人，隆准而龙颜，美须髯，左股有七十二黑子"②。从这几句话中我们只知道刘邦高鼻子，胡须很美，至于什么是龙颜则很抽象，让人无法想象。而《李郃别传》则注意到对传主外貌的描写，"公长七尺八寸，多须髯，八眉，左耳有奇表，项如鼎足，手握三公之字"③。这种对传主身高、须眉、左耳的描写，已经比《史记》前进了一步，说明中古杂传已经注意到对人物外貌的刻画。总的说来，《李郃别传》并不像是一位方士的传记，倒像是一位政治人物的传记，它从不同方面传写了一个正直的封建官吏形象，至于其方士身份，反而被政治身份掩盖了。

四、《管辂别传》

管辂，字公明，平原人，《三国志》卷二九《方技传》有传。《管辂别传》为其弟管辰所撰，《隋书·经籍志》、《旧唐书·经籍志》、《新唐书·艺文志》入史部杂传类。《管辂别传》主要见于《三国志·方技传·管辂传》裴松之注所引，保存较为完整，另见于《世说新语》注引，《水经注》、《文选》李善注，《艺文类聚》、《初学记》、《太平御览》、《北堂书钞》等类书所引。裴松之注引内容超过《三国志》管辂本传的数倍，记载也比较完整，可以窥见管辂人生的全貌。同时，该别传为传主的弟弟所撰，其真实性较为可信。作为一个方术之士，管辂本传主要记载管辂的神卜，而管辰的《管辂别传》与《三国志》管辂本传

---

① （宋）李昉等编，夏剑钦、王巽斋校点：《太平御览》第七卷，河北教育出版社1994年版，第273页。

② （汉）司马迁撰：《史记·高祖本纪》，中华书局1959年版，第342页。

③ （宋）李昉等编，夏剑钦、王巽斋校点：《太平御览》第四卷，河北教育出版社1994年版，第31页。

近似，因《管辂别传》作于《三国志》之前，陈寿有可能采用了《管辂别传》的内容。

《管辂别传》记载了管辂幼年即通晓天文术数的天赋。

> 《辂别传》曰：辂年八九岁，便喜仰视星辰，得人辄问其名，夜不肯寐。父母常禁之，犹不可止。自言"我年虽小，然眼中喜视天文"。常云："家鸡野鹄，犹尚知时，况于人乎？"与邻比儿共戏土壤中，辄画地作天文及日月星辰。每答言说事，语皆不常，宿学耆人不能折之，皆知其当有大异之才。及成人，果明《周易》，仰观、风角、占、相之道，无不精微。①

个人的天赋，再加之自己的努力，使管辂成为一个著名方士，所以他十五岁时即名声大振，被认为是神童。尽管如此，管辂还虚心向人学习。

> 《辂别传》曰：利漕民郭恩，字义博，有才学，善《周易》、《春秋》，又能仰观。辂就义博读《易》，数十日中，意便开发，言难逾师。于此分蓍下卦，用思精妙，占黉上诸生疾病死亡贫富丧衰，初无差错，莫不惊怪，谓之神人也。又从义博学仰观，三十日中通夜不卧，语义博："君但相语墟落处所耳，至于推运会，论灾异，自当出吾天分。"学未一年，义博反从辂问《易》及天文事要。②

正是锲而不舍的钻研，使管辂能够青出于蓝而胜于蓝，超过了自己的老师郭恩。不仅如此，管辂还与一些《周易》名家王基、鲍子春切磋讨论，以提高自己的水平。

《管辂别传》记载了许多管辂为人卜卦，料事如神的神算。信都令家妇女惊恐，更互疾病，让管辂卜筮，管辂认为是其家北堂埋有两个死男子，一个持矛，一个持弓所为。

---

① (晋)陈寿撰，(刘宋)裴松之注：《三国志·方技传》，中华书局1959年版，第811—812页。

② (晋)陈寿撰，(刘宋)裴松之注：《三国志·方技传》，中华书局1959年版，第812—813页。

《辂别传》曰：王基即遣信都令迁掘其室中，入地八尺，果得二棺，一棺中有矛，一棺中有角弓及箭，箭久远，木皆消烂，但有铁及角完耳。及徙骸骨，去城一十里埋之，无复疾病。①

管辂与江湖骗子不同，他一不骗取钱财，二是他的神卜是以其博学为基础的，管辂对每一件事情的分析，都是有其理论根据的。

夫风以时动，爻以象应，时者神之驱使，象者时之形表，一时其道，不足为难。王弘直亦大学问，有道术，皆不能精。问辂："风之推变，乃可尔乎？"辂言："此但风之毛发，何足为异？若夫列宿不守，众神乱行，八风横起，怒气电飞，山崩石飞，树木摧倾，扬尘万里，仰不见天，鸟兽藏窜，兆民骇惊，于是使梓慎之徒，登高台，望风气，分灾异，刻期日，然后知神思遐幽，灵风可惧。"②

（王）经欲使辂卜，而有疑难之言，辂笑而答之曰："君侯州里达人，何言之鄙！昔司马季主有言，夫卜者必法天地，象四时，顺仁义。伏羲作八卦，周文王三百八十四爻，而天下治。病者或以愈，且死或以生，患或以免，事或以成，嫁女娶妻或以生长，岂直数千钱哉？以此推之，急务也。苟道之明，圣贤不让，况吾小人，敢以为难！"彦纬敛手谢辂："前言戏之耳。"于是辂为作卦，其言皆验。经每论辂，以为得龙云之精，能养和通幽者，非徒合会之才也。③

管辂虽然只是个方技之士，但他也有傲视王侯的高贵品质，《三国志》管辂本传云：

吏部尚书何晏请之，邓飏在晏许。晏谓辂曰："闻君着爻神妙，试为作一卦，知位当至三公不？"又问："连梦见青蝇数十头，来在鼻上，驱之不肯去，有何意故？"辂曰："夫飞鸮，天下贱鸟，及其在林食椹，则怀我好音，况辂心非草木，敢不尽忠？昔元、凯之弼重华，宣惠慈和，周公之翼成王，坐而待旦，故能流光六合，万国咸宁。此乃履道休应。非卜筮之

① （晋）陈寿撰，（刘宋）裴松之注：《三国志·方技传》，中华书局 1959 年版，第 814 页。
② （晋）陈寿撰，（刘宋）裴松之注：《三国志·方技传》，中华书局 1959 年版，第 817 页。
③ （晋）陈寿撰，（刘宋）裴松之注：《三国志·方技传》，中华书局 1959 年版，第 815 页。

所明也。今君侯位重山岳，势若雷电，而怀德者鲜，畏威者众，殆非小心翼翼多福之仁。又鼻者艮，此天中之山，高而不危，所以长守贵也。今青蝇臭恶，而集之焉。位峻者颠，轻豪者亡，不可不思害盈之数，盛衰之期。是故山在地中曰谦，雷在天上曰壮；谦则裒多益寡，壮则非礼不履。未有损己而不光大，行非而不伤败。原君侯上追文王六爻之旨，下思尼父彖象之义，然后三公可决，青蝇可驱也。"飏曰："此老生之常谭。"辂答曰："夫老生者见不生，常谭者见不谭。"晏曰："过岁更当相见。"辂还邑舍，具以此言语舅氏，舅氏责辂言太切至。辂曰："与死人语，何所畏邪？"舅大怒，谓辂狂悖。岁朝，西北大风，尘埃蔽天，十余日，闻晏、飏皆诛，然后舅氏乃服。①

何晏是曹操的养子，时为吏部尚书，权倾朝野，但管辂不以为然，对其加以褒贬。

总之，《管辂别传》与其他方技传中的传主不同，他不是装神弄鬼的江湖骗子，而是一个通晓古代文化，了解时事动向的智者，故而对事件的分析才能准确无误。

方术之士给人们的印象通常是靠编造虚幻、荒诞的故事来欺骗世人，捞取政治、经济利益的人，而中古几部方术之士的别传则没有这方面的记载，它们从不同方面载录方术之士的精神面貌。《樊英别传》载录樊英精通风角、遁甲之术，救人于危难之中，面对汉顺帝的淫威，表现了知识分子身上才有的铮铮铁骨。《刘根别传》写刘根服食以求长生之事的记载。《管辂别传》写管辂精通天文术数之学，以及他对学术的酷爱和不屈服于权贵的品质。可以说，以上三部别传，大有为方术之士正名的作用。

第九节　徜徉于佛道俗之间
——中古宗教人士别传研究

中古时期，宗教繁兴，起源于中国本土的道教与来自印度的佛教相得益彰，故一些宗教人物成为了别传的传主，由此促进了别传传主的多元化。

---

① （晋）陈寿撰，（刘宋）裴松之注：《三国志・方技传》，中华书局1959年版，第820页。

一、《支遁别传》

支遁，字道林，本姓关氏，陈留人，一说河东林虑人，东晋著名高僧，因其出家时依支姓僧人为师，故改姓支，隐居余杭山。魏晋南北朝时期，是佛教在中国大发展时期，这一时期出现了很多的高僧，但支遁是一个很特殊的僧人，他不仅佛学造诣颇高，而且与世俗的很多人物都有来往，《高僧传》载，支遁曾经与王洽、刘恢、殷浩、许询、孙绰、桓彦表、郗超、王敬仁、何次道、王文度、谢长遐、袁彦伯等相交往。支遁是东晋著名的义学高僧，在鸠摩罗什来华之前，在义学方面，支遁和释道安是执牛耳者，他不仅在义学上见解独到，而且还游心于老庄之中，在玄学方面别有建树，加之他风神超迈，所以在当时极具影响力。

> 法师研十地，则知顿悟于七往；寻庄周，则辩圣人之逍遥。当时名胜，咸味其音旨。[①]

由此可知其在东晋学术界地位之高。《高僧传》对此亦云：

> 遁尝在白马寺与刘系之等谈《庄子·逍遥篇》，云"各适性以为逍遥"。遁曰："不然。夫桀、跖以残害为性，若适性为得者，彼亦逍遥矣。"[②]

说明支遁不仅精通佛理，亦能把佛理与老庄思想相结合。

在东晋的名僧中，支遁是个名士型的僧人，《世说新语·轻诋篇》云：

> 王北中郎不为林公所知，乃著论《沙门不得为高士论》。大略云："高士必在于纵心调畅，沙门虽云俗外，反更束于教，非情性自得之谓也。"[③]

---

① （南朝宋）刘义庆著，（南朝梁）刘孝标注，余嘉锡笺疏：《世说新语笺疏》，中华书局1983年版，第264页。

② （梁）慧皎撰，汤用彤校注，汤一玄整理：《高僧传》，中华书局1992年版，第160页。

③ （南朝宋）刘义庆著，（南朝梁）刘孝标注，余嘉锡笺疏：《世说新语笺疏》，中华书局1983年版，第992页。

名僧的名士化是两晋佛玄互动的一个突出现象。支遁既通义理，又善谈玄，他与王坦之的清谈反映了当时的风气与其渊博的知识。《世说新语》又云：

王中郎与林公绝不相得。王谓林公诡辩，林公道王云："箸腻颜帢，[鰷]布单衣，挟《左传》，逐郑康成车后，问事何物尘垢囊！"①

通过论辩可知支遁的名士风范。支遁的论辩往往切中肯綮，《支遁传》云：

遁每标举会宗，而不留心象喻，解释章句，或有所漏，文字之徒，多以为疑。谢安石闻而善之曰："此九方皋之相马也，略其玄黄，而取其俊逸。"②

对于支遁的风姿神貌，《支遁传》也有所记载：

遁神悟机发，风期所得，自然超迈也。③

《支遁别传》曰："遁任心独往，风期高亮。"④

《支遁别传》曰："遁神心警悟，清识玄远，尝至京师，王仲祖称其造微之功，不异王弼。"⑤

可见，在魏晋南北朝注重人物风神外貌的风气下，支遁的风神外貌确实不同凡响。同时，支遁也没有完全的超凡脱俗，他还具有正常人的思想感情。

---

① (南朝宋)刘义庆著，(南朝梁)刘孝标注，余嘉锡笺疏：《世说新语笺疏》，中华书局1983年版，第988页。

② (南朝宋)刘义庆著，(南朝梁)刘孝标注，余嘉锡笺疏：《世说新语笺疏》，中华书局1983年版，第990页。

③ (南朝宋)刘义庆著，(南朝梁)刘孝标注，余嘉锡笺疏：《世说新语笺疏》，中华书局1983年版，第633页。

④ (南朝宋)刘义庆著，(南朝梁)刘孝标注，余嘉锡笺疏：《世说新语笺疏》，中华书局1983年版，第557页。

⑤ (南朝宋)刘义庆著，(南朝梁)刘孝标注，余嘉锡笺疏：《世说新语笺疏》，中华书局1983年版，第563页。

支道林丧法虔之后，精神陨丧，风味转坠。常谓人曰："昔匠石废斤与郢人，牙生辍弦于钟子，推己外求，良不虚也！冥契既逝，发言莫赏，中心蕴结，余其亡矣！"却后一年，支遂殒。①

本条刘孝标注引《支遁传》曰："法虔，道林同学也。俊朗有理义，遁甚重之"②。可见，支遁并不是跳出三界外不在五行中的化外之人，而是有正常人感情的高僧。

对于支遁的才学，《世说新语》也多所记载：

王逸少作会稽，初至，支道林在焉。孙兴公谓王曰："支道林拔新领异，胸怀所及乃自佳，卿欲见不？"王本自有一往俊气，殊自轻之。后孙与支共载往王许，王都领域，不与交言。须臾支退。后正值王当行，车已在门，支语王曰："君未可去，贫道与君小语。"因论《庄子·逍遥游》。支作数千言，才藻新奇，花烂映发。王遂披襟解带，留连不能已。③

王逸少即是王羲之，他由轻视支遁，到为支遁所折服，体现了支遁的博学多才，刘孝标在注此节时云：

支法师传曰："法师研十地，则知顿悟于七往；寻庄周，则辩圣人之逍遥。当时名胜，咸味其音旨。"《道贤论》以七沙门比竹林七贤，遁比向秀，雅尚《庄》、《老》。二子异时，风尚玄同也。④

支遁等人的清谈，从积极角度说，是促进了佛学的玄学化和中国化，这涉及般若学"六家七宗"问题。

作为东晋名僧，支遁还是一个著名的诗人，他与谢安、许询、孙绰等名士

---

① (南朝宋)刘义庆著，(南朝梁)刘孝标注，余嘉锡笺疏：《世说新语笺疏》，中华书局1983年版，第755—756页。

② (南朝宋)刘义庆著，(南朝梁)刘孝标注，余嘉锡笺疏：《世说新语笺疏》，中华书局1983年版，第755—756页。

③ (南朝宋)刘义庆著，(南朝梁)刘孝标注，余嘉锡笺疏：《世说新语笺疏》，中华书局1983年版，第264页。

④ (南朝宋)刘义庆著，(南朝梁)刘孝标注，余嘉锡笺疏：《世说新语笺疏》，中华书局1983年版，第264页。

结交，其吟咏诗篇在玄言诗坛的地位绝不亚于孙绰、许询等人。郑振铎认为："支遁在诸和尚诗人里是最伟大的一位。"①支遁诗的艺术特色正反映了魏晋诗歌的时尚与趋势，表明他虽为佛学家与清谈家，但是其创作并没有游离文学潮流之外，其玄言诗虽然以阐释玄理为基础，但也展现了其个人心灵及精神境界。

二、《佛图澄别传》

佛图澄，天竺人，东晋著名高僧，本姓帛氏，少年即学道，妙通玄术，永嘉四年来到洛阳，为东晋名僧之一，《晋书》卷九五及《高僧传》卷第九有传。《佛图澄别传》，《隋书·经籍志》等史志无著录，其佚文介绍了其简历及其以预知未来而折服石勒之事。

> 道人佛图澄，不知何许人，出于敦煌，好佛道，出家为沙门。永嘉中，至洛阳，值京师有难，潜遁草泽间。石勒雄异好杀害，因勒大将军郭默略见勒。以麻油涂掌，占见吉凶。数百里外听浮图铃声，逆知祸福。勒甚敬信之。虎即位，亦师澄，号大和尚。自知终日，开馆无尸，唯袈裟法服在焉。②

《佛图澄别传》还载录了佛图澄为石勒祈雨的故事。

> 石虎时，自正月至六月不雨，澄诣淦口祠，稽首曝露，即日二龙降于祠下，于是雨遍数千里。③

其他的僧道别传，其文多失传，无法窥知其全貌，故不作论述。

三、《陆先生传》等道教人物别传

《陆先生传》，《隋书·经籍志》入史部杂传类，题为一卷，著者孔稚珪。

---

① 郑振铎：《插图中国文学史》，北京出版社 1999 年版，第 179 页。

② （南朝宋）刘义庆著，（南朝梁）刘孝标注，余嘉锡笺疏：《世说新语笺疏》，中华书局 1983 年版，第 126 页。

③ （宋）李昉等编，夏剑钦、王巽斋校点：《太平御览》第一卷，河北教育出版社 1994 年版，第 101 页。

陆先生为陆修静，南朝道教著名人物，对道教的发展作出过巨大贡献。《云笈七签》卷五有《宋庐山简寂陆先生传》。

《陆先生传》现已失传，我们可以从《云笈七签》卷五《宋庐山简寂陆先生传》来窥知其一斑。

陆静修，“吴兴懿族陆氏之子，讳修静。道降元气，生而异俗。其色怡怡，其德熙熙。明以启著，虚以贯幽”。少年时期，即喜爱谶纬之学，曾经“冥搜潜衡、熊湘，暨九嶷、罗浮，西至巫峡、峨嵋。如云映松风，丽乎山而映乎水。功成，扣玄感神，授灵诀。适然自得，通交于仙真之间矣”，也就是进入名山修道，宋文帝曾经邀请其出仕，“先生不顾”，宋明帝“袭轩皇淳风，欲稽古化俗，虚诚致礼，至于再三。先生固称幽忧之疾，曾莫降眄。天子乃退斋筑馆，恭肃以迟之，不得已而莅焉”。陆修静得道之后，“朝野识真之夫，若水奔壑，如风应虎，其谁能御之？先生拨雾开日，汰沙引金，指方以倒之……初先离山，有熊虎猿鸟之属，悲鸣拥路，出谷而止”。陆修静是个道德高尚之士，其临终之日，亦不同凡响，“迨元徽五年春正月，谓门人曰：‘吾得还山，可整装。’众感讶，诏旨末从而有斯说。至三月二日，乃偃卧解带，肤体辉烁，目瞳映朗。但闻异香芬馥，满室而已。后三日，庐山诸徒共见先生霓旌霭然，还止旧宇，斯须不知所在，相与惊而异之。顾命盛以布囊，投所在崖谷。门人不忍，遂奉还庐山，时春秋七十二。所谓炼形幽壤，腾景太微者矣。有诏谥曰‘简寂先生’，以故居为简寂馆，宗有道也”①，由此可知陆静修受人们爱戴的程度。

《清虚真人裴君内传》，《隋书・经籍志》入史部杂传类，题为“一卷”，未题著者，《旧唐书・经籍志》史部杂传类著录为“一卷”，著者郑子云，《新唐书・艺文志》题作者为郑云千。《云笈七签》卷一〇五载录。《云笈七签》卷一〇五题名《清灵真人裴君传》，著者为弟子邓云子撰，张承宗考证云“考《真灵位业图》诸真号绝少重复相同者，故‘清虚’乃因前一条写误，应为‘清灵’，‘郑子云’、‘郑云千’亦皆‘邓云子’之误”②。至于邓云子的情况，也不得而知，但有一点是比较清楚的，那就是张君房录入《云笈七签》的《清灵真人裴君传》应该是原文的照录而已。我们以《云笈七签》卷一〇五中所录《清灵真人裴君传》为蓝本，来分析《清虚真人裴君内传》。

《清虚真人裴君内传》首先给我们介绍了裴玄仁的基本情况，“清灵真人

① （宋）张君房纂辑，蒋力生等校注：《云笈七签》卷五，华夏出版社1996年版，第24页。

② 张承宗：《六朝道教人物杂传述要》，《苏州大学学报》1998年第1期。

裴君，字玄仁，右扶风夏阳人也，以汉孝文帝二年，君始生焉。为人清明，颜仪整素，善于言笑，目有精光，垂臂下膝，声气高彻，呼如钟鸣”①。与许多著名人物一样，裴玄仁一出生便不同凡响。接下来写他学道的经过，先遇佛图道人支子元，支子元教他学道的方法与步骤。后又遇到五星之精，历经十一年，学道成功，开始与仙人交游，并服食仙药，得道成仙。传中还记述了裴玄仁所授的道教书籍，以及裴玄仁服食仙药的方法。《清虚真人裴君内传》对裴玄仁修道过程的记载很生动、细致。

> 其夕夜半，当出中庭，北向脱巾，再拜长跪，上启太上北极天帝太帝君，因密自陈已立身以来犯罪多少之状，乞得赦贳、从今自后改往修来之言，言之必使信，誓于丹心，盟于天地，不敢复犯恶之行也。其中言在意陈之也。毕云愿太上皇帝削其罪名，移书三官，使神仙之录某厕玉札，长生久视，通真达灵。毕，又叩齿四下，再拜而还静室，深自刻责，并存念三元中神，令上启太上。如此者三，名上仙籍，罪咎除灭也。三元、泥丸、绛宫、丹田三神也。存令三元三神，上启天尊，求恩赦助。已自陈令，必上闻也。三启秋分，生籍乃定，死名乃除。此一法出《经命青图》，是长生秘法矣。俗人虽存道，未离人间，甚多罪咎，犯之者非一，恐未便可施用秋分首过之法也。入山林中，远去人事，萧然独处，不犯万物者，乃可为之。既有反善之词，誓有改行之言，言已闻于高上之听，慎不可复使犯恶远生之事也。重犯罪十过，天地弗救，身死为验，非可复改补者矣。以此求道，无所复索也。养生者有如水火之交尔，得其益则白日升天，犯戒律则身没三泉也。②

作为道教人物别传，《清虚真人裴君内传》对修道过程记载甚详，但对传主性格刻画不够，全传似乎是一部修道教材。

《嵩高少室寇天师传》，《隋书·经籍志》无载录，《旧唐书·经籍志》入史部杂传类，《新唐书·艺文志》入道家类，题为“三卷”，宋都能传。寇天师指寇谦之。

《华阳子自序》，华阳子为陶弘景的道号，从篇名上看，此似乎是陶弘景

① (宋)张君房纂辑，蒋力生等校注：《云笈七签》卷五，华夏出版社1996年版，第643页。

② (宋)张君房纂辑，蒋力生等校注：《云笈七签》卷一〇五，华夏出版社1996年版，第647页。

的自传，陶弘景，南朝道教的著名人物，曾隐居茅山，人称“山中宰相”，他是道教上清派的重要传人，在长江流域影响很大，对南朝道教的变革与发展作出了重要贡献。据《南史·隐逸传下》记载，陶弘景在道教及当时社会的影响很大。

《仙人马君阴君内传》，《隋书·经籍志》入史部杂传类，“一卷”，未题著人。《旧唐书·经籍志》与《新唐书·艺文志》题著者为赵升，《宋史·艺文志》题为“一卷”，未题著者。《云笈七签》卷一〇六有《马鸣生真人传》和《阴真君传》或出自《仙人马君阴君内传》[①]，由此我们也可以从中了解《仙人马君阴君内传》全貌。

马君，即马鸣生，齐国临淄人，本姓和，字君宝。《马鸣生真人传》交代他入道的缘由：

> 少为县吏捕贼，为贼所伤，遇太真夫人适东岳，见而悯之。当时殆死，良久忽见一女子，年可十六七，服奇丽，姿容绝世，行步其傍，问君宝曰：汝何伤血也？君宝以实对。夫人曰：汝所伤，乃重刃关于肺，五脏泄漏，血凝绛府，炁激肠外，此将死之急也，不可复生，如何？君宝知是神人，叩头求哀，乞赐救护。夫人于肘后筒中出药一丸，大如小豆，即令服之，登时而愈，血绝疮合，无复惨痛。君宝再拜，跪曰：家财不足以谢，不知何以奉答恩施？惟当自展驽力，以报所受尔！夫人曰：汝必欲以谢我，意亦可佳，可见随去否？君宝乃易名姓，自号马明生，随夫人执役。[②]

接下来，与其他的学道之人遭遇一样，在仙人的指导下，潜心修炼，终成正果。

《阴真君传》和《马鸣生真人传》一样，也记载了阴君修炼的过程，内容大同小异，无须多论。这些别传中所记之事，多虚幻、怪诞者，不可认为事实真是如此。

《王乔传》，《隋书·经籍志》题为“一卷”，未著录著者。《旧唐书·经籍志》与《新唐书·艺文志》亦未题著者。王乔是道教中的神仙，既为神仙，那么其事迹的记载也就充满虚幻、怪诞，不能作为史实来看待，刘知几对此曾

---

① 熊明：《杂传与小说：汉魏六朝杂传研究》，辽海出版社2004年版，第426页。

② （宋）张君房纂辑，蒋力生等校注：《云笈七签》卷一〇六，华夏出版社1996年版，第655页。

经有所批评，《史通·采撰》曰："范晔增损东汉一代，自谓无惭良直，而王乔凫履，出于《风俗通》，左慈羊鸣，传于《抱朴子》。朱紫不别，秽莫大焉。"[①]《史通·书事》曰："范晔博采众书，裁成汉典，观其所取，颇有奇功；至于《方术》篇及诸蛮夷传，乃录王乔、左慈、廪君、盘瓠，言唯迂诞，事多诡越，可谓美玉之瑕，白圭之玷。惜哉！无是可也。"[②]《史通·杂说中》曰："夫学未该博，鉴非详正，凡所修撰，多聚异闻，其为踳驳，难以觉悟。按应劭《风俗通》载楚有叶君祠，即叶公诸梁庙也。而俗云孝明帝时有河东王乔为叶令，尝飞凫入朝。及干宝《搜神记》，乃隐应氏所通，而收其流俗怪说……既而宋求汉事，旁取令升之书……编简一定，胶漆不移，故令俗之学者，说凫履登朝，则云《汉书》旧记……遮彼虚辞，成兹实录。语曰：'三人成市虎。'斯言其得之者乎！"[③]这说明《王乔传》充满的虚幻的色彩。

《关令内传》，又名《关尹子》。《隋书·经籍志》无著录，《旧唐书·经籍志》入史部杂传类，《新唐书·艺文志》入子部道家类，题为"一卷"，作者鬼谷子。《汉书·艺文志》载道家《关尹子》"名喜，为关吏，老子过关，喜去吏而从之"[④]，这实际上是把《史记·老庄申韩列传》中，"强为我著书"，改作"去吏而从之"，以说明关令是自觉追随老子去的，故北魏时期，楼观道派兴起，尹喜被楼观道派尊为祖师，此传应该是楼观道派所撰，托名鬼谷子和商山四皓。老子，是春秋时期道家学派的代表人物，在道教兴起后，为了扩大影响力，便把老子也拉入教中，即太上老君，传说中的黄帝也成了玉皇大帝。关令本来是强迫老子为其作《道德经》的，此时也是自愿追随老子而去，无非为了说明道教受欢迎的程度。

尽管从传记文学的角度看，这些别传并无任何价值，但是它们想象的奇特，情节的离奇，对后世神话与神魔小说的发展具有启发作用。

---

① (唐)刘知几撰，(清)浦起龙通释，吕思勉评：《史通》，上海古籍出版社 2008 年版，第 85 页。

② (唐)刘知几撰，(清)浦起龙通释，吕思勉评：《史通》，上海古籍出版社 2008 年版，第 166 页。

③ (唐)刘知几撰，(清)浦起龙通释，吕思勉评：《史通》，上海古籍出版社 2008 年版，第 352 页。

④ (汉)班固撰：《汉书·艺文志》，中华书局 2007 年版，第 333 页。

四、《诃梨跋摩传》

《诃梨跋摩传》，著者释玄畅，俗姓赵，河西金城人，于凉州出家，宋元嘉中达扬州，齐永明初终于京师。《诃梨跋摩传》是玄畅为天竺僧人诃梨跋摩作的一篇别传，严可均据《释藏》一〇一卷采得此传，录入《全齐文》卷二六中。《诃梨跋摩传》载录了诃梨跋摩幼时的佛学天赋，“幼则神期秀拔，长则思周变通。至若世典围陀，并是阴阳奇术；提舍高论，又亦外诰情辨。皆经耳而究其幽，遇心而尽其妙，直以世训承习，弗为心要也”①。佛学是哲学的一个分支，研究佛学需要有超常的悟性，诃梨跋摩幼时的天分，加之个人的勤勉，最后达到“遇见梵志，导以真轨”的地步，为萨婆多部，达摩沙明究摩罗陀弟子。

对于诃梨跋摩的刻苦，别传也有描述，“于是跋摩敬承钻习，功不逾月，皆精其文义”，“遂乃数载之中，穷三藏之旨，考九流之源，方知五部创流荡之基，迦旃启偏竟之始，纷纶遗踪，谋方百辙，由使归宗者昧其繁文，寻教者惑其殊轨”。别传还写到诃梨跋摩的巨大影响，“于时众师雷动，相视阙如”，“王及臣民，庆快非恒，即与率土，奉为国师”。对于跋摩的胸襟，传记也作了描述，“跋摩既宏才放达，广心远度，虽众诮交喧，傲然容豫，深体忘怀，明游常趣，神用闲邃，择木改步”②。《诃梨跋摩传》还写到跋摩与外道论师的情况：“于时天竺有外道论师，云是优楼却弟子，明鉴纵达，每述讯正之辩，历国命酬，莫能制者。闻华氏王崇敬三宝，将阻其信情，又欲振名殊方，遂杖策恒南，直至摩羯。王闻不悦，即宣募境内，有能辨屈之者，当奉为国师。阖境豪彦，皆惮其高名，咸曰：‘才非跋摩，孰堪斯举。’王闻甚悦，即敕奉迎。”③

总之，《诃梨跋摩传》是一篇不可多得的僧人传记，传主的生活与事迹都很鲜明，对慧皎的《高僧传》应该是有所启发的。

按着一般人的理解，宗教人士大都是跳出三界外，不在五行中的人物。中古几部宗教人士的别传，则与此大异其趣。《支遁别传》的传主支遁，是个出家人，他不仅精通佛教义学，而且还与世俗的一些玄学知名人物来往，促使了佛学玄学化。《佛图澄别传》则记载佛图澄与统治者的来往，这有助于佛教的传播与发展。道教人物别传，如《陆先生传》则记载了陆静修潜心修

---

① (清)严可均辑，许少峰审订：《全齐文·诃梨跋摩传》，商务印书馆 1999 年版，第 272 页。

② (清)严可均辑，许少峰审订：《全齐文·诃梨跋摩传》，商务印书馆 1999 年版，第 273 页。

③ (清)严可均辑，许少峰审订：《全齐文·诃梨跋摩传》，商务印书馆 1999 年版，第 274 页。

道的事迹。《诃梨跋摩传》主要记载诃梨跋摩对于佛学的精通，以及与外道辩难，维护了佛教的尊严，扩大了佛教的传播。这几部别传可以说是宗教人物面面观。

第十节　苟全性命于乱世——中古隐士别传研究

隐士是中国的一个特殊阶层，他们或是对社会的黑暗不满，或是不与统治者合作，或是为了全身远祸，或是为了追求人生的闲适而隐居乡村或深谷。但由于他们品德高尚或学识渊博而为世所知，故而也成为别传的撰写对象。中古时期出现了很多隐士的别传，因时间久远，多已失传，本节对存文较多的隐士别传进行研究。

一、《司马徽别传》

司马徽，字德操，人称水镜先生，汉末著名隐士，此公有人伦识见，与庞德公、庞统、诸葛亮为友，曾经向刘备推荐庞统与诸葛亮。《司马徽别传》原本已经失传，目前只见于《世说新语》及《太平御览》所引，且有重复，但于此也可见司马徽为人行事之一斑。

《司马徽别传》曰：徽字德操，颍川阳翟人。有人伦鉴识，居荆州。知刘表性暗，必害善人，乃括囊不谈议时人。有以人物问徽者，初不辨其高下，每辄言佳。其妇谏曰："人质所疑，君宜辩论，而一皆言佳，岂人所以咨君之意乎？"徽曰："如君所言，亦复佳。"其婉约逊遁如此。尝有妄认徽猪者，便推与之。后得其猪，叩头来还，徽又厚辞谢之。刘表子琮往候徽，遣问在不。会徽自锄园，琮左右问："司马君在邪？"徽曰："我是也。"琮左右见其丑陋，骂曰："死佣，将军诸郎欲求见司马君，汝何等田奴，而自称是邪！"徽归，刘头着帻出见。琮左右见徽故是向老翁，恐，向琮道之。琮起，叩头辞谢。徽乃谓曰："卿真不可，然吾甚羞之。此自锄园，唯卿知之耳。"有人临蚕求簇箔者，徽自弃其蚕而与之。或曰："凡人损己以赡人者，谓彼急我缓也。今彼此正等，何为与人？"徽曰："人未尝求己，求之不与将惭。何有以财物令人惭者！"人谓刘表曰："司马德操，奇士也，但未遇耳。"表后见之，曰："世间人为妄语，此直小书生耳。"

其智而能愚皆此类。荆州破，为曹操所得，操欲大用，会其病死。①

在这里，司马徽是个隐者形象，在汉末的大乱中，司马徽苟全性命，不求闻达。并且，他有人伦识见，知道刘表嫉贤妒能，便韬光养晦，以求安宁，以至刘表认为他是个“小书生”，其大智若愚若此。《司马徽别传》还记载了刘琮来访，手下人误把司马徽认作佣人之事，这件事充满了戏剧色彩。还有别人求族箔养蚕，司马徽便弃其蚕而与之。别人错认自己的猪，他便与之，这两件事体现了他是一位忠厚长者形象。司马徽生于乱世，虽然具有人伦识鉴之能，但为了不招惹麻烦，在议论人物时，皆言“佳”，是一个老于世故者的表现。

二、《陶渊明传》

《陶渊明传》，是中古别传中比较优秀的一部传记。《陶渊明传》是萧统为东晋大诗人、隐士陶渊明所作的一篇别传。陶渊明是魏晋之际名士风流的代表，他把魏晋风流推向极致。萧统的这篇传记比较全面地记录了陶渊明一生的遭际和人格理想，是我们今天研究陶渊明的一份宝贵资料。

别传的开头介绍了陶渊明的字、号及籍贯，“陶渊明字元亮，或云潜字渊明”。接下来是祖上的介绍，“曾祖侃，晋大司马”，陶侃，字士行，历任湘、广、荆州刺史，晋成帝时，封长沙郡公，为太尉，赠大司马，在当时名望很高。对于陶渊明的性格，其别传也作了说明，“渊明少有高趣，博学善属文，颖脱不群，任真自得”，这是对陶渊明性格最恰当的概括。为了诠释这一性格，萧统还引用了陶渊明的自传《五柳先生传》来加以具体化，并称“时人谓之实录”，说明陶渊明的自传没有虚构的成分，是实际生活的写照。由于具有隐士的人格，陶渊明不善官场的应酬，他出去做官，不是走儒家“学而优则仕”之路，他出仕纯粹是为了糊口，“亲老家贫，起为江州祭酒，不堪吏职，少日自解归”，“不堪吏职”，可能是他没有从政的才能，或没有从政的经验，或受不了官场繁琐的事务，或是不愿意对上级低声下气、卑躬屈膝，或看不惯官场的尔虞我诈，或他不愿意扭曲自己的人格，不管是哪一方面，他做了没有多久，就自动辞职了，说明是由于上面所说的原因之一。有了第一次的辞职，不到万不得已，他是不会再出来为官为宦的，由于“躬耕自资，遂抱羸疾”，不得

① (南朝宋)刘义庆著，(南朝梁)刘孝标注，余嘉锡笺疏：《世说新语笺疏》，中华书局1983年版，第79—80页。

已，再次出仕，当了彭泽县令，又由于他"岂能为五斗米，折腰向乡里小儿"[1]再次辞职，而这次是他彻底与官场决裂的一次，以后人们再征召他，都拒绝出仕，并写了《归去来兮辞》，以示己志。

这篇别传抓住了陶渊明的隐士性格来为其立传，特色非常鲜明。

> 江州刺史王弘欲识之，不能致也。渊明尝往庐山，弘命渊明故人庞通赍酒具，于半道栗里之间邀之。渊明有脚疾，使一门生、二儿舁篮舆，既至欣然，便共饮酌。俄顷弘至，亦无迕也。
>
> 先是，颜延之为刘抑后军功曹，在浔阳，与渊明情款，后为始安郡，经过浔阳，日造渊明饮焉。每往，必酣饮致醉。弘欲邀延之坐。弥日不得。延之临去，留二万钱与渊明。渊明悉遣送酒家，稍就取酒。
>
> 尝九月九日，出宅边菊丛中坐久之，满手把菊。忽值弘送酒至，即便就酌，醉而归。渊明不解音律，而蓄无弦琴一张，每酒适，辄抚弄以寄其意。贵贱造之者，有酒辄设，渊明若先醉，便语："我醉欲眠，卿可去。"其率真如此。郡将尝候之，值其酿熟，取头上葛巾漉酒，漉毕，还复着之。[2]

在这里，陶渊明的嗜酒，既不同于阮籍的醉酒避祸，也不同于刘伶的病酒，而是追求一种人生的乐趣，是他所追求的适意人生的体现，他要在醉酒之中体会人生的真谛。在魏晋之际，饮酒、服药者，不乏其人，但他们大多出于某种目的，陶渊明则无任何的目的，是与他所追求的自然而然的人生情趣相一致的。他取葛巾漉酒，既不是作秀，也不是别出心裁，而是一种自然状态。他喜欢菊花，满手把菊，其原因是菊与他的心智是相通的，因为菊花不顾秋风的萧瑟，照样怒放如故，陶渊明不管生活如何贫困，尽管"环堵萧然，不蔽风日，短褐穿结，箪瓢屡空"，仍然"晏如也"。这和菊是一致的。陶渊明蓄无弦琴一张，也是"寄其意"的一种表现，他蓄无弦琴目的和用葛巾漉酒是一样的，都是为了表现其情志。总之，《陶渊明传》作为一篇优秀的别传，在刻画传主性格方面极具功力，把这位生活于一千八百年前的伟大诗人的性格状貌，再现于我们面前。

---

① (清)严可均辑，冯瑞生审订：《全梁文·陶渊明传》，商务印书馆 1999 年版，第 223—224 页。

② (清)严可均辑，冯瑞生审订：《全梁文·陶渊明传》，商务印书馆 1999 年版，第 224 页。

隐士在中国是一个特殊的阶层，但隐士与隐士也不尽相同，这主要是由于其隐居的目的决定的。司马徽是为了苟全性命于乱世而隐居的，而陶渊明是为了追求潇洒闲适的人生而隐居的，故此他们的别传也大不相同。

第十一节　谁说女子不如男——中古女性别传研究

中古时代既是文学自觉的时代，也是人的自觉的时代。对女性的重视，是人的自觉的内容之一，最为典型的事例就是范晔在《后汉书》中设有《列女传》，一些才行高秀的女性成为了传主。这种现象应该起源于别传，因为在三国时期，钟会即作有《张夫人传》，夏侯湛作有《辛宪英传》，本节以此为代表，对中古女性别传进行研究。

一、《张夫人传》

《张夫人传》又称《母夫人张氏传》，是三国时期钟会为其母所作的别传。

钟会，字士季，颍川长社人，太傅钟繇的小儿子。为人聪明、勤奋好学，颇有胆识，《世说新语》载：

> 钟毓、钟会少有令誉。年十三，魏文帝闻之，语其父钟繇曰："可令二子来！"于是敕见。毓面有汗，帝曰："卿面何以汗？"毓对曰："战战惶惶，汗出如浆。"复问会："卿何以不汗？"对曰："战战栗栗，汗不敢出。"①

通过从容的应对，足以见钟会的聪明之至。正始末年，钟会投靠到司马氏手下，晚年奉司马昭之命灭蜀，功成之后，因图谋割据自立，被杀。在历史上，钟会也擅文学及玄学义理之说，曾著有《四本论》，因依附司马氏集团，打击忠于曹魏的士人，如谗害嵇康、阮籍而被恶名。但钟会为其母张夫人所作的别传，由于发自内心对母亲的怀念，情真意切，颇为感人。《张夫人传》，《隋书·经籍志》无著录，姚振宗与侯康将其列入史部杂传类。《张夫人传》大部分存在于《三国志》卷二八钟会本传裴松之注引，《北堂书钞》、《太平御览》等

① （南朝宋）刘义庆著，（南朝梁）刘孝标注，余嘉锡笺疏：《世说新语笺疏》，中华书局1983年版，第85页。

类书也有所征引。《张夫人传》选取了一些典型事例来再现其母以大局为重，隐忍持家的高尚品格。

> 贵妾孙氏，摄嫡专家，心害其贤，数谗毁，无所不至。孙氏辨博有智巧，言足以饰非成过，然竟不能伤也。及妊娠，愈更嫉妒，乃置药食中，夫人中食，觉而吐之，瞑眩者数日。或曰："何不向公言之？"答曰："嫡庶相害，破家危国，古今以为鉴诫。假如公信我，众谁能明其事？彼以心度我，谓我必言，固将先我；事由彼发，顾不快耶！"遂称疾不见。孙氏果谓成侯曰："妾欲其得男，故饮以得男之药，反谓毒之！"成侯曰："得男药佳事，暗于食中与人，非人情也。"遂讯侍者具服，孙氏由是得罪出。成侯问夫人何能不言，夫人言其故，成侯大惊，益以此贤之。黄初六年，生会，恩宠愈隆。成侯既出孙氏，更纳正嫡贾氏。①

嫡庶相争，是封建时代一夫多妻制的恶果，为了争夺嫡妻之位，妾不惜使用各种手段。钟繇的妾孙氏为了夺得嫡妻的位置，在张夫人怀孕时，下毒迫害，但张夫人为了维护家庭的团结，隐忍不发，表现了张夫人"修身正行，非礼不动"的人格修养。张夫人不仅修身持家，而且还有政治远见，如高平陵事件中，其见识远非一般女性的惊慌失措，而是表现出处变不惊的政治家风度。

> 是时大将军曹爽专朝政，日纵酒沉醉，会兄侍中毓宴还，言其事。夫人曰："乐则乐矣，然难久也。居上不骄，制节谨度，然后乃无危溢之患。今奢僭若此，非长守富贵之道。"嘉平元年，车驾朝高平陵，会为中书郎，从行。相国宣文侯始举兵，众人恐惧，而夫人自若。中书令刘放、侍郎卫瓘、夏侯和等家皆怪问："夫人一子，在危难之中，何能无忧？"答曰："大将军奢僭无度，吾常疑其不安。太傅义不危国，必为大将军举耳。吾儿在帝侧何忧？闻且出兵无他重器，其势必不久战。"果如其言，一时称明。②

---

① （晋）陈寿撰，（刘宋）裴松之注：《三国志・王毌丘诸葛邓钟传》，中华书局1959年版，第784页。

② （晋）陈寿撰，（刘宋）裴松之注：《三国志・王毌丘诸葛邓钟传》，中华书局1959年版，第786页。

《张夫人传》中，钟会还用平易的笔触，记述了母亲对自己的抚养、教育之恩，特别是他从政之后母亲对他的谆谆教诲，让作者记忆犹新，难以忘怀。

> 夫人性矜严，明于教训，会虽童稚，勤见规诲。年四岁授《孝经》，七岁诵《论语》，八岁诵《诗》，十岁诵《尚书》，十一诵《易》，十二诵《春秋左氏传》、《国语》，十三诵《周礼》、《礼记》，十四诵成侯《易记》，十五使入太学问四方奇文异训。谓会曰："学猥则倦，倦则意怠；吾惧汝之意怠，故以渐训汝，今可以独学矣。"雅好书籍，涉历众书，特好《易》、《老子》，每读《易》孔子说"鸣鹤在阴"、"劳谦君子"、"籍用白茅"、"不出户庭"之义，每使会反复读之，曰："《易》三百余爻，仲尼特说此者，以谦恭慎密，枢机之发，行己至要，荣身所由故也，顺斯术已往，足为君子矣。"正始八年，会为尚书郎，夫人执会手而诲之曰："汝弱冠见叙，人情不能不自足，则损在其中矣，勉思其戒！"①

钟会成就的取得，是与母亲幼年对他的教诲分不开的，对于一些学术问题，母亲的教育启发了自己的智慧，为他在学术上的成就打下了基础。特别是在钟会从政后，母亲的话是具有指导作用的，"汝弱冠见叙，人情不能不自足，则损在其中矣，勉思其戒！"这是张夫人对险恶政治环境分析的结果，也是对儿子的忠告，可惜钟会没有认真按着母亲的话去做，结果在灭蜀之后，因不满足于现状，图谋自立而被杀。张夫人由于相夫教子的卓行，受到了朝廷的表彰，其死之日，朝廷加以旌表。

> 比葬，天子有手诏，命大将军高都侯厚加赗赠，丧事无巨细，一皆供给。议者以为"公侯有夫人，有世妇，有妻，有妾，所谓外命妇也。依《春秋》成风、定姒之义，宜崇典礼，不得总称妾名"，于是称成侯命妇。殡葬之事，有取于古制，礼也。②

《张夫人传》的特点是：通过对典型事例的叙述来展现人物的性格，注意

---

① (晋)陈寿撰，(刘宋)裴松之注：《三国志·王毌丘诸葛邓钟传》，中华书局1959年版，第785—786页。

② (晋)陈寿撰，(刘宋)裴松之注：《三国志·王毌丘诸葛邓钟传》，中华书局1959年版，第786页。

运用人物对话来凸显人物品格，如张夫人对儿子的教诲等，儿子对母亲的深切怀念溢于笔端，母亲的音容笑貌铭刻于心中。

二、《辛宪英传》

《辛宪英传》，诸史志无著录，《三国志》卷二五《魏志·辛毗传》裴松之注引："世语曰：毗女宪英，适太常泰山羊耽，外孙夏侯湛为其传。"①辛宪英是曹魏大臣辛毗之女，《辛宪英传》为辛宪英外孙夏侯湛所作。

夏侯湛，字孝若，谯国谯人，征西将军夏侯渊的曾孙。少为太尉掾，泰始中举贤良方正，拜郎中，选补太子舍人，转尚书郎，出为野王令，除中书侍郎，出为南阳相，迁太子仆。惠帝即位，迁散骑常侍。有《新论》十卷，文集十卷。《辛宪英传》曰：

> 宪英聪明有才鉴。初文帝与陈思王争为太子，既而文帝得立，抱毗颈而喜曰："辛君知我喜不？"毗以告宪英，宪英叹曰："太子代君主宗庙社稷者也。代君不可以不戚，主国不可以不惧，宜戚而喜，何以能久？魏其不昌乎！"弟敞为大将军曹爽参军。司马宣王将诛爽，因爽出，闭城门。大将军司马鲁芝将爽府兵，犯门斩关，出城门赴爽，来呼敞俱去。敞惧，问宪英曰："天子在外，太傅闭城门，人云将不利国家，于事可得尔乎？"宪英曰："天下有不可知，然以吾度之，太傅殆不得不尔！明皇帝临崩，把太傅臂，以后事付之，此言犹在朝士之耳。且曹爽与太傅俱受寄托之任，而独专权势，行以骄奢，于王室不忠，于人道不直，此举不过以诛曹爽耳。"敞曰："然则事就乎？"宪英曰："得无殆就！爽之才非太傅之偶也。"敞曰："然则敞可以无出乎？"宪英曰："安可以不出。职守，人之大义也。凡人在难，犹或恤之；为人执鞭而弃其事，不祥，不可也。且为人死，为人任，亲昵之职也，从众而已。"敞遂出。宣王果诛爽。事定之后，敞叹曰："吾不谋于姊，几不获于义。"逮钟会为镇西将军，宪英谓从子羊祜曰："钟士季何故西出？"祜曰："将为灭蜀也。"宪英曰："会在事纵恣，非特久处下之道，吾畏其有他志也。"祜曰："季母勿多言。"其后会请子琇为参军，宪英忧曰："他日见钟会之出，吾为国忧之

---

① （晋）陈寿撰，（刘宋）裴松之注：《三国志·辛毗杨阜高堂隆传》，中华书局1959年版，第699页。

矣。今日难至吾家，此国之大事，必不得止也。”琇固请司马文王，文王不听。宪英语琇曰：“行矣，戒之！古之君子，入则致孝于亲，出则致节于国，在职思其所司，在义思其所立，不遗父母忧患而已。军旅之间，可以济者，其惟仁恕乎！汝其慎之！”琇竟以全身。宪英年至七十有九，泰始五年卒。①

辛宪英的父亲辛毗为曹魏的高官，其丈夫又为太常，宪英耳濡目染政治生活的险恶与变幻莫测，对政治有准确的判断力，《辛宪英传》主要选取了三件事来反映她的政治远见。

第一件事是通过曹丕得立太子后，“抱毗颈而喜”的举动来判断，“（魏）何以能久？魏其不昌乎”，辛宪英的分析大有成熟政治家的远见卓识。

第二件事是在司马懿发动高平陵事件时，宪英弟弟辛敞身为大将军曹爽的参军，面对事变，辛敞不知所措，辛宪英做出准确分析，帮助辛敞做出准确选择，使辛敞既全了大节又避免了受曹爽事件的牵连。

第三件事是钟会奉命伐蜀，辛宪英之子羊琇为参军，宪英料到钟会必不得善终，在辛宪英的策划下，钟会谋反被诛，羊琇得以全身。

与其他别传不同的是，《辛宪英传》全篇由对话组成，这些对话都是辛宪英对政治形势的分析，体现了她的政治意识和对政治形势的把握，是古代难得的具有政治远见的女性形象。

《张夫人传》与《辛宪英传》是中古别传中的两篇女性别传，但是，二者的侧重点却不一样。《张夫人别传》主要记载张夫人主内，即持家的表现，为了维护家庭的团结，她隐忍负重。而《辛宪英传》则重点反映辛宪英的政治智慧，在复杂多变的政治局面下，她冷静分析政治形势，帮助他人做出政治决断，是个成熟政治家的典型。

---

① （晋）陈寿撰，（刘宋）裴松之注：《三国志·辛毗杨阜高堂隆传》，中华书局1959年版，第699—700页。

第四章　中古类传研究

第一节　中古类传概述

所谓的“类传”，就是遵循以类相从的原则，把身份、经历、生平主要事迹相同者合立一传的传记样式。类传的始作俑者是司马迁，他在《史记》中设有十个类传，这十类涉及社会的各个阶层。《五宗世家》、《外戚世家》的传主是皇亲国戚；《酷吏列传》、《循吏列传》的传主是官吏；《游侠列传》、《刺客列传》、《货殖列传》的传主是市井闾巷之人，包括游侠、刺客、商人等；《仲尼弟子列传》、《儒林列传》的传主是儒学大师或儒家传人，他们不是以官位而名世，而是以其学术成就受到人们的尊重；《滑稽列传》、《佞幸列传》的传主为皇帝或诸侯王身边的弄臣，他们虽然没有显赫的官位，但由于受到当政者的宠爱而权势炽人。到了班固作《汉书》时，则去掉了其中的四个，而留有《儒林传》、《游侠传》、《循吏传》、《佞幸传》、《货殖传》、《酷吏传》等六个类传。班固虽然继承了司马迁的作传体例，但是，在对待传主的态度上，却有明显的不同，如在《史记·酷吏列传》中，司马迁以秦朝因滥施刑法导致亡国为例，对用严刑峻法治理国家是持否定态度的，对酷吏的行为是批判的。而班固在《汉书·酷吏传》中，则认为酷吏的行为是社会混乱导致的结果，对酷吏的行为是肯定的。

关于类传的设置，在“二十四史”中各不相同，陈寿作《三国志》时，类传只有《方技传》一类。范晔的《后汉书》设有十个类传。总的来说，“前四史”中，除了《三国志》以外，其他三史都有类传出现。此后的史书如：《晋书》有九类，沈约的《宋书》有四类，《梁书》有六类，《南齐书》有五类，《陈书》有三类，魏收的《魏书》有十类，《北齐书》有七类，《周书》有三类，《隋书》有九类，《南史》有六类，《北史》有九类，《旧唐书》有十类，《新唐书》有十二类，《旧五代史》没有类传，《新五代史》有六类，《宋史》有十四类，《辽史》有八类，《金史》有十类，《元史》有十二类，《明史》有十五类。

“二十四史”中除了《史记》、《汉书》，其他二十二部史书中的类传传主，基本上都是属于统治集团内部的人物或与统治集团相关的人物，而刺客、游侠、货殖、滑稽这些人物自《汉书》以后，则无缘进入正史，这是由统治阶级官方意志决定的。特别是唐以后，官修史书，对于入传的传主有严格的规定，刺客、游侠、货殖、滑稽以及地方上的圣贤、达人、道士、僧侣进入正史的机会几乎等于零。而这些人物事迹的流传只有通过杂传中的类传来完成的。

中古时期，类传种类繁多，从各种载籍记录可以知晓其存在，但大部分已经失传，有的只有部分佚文，有的只知其名字，文本完整者甚少。汉代有类传 20 部左右，它们是：扬雄的《蜀王本纪》、袁汤和圈称的《陈留耆旧传》、梁鸿的《逸民传》、侯瑾的《汉皇德传》、周斐的《汝南先贤传》、虞预的《会稽典录》、刘珍的《中兴以下名臣列士传》、郑产的《巴蜀耆旧传》、赵谦的《巴蜀耆旧传》、祝龟的《汉中耆旧传》、王商的《巴蜀耆旧传》、陈术的《益部耆旧传》、郑伯邑的《益部耆旧传》、赵彦信的《益部耆旧传》、陈申伯的《益部耆旧传》、祝元灵的《益部耆旧传》、王文表的《益部耆旧传》、无名氏的《三君八俊录》、应劭的《状人纪》等。汉代的类传除了扬雄的《蜀王本纪》、《益部耆旧传》等几部还保存一部分佚文外，其余几乎全部散佚了。

三国时期的类传，据侯康的《补三国志艺文志》著录有 21 部，姚振宗的《三国艺文志》也著录 21 部，在二人的著录中，有个别的类传是属于前朝的作品，还有的不属于类传。这样经过整合后，三国的类传主要有：赵岐的《三辅决录》、王粲的《汉末英雄记》、曹丕的《海内士品录》、曹睿的《甄表状》、魏明帝时撰《海内先贤传》、董巴的《汉中官传》、陆凯的《吴先贤传》、苏林的《陈留耆旧传》、周斐的《汝南先贤传》、王基的《东莱耆旧传》、陈寿的《益部耆旧传》、谢承的《会稽先贤传》、徐整的《豫章列士传》、张胜的《桂阳先贤画赞》、士燮的《交州人物志》、陆胤的《广州先贤传》、诸葛亮的《贞洁记》、无名氏的《王朗王肃家传》和《魏武自为家传》等。

两晋的类传，丁国均的《补晋书艺文志》补录 75 部，文廷式的《补晋书艺文志》补录 60 部，秦荣光的《补晋书艺文志》补录 169 部，吴士鉴的《补晋书艺文志》补录 69 部，黄逢元的《补晋书艺文志》补录 54 部。上述的补录之作，除了误入者，两晋时期的类传大约有 50 部。

南北朝时期，类传创作异常繁荣，内容也更加丰富多彩。这一时期的类传传主主要是孝子、僧人、儿童。具体作品有梁元帝萧绎的《孝德传》、《忠臣传》、《全德志》、《怀旧志》、《丹阳尹传》,这些都是以忠孝节义为主题的类传。僧人的类传有竺法济的《高逸沙门传》、郗超的《东山僧传》、释法安的《志节沙门传》、释法进的《江东名德传》、王巾的《僧史》、释宝唱的《名僧传》、慧皎的《高僧传》、裴子野的《众僧传》、明克让的《续高僧传》、虞孝敬的《高僧传》、释宝唱的《比丘尼传》、释僧祐的《出三藏记集》、张孝秀的《庐山僧传》、陆杲的《沙门传》等。孝子的传记主要有王韶之的《孝子传》、徐广的《孝子传》、萧广济的《孝子传》、师觉授的《孝子传》、周景式的《孝子传》、郑缉之的《孝子传》、虞盘佑的《孝子传》、宋躬的《孝子传》、陶潜的《五孝传》、无名氏的《孝友传》等。儿童类传主要有:刘昭的《幼童传》、王瑱之的《童子传》等。良吏类传有钟岏的《良吏传》。其他内容的有郭缘生的《武昌先贤志》、刘昼的《高才不遇传》、卢思道的《知己传》、萧子良的《止足传》等。南北朝时期的类传,除个别保存比较完整,如慧皎的《高僧传》外,大部分只存有断篇残片。

中古类传的主要特点:

第一,类传与合传有相似之处,但是也有不同之处,合传以具体的人名作为传记的篇名,如《史记·魏其武安侯列传》、《史记·廉颇蔺相如列传》,而类传则是以传主的行为特征或行为性质为题目,如《酷吏列传》、《循吏列传》、《文士传》、《高士传》、《高僧传》。

第二,杂传中的类传具有很强的目的性,如刘向作《列女传》,是由于"向睹俗弥奢淫,而赵、卫之属起微贱,逾礼制。向以为王教由内及外,自近者始。故采取《诗》、《书》所载贤妃贞妇,兴国显家可法则,及孽嬖乱亡者,序次为《列女传》,凡八篇,以戒天子。及采传记行事,著《新序》、《说苑》凡五十篇奏之。数上疏言得失,陈法戒。书数十上,以助观览,补遗阙。上虽不能尽用,然内嘉其言,常嗟叹之"①。其他的类传也同样如此,如慧皎的《高僧传》有感于释宝唱的《名僧传》不尽如人意,故而作《高僧传》以矫正之。

第三,类传往往是作者价值理念和人生理念的体现,如嵇康作《圣贤高士传》实际上是嵇康生命理念的体现。因为嵇康欣羡道家忘情世事、追求潇洒闲适的人生,所以《圣贤高士传》中的传主多以道家人物为主。

第四,类传往往遵循主题先行的原则,如慧皎作《高僧传》,是要为那些"高而不名"的僧人作传。

第五,类传往往反映了时代的风气,如南北朝诸《孝子传》的出现,是统治阶级提倡孝道的反映。

---

① (汉)班固撰:《汉书·楚元王传》,中华书局2007年版,第403页。

第六，类传从空间上讲，具有地域性特点，传主往往是某一地域中的人物，如《汝南先贤传》、《陈留耆旧传》、《广州先贤传》、《江表传》等，传主都是某一地方性的人物传记。

第七，有多位作者共作同名类传的情况，如《益部耆旧传》，有很多作者的作品都名为《益部耆旧传》。由于散佚严重，再加上人们注引时没有标明作者姓名，现存《益部耆旧传》的作者到底是哪一位还难以知晓。

本章主要对中古类传中保存较完整，影响较大的一些类传作品做分析研究，其他的只做简要的介绍。

第二节　英雄与名士的交相辉映
——中古杰出人物类传研究

一、《汉末英雄记》

《汉末英雄记》，亦称《英雄记》，《隋书·经籍志》入史部杂传类，题为"《汉末英雄记》，八卷，王粲撰"，注曰："残缺，梁有十卷。"《旧唐书·经籍志》和《新唐书·艺文志》都作十卷。

《英雄记》的作者王粲，字仲宣，山阳高平人，汉末建安七子之一，高干子弟，出身于世家，曾祖父王龚、祖父王畅都曾位列三公。王粲才华横溢，曾得到蔡邕的赏识，为避战乱，曾依荆州牧刘表。曹操南下时，力劝刘琮归顺曹操，被曹操辟为丞相掾，赐爵关内侯。王粲著有诗、赋、论、议共六十篇，建安二十二年卒，时年四十一岁，《三国志》卷二一有传。

《汉末英雄记》原书十卷，至唐代已经散佚而仅存八卷，今存黄奭、杜文澜辑佚本，黄奭据《三国志》裴注等采得五十多人事迹，定为一卷。杜文澜本和黄奭本基本相同。

汉末，社会动荡不安，群雄并起，各路英雄纷纷登上历史的舞台，一展自己的风采。其行为不管是成功，还是失败，他们的参与意识都有值得肯定之处。许多人为了追求人生的不朽，在风云际会中，勇敢地走到了历史的前台，即使是失败，他们也无怨无悔。王粲是一个功名心很强的人，他在荆州时写的《登楼赋》，即是这种理想的外现。王粲的《汉末英雄记》，打破了"成者王侯败者贼"的历史观，不以成败论英雄，凡是在汉末历史舞台上活动过的人，不论他们成功与否，都被收入《汉末英雄记》中，如成功者有曹操、孙权、刘备，失败者有董卓、吕布、公孙瓒、袁绍、袁术、张鲁、刘表、刘璋等，都被作者视作英雄，可以说《汉末英雄记》是一部汉末群英会。

《汉末英雄记》对传主性格的刻画非常鲜明，如：

王允诛董卓，卓部曲将李傕、郭汜不自安，遂合谋攻围长安，城陷，吕布奔走。布驻马青琐门外，招允曰："公可以去乎?"允曰："若国家社稷之灵，上安国家，吾之愿也，如其不获，则奉身以死之。"①

这里反映了王允临危不惧，忠于国家的优秀品质。

刘翊，字子相，颍川人。迁陈留太守。出关数百里，见士大夫病亡道次。翊以马易棺，脱衣殓之。又逢知故困饿于路，不忍委去，因杀所驾牛以救之。众人止之，翊曰："视没不救，非志士！"遂俱饿死。②

刘翊是个爱民如子的良吏形象。

帝独乘一马，陈留王与贡共乘一马，从雒舍南行。公卿百官奉迎于北芒阪下，故太尉崔烈在前导。卓将步骑数千来迎，烈呵使避，卓骂烈曰："昼夜三百里来，何云避，我不能断卿头邪?"前见帝曰："陛下令常侍小黄门作乱乃尔，以取祸败，为负不小邪?"又趋陈留王曰："我，董卓也，从我抱来。"乃于贡抱中取王。③

以上文字刻画了董卓蛮横霸道的军阀性格。

董卓谓袁绍曰："刘氏之种不足复遗。"绍勃然曰："天下健者岂惟董

① (宋)李昉等编，夏剑钦、王巽斋校点：《太平御览》第四卷，河北教育出版社1994年版，第472—473页。

② (宋)李昉等编，夏剑钦、王巽斋校点：《太平御览》第四卷，河北教育出版社1994年版，第492页。

③ (晋)陈寿撰，(刘宋)裴松之注：《三国志·董二袁刘传》，中华书局1959年版，第173页。

公?”横刀长揖径出,悬节于上东门而奔冀州。[1]

这里再现了董卓擅自废立君主,弑杀后妃的暴行。袁绍面对董卓淫威,敢于针锋相对,其反抗强暴的不屈品性,跃然纸上。

> 袁尚使审配守邺,曹操攻之。操出行围配,伏弩射之,几中。及城陷,生获配,操谓曰:“吾近行围,弩何多也?”配曰:“犹恨其少!”操曰:“即忠于袁氏,不得不尔。”志欲活之,配意气壮烈,终无挠辞,遂斩之。[2]

这段文字刻画了审配忠于袁氏集团,视死如归的品质,这里曹操的爱才与审配的刚烈非常突出。

《汉末英雄记》还继承了《左传》的叙事传统,要言不烦,言简意赅,把复杂事件叙述得有条有理。

> 公孙瓒击青州黄巾贼,大破之,还屯广宗,改易守令,冀州长吏无不望风向应,开门受之。绍自往征瓒,合战于界桥南二十里。瓒步兵二万余人为方阵,骑为两翼,左右各五千余匹,白马义从为中坚,亦分作两校,左射右,右射左,旌旗铠甲,光照天地。绍令麴义以八百兵为先登,强弩千张夹承之,绍自以步兵数万结阵于后。义久在凉州,晓习羌斗,兵皆骁锐。瓒见其兵少,便放骑欲陵陷之。义兵皆伏楯下不动,未至数十步,乃同时俱起,扬尘大叫,直前冲突,强弩雷发,所中必倒,临阵斩瓒所署冀州刺史严纲甲首千余级,瓒军败绩,步骑奔走,不复还营。义追至界桥。瓒殿兵还战桥上,义复破之,遂到瓒营,拔其牙门,营中余众皆复散走。绍在后,未到桥十数里,下马发鞍,见瓒已破,不为设备,惟帐下强弩数十张,大戟士百余人自随。瓒部迸骑二千余匹卒至,便围绍数重,弓矢雨下。别驾从事田丰扶绍欲却入空垣,绍以兜鍪扑地曰:“大丈夫当前斗死,而入墙间,岂可得活乎?”强弩乃乱发,多所杀伤。瓒骑不

---

① (宋)李昉等编,夏剑钦、王巽斋校点:《太平御览》第三卷,河北教育出版社1994年版,第1059页。

② (宋)李昉等编,夏剑钦、王巽斋校点:《太平御览》第四卷,河北教育出版社1994年版,第636—637页。

知是绍，亦稍引却，麴义来迎，乃散去。[①]

界桥之战，是《汉末英雄记》所记载的比较大的一次战役，也是公孙瓒与袁绍争夺冀州所有权的一次战役。文本从双方的布阵开始，描述了战争的过程，战争场面紧张生动，扣人心弦。在紧张的战争中，塑造了鲜明的人物形象，如袁绍“以兜鍪扑地”这一细节和他的话“大丈夫当斗死，而入墙间，岂可得活乎”，活现了他的英雄性格。现存的《汉末英雄记》中，公孙瓒是作者着墨最多的英雄人物之一。在东汉末年，公孙瓒是一位能征惯战、手握重兵的英雄。《汉末英雄记》充分显示了公孙瓒的军事才能。

公孙瓒，除辽东属国长史，连接边寇，每有惊，辄厉色愤怒，如赴仇敌，望尘奔，继之夜战。虏识瓒声，惮其勇，莫敢犯之。[②]

公孙瓒与破虏校尉邹靖俱追胡，靖为所围。瓒回师奔救，胡即破散，解靖之围。乘胜穷追，日入之后，把炬逐北。[③]

瓒每与虏战，常乘白马，追不虚发……虏相告云“当避白马”。[④]

公孙瓒的部队不仅人数众多，而且还富有战斗力，这是与他的治军才能分不开的。在蝗旱之年，公孙瓒通过屯田的形式来养活自己的军队，这比曹操的屯田还早一年。在镇压黄巾农民起义中，公孙瓒也是立下汗马功劳的，据史载，初平二年(191)，青州、徐州黄巾军三十万人进入河北，为公孙瓒所破。镇压黄巾起义，不仅在政治上有了向朝廷邀功的资本，而且还得到了许多的战利品和军械装备来武装自己的军队。

在《汉末英雄记》中，作者善于把传主置于矛盾斗争的紧要关头，特别是生死关头，来突出人物的性格，如对袁绍的刻画就是这样。界桥战役中，在“瓒部迸骑二千余匹卒至，便围绍数重，弓矢雨下，别驾从事田丰扶绍欲却入空垣”的情况下，袁绍的扑兜鍪的举动和他的语言，表现了他的英雄性格。

---

① (晋)陈寿撰，(刘宋)裴松之注：《三国志·董二袁刘传》，中华书局1959年版，第194—195页。

② (宋)李昉等编，夏剑钦、王巽斋校点：《太平御览》第四卷，河北教育出版社1994年版，第627页。

③ (宋)李昉等编，夏剑钦、王巽斋校点：《太平御览》第七卷，河北教育出版社1994年版，第1006页。

④ (晋)陈寿撰，(刘宋)裴松之注：《三国志·董二袁刘传》，中华书局1959年版，第194页。

《汉末英雄记》还注意通过传主的语言来表现传主的性格，如董卓骂崔烈："昼夜三百里来，何云避，我不能断卿头邪？"表现了他的粗暴无礼与狂傲不羁；在废少帝，立陈留王刘协为帝时，面对袁绍的反对，他说："天下之事，岂不在我，我令为之，谁敢不从"，体现他的蛮横霸道。下面一段文字把三个传主性格活灵活现地凸现出来。

> 曹公擒吕布。布顾刘备曰："玄德，卿为上坐客，我为降虏，绳缚我急，独不可一言耶？"操曰："缚虎不得不急。"乃命缓布缚，备曰："不可。公不见布事丁建阳、董太师乎？"操(领)[颔]之，布目备曰："大耳儿，最叵信。"①

这里吕布的贪生怕死，曹操对于是否接受吕布投降的犹豫，刘备的老谋深算，都暴露无遗。

《汉末英雄记》还注意通过细节来刻画传主性格。

> 建安中，曹操于南皮攻袁谭，斩之。操作鼓吹，自称万岁，于马上舞。十二年，攻乌桓、蹹顿，一战斩蹹顿首，系马鞍于马抃舞。②

反映了曹操打胜仗之后的喜形于色和轻佻之态。

> 曹操于刘备密言，备泄于袁绍，绍知操有图国之意。操自咋其舌，流血，以失言诫后世。③

反映了曹操的悔恨和坚毅的性格。

《汉末英雄记》还注意用谚语来增强事件的故事性和可读性，如：

---

① (宋)李昉等编，夏剑钦、王巽斋校点：《太平御览》第四卷，河北教育出版社 1994 年版，第 50 页。

② (宋)李昉等编，夏剑钦、王巽斋校点：《太平御览》第五卷，河北教育出版社 1994 年版，第 531 页。

③ (宋)李昉等编，夏剑钦、王巽斋校点：《太平御览》第四卷，河北教育出版社 1994 年版，第 68 页。

时有谣言曰："千里草，何青青，十日卜，犹不生。"又作《董逃》之歌。又有道士书布为"吕"字以示卓，卓不知其为吕布也。卓当入会，陈列步骑，自营至宫，朝服导引行其中。马踬不前，卓心怪欲止，布劝使行，乃衷甲而入。卓既死，当时日月清净，微风不起。旻、璜等及宗族老弱悉在郿，皆还，为其群下所斫射。卓母年九十，走至坞门曰"乞脱我死"，即斩首。袁氏门生故吏，改殡诸袁死于郿者，敛聚董氏尸于其侧而焚之。暴卓尸于市。卓素肥，膏流浸地，草为之丹。守尸吏暝以为大炷，置卓脐中以为灯，光明达旦，如是积日。后卓故部曲收所烧者灰，并以一棺棺之，葬于郿。卓坞中金有二三万斤，银八九万斤，珠玉锦绮奇玩杂物皆山崇阜积，不可知数。①

上述文字用谣言来反映人们对董卓的不满，董卓死后守吏在其肚脐点灯这一细节，反映了人们对董卓这个暴虐军阀的痛恨之情。

总之，《汉末英雄记》在中古类传中是难得的作品之一，它在人物众多、事件纷繁的情况下，能够把事件叙述得有条不紊，传主性格鲜明突出，充分表现了作者驾驭史料的能力和刻画人物性格的艺术技巧。

二、《江表传》

《江表传》，《隋书·经籍志》无著录，《旧唐书·经籍志》、《新唐书·艺文志》入史部杂传类，题为"五卷"。《江表传》实际上是三国吴一些政治人物的合传，它与其他的类传不同，所记的人物多为东吴的谋臣战将，所记的内容多是传主的政治、军事活动，很少涉及其生活琐事，所采用的笔法亦是史传笔法。《江表传》后已佚失，其佚文多见于《三国志》裴松之注引。

《江表传》的作者虞溥，字允源，高平昌邑人，曾任晋公车司马令，鄱阳内史。此人是学者型的官吏，曾注过《春秋》的经、传，有文章诗赋数十篇，《晋书》卷八二有传。

《江表传》在写人叙事方面，善于通过具体的事件来展示人物的性格，如：

① (晋)陈寿撰，(刘宋)裴松之注：《三国志·董二袁刘传》，中华书局1959年版，第179—180页。

初，权谓蒙及蒋钦曰："卿今并当涂掌事，宜学问以自开益。"蒙曰："在军中常苦多务，恐不容复读书。"权曰："孤岂欲卿治经为博士邪？但当令涉猎见往事耳。卿言多务，孰若孤？孤少时历《诗》、《书》、《礼记》、《左传》、《国语》，惟不读《易》。至统事以来，省三史、诸家兵书，自以为大有所益。如卿二人，意性朗悟，学必得之，宁当不为乎？宜急读《孙子》、《六韬》、《左传》、《国语》及三史。孔子言'终日不食，终夜不寝以思，无益，不如学也'。光武当兵马之务，手不释卷。孟德亦自谓老而好学。卿何独不自勉勖邪？"蒙始就学，笃志不倦，其所览见，旧儒不胜。后鲁肃上代周瑜，过蒙言议，常欲受屈。肃拊蒙背曰："吾谓大弟但有武略耳，至于今者，学识英博，非复吴下阿蒙。"蒙曰："士别三日，即更刮目相待。大兄今论，何一称穰侯乎。兄今代公瑾，既难为继，且与关羽为邻。斯人长而好学，读左传略皆上口，梗亮有雄气，然性颇自负，好陵人。今与为对，当有单复以(卿)〔乡〕待之。"密为肃陈三策，肃敬受之，秘而不宣。权常叹曰："人长而进益，如吕蒙、蒋钦，盖不可及也。富贵荣显，更能折节好学，耽悦书传，轻财尚义，所行可迹，并作国士，不亦休乎！"①

关于孙权劝吕蒙读书的故事，是人们耳熟能详的，也是"士别三日，刮目相待"这句成语的来源。吕蒙是孙权重要的将领，此人出身行伍，文化基础薄弱。孙权是个胸怀大志者，为了让吕蒙将来担负治理国家的重任，劝其在戎马倥偬之际读书学习，吕蒙起初以军务繁忙来推辞，孙权以自己的学习经历及古人读书的事迹来劝说吕蒙，"蒙始就学，笃志不倦，其所览见，旧儒不胜"。在鲁肃代替周瑜主持军务之后，再与吕蒙交谈时，发现吕蒙再也不是吴下阿蒙。由于读书，吕蒙增加了见识，增长了智慧，并为鲁肃筹划了二策。对于吕蒙的折节向学，孙权极为叹服。整个这一段，人物性格通过传主的对话展现出来，人物的声情状貌也跃然纸上。

《江表传》还善于通过人物的语言与细节来显现人物性格，如：

权拔刀斫前奏案曰："诸将吏敢复有言当迎操者，与此案同！"及会罢之夜，瑜请见曰："诸人徒见操书，言水步八十万，而各恐慑，不复料其

---

① (晋)陈寿撰，(刘宋)裴松之注：《三国志・周瑜鲁肃吕蒙传》，中华书局1959年版，第1274—1275页。

虚实，便开此议，甚无谓也。今以实校之，彼所将中国人，不过十五六万，且军已久疲，所得表众，亦极七八万耳，尚怀狐疑。夫以疲病之卒，御狐疑之众，众数虽多，甚未足畏。得精兵五万，自足制之，愿将军勿虑。"权抚背曰："公瑾，卿言至此，甚合孤心。子布、文表诸人，各顾妻子，挟持私虑，深失所望，独卿与子敬与孤同耳，此天以卿二人赞孤也。五万兵难卒合，已选三万人，船粮战具俱办，卿与子敬、程公便在前发，孤当续发人众，多载资粮，为卿后援。卿能办之者诚决，邂逅不如意，便还就孤，孤当与孟德决之。"①

这里孙权拔刀斫案，以示坚决抗曹的决心，周瑜对曹操军事实力的分析，显示了他杰出的军事才能。孙权对周瑜所说的话，表示了他对周瑜的信任与支持。作为孙吴主要军事将领的周瑜，在东吴与曹操争天下的过程中立下了汗马功劳，故孙权继位之时，极力推崇周瑜的功德，"权既即尊位，请会百官，归功周瑜。(张)昭举笏欲褒赞功德，未及言，权曰：'如张公之计，今已乞食矣。'昭大惭，伏地流汗。昭忠謇亮直，有大臣节，权敬重之，然所以不相昭者，盖以昔驳周瑜、鲁肃等议为非也"②。在周瑜死后，孙权"流涕曰：'公瑾有王佐之资，今忽短命，孤何赖哉！'后权称尊号，谓公卿曰：'孤非周公瑾，不帝矣。'"③通过孙权的语言表现他对周瑜的倚重，对周瑜英年早逝表示极大的悲哀。

《江表传》还善于把人物放在具体的环境中，通过具体事件来再现人物性格。

普颇以年长，数陵侮瑜。瑜折节容下，终不与校。普后自敬服而亲重之，乃告人曰："与周公瑾交，若饮醇醪，不觉自醉。"时人以其谦让服人如此。初曹公闻瑜年少有美才，谓可游说动也，乃密下扬州，遣九江蒋干往见瑜。干有仪容，以才辩见称，独步江、淮之间，莫与为对。乃布

① (晋)陈寿撰，(刘宋)裴松之注：《三国志・周瑜鲁肃吕蒙传》，中华书局1959年版，第1262页。

② (晋)陈寿撰，(刘宋)裴松之注：《三国志・张顾诸葛步传》，中华书局1959年版，第1222页。

③ (晋)陈寿撰，(刘宋)裴松之注：《三国志・周瑜鲁肃吕蒙传》，中华书局1959年版，第1265页。

> 衣葛巾,自托私行诣瑜。瑜出迎之,立谓干曰:"子翼良苦,远涉江湖为曹氏作说客邪?"干曰:"吾与足下州里,中间别隔,遥闻芳烈,故来叙阔,并观雅规,而云说客,无乃逆诈乎?"瑜曰:"吾虽不及夔、旷,闻弦赏音,足知雅曲也。"因延干入,为设酒食。毕,遣之曰:"适吾有密事,且出就馆,事了,别自相请。"后三日,瑜请干与周观营中,行视仓库军资器仗讫,还宴饮,示之侍者服饰珍玩之物,因谓干曰:"丈夫处世,遇知己之主,外托君臣之义,内结骨肉之恩,言行计从,祸福共之,假使苏张更生,郦叟复出,犹抚其背而折其辞,岂足下幼生所能移乎?"……干还,称瑜雅量高致,非言辞所间。中州之士,亦以此多之。①

程普是东吴的三朝元老,早年跟随孙坚打天下,孙坚死后,追随孙策,后又追随孙权,在东吴地位极高。赤壁之战时,周瑜为东吴军事统帅,程普为副统帅,对此,程普内心极为不服,因为从资历、从年纪来说,周瑜都不如程普。面对程普的侮辱,周瑜像战国时的蔺相如谦让廉颇一样,以国家大事为重,不与计较,终于使程普折服,"乃告人曰:'与周公瑾交,若饮醇醪,不觉自醉。'"通过这一侧面描写显示了周瑜的宽容大度。为了进一步突出周瑜的才干,《江表传》借鉴了《左传》的叙事笔法,用"初"来引起下文,把时光拉回到从前,插叙周瑜以前的故事,实现了时空大挪移。在与蒋干的交锋中,使周瑜的才能与智慧发挥得淋漓尽致。

《江表传》在叙述紧张的政治、军事斗争的同时,还以轻松、诙谐的笔调载录君臣之间谐谑、嬉戏之事,如:

> 策从容戏瑜曰:"桥公二女虽流离,得吾二人作婿,亦足为欢。"②

江东二乔嫁与孙策、周瑜为妻,是古代英雄、美女结合的典范,也是为后世文人所乐于称道之事。孙策与周瑜的玩笑,表明了二人名为君臣,实为兄弟的亲密关系。还有孙权与郑泉的嬉戏之事也很有趣。

---

① (晋)陈寿撰,(刘宋)裴松之注:《三国志·周瑜鲁肃吕蒙传》,中华书局1959年版,第1265页。

② (晋)陈寿撰,(刘宋)裴松之注:《三国志·周瑜鲁肃吕蒙传》,中华书局1959年版,第1260页。

孙权以郑泉为郎中，尝为之言："卿好于众中面谏，或失礼敬，宁不畏龙鳞乎？"对曰："臣闻君明臣直，朝廷上下无讳，实恃洪恩，不畏龙鳞。"后侍宴，权乃怖之，命提出有司治罪，泉临出，屡顾，权呼还，笑曰："卿言不畏龙鳞，何以临出而顾乎？"对曰："实恃恩覆，无忧至死，当出阁，感惟威灵，不能不顾耳。"①

孙权的恶作剧，郑泉的机智，都活灵活现、栩栩如生。

受史传写人叙事的影响，《江表传》中也有一些荒诞不经的描写，如关于孙权出生的描写：

坚为下邳丞时，权生，方颐大口，目有精光，坚异之，以为有贵象。及坚亡，策起事江东，权常随从。性度弘朗，仁而多断，好侠养士，始有知名，侔于父兄矣。每参同计谋，策甚奇之，自以为不及也。每请会宾客，常顾权曰："此诸君，汝之将也。"②

总之，《江表传》在中古类传中是比较出色的类传之一，它在写人、叙事方面对后来的杂传影响较大。

三、《晋诸公赞》

《晋诸公赞》，《隋书·经籍志》史部杂传类著录为"二十一卷"，《旧唐书·经籍志》、《新唐书·艺文志》史部杂传类著录为"二十二卷"，此书内容分为两部分，前面是传，后面是赞。所记内容是晋代上层人物的先进事迹，并在传后有赞，对传主事迹加以赞美。有类《史记》后面的"太史公曰"，但与"太史公曰"不同的是，"太史公曰"对传主有褒有贬，《晋诸公赞》后面的赞是只褒不贬。《晋诸公赞》已佚，其佚文存于《世说新语》刘孝标注引和《三国志》裴松之注引以及一些类书的征引。

《晋诸公赞》的作者是傅畅，字世道，北地泥阳人，在晋曾为东宫侍讲，秘书丞，西晋末为石勒所俘，任为大将军右司马，《晋书》卷四七有传。傅畅的作品除了《晋诸公赞》外，还有《公卿故事》九卷。

---

① 《艺文类聚》卷二五《人事部·嘲戏》，上海古籍出版社 1987 年影印本。

② （晋）陈寿撰，（刘宋）裴松之注：《三国志·吴主传》，中华书局 1959 年版，第 1115 页。

《晋诸公赞》在传人方面有类于现代人物的小传或简介，缺乏具体生动的人物形象，如：

胡烈儿名渊，字世元，遵之孙也。遵，安定人，以才兼文武，累居藩镇，至车骑将军。子奋，字玄威，亦历方任……太康中，以奋为尚书仆射，加镇军大将军、开府。弟广，字宣祖，少府。次烈，字玄武，秦州刺史。次岐，字玄嶷，并州刺史。广子喜，凉州刺史。渊小字鹞鸱，时年十八，既杀会救父，名震远近。后赵王伦篡位，三王兴义，伦使渊与张泓将兵御齐王，屡破齐军。会成都战克，渊乃归降伏法。[①]

（王）戎字睿冲，琅琊人，太保祥宗族也。文皇帝辅政，钟会荐之曰："裴楷清通，王戎简要。"即俱辟为掾。晋践祚，累迁荆州刺史，以平吴功，封安礼侯。[②]

尽管如此，《晋诸公赞》在简短的记载中也颇见人物性格，如：

（和）峤性不通，治家富拟王公，而至俭，将有犯义之名。[③]

于此可见和峤的吝啬，所以他的小舅子王武子才把他的李子树砍倒泄愤。

（王）戎性简要，不治仪望，自遇甚薄，而产业过丰，论者以为台辅之望不重。[④]

王戎是晋代有名的吝啬鬼，虽家产过万，但对人对己极为吝啬，上述文字足见出其吝啬的本性。

---

① （晋）陈寿撰，（刘宋）裴松之注：《三国志·王毋丘诸葛邓钟传》，中华书局1959年版，第1265页。

② （南朝宋）刘义庆著，（南朝梁）刘孝标注，余嘉锡笺疏：《世说新语笺疏》，中华书局1983年版，第24页。

③ （南朝宋）刘义庆著，（南朝梁）刘孝标注，余嘉锡笺疏：《世说新语笺疏》，中华书局1983年版，第1024页。

④ （南朝宋）刘义庆著，（南朝梁）刘孝标注，余嘉锡笺疏：《世说新语笺疏》，中华书局1983年版，第1025页。

> 王恺，字君夫，东海人，王肃子也。虽无检行，而少以才力见名，有在公之称。既自以外戚，晋氏政宽，又性至豪。旧制，鸩不得过江，为其羽栎酒中，必杀人。恺为翊军时，得鸩于石崇而养之，其大如鹅，喙长尺余，纯食蛇虺。司隶奏按恺、崇，诏悉原之，即烧于都街。恺肆其意色，无所忌惮。为后军将军，卒谥曰丑。①

与和峤、王戎的吝啬相反，王恺与石崇是以奢侈著称的，王恺居然违背制度，擅自养鸩，其鸩被烧于街市之时，他毫无忌惮，是一个不守法者的形象。

《汉末英雄记》、《江表传》和《晋诸公赞》是中古比较著名的类传，这三部类传在写法上体现了各自的特色。从传主选择范围来说，《汉末英雄记》的传主涉及全国范围。《江表传》的传主为江东地区，主要是孙吴的将相。《晋诸公赞》的传主主要是是两晋的人物。从传记的内容来说，《汉末英雄记》和《江表传》主要载录传主的政治、军事活动，而《晋诸公赞》主要撰述传主的名士风流生活。它们各自的特色非常明显。

第三节　群贤荟萃——中古圣贤、文士类传研究

一、《圣贤高士传赞》

嵇康，字叔夜，谯国铚人，竹林七贤之一，正始文学的代表作家，曾与曹氏集团的公主结亲，因对司马氏集团采取了非暴力不合作态度，为钟会所谗，被杀。《圣贤高士传赞》，《隋书·经籍志》著录云"《圣贤高士传赞》三卷，嵇康撰，周续之注"。

《圣贤高士传赞》，实际上是嵇康搜集、采纳一些有关圣贤、高士的寓言、传说，来表现自己理想人格的一种形式，换句话说，《圣贤高士传赞》就是用具体事例，对嵇康的理想人格所做的诠释。

嵇康生活于魏晋易代的前夜，此时正是司马氏培植羽翼、党同伐异之时，对忠于曹魏的士人，大开杀戒。嵇康性格"刚肠嫉恶，轻肆直言"，为司马

① (南朝宋)刘义庆著，(南朝梁)刘孝标注，余嘉锡笺疏：《世说新语笺疏》，中华书局1983年版，第1030页。

氏所忌讳，于是他便无心视事，游心老庄，追求人格与精神的独立。嵇康的《圣贤高士传赞》，嵇喜《嵇康传》云：

(嵇康)善属文论，弹琴咏诗，自足于怀抱之中。以为神仙者，禀之自然，非积学所致。至于导养得理，以尽性命，若安期、彭祖之伦，可以善求而得也；著《养生篇》。知自厚者所以丧其所生，其求益者必失其性，超然独达，遂放世事，纵意于尘埃之表。撰录上古以来圣贤、隐逸、遁心、遗名者，集为传赞，自混沌至于管宁，凡百一十有九人，盖求之于宇宙之内，而发之乎千载之外者矣。故世人莫得而名焉。[①]

这段话实际上道出了嵇康作此书的目的。

嵇康《圣贤高士传赞》今佚，现有严可均、马国翰、王仁俊三位先生的辑本。严可均辑本录于《全三国文》卷五二中，共录有六十一人；马国翰辑得五十人，录于《玉函山房辑佚书》中；王仁俊比马国翰多了一人，五十一人，录于《玉函山房辑佚书补编》中，但不管哪一种辑本，都与嵇康原本一百一十九人少近一半或超过一半。现以严可均辑本为蓝本，对嵇康的《圣贤高士传赞》作一研究。

关于《圣贤高士传赞》命名，熊明先生认为：

《圣贤高士传赞》之命名有一点值得注意，那就是在这里“圣贤”与“高士”合二为一了。我们知道，“圣贤”在儒家传统里，是周、孔、汤、武一类的人物，而“高士”是巢父、许由一类的人物，他们本是两种意义上的人物，而嵇康却把这两者结合在了一起，名为“圣贤高士”。嵇康的“圣贤”显然已经与儒家传统意义上的圣贤观念不同了，从其传录的人物看，传统意义上的“圣贤”如周公、孔子并不在其列，有的只是如季札、老子、庄子、范蠡等“高士”，可见，嵇康所指“高士”即圣贤，“圣贤”即“高士”，他们是一致的。这一名称，是与嵇康对生命意义与价值的认知相一致的。[②]

熊明先生的见解确实是真知灼见，有一点需要补充的是，这里的“圣贤”

---

① (晋)陈寿撰，(刘宋)裴松之注：《三国志·王卫二刘传》，中华书局1959年版，第605页。

② 熊明：《杂传与小说：汉魏六朝杂传研究》，辽海出版社2004年版，第230页。

与“高士”实际上是属于道家的人物和那些建功立业、急流勇退的人物，儒家人物似乎没有踪影。

《圣贤高士传赞》与其他杂传不同的是，其他杂传的传主是历史上真实存在的人物，尽管他们的行为事迹与历史记载或有出入，但绝大部分是符合历史事实的。嵇康的《圣贤高士传赞》中的传主，有的是历史上实际存在过的人物如段干木、商荣、范蠡、庄周、司马相如等；有的则是传说中的人物如黄帝、河上公、狂接舆、荷蓧丈人等；有的是宗教中的人物，如广成子、安丘生等。按理这些人物中有些是不能进入传记中的，因为传记要求真实的记载历史事实，正如刘知几所批判的那样：

> 嵇康撰《高士传》，取《庄子》、《楚辞》二渔父事，合成一篇。夫以园吏之寓言、骚人之假说，而定为实录，斯已谬矣。况此二渔父者，较年则前后别时，论地则南北殊壤，而辄并为一，岂非惑哉？苟如是，则苏代所言双擒鹬蚌，伍胥所遇渡水芦中，斯并渔父善事，亦可同归一录，何止揄袂缁帷之林、濯缨沧浪之水，若斯而已。①

如果从史传实录的角度来说，刘知几的批评无疑是正确的，但是嵇康的《圣贤高士传赞》并不是在为某些人树碑立传，而是为了表达自己对人生、对生命的理念，所以，这部传记是虚实结合的作品。所说的“虚”是指这些圣贤高士及其言行事迹并非实有其人其事，所说的“实”是指传中所表达的思想理念是嵇康真实的思想理念，那些圣贤高士是嵇康思想理念的代言人。《圣贤高士传赞》主要反映了嵇康的人生理念。

《圣贤高士传赞》反映了道家追求人格独立与人性自由的理念，如：

> 庄周少学老子，梁惠王时为蒙县漆园吏，以卑贱不肯仕。楚威王以百金聘周，周方钓于濮水之上，曰：“楚有龟，死三千岁矣，今巾笥而藏之于庙堂之上。此龟宁生而掉尾涂中耳。子往矣！吾方掉尾于涂中。”后齐宣王又以千金之币迎周为相，周曰：“子不见郊祭之牲牛乎？衣以文

① （唐）刘知几撰，（清）浦起龙通释，吕思勉评：《史通》，上海古籍出版社 2008 版，第 382—383 页。

> 绣,食以刍菽,及其牵入太庙,欲为孤豚,其可得乎?”遂终身不仕。[①]

这段话,实际上反映了嵇康宁可身为白丁也不与司马氏合作的思想,也反映了他追求人格独立与自由的人生理念。因为嵇康为魏晋名士,当时玄学盛行,名士们都弃名教而任自然,嵇康也是如此。特别是嵇康处于魏晋易代之际,政治斗争的复杂与残酷使他厌倦了政治,希望在一种远离现实的人生境遇中求得人生的解脱与自适。

《圣贤高士传赞》还反映了嵇康修身治国的理想与信念,在修身与治国之间,他认为修身为本,治国为末,修身是治国的前提。

> 广成子在崆峒之上,黄帝问曰:“吾欲取天地之精,以养万物,为之奈何?”广成子蹷然而起曰:“至道之精,窈窈冥冥,无视无听,抱神以静,我守其一,以处其和,故千二百岁,而形未尝衰。得吾道者,上为皇,下为王;失吾道者,上见光,而下为土。吾将去汝,入无穷之间,游无极之野,与日月参光,与天地为常。”[②]

在这里,黄帝向广成子请教治国安民之术,广成子表示了否定的态度,因为黄帝的行为是儒家有为思想的反映。在广成子看来,治国应该以修身为本,要道法自然,回归自然,与道暝一。“至道之精,窈窈冥冥,无视无听,抱神以静,我守其一,以处其和。”这里强调的是形与神的关系,要求精神清静,不随意妄作,由炼神达到炼形,最后达到形神合一。保护好内在的“精”,这是生命的依据和根本,以内在的“神”来带动外在的“形”,从而达到长生久视的目的,所以广成子说他活了一千二百岁,还身体健康。其实炼神也好,炼形也好,都是要遵循“道”的规定,“道”是法“自然”的,遵循“道”者,就能够“上为皇,下为王;失吾道者,上见光,而下为土。吾将去汝,入无穷之间,游无极之野,与日月参光,与天地为常”,这反映了嵇康皈依自然的心理与志向。

《圣贤高士传赞》还载录了一些“苟全性命于乱世之中,不求闻达于诸侯”的人物,如长沮与桀溺、荷蓧丈人。

---

① (清)严可均辑,马志伟审订:《全三国文·圣贤高士传》,商务印书馆 1999 年版,第 542 页。

② (清)严可均辑,马志伟审订:《全三国文·圣贤高士传》,商务印书馆 1999 年版,第 535 页。

长沮、桀溺者，不知何许人也，耦而耕。孔子过之，使子路问津焉。长沮曰："夫执舆者是谁？"子路曰："是孔子。""是鲁孔丘欤？"曰："是也。""是知津矣。"问于桀溺。桀溺曰："子为谁？"曰："仲由。""孔丘之徒欤？"对曰："然。""与其从避人之士，岂若从避世之士哉？"耰而不辍。子路以告孔子。孔子怃然曰："鸟兽不可与同群，吾非斯人之徒欤？"

荷蓧丈人，不知何许人也。子路从而后，问曰："子见夫子乎？"丈人曰："四体不勤，五谷不分，孰为夫子？"植其杖而耘。子路行以告。子曰："隐者也。"使子路反见之，至则行矣。①

很显然，他们是世外高人，但由于生活于乱世之中，为了保全性命，宁可躬耕于陇亩，也不愿意出仕。嵇康生活的时代也是个乱世，歌颂长沮、桀溺、荷蓧丈人，实际上也是他自己心志的写照。

从《圣贤高士传赞》所选的传主看，嵇康也并不是完全超世之人，他所赞成的是那些进入仕途，实现了个人价值，然后功成身退，如范蠡、鲁连、屠羊说等人。

范蠡者，徐人也。相越灭吴，去之齐，号鸱夷子，治产数千万。去，止陶，为陶朱公，复累巨万。一曰：蠡事周师太公，服桂饮水，去越入海，百余年乃见于陶。一旦弃资财，卖药于兰陵，世世见之。

屠羊说者，楚人，隐于屠肆。昭王失国，说往从王。王反国，将欲赏说。说曰："大王失国，说失屠羊；大王反国，说亦屠羊。臣之爵禄复矣，又何赏之有？"王使司马子綦延之以三珪之位。说曰："愿长反屠羊之肆耳。"遂不受。②

鲁连者，齐人，好奇伟俶傥。尝游赵，秦围邯郸，连难新垣衍以秦为帝，秦军为却。平原君欲封连，连三辞不受。平原君又置酒，乃以千金为连寿。连笑曰："所贵天下之士者，为人排患释难而无取也；即有取之，是商贾之事尔，不忍为也。"及燕将守聊城，田单攻之不能下，连乃为书射城中，遗燕将；燕将见书，泣三日，乃自杀；城降，田单欲爵连，连曰：

---

① （清）严可均辑，马志伟审订：《全三国文·圣贤高士传》，商务印书馆1999年版，第539页。

② （清）严可均辑，马志伟审订：《全三国文·圣贤高士传》，商务印书馆1999年版，第541页。

> "吾与于富贵而诎于人，宁贫贱轻世而肆意。"遂隐居海上，莫知所在。①

这些人都是才识过人者，他们都有远大的志向与人格操守，他们出仕并不是为了功名富贵，而是为了实现自己的理想与抱负，一旦实现了个人价值，就急流勇退，或退隐江湖，或隐居市肆，或隐居山林，这是嵇康理想中的人物，也是儒道结合的产物。

《圣贤高士传赞》对保持人格独立，坚持个人操守者，也充满了赞扬之情。

> 小臣稷者，齐人，抗厉希古，桓公三往而不得见。公曰："吾闻士不轻爵禄，无以易万乘之主；万乘之主不好仁义，无以下布衣之士。"于是五往，乃得见焉。②

历代帝王都把自己看作是救世主，是万民的造福者，但一些高士对此却加以否定。

> 壤父者，尧时人，年五十，而击壤于道中。观者曰："大哉，帝之德业。"壤父曰："吾日出而作，日入而息；凿井而饮，耕地而食。帝何德于我哉？"③

圣贤高士并非平庸之辈，他们的治国理论也有独到之处，如黄帝向襄阳小童问治天下之事，小童曰："夫为天下，亦悉异牧马哉？去其害群之马而已"④，其见解确实独到之至。

《圣贤高士传赞》作为一部别传，所载录的内容，多是传主生活的片段，作者的目的不是载录传主的生平事迹，而是载录其思想观点、人生理念，故

① (清)严可均辑，马志伟审订：《全三国文·圣贤高士传》，商务印书馆1999年版，第542—543页。

② (清)严可均辑，马志伟审订：《全三国文·圣贤高士传》，商务印书馆1999年版，第537—538页。

③ (清)严可均辑，马志伟审订：《全三国文·圣贤高士传》，商务印书馆1999年版，第536页。

④ (清)严可均辑，马志伟审订：《全三国文·圣贤高士传》，商务印书馆1999年版，第536页。

以记言为主，通过传主的语言来反映其人格操守与人生理想，如：

> 狂接舆，楚人也，耕而食。楚王闻其贤，使使者持金百镒聘之，曰："愿先生治江南。"接舆笑而不应，使者去。其妻从市来，曰："门外车马迹何深也？"接舆具告之，妻曰："许之乎？"接舆曰："贵富，人之所欲，子何恶之？"妻曰："吾闻圣人之乐道，不以贫易操，不为富改行。受人之爵禄，何以待之？"接舆曰："吾不许也。"妻曰："诚然，不如去之。"夫负釜甑，妻戴纴器，变易姓名，莫知所之。尝见仲尼，歌而过之曰："凤兮凤兮，何德之衰，往者不可谏，来者犹可追。"后更姓名陆通，好养性，在峨眉山上，世世见之。①

这里接舆与其妻的对话，反映了这对贫贱夫妻决心归隐的思想发展历程。接舆对妻子是否愿意隐居的试探，其妻决然的态度，以及见到孔子歌而过之，用歌来委婉劝谏的情形，都活灵活现。

《圣贤高士传赞》也注意用细节描写来刻画传主性格，如：

> 亥唐，晋人也，高恪寡素，晋国惮之，虽蔬食菜羹，平公每为之欣饱。公与亥唐坐，有间，亥唐出，叔向入。平公伸一足，曰："吾向时与亥子坐，腓痛足痹不敢伸。"叔向悖然作色不悦，公曰："子欲贵乎？吾爵子；子欲富乎？吾禄子；夫亥先生乃无欲也，非正坐无以养之，子何不悦乎？"②

这里通过晋平公与亥唐坐，晋平公不敢伸腿这一细节反映了亥唐在晋国的地位。平公对叔向所说的话，从侧面反映了亥唐的操守。

《圣贤高士传赞》中最为出色的一篇传记是《井丹传》，传记为了突出井丹的"高士"品格，选取了两件典型的事件来反映其品性。

> 丹字大春，扶风郿人，博学高论。京师为之语曰："五经纷纶井大

---

① （清）严可均辑，马志伟审订：《全三国文·圣贤高士传》，商务印书馆1999年版，第539页。

② （清）严可均辑，马志伟审订：《全三国文·圣贤高士传》，商务印书馆1999年版，第538页。

> 春，未尝书刺谒一人。"北宫五王更，请莫能致。新阳侯阴就使人要之，不得已而行。侯设麦饭，葱菜，以观其意，丹推却曰："以君侯能供美膳，故来相过，何谓如此！"乃出盛馔，侯起，左右进辇。丹笑曰："闻桀、纣驾人车，此所谓人车者耶？"侯即去辇越骑。梁松贵振朝廷，请交丹，丹不肯见。后丹得时疾，松自将医视之。病愈。久之，松失大男垒，丹一往吊之，时宾客满廷，丹衣褐不完，入门，坐者皆悚然望其颜色，丹四向长揖，前与松语。客主礼毕后，长揖径坐，莫得与语，不肯为吏。径出，后遂隐遁。其赞曰：井丹高洁，不慕荣贵。抗节五王，不交非类。显讥辇车，左右失气。被褐长揖，义陵群萃。①

通过与新阳侯阴等人的交往，表现了他不慕富贵，不交非类的品性。与梁松的交往反映了他保持节操，义陵群萃的操守。

《圣贤高士传赞》在后世产生了很大的影响，人们作了很多通过圣贤高士来明心表志的类传，如皇甫谧的《高士传》、《逸士传》、《达士传》、张显的《逸民传》、虞槃佑的《高士传》、孙绰的《至人高士传赞》、习凿齿的《逸人高士传》、孙盛的《逸人传》、阮孝绪的《高隐传》、袁淑的《真隐传》、周弘让的《续高士传》等。

二、皇甫谧《高士传》

皇甫谧，字士安，号玄晏先生，安定朝那人，汉太尉皇甫嵩之曾孙。皇甫谧患有风痹之疾，行动不便，故嗜好书籍，时人谓之"书淫"。皇甫谧著述颇丰，《晋书》卷五一本传云："谧所著诗赋诔颂论难甚多，又撰《帝王世纪》、《年历》、《高士》、《逸士》、《列女》等传、《玄晏春秋》，并重于世。"②本节主要对皇甫谧的《高士传》进行研究。

《高士传》，《隋书·经籍志》、《旧唐书·经籍志》、《新唐书·艺文志》均有著录，只是所录卷数不一，《隋书·经籍志》作六卷，《旧唐书·经籍志》作七卷，《新唐书·艺文志》作十卷。《高士传》有多种版本，现依据《太平御览》卷《逸民部》五百七、五百八、五百九为蓝本来进行研究。

皇甫谧的《高士传》所选的传主都是无心于功名，志在隐退者。他们或

---

① （清）严可均辑，马志伟审订：《全三国文·圣贤高士传》，商务印书馆1999年版，第545—546页。

② （唐）房玄龄等撰：《晋书·皇甫谧传》，中华书局1974年版，第1418页。

安贫乐道，全身远祸，如：

> 列御寇者，郑人也，隐居不仕。郑穆公时，子阳为相，专任刑。列御寇乃绝迹穷巷，面有饥色。或告子阳曰："列御寇盖有道之士也，居君之国而穷，君无乃不好士乎？"子阳闻而悟，使官载粟数十乘以与之。御寇出见使，再拜而辞之。入见其妻，妻抚心而怒曰："闻为有道者，妻子皆得乐。今子之妻子有饥色，君遗先生食，先生不受，岂非命也哉？"御寇笑曰："君非自知而遗我也，以人之言而遗我。至于其罪我也，又必且以人之言。此吾所以不受也。"居一年，郑人杀子阳，其党皆死，御寇安然独全。终身不仕。著书八篇，言道家之意，号曰《列子》。①

列子穷居陋巷，面有饥色，但能够安贫乐道，拒绝郑相子阳的馈赠，终身不仕，在子阳被杀时，幸免于难。

或教育有志之士，助其成功，功成身退，如：

> 黄石公者，下邳人也。遭秦乱，自隐姓名，时人莫能知者。初，张良易姓为张，自匿下邳，步游沂水圯上，与黄石公相遇，衣褐衣而老，坠履圯下，顾谓良曰："孺子取履！"良素不知，乍愕然，欲殴之。为其老也，强忍下取履，因跪进焉。公笑以足受而去。良殊惊。公行里许，还，谓良曰："孺子可教也。后五日平明，与我期此。"良愈怪之，复跪曰："诺。"五日平旦，良往，公怒曰："与老人期，何后也？后五日早会！"良鸡鸣往，公又先在，怒曰："何后？复五日早会！"良夜半往，有顷，公亦至，喜曰："当如是。"乃出一篇书与良，曰："读是，则为王者师。后十二年，孺子见济北谷城山下黄石即我。"遂去不见。良旦视其书，乃是《太公兵法》。良异之，因讲习以说他人，莫能用。后与沛公遇于陈留，沛公用其言，辄有功。后十三年，从高祖过济北谷城山下，得黄石公，良乃宝祠之。及良死，与石并葬焉。②

---

① （宋）李昉等编，夏剑钦、王巽斋校点：《太平御览》第五卷，河北教育出版社 1994 年版，第 36—37 页。

② （宋）李昉等编，夏剑钦、王巽斋校点：《太平御览》第五卷，河北教育出版社 1994 年版，第 40 页。

这段故事来源于《史记·留侯世家》，黄石公是个被褐怀玉的隐士，他在秦末隐居于江湖，但又不愿自己的本事随身而没，便寻找有用之才以教之。在帮助张良学成为帝王师后，便隐没不现。

还有的以著述、授徒为乐，如：

郑玄字康成，北海高密人也。学《孝经》、《论语》，兼通《京氏易》、《公羊春秋》、《三统历》、《九章算术》、《周官》、《礼记》、《左氏春秋》。大将军何进辟玄，州郡迫胁，不得已而诣，进设机杖之礼以待玄。玄以幅巾见进，一宿而逃去。公府前后十余辟，并不就。①

郑玄是东汉末年的大儒，曾师事马融，学成后，以著书、授徒为业，避开了当时复杂、激烈的政治斗争，以“立言”传名于世。

《高士传》所述人物之笔法，多有雷同、缺乏变化，有千篇一律之感，所传人物性格，亦不鲜明突出，但有个别篇幅还是很精彩的，如：

成公者，成帝时自隐姓名。尝诵经，不交世利，时人号曰成公。成帝时出游，问之，成公不屈节。上曰：“朕能富贵人，能杀人，子何逆朕哉？”成公曰：“陛下能贵人，臣能不受陛下之官；陛下能富人，臣能不受陛下之禄；陛下能杀人，臣能不犯陛下之法。”上不能折，使郎二人就受政事十二篇。②

这里成公面对汉成帝的威胁，不卑不亢，体现了中国知识分子的节操与骨气。再如：

管宁字幼安。灵帝末，以中国方乱，乃与其友邴原涉海，依辽东太守公孙度，度虚馆礼之。其后中国少安，人多南归，惟宁不还。黄初中，华歆荐宁。宁知公孙渊必乱，乃因征辟还。以为大中大夫，固辞不就。宁凡征命十至，舆服四赐。常坐一木榻上，积五十年，未尝箕踞，榻上当

---

① （宋）李昉等编，夏剑钦、王巽斋校点：《太平御览》第五卷，河北教育出版社1994年版，第49页。

② （宋）李昉等编，夏剑钦、王巽斋校点：《太平御览》第五卷，河北教育出版社1994年版，第45页。

膝皆穿。常着布裙貉裘，惟祠先人乃着旧布单衣，加首絮巾。辽东郡图其形于府殿，号为贤者。①

“或为辽东帽，清操历冰雪”（文天祥《正气歌》），管宁是汉末名士，隐居辽东五十年，足不出户，“旧布单衣”，为人称道。

皇甫谧除了《高士传》外，还有《逸士传》、《达士传》等，由于存文较少，故不论。

三、《文士传》等文人类传

《文士传》，《隋书·经籍志》史部杂传类著录“《文士传》五十卷张骘撰”，《旧唐书·经籍志》、《新唐书·艺文志》与《隋书·经籍志》载录相同。《文士传》在南宋以后全部散佚，其佚文见于《三国志》裴松之注引，《世说新语》刘孝标注引以及《北堂书钞》、《艺文类聚》、《太平御览》等类书的征引。今人周勋初辑得六十七人，收入《周勋初文集》第二卷中，本书以此为蓝本进行研究。

《文士传》抓住文士们的某一方面特点为其立传，重点突出，对于其他方面的行为事迹则略而不论，如：

张衡性精微，有功巧艺，特留意于天文阴阳术数，由是迁太史令。

张衡有巧艺，尝作木鸟，假以羽翮，腹中施机，能数里飞。②

写出了张衡作为科学家的智慧与奇思妙想。

赵壹郡举计吏，至京辇。是时袁阳为司徒，宿闻其名，时延请之。壹入阁，揖而不拜。阳问曰：“尝闻下郡计吏见汉三公不为礼者乎？”壹曰：“昔郦食其，高阳白衣也，而揖高祖。今关西男子，其揖汉三公，不亦可乎？”阳壮其言，接之甚厚。③

① （宋）李昉等编，夏剑钦、王巽斋校点：《太平御览》第五卷，河北教育出版社 1994 年版，第 40 页。

② 周勋初：《周勋初文集》第二卷，江苏古籍出版社 2000 年版，第 7 页。

③ 周勋初：《周勋初文集》第二卷，江苏古籍出版社 2000 年版，第 9 页。

写出了赵壹的气节与操守。

蔡邕告吴人曰："吾昔常经会稽高迁亭，见屋椽竹东间第十六，可为笛子。"取用，果有异声。[①]

展现了音乐家及乐器制造家蔡邕的卓异才能。

侯瑾，字子瑜。家贫，昼佣赁，暮辄烧柴薪以读书。独处一室，如对尊宾。[②]

这是一个好学者的形象。

阮瑀舐笔操檄立成，曹公索笔求改，卒无下笔处。[③]

突出了阮瑀的才思敏捷，为文细密。

（祢）衡不知先所出，逸才飘举。少与孔融作尔汝之交，时衡未满二十，融已五十。敬衡才秀，共结殷勤，不能相违。以建安初北游，或劝其诣京师贵游者，衡怀一刺，遂至漫灭，竟无所诣。融数与武帝笺，称其才，帝倾心欲见。衡称疾不肯往，而数有言论。帝甚忿之，以其才名不杀，图欲辱之，乃令录为鼓吏。后至八月朝会，大阅试鼓节，作三重阁，列坐宾客。以帛绢制衣，作一岑牟，一单绞及小裈，鼓吏度者，皆当脱其故衣，着此新衣。次传衡，衡击鼓为《渔阳》掺挝，蹋地前来，蹑驳脚足，容态不常，鼓声甚悲，音节殊妙。坐客莫不慷慨，知必衡也。既度，不肯易衣。吏呵之曰："鼓吏何独不易服！"衡便止。当武帝前，先脱裈，次脱余衣，裸身而立，徐徐乃着岑牟，次着单绞，后乃着裈。毕，复击鼓掺槌而去，颜色无怍。武帝笑谓四坐曰："本欲辱衡，衡反辱孤。"至今有《渔阳》掺挝，自衡造也。为黄祖所杀。[④]

---

① 周勋初：《周勋初文集》第二卷，江苏古籍出版社2000年版，第10页。
② 周勋初：《周勋初文集》第二卷，江苏古籍出版社2000年版，第10页。
③ 周勋初：《周勋初文集》第二卷，江苏古籍出版社2000年版，第12页。
④ 周勋初：《周勋初文集》第二卷，江苏古籍出版社2000年版，第14页。

展现了祢衡威武不能屈的铮铮铁骨。

由于《文士传》多由短篇构成，所以著者多选取最能展现传主个性的一两件事来凸显传主的个性。同时，对于具有同一性格的传主，也能够写出不一样的个性。如阮籍与嵇康都是正始名士的代表，都具有放浪形骸的个性，但是，他们又同中有异，如：

(阮)籍放诞有傲世情，不乐仕宦。晋文帝亲爱籍，恒与谈戏，人其所欲，不迫以职事。籍常从容曰："平生曾游东平，乐其土风，愿得为东平太守。"文帝说，从其意。籍便骑驴径到郡，皆坏府舍诸壁障，使内外相望，然后教令清宁。十余日，便复骑驴去。后闻步兵厨中有酒三百石，忻然求为校尉。于是入府舍，与刘伶酣饮。①

(嵇康)临死，而兄弟亲族咸与共别。康颜色不变，问其兄曰："向以琴来不邪?"兄曰："以来。"康取调之，为《太平引》，曲成，叹曰："《太平引》于今绝也!"②

这里，阮籍是生之从容，而嵇康是死之从容，二者具体情形不一样。

除了皇甫谧的《高士传》之外，两晋的文人类传还有袁宏的《名士传》和戴逵《竹林七贤论》。

袁宏的《名士传》，《隋书・经籍志》题为"《正始名士传》三卷，袁敬仲撰"。姚振宗认为袁敬仲是袁宏之误。《旧唐书・经籍志》题"袁宏撰"，《新唐书・艺文志》题为《名士传》，袁宏撰。可见，《名士传》又称《正始名士传》，此书从宋代开始散佚，目前只是在《世说新语》等书注引中尚存有一些片段。《名士传》传人类似《晋诸公赞》，多是人物的简介，简明扼要，很少铺叙、渲染。如：

(阮)咸字仲容，陈留人，籍兄子也。任达不拘，当世皆怪其所为。及与之处，少嗜欲，哀乐至到，过绝于人，然后皆忘其向议。为散骑侍郎。山涛举为吏部，武帝不用。太原郭奕见之心醉，不觉叹服。解音，

---

① 周勋初:《周勋初文集》第二卷，江苏古籍出版社 2000 年版，第 19 页。

② 周勋初:《周勋初文集》第二卷，江苏古籍出版社 2000 年版，第 20 页。

好酒以卒。①

(阮)瞻字千里,夷任而少嗜欲,不修名行,自得于怀。读书不甚研求,而识其要。仕至太子舍人。年三十卒。②

是时曹爽辅政,识者虑有危机。晏有重名,与魏姻戚,内虽怀忧,而无复退也。著五言诗以言志曰:"鸿鹄比翼游,群飞戏太清。常畏大网罗,忧祸一旦并。岂若集五湖,从流唼浮萍。永宁旷中怀,何为怵惕警。"盖因(管)辂言,惧而赋诗。③

第三段写何晏身处于曹爽与司马懿斗争的前沿,内心充满了忧惧与矛盾,但他最终没有退出政治斗争的漩涡而被杀。传中引用了何晏的五言诗来表现他在大祸来临前内心的不平与痛苦。

《名士传》有时用一句话来概括人物的性格,如《世说新语·雅量》第四条,"王戎七岁,尝与诸小儿游。看道边李树多子折枝。诸儿竞走取之,唯戎不动。人问之,答曰:'树在道边而多子,此必苦李。'取之,信然"。其后刘孝标注引《名士传》曰:"戎由是幼有神理之称也。"只这一句话就概括了王戎的性格特征。

《竹林七贤论》,《隋书·经籍志》、《旧唐书·经籍志》、《新唐书·艺文志》都著录为"二卷","晋太子中庶子戴逵撰"。《竹林七贤论》其书已佚,严可均根据诸书的征引,对其佚文进行了辑佚,现存于《全晋文》卷一三七中。戴逵,字安道,谯国人,《晋书》卷九四有传。

竹林七贤是魏晋风流的代表,关于他们的事迹,后世多有流传,也是古代知识分子追求潇洒自适人生的圭臬,故记载他们行为事迹的类传能够产生也是顺理成章的。

《竹林七贤论》对竹林名士的行为、性格的记载反映了魏晋风流的特点,那就是率性而为,自适其意。如王戎、刘伶在竹林七贤中是比较突出的代表,《竹林七贤论》对他们的行为事迹记载较多。

① (南朝宋)刘义庆著,(南朝梁)刘孝标注,余嘉锡笺疏:《世说新语笺疏》,中华书局1983年版,第502—503页。

② (南朝宋)刘义庆著,(南朝梁)刘孝标注,余嘉锡笺疏:《世说新语笺疏》,中华书局1983年版,第518页。

③ (南朝宋)刘义庆著,(南朝梁)刘孝标注,余嘉锡笺疏:《世说新语笺疏》,中华书局1983年版,第654页。

(阮)籍与(王)戎父浑俱为尚书郎,每造浑,坐未安,辄曰:“与卿语,不如与阿戎语。”就戎,必日夕而返。籍长戎二十岁,相得如时辈。刘公荣通士,性尤好酒,籍与戎酬酢终日,而公荣不蒙一杯,三人各自得也。戎为物论所先,皆此类。①

阮籍的通脱性格与王戎的早慧都再现出来了。再如对刘伶的载录:

刘伶常病酒,渴求酒于其妻,妻捐酒毁器泣而谏曰:“君酒过,非摄生之道也,必宜断之。”伶曰:“善,吾不能自禁,唯酒当礼鬼神,自誓以断之耳,便可具酒肉。”妻敬闻命,供酒肉于前,请伶祝誓。伶跪而祝曰:“天生刘伶,以酒为名;一饮一斛,五斗解酲;妇人之言,慎不可听。”乃饮酒御肉,隗然而已复醉矣。②

这里刘伶是一个病酒者的典型。

对名士们的个性化行为方式,《名士传》也有所载录,如对王戎的载录:

王戎幼而清秀,魏明帝时,于宣武场上为栏斗虎,使力士逆与之博,纵人观之。戎年七岁,亦往观焉。虎乘间薄栏而吼,其声震地,观者无不避易颠仆,戎安然不动。帝于阁上见之,使人问姓名而异焉。③

通过观虎这件事,反映了王戎的从容与镇定,处变不惊。

总之,《名士传》与《竹林七贤论》在载录魏晋名士风度方面,具有重要的史料与文学价值。

《圣贤高士传赞》与《高士传》是很类似的传记,但它们同中有异。《圣贤高士传赞》作者主要是借那些虚构的和传说中的人物来表达自己的人生理念。《高士传》的传主主要是有节操者。《名士传》和《竹林七贤论》重点写传

---

① (南朝宋)刘义庆著,(南朝梁)刘孝标注,余嘉锡笺疏:《世说新语笺疏》,中华书局1983年版,第900页。

② (宋)李昉等编,夏剑钦、王巽斋校点:《太平御览》第四卷,河北教育出版社1994年版,第960页。

③ (宋)李昉等编,夏剑钦、王巽斋校点:《太平御览》第八卷,河北教育出版社1994年版,第151页。

主的名士风流行为。这些不同应该是作者的作传目的不同所致。

第四节　名显当时、垂范乡梓
——中古地方人物类传研究

一、《广州先贤传》

《广州先贤传》,《隋书·经籍志》无著录,《旧唐书·经籍志》、《新唐书·艺文志》著录为七卷。《广州先贤传》的作者陆胤,字敬宗,三国时吴人,曾为御史选曹郎、西陵督、左虎林,封都亭侯。《广州先贤传》原书已经失传,其佚文见于诸书的征引。

《广州先贤传》的传主为前代贤达人士,作者作此传的目的是为了宣扬前辈的功德,以供后人学习,因此,所载的事件多虚构的成分,且行文模式过于程式化,缺乏变化,如:

> 尹牙,字猛德。太守南阳宠下车,牙以德进干任喉舌。宠虽当国厚禄,而怀愧戚,见于颜色。牙常用怪焉,曰:"伏见明府四节悲叹,有惨瘁之思,何也?"宠谓牙曰:"父为豪周张所害,重仇未报,并与戴天,非孝子;虽官尊禄重,而坐耻未判,是以长愧而无耻也。"(闻好马)[于是]牙与校围交通,遂充驺马之职。乃先醉张近侍,以夜解纵诸马,令之乱骇,知张必将惊起,伏侧阶下。张果出,问其故,牙因手刃张首而还。①
>
> 丁密,字靖公。遭父忧,寝于冢侧,致飞凫一双游密庐旁小池。后遭母丧,密至所居一宿,故时双凫复来。时人服其至孝。②
>
> 徐征,字君求,苍梧荔浦人。少有方直之行、不挠之节,颇览书传,尤明律令。延熹五年,征为中部督邮。时唐(帝)[衡]恃豪贵,京师号为唐独语。遣宾客至苍梧,颇不拘法度,征便收客郡市髡笞。乃白太守,

---

① (宋)李昉等编,夏剑钦、王巽斋校点:《太平御览》第四卷,河北教育出版社1994年版,第971页。

② (宋)李昉等编,夏剑钦、王巽斋校点:《太平御览》第四卷,河北教育出版社1994年版,第430页。

太守大怒，收征送狱，主簿守阁曰：“此人无故卖买，既侵百姓，污辱妇女。徐征上念明政，据刑申耻，今便治，郡无复爪牙之吏，后督邮当徒跣行，奉诸贵戚宾客耳。”太守答知为是，迫不得已。①

罗威字德仁，南海番禺人也。有邻家牛数食其田禾，既不可止，遂为断刍多着牛家门中，不令人知。数如此，牛主惊怪，不知为谁。阴察求之，乃觉有威。自后更相约率收拾牛犊，不敢复践伤于威田。②

尽管这些事件无非为了宣扬前辈的功德，其目的是要达到教育后人之目的，但从传记的角度来说，它注意用细节描写来刻画人物，是它的成功之处。

二、《海内先贤传》

《海内先贤传》，《隋书·经籍志》著录为四卷，题为魏明帝时撰，《新唐书·艺文志》与《隋书·经籍志》同，《旧唐书·经籍志》题为四卷，魏明帝撰。《旧唐书·经籍志》的记载应该是“魏明帝时撰”之误。《海内先贤传》已经佚失，其佚文散见于《后汉书》注、《世说新语》注及《初学记》、《北堂书钞》、《艺文类聚》、《太平御览》等类书的征引。魏晋南北朝的郡国之书，多以显扬郡望为目的，其传主多为当地品性杰出者，“先贤传”，从字面上可以看出，传主是有德有行，可为后世师表者。

《海内先贤传》传人语言简洁明快，要言不烦，如，“蕃为尚书，以忠正忤贵戚，不得在台，迁豫章太守”③；“陈谌字季方，寔少子也，才识博达。司空掾公车征，不就”④。在介绍先贤时，《海内先贤传》还注意先贤的地域性，如，“颍川先辈，为海内所师者：定陵陈稚叔、颍阴荀淑、长社钟皓。少府李膺宗此三君，常言：‘荀君清识难尚，陈、钟至德可师。’”⑤

---

① （宋）李昉等编，夏剑钦、王巽斋校点：《太平御览》第三卷，河北教育出版社 1994 年版，第 385 页。

② （宋）李昉等编，夏剑钦、王巽斋校点：《太平御览》第四卷，河北教育出版社 1994 年版，第 374 页。

③ （南朝宋）刘义庆著，（南朝梁）刘孝标注，余嘉锡笺疏：《世说新语笺疏》，中华书局 1983 年版，第 1 页。

④ （南朝宋）刘义庆著，（南朝梁）刘孝标注，余嘉锡笺疏：《世说新语笺疏》，中华书局 1983 年版，第 12 页。

⑤ （南朝宋）刘义庆著，（南朝梁）刘孝标注，余嘉锡笺疏：《世说新语笺疏》，中华书局 1983 年版，第 8 页。

《海内先贤传》也善于叙事，在叙事时注意概括叙事与具体叙事相结合，如下面一段文字：

> 许劭，字子将，虔弟也。山峙渊停，行应规表。劭陵谢子微高才远识，见劭十岁时，叹曰："此乃希世之伟人也。"初，劭拔樊子昭于市肆，出虞承贤于客舍，召李叔才于无闻，擢郭子瑜于小吏。广陵徐孟本来临汝南，闻劭高名，召公曹。时袁绍以公族为濮阳长，弃官还。副车从骑将入郡界，乃叹曰："许子将秉持清格，岂可以吾舆服见之邪?"遂单马而归。辟公府掾，敦辟不就。避地江南，卒于豫章也。①

这段文字，既对许劭的品格作了概括介绍，又通过别人对许劭的评价这一侧面描写，来再现了许劭为人敬仰的高尚品格。

《海内先贤传》还刻画了一些良吏的形象，如：

> 公沙穆迁弘农令，界有蝗虫禾稼，百姓惶惧。穆设坛谢曰："百姓有过，咎在典掌，罪穆之由，请以身祷。"玄云四集，雨下滂霈，自日中至晡，不知蝗虫所在，百姓称曰"神明"。②

在蝗灾、旱灾交加的情况下，公沙穆勇于承担罪过，以至感动上苍，降下甘霖，蝗虫也因此不知去向，造福百姓。此故事显然出于虚构，但公沙穆爱民的精神，却十分令人敬佩。

《海内先贤传》还载录了一些早慧人物的事迹，如：

> 童子汝南谢广、河南赵建，年十二通经，诏以为二童应化，而皆拜郎中。③
>
> 颍川钟皓，字季明，为郡功曹，时陈寔为西门亭长。皓深礼之，与同

---

① （南朝宋）刘义庆著，（南朝梁）刘孝标注，余嘉锡笺疏：《世说新语笺疏》，中华书局1983年版，第492页。

② （宋）李昉等编，夏剑钦、王巽斋校点：《太平御览》第三卷，河北教育出版社1994年版，第499页。

③ （宋）李昉等编，夏剑钦、王巽斋校点：《太平御览》第四卷，河北教育出版社1994年版，第224页。

分义。皓辞公府，太守问谁可代君，皓曰："明府必得其人，西门亭长可也。"①

《海内先贤传》还载有以其仁感动强盗的先贤，如：

姜肱，字伯淮。尝与弟季江遇盗，将夺其衣。人问不言。盗闻，叩头谢罪，还肱衣，肱不受。②

由于《海内先贤传》散佚较多，类书的征引多为片段，很难窥知其全貌，故只作以上简论。

三、《汝南先贤传》

《汝南先贤传》，《隋书·经籍志》、《旧唐书·经籍志》、《新唐书·艺文志》都入史部杂传类，《隋书·经籍志》、《新唐书·艺文志》题为五卷，《旧唐书·经籍志》题为三卷。《汝南先贤传》的作者周斐，生平事迹不详。

《汝南先贤传》记载了一些孝子贤孙的事迹，如：

薛苞，字孟尝，西平人。好学笃行，丧母，以至孝闻。父娶后妻而憎苞，分之出宅。苞日夜泣不能去，被殴杖，不得已庐于外，旦入洒扫。父怒，又逐之。乃庐于里门，晨昏不废。积岁余，父母惭而还之。后行六年，丧，丧过于哀。既而弟子求分异居，苞不能止，乃中分其财。奴婢引其老者，曰："与我共事久，(居)[汝]不能使也。"田庐取其荒者，曰："吾少时所治，意所恋也。"器物取朽败者，曰："我素所服食，身口所安。"弟子数破其产，续复赈给。③

《汝南先贤传》善于通过人物语言揭示人物性格，如：

---

① (宋)李昉等编，夏剑钦、王巽斋校点：《太平御览》第四卷，河北教育出版社1994年版，第412页。

② (宋)李昉等编，夏剑钦、王巽斋校点：《太平御览》第四卷，河北教育出版社1994年版，第1110页。

③ (宋)李昉等编，夏剑钦、王巽斋校点：《太平御览》第四卷，河北教育出版社1994年版，第449页。

> 陈蕃字仲举，汝南平舆人。有室荒芜不扫除，曰："大丈夫当为国家扫天下。"值汉桓之末，阉竖用事，外戚豪横。及拜太傅，与大将军窦武谋诛宦官，反为所害。①

反映了陈蕃志在为国除害，而不顾及个人利益的高尚情操。

从传记文学角度来说，《汝南先贤传》善于通过典型事例来反映人物性格。

> 阚敞字子张，平舆人。仕郡，为五官掾。时太守第五常被征，临发仓卒，有俸钱百三十万，留付敞。敞埋着堂上，遂遭世仓卒，道路断绝，敞年老饥羸，其妻曰："第五府君所寄钱，可取自给，然后偿之。"敞曰："吾穷老，何当有用故君之财耶？道通当送，饥寒何损！"常举门遭疫，妻子皆死。常病临困，唯有孤孙年九岁，常谓之曰："吾寄故五官掾平舆阚敞钱三十万。"气遂绝。后孙年长大，步担至汝南问敞，敞见之悲喜，与共临发阱，钱乃百三十万，孤孙曰："亡祖临终言有三十万耳，今乃百三十万，不敢当也。"敞曰："府君病困气索，言谬误耳，郎无疑也。"②

这里通过阚敞为朋友第五常保管钱财之事，来表现这位先贤的忠信品格。文中用了两个细节来反映他的品德，一是在阚敞年老家贫时，其妻子劝他取钱暂用，他宁可忍受饥寒也不动朋友的钱财；二是第五常告诉孙子阚敞存钱三十万，而实为一百三十万，第五常孙不取，阚敞全部与之。

《汝南先贤传》还通过传主的语言与行动来刻画传主形象，如：

> 黄浮，字隐公，阳安人。年二十，在于民伍，曾为墟里所差，次当给亭。于是感激学书，慨然长叹曰："黄浮非乡里所知。"因随人到京师求学，岁余除昌虑令、濮阳令。同岁子为都市缘，犯罪当死，一郡尽为之请。浮曰："周公诛二弟，石碏讨其子，今虽同岁子，浮所不能赦也。"治政清明，号为神君。

---

① (南朝宋)刘义庆著，(南朝梁)刘孝标注，余嘉锡笺疏：《世说新语笺疏》，中华书局1983年版，第1页。

② (宋)李昉等编，夏剑钦、王巽斋校点：《太平御览》第四卷，河北教育出版社1994年版，第510—511页。

又曰:陈晔,邵陵人也。体尚笃烈,学通古今,除巫令。民张遗腹子,年十五,为父报仇。吏捕得之,晔愍曰:"嗟乎,今杀遗腹之孤,绝人继嗣,是不仁也。法复仇之子,是不义也。不仁不义,焉可以为民君长哉!"遂解印绶逃亡,遇赦乃出。①

以上文字通过黄浮执法严明,陈晔不杀为报父仇的遗腹子再现了两个良吏的形象。

四、《先贤行状》

《先贤行状》作者、卷数不详。从现存的佚文看,它在刻画人物性格等方面还是有其独到之处的。如:

(审)配字正南,魏郡人,少忠烈慷慨,有不可犯之节。袁绍领冀州,委以腹心之任,以为治中别驾,并总幕府。初,谭之去,皆呼辛毗、郭图家得出,而辛评家独被收。及配兄子开城门内兵,时配在城东南角楼上,望见太祖兵入,忿辛、郭坏败冀州,乃遣人驰诣邺狱,指杀仲治家。是时,辛毗在军,闻门开,驰走诣狱,欲解其兄家,兄家已死。是日生缚配,将诣帐下,辛毗等逆以马鞭击其头,骂之曰:"奴,汝今日真死矣!"配顾曰:"狗辈,正由汝曹破我冀州,恨不得杀汝也!且汝今日能杀生我邪?"有顷,公引见,谓配:"知谁开卿城门?"配曰:"不知也。"曰:"自卿(文)〔子〕荣耳。"配曰:"小儿不足用乃至此!"公复谓曰:"曩日孤之行围,何弩之多也?"配曰:"恨其少耳!"公曰:"卿忠于袁氏父子,亦自不得不尔也。"有意欲活之。配既无挠辞,而辛毗等号哭不已,乃杀之。初,冀州人张子谦先降,素与配不善,笑谓配曰:"正南,卿竟何如我?"配厉声曰:"汝为降虏,审配为忠臣,虽死,岂若汝生邪!"临行刑,叱持兵者令北向,曰:"我君在北。"②

通过审配的语言和行动表现了他对袁绍的忠诚和气节。曹操的爱才,辛毗

① (宋)李昉等编,夏剑钦、王巽斋校点:《太平御览》第三卷,河北教育出版社 1994 年版,第 494 页。

② (晋)陈寿撰,(刘宋)裴松之注:《三国志·董二袁刘传》,中华书局 1959 年版,第 205—206 页。

的报复心理都栩栩如生。特别是审配临刑时的语言，表现了他的“忠烈慷慨，有不可犯之节”。

《先贤行状》还善于对人物性格进行简洁的概括，如：

(毛)玠雅亮公正，在官清恪。其典选举，拔贞实，斥华伪，进逊行，抑阿党。诸宰官治民功绩不著而私财丰足者，皆免黜停废，久不选用。于时四海翕然，莫不励行。至乃长吏还者，垢面羸衣，常乘柴车。军吏入府，朝服徒行。人拟壶飧之洁，家象濯缨之操，贵者无秽欲之累，贱者绝奸货之求，吏洁于上，俗移乎下，民到于今称之。①

五、《零陵先贤传》

《零陵先贤传》，《隋书·经籍志》、《旧唐书·经籍志》、《新唐书·艺文志》皆著录为一卷，其佚文见于《三国志》裴松之注引、《后汉书》李贤注引、《水经注》李贤注引以及《北堂书钞》、《艺文类聚》、《太平御览》等类书的征引。从《零陵先贤传》佚文看来，其笔法类似于《江表传》，采用的是史传笔法。

(刘)先字始宗，博学强记，尤好黄老言，明习汉家典故。为刘表别驾，奉章诣许，见太祖。时宾客并会，太祖问先：“刘牧如何郊天也?”先对曰：“刘牧托汉室肺腑，处牧伯之位，而遭王道未平，群凶塞路，抱玉帛而无所聘俯，修章表而不获达御，是以郊天祀地，昭告赤诚。”太祖曰：“群凶为谁?”先曰：“举目皆是。”太祖曰：“今孤有熊罴之士，步骑十万，奉辞伐罪，谁敢不服?”先曰：“汉道陵迟，群生憔悴，既无忠义之士，翼戴天子，绥宁海内，使万邦归德，而阻兵安忍，曰莫己若，既蚩尤、智伯复见于今也。”太祖嘿然。拜先武陵太守。荆州平，先始为汉尚书，后为魏国尚书令。②

这里突出了刘先的辩才及其远见卓识。《三国志》卷三九裴松之在《刘巴传》后引用了《零陵先贤传》的内容，对刘巴的政治军事才能作了注释，这些都说

---

① (晋)陈寿撰，(刘宋)裴松之注：《三国志·崔毛徐何邢鲍司马传》，中华书局1959年版，第375—376页。

② (晋)陈寿撰，(刘宋)裴松之注：《三国志·董二袁刘传》，中华书局1959年版，第216页。

明《零陵先贤传》的笔法是史传笔法。

六、中古其他地方人物类传

(一)《陈留耆旧传》

《陈留耆旧传》,《隋书·经籍志》、《旧唐书·经籍志》和《新唐书·艺文志》皆有著录,《隋书·经籍志》题为一卷,《旧唐书·经籍志》、《新唐书·艺文志》题为三卷。《陈留耆旧传》的作者苏林,字孝友,河南外黄人。除了苏林的《陈留耆旧传》外,《隋书·经籍志》还录有汉议郎圈称的《陈留耆旧传》。二书后皆散佚,其佚文见诸书征引,但征引者皆不题著者名姓,故难以区别是属于哪部书的内容。

(二)《会稽先贤传》

《会稽先贤传》,《隋书·经籍志》、《旧唐书·经籍志》和《新唐书·艺文志》皆有著录,《隋书·经籍志》、《新唐书·艺文志》著录为七卷,《旧唐书·经籍志》著录为五卷。《会稽先贤传》作者谢承,字伟平,会稽山阴人,官至长沙太守、武陵太守。《会稽先贤传》的佚文今存四篇,存于严可均辑的《全三国文》卷六六中。从现存的佚文看,谢承为了突出、夸大先贤的事迹,不惜采用了虚构、想象的手法来为先贤立传,使文本充满了荒诞性。

(三)《三辅决录》

《三辅决录》,《隋书·经籍志》、《旧唐书·经籍志》和《新唐书·艺文志》皆有著录。《隋书·经籍志》、《旧唐书·经籍志》著录为七卷,《新唐书·艺文志》著录为十卷,其注本有晋挚虞注,可惜《三辅决录》及其注本今已失传,《三辅决录》只剩下一些佚文,存于一些史书如《后汉书》的注中。作者赵岐,字邠卿,京兆长陵人。

(四)《会稽后贤传》等类传

除了以上的类传外,三国时期还有很多的类传,由于散佚严重,我们单凭一鳞半爪难以知其全貌,故对这一时期其他一些类传的名字与作者仅做著录:钟离岫的《会稽后贤传记》、虞预的《会稽典录》、贺循的《会稽先贤像赞》、陆凯的《吴先贤传》、张胜的《桂阳先贤画赞》、诸葛亮的《贞洁记》、董巴的《中官传》、徐整的《豫章烈士传》、魏明帝的《甄表状》(曹丕所旌表的二十四贤,魏明帝为他们作传)、曹丕的《海内士品录》、陈英宗的《陈留先贤像赞》等。

以上的类传多"先贤传"命名的,但是由于地域不同,风土人情各异,各传呈现不同的色彩。

第五节　虔心向佛的僧尼团队——中古僧尼类传研究

佛教是世界三大宗教之一,佛教传入中国约在东汉明帝时期,但在当时并没有产生多大影响。魏晋南北朝时期,佛教与玄学结合起来,有了很大的发展。佛教的兴盛,不仅普通百姓,就连王公贵族甚至皇帝都参与到佛教信仰之中,即如梁武帝,曾三次舍身入寺,群臣用数亿元才把他赎回。同时,中古僧人人数众多,寺庙列刹如云,以北魏为例,全国共有寺庙四万余所,僧尼人数达二百万人以上,所以,唐朝诗人杜牧《江南春》云:"南朝四百八十寺,多少楼台烟雨中",绝非夸张之语。佛教的发展,佞佛行为的出现,给社会带来严重危害。

从另一个方面来说,佛教的兴盛,促进了僧人传记的繁荣。这些传记,有一人之传记,如《佛图澄传》、《支遁传》等可考者二十多种。有一类僧人的传记,比较著名者有:竺法济的《高逸沙门传》、释法安的《志节传》、释僧宝的《游方沙门传》、僧祐的《沙婆多部相承传》。有一时一地僧人之传记,如郗超的《东山僧传》、张孝秀的《庐山僧传》、陆明霞的《沙门传》。还有尼姑的传记,如梁释宝唱的《比丘尼传》,记录了晋、齐、梁三代的尼姑。在中古僧传中,最为著名的为梁释宝唱的《比丘尼传》和梁释慧皎的《高僧传》,故此,本节对这两部僧尼传记进行系统的研究。

一、《比丘尼传》

《比丘尼传》是中国最早的一部尼姑传记,其作者为南朝梁代僧人释宝唱。释宝唱,吴郡(今江苏省苏州市)人,俗姓岑,生卒年不详,约生于刘宋泰始元年前后。十八岁从建初寺僧祐出家,便学经律。后住庄严寺,博采群言,酌取精理。宝唱曾经参与了多部佛教经典的述作。梁天监十三年撰成了《名僧传》三十一卷;天监十五年,撰成了《比丘尼传》。《比丘尼传》是魏晋南北朝时期佛教大发展的产物，据杨衒之的《洛阳伽蓝记》载，当时列刹相仍，僧尼出家者不计其数。释宝唱本着男女平等的原则，在为男性僧人（和尚）立传的同时，也为女性僧人（尼姑）立传，这就是《比丘尼传》著述的原始动因。“《比丘尼传》既是一部生动的尼传，又是一部翔实的尼史。它真实地记录了比丘尼从出家、受戒、修行、教化、示寂的全过程，并从政治、经济、文化、宗教、习俗等诸多方面，反映了当时社会的基本情况。”[①]关于《比丘尼传》的版本，通行的为四卷本，当然也有一卷本和五卷本之说。本书以（梁）释宝唱著，王孺童校注的《比丘尼传校注》（中华书局 2006 年版）为蓝本，对《比丘尼传》进行研究。

《比丘尼传》的撰述宗旨，释宝唱在“序言”里作了说明：

> 原夫贞心亢志，奇操异节，岂惟体率由于天真，抑亦励景行于仰止。故曰：“希颜之士，亦颜之俦；慕骥之马，亦骥之乘。”斯则风烈徽猷，流芳不绝者也。是以握笔怀铅之客，将以贻厥方来；比事记言之士，庶其劝诫后世。故虽欲忘言，斯不可已也。昔大觉应乎罗卫，佛日显于阎浮，三界归依，四生向慕。比丘尼之兴，发源于爱道，登地证果，仍世不绝，列之法藏，如日经天。自拘尸灭影，双树匿迹，岁历蝉联，陵夷讹紊。于时浇信谤，人或存亡。微言兴而复废者。不肖乱之也；正法替而复隆者，贤达维之也。
>
> 像法东流，净捡为首，绵载数百，硕德系兴。善妙、净圭穷苦行之节，法辩、僧果尽禅观之妙。至若僧端、僧基之立志贞固，妙相、法全之弘震旷远，若此之流，往往间出。并渊深岳峙，金声玉振，实惟叔叶之贞干，季绪之四依也。而年代推移，清规稍远，英风将范于千载，志业未集乎方册，每怀慨叹，其岁久矣。始乃博采碑颂，广搜记集，或讯之博闻，或访之故老，诠序始终，为之立传。起晋升平，讫梁天监，凡六十五人。不尚繁华，务存要实，庶乎求解脱者，勉思齐之德。而寡见庸疏，或有遗漏，博雅君子，箴其阙焉。[②]

这里，宝唱告知了作此传的目的，传主选择的起讫年代，“起自晋升平讫梁天监”，所传人数六十五人。作传原则：“不尚繁华，务存要实”，即不崇尚华丽

① （梁）释宝唱著，王孺童校注：《比丘尼传校注》，中华书局 2006 年版，第 36 页。
② （梁）释宝唱著，王孺童校注：《比丘尼传校注》，中华书局 2006 年版，第 1 页。

的词藻，重在保存主要的事实，具有一定的实录性。由于释宝唱生活在南朝梁时，故所选的比丘尼也以南朝（宋、齐、梁）为主，所传六十五人中，晋尼十三人，宋尼二十三人，齐尼十五人，梁尼十四人。

作为一部尼姑传记，释宝唱对于这些尼姑的出家原因作了明确的交代，大致有六种：

第一，家变，包括亲人亡故、家道败落等原因，这类比丘尼有法相、宝贤、僧猛等三人。如宋尼法相是由于“家道多故，苻坚败绩眷属散亡”①而出家。宝贤是由于“十六丁母忧”②，因亲人去世而为尼。齐尼僧猛是由于“年十二，父亡，号哭吐血，绝而复苏，三年告终，示不灭性，辞母出家”③，也是由于亲人去世而出家为尼。

第二，婚姻原因，包括早寡、抗婚、离异等，这类比丘尼有晋尼净检、妙相、昙备、僧基、道仪，梁尼昙晖、法宣等。其中净检由于“少好学，早寡，家贫”④；妙相“十五适太子舍人北地皇甫达。达居丧失礼，相恶之，告求离绝，因请出家，父并从之”⑤，是因离异而出家。昙备“年及笄嫁，征币弗许，母不能违，听其离俗”⑥，是由于抗婚而出家。僧基“绾发志道，秉愿出家。母氏不听，密以许嫁，秘其聘礼。迎接日近，女乃觉知，即便绝粮。水浆不下。亲属共请，请意不可移。至于七日，母呼女婿，婿敬信，见妇殆尽，谓妇母曰：‘人各有志，不可夺也。’母即从之，因遂出家”⑦，也是由于抗婚而出家。

第三，社会动荡不安，包括战争、匪患、社会大乱等，由于这类原因出家的比丘尼有晋尼令宗，宋尼法盛、法净，齐尼智胜等。令宗是由于“家遇丧乱，为虏所驱，归诚恳至，称佛法僧，诵《普门品》，拔除其眉，托云恶疾，求诉得放。随路南归，行出冀州，复为贼所逐，登上林树，专诚至念。捕者前望，终不仰视，寻索不得，俄尔而散”⑧而出家。宋尼法盛是由于“遭赵氏乱，避地金陵。以元嘉十四年于建福寺出家”⑨，是战乱的原因。法净也是为避乱而

---

① （梁）释宝唱著，王孺童校注：《比丘尼传校注》，中华书局2006年版，第95页。
② （梁）释宝唱著，王孺童校注：《比丘尼传校注》，中华书局2006年版，第108页。
③ （梁）释宝唱著，王孺童校注：《比丘尼传校注》，中华书局2006年版，第128页。
④ （梁）释宝唱著，王孺童校注：《比丘尼传校注》，中华书局2006年版，第1页。
⑤ （梁）释宝唱著，王孺童校注：《比丘尼传校注》，中华书局2006年版，第12—13页。
⑥ （梁）释宝唱著，王孺童校注：《比丘尼传校注》，中华书局2006年版，第18页。
⑦ （梁）释宝唱著，王孺童校注：《比丘尼传校注》，中华书局2006年版，第22—23页。
⑧ （梁）释宝唱著，王孺童校注：《比丘尼传校注》，中华书局2006年版，第32页。
⑨ （梁）释宝唱著，王孺童校注：《比丘尼传校注》，中华书局2006年版，第47页。

出家,“年二十值乱,随父避地秣陵,门修释教。净少出家,住永福寺”[①]。齐尼智胜是由于“宋季多难,四民失业,时事纷纭,奄冉积载。年将二十方得出家,住建福寺”[②],是社会动荡因素使其出家为尼。

第四,世代信仰,由于世代信仰佛法而出家者,有晋尼明感,宋尼僧端,齐尼僧敬、超明等。晋尼明感出家是多种原因的复合:

> (明感)本姓朱,高平人也。世奉大法,经为虏贼所获,欲以为妻,备加苦楚,誓不受辱。谪使牧羊,经历十载,怀归转笃,反途莫由。常念三宝,兼愿出家。忽遇一比丘,就请五戒,仍以《观世音经》授之,因得习诵,昼夜不休。愿得还家,立五层塔。不胜忧念,逃走东行……年及桑榆,操行弥峻。江北子女,师奉如归。
>
> 晋建元元年春,与慧湛等十人济江,诣司空公何充。充一见甚敬重。于时京师未有尼寺,充以别宅为之立寺。问感曰:“当何名之?”答曰:“大晋四部,今日始备。檀越所建,皆造福业,可名曰建福寺。”公从之矣。[③]

明感出家是三种原因造成的,一是其世代信奉佛法,二是遭遇社会动乱,三是为虏贼所获,强欲为妻,明感誓死不从,有抗婚的因素在其中。所以她的出家是复合因素作用的结果。宋尼僧端出家是由于世代信奉佛法的结果,“门世奉佛,姊妹笃信,誓愿出家,不当聘彩”[④],和明感相比,原因比较单一。齐尼僧敬出家也是其家世代信奉佛教的结果,但显得比较神奇。

> 僧敬在孕,家人设会,请瓦官寺僧超、西寺昙芝尼,使二人指腹,呼胎中儿为弟子,母代儿唤二人为师,约不问男女,必令出家。将产之日,母梦神人语之曰:“可建八关。”即命经始,僧像未集,敬便生焉。闻空中语曰:“可与建安寺白尼作弟子。”母即从之。[⑤]

在僧敬尚未出生之时即被指腹为僧,可见其家对佛法的虔诚。

---

① (梁)释宝唱著,王孺童校注:《比丘尼传校注》,中华书局2006年版,第113页。

② (梁)释宝唱著,王孺童校注:《比丘尼传校注》,中华书局2006年版,第133页。

③ (梁)释宝唱著,王孺童校注:《比丘尼传校注》,中华书局2006年版,第14—15页。

④ (梁)释宝唱著,王孺童校注:《比丘尼传校注》,中华书局2006年版,第79页。

⑤ (梁)释宝唱著,王孺童校注:《比丘尼传校注》,中华书局2006年版,第124页。

超明,“世奉大法。明幼聪颖,雅有志尚,读五经,善文义,方正有礼,内外敬之。年二十一,夫亡寡居,乡邻求聘,誓而弗许,因遂出家,住崇隐寺”①。超明不仅与佛有缘,而且还精通儒家经典,其出家亦是婚姻与祖信的结果。

第五,舍身还愿,包括由于患有疾病,久治不愈,只好求佛恩典,许愿曰一旦疾病痊愈,则通过出家来报答佛祖的恩典,这类的比丘尼只有宋尼道寿与玄藻二人。

> (道寿)元嘉中遭父忧,因毁遘疾,自无痛痒,唯黄瘠骨立,经历年岁,诸治不瘳。因尔发愿,愿疾愈,得出家。立誓之后,渐得平复,如愿出俗,住祇洹寺。②
>
> (玄藻)藻年十余,身婴重疾,良药必进,日增无损。时太玄台寺释法济语安苟曰“恐此疾由业,非药所消。贫道按佛经云:‘若履危苦,能归依三宝,忏悔求愿者,皆获甄济。’君能与女并捐弃邪俗,洗涤尘秽,专心一向,当得痊愈”。安苟然之。即于宅上设观世音斋,澡心洁意,倾诚戴仰,扶疾稽颡,专念相续。经七日,初夜忽见金像高尺许,三摩其身,从首至足,即觉沉痾豁然消愈。既灵验在躬,遂求出家。③

第六,与佛有前世之缘,这类的比丘尼大多自幼喜欢佛教,厌弃世俗生活,自愿出家为尼。这类比丘尼在《比丘尼传》中是人数最多的一类,共有四十五人。这类比丘尼大多对于佛教极为虔诚,如晋尼安令首,“不乐人间,从容闲静,以佛法自娱,不愿求娉”④;慧琼,“履道高洁,不味鱼肉。年垂八十,志业弥勤,常衣刍麻,不服绵纩,纲纪寺舍,兼行讲说本经,住广陵南安寺”⑤;普照,“少秉节概”,“宋元嘉十八年十二月,因感劳疾,虽剧,而笃情深信,初自不改。专意祈诚,不舍日夜。不能下地,枕上叩头忏悔,时息如常”⑥;僧果,“宿殖诚信,纯笃自然。在乳哺时,不过中食,父母嘉异。及其成人,心唯专到,缘碍参差”⑦;业首,“风仪峻整,戒行清白,深解大乘,善构妙理,弥好禅

① (梁)释宝唱著,王孺童校注:《比丘尼传校注》,中华书局2006年版,第155页。
② (梁)释宝唱著,王孺童校注:《比丘尼传校注》,中华书局2006年版,第60页。
③ (梁)释宝唱著,王孺童校注:《比丘尼传校注》,中华书局2006年版,第62—63页。
④ (梁)释宝唱著,王孺童校注:《比丘尼传校注》,中华书局2006年版,第7页。
⑤ (梁)释宝唱著,王孺童校注:《比丘尼传校注》,中华书局2006年版,第66页。
⑥ (梁)释宝唱著,王孺童校注:《比丘尼传校注》,中华书局2006年版,第70页。
⑦ (梁)释宝唱著,王孺童校注:《比丘尼传校注》,中华书局2006年版,第87页。

诵，造次无怠”①。这类比丘尼的行为事迹大同小异，无非是对佛教虔诚，以至敬佛、礼佛。

《比丘尼传》还反映了当时的佛道之争。佛教自传入中国之日起，就与中国的本土文化发生激烈的碰撞，其中，佛道之争伴随着佛教在中国传播的全过程。《比丘尼传》对此也有所反映，如《司州西寺智贤尼传》：

> 太守杜霸，笃信黄老，憎嫉释种，符下诸寺，克日简汰。制格高峻，非凡所行。年少怖惧，皆望风奔骇，唯贤独无惧容，兴居自若。集城外射堂，皆是耆德，简试之日，尼众盛壮，唯贤而已。霸先试贤以格，格皆有余。贤仪观清雅，辞吐辩丽。霸密挟邪心，逼贤独住。贤识其意，誓不毁戒法，不苟存身命，抗言拒之。霸怒，以刀斫贤二十余疮，闷绝躄地，霸去乃苏。②

《洛阳城东寺道馨尼传》：

> 晋泰和中，有女人杨令辩，笃信黄老，专行服气。先时人物亦多敬事，及馨道王，其术寝亡。令辩假结同姓，数相去来，内怀妒嫉，伺行毒害。后窃以毒药内馨食中，诸治不愈。③

《盐官齐明寺僧猛尼传》：

> 曾祖率，晋正员郎余杭令。世事黄老，加信敬邪神。猛幼而慨然，有拔俗之志。④

可见，佛道之争，并不是温情脉脉进行的，而是充满了刀光剑影。在斗争中，比丘尼们以其柔弱之身，或据理力争，或饱受摧残，或被害致死，但她们都表现出了大无畏的殉道精神，这也是佛教能在中国发扬光大，并最终战胜道教的根本原因。

---

① (梁)释宝唱著，王孺童校注：《比丘尼传校注》，中华书局2006年版，第97页。

② (梁)释宝唱著，王孺童校注：《比丘尼传校注》，中华书局2006年版，第10—11页。

③ (梁)释宝唱著，王孺童校注：《比丘尼传校注》，中华书局2006年版，第25页。

④ (梁)释宝唱著，王孺童校注：《比丘尼传校注》，中华书局2006年版，第1页。

从传记文学角度来说，在《比丘尼传》中，一些比丘尼的形象还是很鲜明的，如晋尼净捡，她被称为中国佛教第一尼。佛教传入中国之初，出家者主要是男性，这是因为佛教进入中国后，其思想主要在男性中传播。随着佛教传播范围的扩大，其思想也开始在女性中传播。而第一位出家的女性僧人即为净捡，“像法东流，净捡为首”①，“初晋升平中，净捡尼是比丘尼之始也”②。可见，净捡是中国第一位出家的女性僧人。净捡出身于官宦家庭，父为武威太守，同时，她还是一位知识女性，曾为贵族子弟的家庭教师，“捡少好学，早寡，家贫，常为贵游子女教授琴书”。净捡的知识修为和遭遇使她选择了出家为尼这一条路。但是，此时中国尚没有女性僧人，故而，净捡出家的过程较为复杂。首先，净捡接受了佛教的启蒙教育，“后遇沙门法始，经道通达，晋建兴中，于宫城西门立寺，捡乃造之。始为说法，捡因大悟，念及强壮，以求法利，从使借经，遂达旨趣”③。接着，净捡向法始提出了出家的要求，因此时中国还没有比丘尼，于是净捡便在法始的主持下，从受十戒，剃度为尼。由于此时中国戒律不全，直到“升平元年二月八日，洛阳请外国沙门昙摩羯多，为立戒坛……捡等四人同坛止，从大僧以受具戒”④，至此，净捡才成为一位真正意义上的比丘尼。作为一代名尼和寺院住持，净捡凡事以身作则，“善修戒行，志学不休。信施虽多，随得随散，常自后己，每先于人”，其行为赢得了众比丘尼的钦佩，对她“莫不欣叹，加其敬仰”⑤。

再如南朝宋尼宝贤，其性格亦很突出。宝贤是由于亲人去世而出家为尼的。宝贤的性格主要体现在两个方面：一是通过与皇室的交游来为寺院争取资金，“宋文皇帝深加礼遇，供给衣食。及孝武雅相敬侍，月给钱一万”⑥；二是持法公正，宝贤由于精通佛教戒律，先后担任普贤寺主，后又为僧正，在僧正任上，宝贤严格管理，执律公正，杜绝了公报私仇事件的发生。“元徽二年，法颖律师于晋兴寺开《十诵律》题，其日有十余尼，因下讲欲受重戒。贤乃遣僧局，斋命到讲座，鸣木宣令诸尼，不得辄复重受戒。若年岁审未满者，其师先应集众忏悔竟，然后到僧局，僧局许可，请人监检，方得受耳。

---

① （梁）释宝唱著，王孺童校注：《比丘尼传校注》，中华书局2006年版，第128页。
② （梁）释宝唱著，王孺童校注：《比丘尼传校注》，中华书局2006年版，第109页。
③ （梁）释宝唱著，王孺童校注：《比丘尼传校注》，中华书局2006年版，第1页。
④ （梁）释宝唱著，王孺童校注：《比丘尼传校注》，中华书局2006年版，第2页。
⑤ （梁）释宝唱著，王孺童校注：《比丘尼传校注》，中华书局2006年版，第2页。
⑥ （梁）释宝唱著，王孺童校注：《比丘尼传校注》，中华书局2006年版，第108页。

若有违拒，即加摈斥。因兹以后，矫竟暂息。”①

《比丘尼传》中，还有一些以身护法者形象，如晋尼智贤、道馨等，前面已述，不再重复。

《比丘尼传》还存在以下不足，在传主性格刻画上，过于平面化，传主性格缺乏变化，特点不够突出，大有“千人一面”之嫌。有些传记还充满荒诞、虚妄之事，如《建福寺康明感尼传》：

> 径入一山，见有斑虎，去之数步。初甚恐惧，小却意定，心愿逾至，遂随虎而行。积日弥旬，得达青州，将入村落，虎便不见。②

《梁郡筑戈村寺释慧木尼传》：

> 忽见戒坛与天皆黄金色，举头仰视，南见一人。着禊衣，衣色悉黄，去木或近或远，语木曰：“我已授汝戒。”寻复不见，木不以语人。多诸感异，皆类此也。木兄闻，欲知，乃诈之曰：“汝为道积年，竟无所益，便可养发，当为访婿。”木闻心愁，因述所见，即受具戒。临受戒夕，梦人口授《戒本》。及受戒竟，再览便诵。③

《禅林寺净秀尼传》：

> 尝三人同于佛殿内坐，忽闻空中声，状如牛吼。二人惊怖，唯秀淡然。还房取烛，始登阶，复闻空中语曰：“诸尼避路，秀禅师归。”他日，又与数人于禅房中坐，一尼鼾眠，睡中见有一人头柱殿，语曰：“勿惊秀尼。”后时与诸尼同坐，一尼暂起，还见一人，抵掌止之曰：“莫挠秀尼。”④

这些虚诞事件，冲淡了传记的求实性，增加了神话色彩。是佛教初入中国，人们把佛教神异化和六朝志怪小说影响的结果。

同时，《比丘尼传》还有许多消极因素，如卷二的善妙自焚，卷三的昙简、

① (梁)释宝唱著，王孺童校注：《比丘尼传校注》，中华书局 2006 年版，第 109 页。

② (梁)释宝唱著，王孺童校注：《比丘尼传校注》，中华书局 2006 年版，第 15 页。

③ (梁)释宝唱著，王孺童校注：《比丘尼传校注》，中华书局 2006 年版，第 72 页。

④ (梁)释宝唱著，王孺童校注：《比丘尼传校注》，中华书局 2006 年版，第 165 页。

净珪、昙勇自焚，虽然作者的意思是表现这些比丘尼对佛教的虔诚，但是，这种自虐行为，似乎不是佛教徒所为，倒像是邪教组织所为。

二、《高僧传》

（一）慧皎的生平

慧皎，生平事迹不详。唐释道宣撰《续高僧传》卷六有传，曰：

> 释慧皎，未详氏族，会稽上虞人。学通内外，博训经律。住嘉祥寺，春夏弘法，秋冬著述。撰《涅架义疏》十卷及《梵网经疏》行世。又以唱公撰《名僧传》颇多浮沉，因遂开例成广，著《高僧传》一十四卷。其序略云：前之作者"或嫌以繁广，删减其事，而抗迹之奇，多所遗削。谓出家之士，处国宾王，不应励然自远，高蹈独绝。寻辞荣弃爱，本以异俗为贤，若此而不论，竟何所纪"。又云："自前代所撰，多曰名僧，然名者本实之宾也。若实行潜光，则高而不名；寡德适时，则名而不高。名而不高，本非所纪；高而不名，则备今录，故省名音，代以高字。"《传》成通国传之，实为龟镜，文意名约，即世崇重。后不知所终。[①]

关于慧皎的生平，《续高僧传》的记载比较简略，《高僧传》后面的附录引隋费长房的《历代三宝录》卷十一曰："《高僧传》十四卷，右一部，武帝世会稽嘉祥寺沙门释慧皎撰。皎学通内外，善将经律，著《涅槃义》十卷、《梵网戒》等疏，并盛行世，为世所轨。"[②]尽管如此，有关慧皎的生平事迹仍很简单，我们仅可以知道几点：一是慧皎的籍贯是会稽上虞，至于俗家姓氏、家境不详。二是他出家的寺庙是嘉祥寺。三是他的学识比较渊博，精通佛教的经律，著有《涅槃经义疏》和《梵网戒》等。四是他撰有《高僧传》十四卷，书中记录了从东汉明帝永平十年(67)至梁武帝天监十八年(519)包括东汉、魏、吴、晋、宋、齐、梁、北魏、后秦等九个朝代高僧的事迹。其中正传录有257人，附见旁出者239人，囊括东汉至梁四百五十三年的重要高僧。由此，我们可以说，慧皎是佛教史学家。

---

① （梁）释慧皎撰，汤用彤校注，汤一玄整理：《高僧传》，中华书局1992年版，第564—565页。

② （梁）释慧皎撰，汤用彤校注，汤一玄整理：《高僧传》，中华书局1992年版．第558页。

关于慧皎的卒年，目前尚有争议，但出入不大，不会影响到对《高僧传》的研究，故不作深究。

(二)《高僧传》成书问题

《高僧传》的出现，是有着一定的社会原因的，一是受东汉以来品评人物的社会风气影响，许多的人物品评著作出现了，如刘劭的《人物志》，还有作为名士教科书的《世说新语》以及刘孝标的注和众多的僧人传记，这些人物传记虽然也不尽如人意，但也为《高僧传》的撰写提供了大量的素材。二是随着佛教传播日广，为佛教人物立传也成为一时的风尚。汤用彤先生在《慧皎〈高僧传〉所据史料》一文中统计，《高僧传》所摄取的资料包括以下书籍：《高逸沙门传》、《东山僧传》、《高座别传》、《单道开传》、《竺道生传》、《昙鉴传赞》、《志节传》、《游方沙门传》、《江东名德传》、《抄三宝记》、《僧史》、《出三藏记集》、《庐山僧传》、《沙门传》、《名僧传》、《安世高别传》、《于法兰别传》等。①除了摄取僧人传记外，还依据了一些地方志中关于僧人的记载，如《荆州一记》、《佛国一记》、《游行外国传》、《京师塔寺一记》、《益部寺记》等。杂记类，如《搜神后记》、《征应传》、《感应传》、《宣验记》、《幽明录》、《冥祥记》、《述异记》。文章类如《安般守意经序》、《名德沙门赞》、《名德沙门题目》、《道贤论》、《喻道论》、《人物始义论》、《远法师铭》、《罗浮山疏》、《玄畅碑文》等。慧皎在如此丰富资料的基础上，依照自己的撰述主旨进行选材，写成了这部僧传名著。

慧皎作《高僧传》时，社会上已经存在几部僧人传记，但慧皎认为，“自尔，西域名僧，往往而至，或传度经法，或教授禅道，或以异迹化人，或以神力救物。自汉之梁，纪历弥远，世涉六代，年将五百。此土桑门，含章秀起，群英间出，迭有其人。众家记录，叙载各异”。接着慧皎具体列举了自法济的《高逸传》至陆明霞的《沙门传》共十七家，并一一指出了它们的缺陷和不足。这十七家著作，或者是“乃通撰传论。而辞事网略，并皆互有繁简，出没成异。考之行事，未见其归”；或者是“皆是附见，亟多疏阙”；或者是“三宝共叙，辞旨相关，混滥难求，更为芜昧”；或者是“意似该综，而文体未足”；或者是“各竞举一方，不通今古，务存一善，不及余行”。就连僧祐的《三藏记》也“止有三十余僧，所无甚众”。十七家之后的继作，依然有种种不足之处：“逮乎即时，亦继有作者，然或褒赞之下，过相揄扬；或叙事之中，空列辞费。求

① 汤用彤：《汤用彤学术论文集》，中华书局1983年版，第28—34页。

之实理，无的可称。或复嫌以繁广，删减其事，而抗迹之奇，多所遗削，谓出家之士，处国宾王，不应励然自远，高蹈独绝。寻辞荣弃爱，本以异俗为贤，若此而不论，竟何所纪？"[①]更为重要的是，慧皎不满意现存的僧人传记，认为它们有很多失实之处，他说：

> 自前代所撰，多曰名僧，然名者，本实之宾也。若实行潜光，则高而不名；寡德适时，则名而不高。名而不高，本非所纪；高而不名，则备今录。故省名音，代以高字。其间草创，或有遗逸。今此一十四卷，备赞论者，意以为定。如未隐括，览者详焉。[②]

很显然，慧皎是要为那些有德而名不显者立传，而不是为那些名高而德寡者立传，这样就使那些韬光潜辉而隐居实修者成为传主，如释道渊等人。尽管《名僧传》中有216人被收入《高僧传》正传中，78人收入《高僧传》附见，但在资料搜集上、在体例设计上都比其他僧传如《名僧传》要完整、严谨得多。

（三）《高僧传》的内容

《高僧传》全书收录自东汉明帝永平十年（67）佛教传入我国，至南朝梁天监十八年（519），凡453年间，257位高僧的传记。若加上旁出附见的274位，则有500多人。本书撰述时间之长及立传者人数之多，前所未有，是了解中国早期佛教的基本文献。

全书以科分类，计有十科，十四卷。其中第十四卷是作者自序及本书总目录，卷末附有王曼颖与释君白（慧皎之号）二人往来的书信两篇。各科内容概述如次：

（1）译经科主要记载从事译经事业高僧的事迹。如竺法兰、安清（世高）、康僧会、鸠摩罗什等。

（2）义解科所载都是通达佛法义理，弘化济众的高僧。如竺潜深、支道林、于法兰、于法开、于道邃等。

（3）神异科主要记载那些神异度众的高僧。如佛图澄、单道开、释法朗、邵硕、释慧安等。

---

① （梁）释慧皎撰，汤用彤校注，汤一玄整理：《高僧传》，中华书局1992年版，第523—525页。

② （梁）释慧皎撰，汤用彤校注，汤一玄整理：《高僧传》，中华书局1992年版第，525页。

(4)习禅科记载以禅定力，服智慧药，得其力已，还化众生的高僧。如竺僧显、帛僧光、竺昙猷、释慧嵬、释贤护等。

(5)明律科集录明晓如来所制律法，防非止过，调炼身心的高僧。如释法琳、释智称、释僧祐等。

(6)亡身科记载烧身供养佛陀，或慈心舍身护生，忘我利物的高僧。如释僧群、释昙称、释法进、释僧富等。

(7)诵经科所载为诵读经典有成的高僧。如释昙邃、释法相、竺法纯、释僧生等。

(8)兴福科所载为造立塔像，树兴福善的高僧。如释慧达、释慧元等。

(9)经师科专述转读经典及善于梵呗的高僧。如帛法桥、支昙籥、释法平、释僧饶、释道慧、释智宗、释昙迁、释昙智、释僧辩、释昙凭、释慧忍等。

(10)唱导科专载善于宣唱法理，开导众心的高僧。如释道照、释昙颖、释慧璩等。

《高僧传》特色如下：

第一，本书开创新体例，采用类传体，设立十科，成为其后僧传分类的原则与方法。

第二，每科之末，均有一篇总论，称“论曰”或“赞曰”，概述本科的重要意义。这类评论文章，成为佛教史的重要材料。

第三，本书作者慧皎是南朝梁代人，因此有关江南僧人的记载较详细，而北地僧人则较载录较略。

第四，本书在众多高僧传中居第一位。据慧皎序所述，当时佛教的传记类虽多，然或仅收高逸，或仅录游方，各竞举一方，不通古今，务存一善，不及余行，或有其文繁简不一的缺失，因此搜捡杂录数十余家，及晋宋齐梁春秋书史，秦赵燕凉荒朝伪历，地理杂篇，孤文片记，并博咨古老，广访先达，考校其有无，而取其同异，完成本传。所以，部分已散佚的资料，透过《高僧传》，仍可窥见其残存之貌。

第五，本传专收录德高的僧侣，故不名为“名僧传”，而名为“高僧传”。

第六，重点记录了各科高僧对佛教的贡献。

(四)《高僧传》中高僧形象的塑造

释慧皎的《高僧传》塑造了众多的高僧形象，其中以鸠摩罗什、慧远、支遁、佛图澄、僧肇、法显等人最为突出，因支遁、佛图澄在中古别传中已有论述，这里重点分析慧皎对鸠摩罗什、慧远等高僧形象的塑造。

1. 译经大师——鸠摩罗什

鸠摩罗什(344 或 343—413),又称鸠摩罗耆婆、拘摩罗耆婆、究摩罗耆婆、鸠摩罗、耆婆,通称罗什,意译童寿。祖籍天竺(印度),生于龟兹。关于鸠摩罗什的传记,目前存有三种:一为僧祐所撰,收入其所编的《出三藏记集》;二为慧皎所撰,收入其《高僧传》;三为唐代官修的《晋书·艺术传》中的鸠摩罗什的传记。在这三种传记中,僧祐的传记创作最早,其次是慧皎的著述,最晚的为唐代官修《晋书》中的鸠摩罗什传。通过对这三种传记的对比,我们可以看出僧祐所作的鸠摩罗什传是慧皎所传鸠摩罗什传的底本,而唐代官修的鸠摩罗什传则是融合缩略僧祐、慧皎的著作而成。另外,僧祐的弟子宝唱所作的《名僧传》中也有鸠摩罗什的传记,只可惜宝唱所作传记大部分已经失传。从现存的资料中可以看出,鸠摩罗什在当时和后代都有巨大的影响力。慧皎在《高僧传》中把鸠摩罗什放入卷二《译经中》,这部分的其他六篇传记中有五篇是和鸠摩罗什关系密切的天竺僧人传记。慧皎这样编排,表明在中古时期,已经形成了以鸠摩罗什为中心的域外僧人传教集团,慧皎的《鸠摩罗什传》主要是从以下几个方面来为这位高僧立传的。

(1)不平凡的身世与神奇的出生。

> 鸠摩罗什,此云童寿,天竺人也,家世国相。什祖父达多,倜傥不群,名重于国。父鸠摩炎,聪明有懿节。将嗣相位,乃辞避出家。东度葱岭,龟兹王闻其弃荣,甚敬慕之,自出郊迎,请为国师。①

为人物作传,先介绍传主的家庭背景,已经成为中国古代史传的一个固有模式,并且,传主的家庭背景已经成为史传不可缺少的一个组成部分。慧皎在这里借鉴了中国古代史传的笔法,叙写重要人物,先追述其祖先的辉煌。说鸠摩罗什是"家世国相",很显然无籍可考,另外,在天竺,相国是否是世袭的,也缺乏证据。但是,慧皎之所以写鸠摩罗什的无籍可考的国相家世,并不是为了凸显其是名门之后,而是另有原因。因为,鸠摩罗什不是俗家之人,而是佛教高僧。众所周知,佛学是哲学的一个组成部分,其最大特点是教义的抽象性,要想成为高僧,不仅要有很好的悟性,而且还要有深厚的文化熏染,慧皎这样写主要是说鸠摩罗什的父系是来自于天竺的文化精

① (梁)释慧皎撰,汤用彤校注,汤一玄整理:《高僧传》,中华书局 1992 年版,第 45 页。

英阶层。父系出自这样的家庭，对鸠摩罗什的成长是十分重要的，正因为受过精英文化教育，为以后的发展奠定了坚实的基础。

写了家世之后，接下来是对其母亲的撰写：

> 王有妹，年始二十，识悟明敏，过目则能，一闻则诵。且体有赤黡，法生智子，诸国娉之，并不肯行。及见摩炎，心欲当之，乃逼以妻焉，既而怀什。什在胎时，其母自觉神悟超解，有倍常日。闻雀梨大寺名德既多，又有得道之僧，即与王族贵女，德行诸尼，弥日设供，请斋听法。什母忽自通天竺语，难问之辞，必穷渊致，众咸叹之。有罗汉达摩瞿沙曰："此必怀智子。为说舍利弗在胎之证。"
>
> 及什生之后，还忘前言。顷之，什母乐欲出家，夫未之许，遂更产一男，名弗沙提婆。后因出城游观，见冢间枯骨异处纵横，于是深惟苦本，定誓出家，若不落发，不咽饮食。至六日夜，气力绵乏，疑不达旦，夫乃惧而许焉。以未剃发故，犹不尝进。即敕人除发，乃下饮食。次旦受戒，仍乐禅法。专精匪懈，学得初果。①

这一段描述很显然也是受史传的影响所致，在此前史传中关于传主出生时的怪异现象史不绝书，如简狄吞玄鸟卵生契，姜嫄履巨人足迹生后稷，苍龙据刘媪腹生刘邦等。

鸠摩罗什之母怀孕时"忽自通天竺语，难问之辞，必穷渊致，众咸叹之。有罗汉达摩瞿沙曰：'此必怀智子。为说舍利弗在胎之证'"，即是受史传影响所致。在史传中，任何伟大传主的母亲，其作用无非发挥生育机器的作用，传主出生了，母亲的使命也就结束了。慧皎写鸠摩罗什之母，并不限于她起了生育的作用，而是把她作为对鸠摩罗什有重要影响的人物来写。书中所记，可以看作其母的小传。在中国古代，世俗女子出于各种原因，而出家为僧尼。她们或因婚姻失败，或丈夫中途死亡，或由于外力的压迫，她们的出家带有很大的被动性。鸠摩罗什之母出家则带有很大的主动性，从上面的引文中可以反映两点：一是婚姻的主动，她不是在"父母之命，媒妁之言"的约束下嫁给鸠摩炎的，而是主动逼婚；二是出家的主动性，以绝食为手段逼迫其夫同意其出家，这说明鸠摩罗什之母是一个在关键时刻，能够掌握自己命运的新女性。鸠摩罗什之母怀孕和生育鸠摩罗什的过程，也是她开

---

① （梁）释慧皎撰，汤用彤校注，汤一玄整理：《高僧传》，中华书局1992年版，第45页。

始自身寻求宗教解脱的过程。这一觉悟过程与释迦牟尼的觉悟过程有很多相似之处。慧皎把鸠摩罗什与其母相提并论，意在说明他的许多个人素质如绝顶的聪明、自由精神、超凡的辩才来自于对母亲个人素质的继承。

慧皎在叙述鸠摩罗什每一关键时刻都提及他的母亲，传记中特别提到事关他命运的两个预言：一是要其母保护好她的儿子，确保其不破色戒，这在下文再作论述；二是在她前往天竺前对儿子的告诫：

> 什母临去谓什曰："方等深教，应大阐真丹。传之东土，唯尔之力。但于自身无利，其可如何。"什曰："大士之道，利彼忘躯。若必使大化流传，能洗悟矇俗。虽复身当炉镬，苦而无恨。"①

其母这段既是警示又是鼓励的话，对鸠摩罗什影响巨大，标志着他独立精神的开始。此段对话后不久，其母便找到了自己的精神归宿，她行至天竺，进登三果，这是出家人修行所能达到的四个果位中的第二高，此后，其母便淡出历史舞台，鸠摩罗什便开始了独立弘法。

慧皎之所以用一定篇幅来为鸠摩罗什母亲立传，主要有两种原因：一是和当时社会上尼姑地位的提高有关，宝唱曾撰有《比丘尼传》即是一个很好的明证；二是在中古时代，西域和天竺一样，属于域外之地，其风俗与中原地区有明显的不同，在中原人看来，其修行方法也肯定不同，就像金庸小说《天龙八部》中的鸠摩智与《笑傲江湖》中的方正大师，虽然同为僧人，但其修行方法、处事原则大相径庭。慧皎这样来写，或许是为了满足人们的好奇心。尽管如此，慧皎还是为其在修行者与母亲之间求得了两全。她还为鸠摩炎生了第二个儿子弗沙提婆。弗沙提婆没有像兄长一样出家为僧，而是继承了鸠摩家的香火。由此看来，鸠摩罗什之母是一个伟大的母亲，她使一个儿子成为了高僧，一个儿子传承家族的血脉，在僧与俗之间完成了自己的使命。

(2)与众不同的佛学天分。

在中古佛教僧侣家的眼中，鸠摩罗什无疑是一位伟大的佛教思想传播者。他七岁随母出家，从师受经，他一开始就表现了很好的佛学天赋，"日诵千偈，偈有三十二字，凡三万二千言。诵毗昙既过，师授其义，即日通达，

---

① (梁)释慧皎撰，汤用彤校注，汤一玄整理：《高僧传》，中华书局1992年版，第48页。

无幽不畅”①。对于佛教徒来说，要想成为高僧，悟性是极为重要的，因为，佛教经典非常抽象，要靠悟性才能理解其中的玄妙。所以，学佛之人非常强调悟性，如《西游记》中唐僧的三个徒弟名字中都有一个“悟”字，即是明证。鸠摩罗什出家之时年仅七岁，即能日读佛经三万二千字，并且其师讲授之后，就能理解其含义，即使深奥的经义也能理解，可见其悟性极高，是天才的佛教徒。

鸠摩罗什的母亲是龟兹王的妹妹，身份的高贵、智慧的超群，为他过早成名提供了有利的条件，但也带来了不利，有可能会使他忽视佛教的一些戒律。《高僧传》记载：“时龟兹国人以其母王妹，利养甚多，乃携什避之。”②其母为了防止优越的条件妨碍他修行，便带他来到了罽宾，此时他才九岁，罽宾王为了试其“神俊”，“集外道论师，共相攻难。言气始交，外道轻其年幼，言颇不逊。什乘隙而挫之，外道折，愧惋无言，王益敬益”。挫败了外道的攻难，使他赢得了罽宾王的尊重和优待，“日给鹅腊一双，粳米面各三斗，酥六升，此外国之上供也。所住寺僧乃差大僧五人，沙弥十人，营视扫洒，有若弟子。其见尊崇如此”③。一个十岁的儿童，居然挫败了众多外道的攻难，更进一步显示了鸠摩罗什的与众不同。十二岁时，其母携其回到了龟兹，由于声名远播，所以“诸国皆聘以重爵”，然而“什并不顾”。在月氏北山，鸠摩罗什遇到了一位罗汉，此人应该是一位智者，他对罗什母说：“常当守护此沙弥，若至三十五岁不破戒者，当大兴佛法，度无数人，与优波掘多无异。若戒不全，无能为也，正可才明俊异法师而已。”④这话具有预言性，因为此后鸠摩罗什不仅破了戒，而且还有了妻室，所以，他的名声主要体现在佛经翻译方面。

慧皎为了说明鸠摩罗什对佛教的执着，传中加入神异现象，用魔出来对其加以考验。

> 于是留住龟兹，止于新寺。后于寺侧故宫中，初得放光经。始就披读。魔来蔽文，唯见空牒。什知魔所为。誓心逾固。魔去字显，仍习诵之。复闻空中声曰：“汝是智人，何用读此？”什曰：“汝是小魔，宜时速

① (梁)释慧皎撰，汤用彤校注，汤一玄整理：《高僧传》，中华书局1992年版，第46页。
② (梁)释慧皎撰，汤用彤校注，汤一玄整理：《高僧传》，中华书局1992年版，第46页。
③ (梁)释慧皎撰，汤用彤校注，汤一玄整理：《高僧传》，中华书局1992年版，第46页。
④ (梁)释慧皎撰，汤用彤校注，汤一玄整理：《高僧传》，中华书局1992年版，第46页。

去。我心如地，不可转也。”停住二年，广诵大乘经论，洞其秘奥。①

魔两次出来蔽字，以此考验他的定力，这是很重要的。因为此前，鸠摩罗什一直是跟随其母，受到母亲的庇护，而此时母亲已去天竺，他必须依靠自己的毅力坚持自己的信仰。鸠摩罗什与魔之间的斗争实际上是对他成熟与否以及定力大小的考验。另外，魔来考验这个情节也暗示了鸠摩罗什在坚定其发扬大乘佛教教义时内心可能产生的斗争。

鸠摩罗什九岁时在罽宾遇到了罽宾王的从弟，名德法师盘头达多，盘头达多修行的是小乘佛教。鸠摩罗什在沙勒时，遇大乘名僧莎车王子、参军王子兄弟二人，“宗而奉之”，弃小乘而归大乘。十几年后，鸠摩罗什再次回到龟兹，止于新寺。

龟兹王为造金师子座……令什升而说法……俄而大师盘头达多不远而至……什乃连类而陈之，往复苦至，经一月余日，方乃信服。师叹曰：“师不能达，反启其志，验于今矣。”于是礼什为师，言：“和上是我大乘师，我是和上小乘师矣。”②

鸠摩罗什通过辩论，折服了其师盘头达多，推动了大乘佛教在龟兹的传播。大乘佛教的特征就是对世俗生活的干预和参与，其内容丰富复杂，适应性强，传播渠道多，在其影响之地，由于受当地风俗影响，大多带上地方民族特点。龟兹位于东西交通的要冲，佛教很是发达，但这里的佛教以小乘为主，要想改小乘为大乘，非对佛教经典极为熟识和具有雄辩的口才不可，鸠摩罗什折服了其师，并使大乘佛教在龟兹传播，充分说明了他的佛学造诣。

鸠摩罗什在龟兹的声名远播，引起了前秦统治者苻坚的重视。前秦十五年，僧纯、昙充等游学龟兹回到了前秦都城长安，向苻坚宣讲龟兹佛教的盛况，并谈到鸠摩罗什在龟兹的声誉，劝苻坚迎鸠摩罗什到长安。此后，西域的鄯善王、车师前部王、于阗等六十二国的国王在到长安朝贡时也劝苻坚迎鸠摩罗什到长安。公元382年，苻坚派吕光率兵西征，吕光攻陷龟兹，获鸠摩罗什，归途中得知苻坚在淝水之战中被东晋打败，被部属姚苌所杀，于是割据凉州，建立后凉政权。鸠摩罗什滞留凉州十七年，直到后秦弘始三年

---

① （梁）释慧皎撰，汤用彤校注，汤一玄整理：《高僧传》，中华书局1992年版，第48页。

② （梁）释慧皎撰，汤用彤校注，汤一玄整理：《高僧传》，中华书局1992年版，第49页。

(401),鸠摩罗什才来到长安,此时他已五十八岁了。在以后的岁月中,他一直从事佛经翻译工作,直到逝世。

(3)辉煌的译经事业。

鸠摩罗什在龟兹、后凉时期主要从事弘法传道活动,在此期间,他不仅学习钻研了汉语,还接触了许多佛学以外的汉文经史典籍,为后来的译经工作打下了坚实的基础。公元401年,鸠摩罗什来到长安后,在后秦皇帝姚兴的参与主持下,在长安的西明园与逍遥园开始了我国佛教史上规模空前的佛经翻译活动。在短短的八年时间里,鸠摩罗什和众僧一起共译出了佛经三十五部,计二百九十四卷,其中以大乘佛教为主,间杂以小乘佛教经典。鸠摩罗什的译经能标出名字的有以下诸种:

> 《摩诃般若波罗蜜经》、《金刚经》、《妙法莲花经》、《维摩诘经》、《中论》、《百论》、《十二门论》、《小品》、《十住》、《法华》、《思益》、《首楞严》、《持世》、《佛藏》、《菩萨藏》、《遗教》、《菩提无行》、《呵欲》、《自在王》、《因缘观》、《小无量寿》、《新贤劫》、《禅经》、《禅法要》、《禅要解》、《弥勒成佛》、《弥勒下生》、《十诵律》、《十诵戒本》、《菩萨戒本》、《释论》、《成实》等。其中《中论》、《百论》、《十二门论》成为后来中国佛教"三论宗"的基本典籍,鸠摩罗什也被奉为"三论宗"的开山鼻祖。《妙法莲花经》则是中国佛教天台宗的主要经典,《金刚经》更是直接影响了中国禅宗的形成。①

鸠摩罗什取得如此成就,是与他有恰当的译经方法密切相关的,具体来说有如下几个方面。

第一,译场制度的设立。

佛教传入中土之初,译经活动基本上是私人活动,到前秦苻坚时才开始官方译经。而在中国佛经翻译史上,鸠摩罗什是集体译经的开创者。每当译经之时,"什持梵本,(姚)兴执旧经,以相雠校,其新文义旧者,义皆圆通,众心惬伏,莫不欣赞"②。鸠摩罗什的译经过程为,罗什手持由梵文写出的佛经,其他经师手拿佛经的旧译本,再由罗什用汉语把梵文译出,众经师校对正误,并用准确的汉字译出,然后通过比较筛选,确定最为完善的译本,这充

---

① 李惠玲:《鸠摩罗什与中国早期佛经翻译》,《中山大学学报论丛》2004年第2期。

② (梁)释慧皎撰,汤用彤校注,汤一玄整理:《高僧传》,中华书局1992年版,第245页。

分体现了鸠摩罗什严格谨慎的译经态度。这种方法到了唐代形成了更为完善的译经制度，为大规模的佛经翻译提供了方法支撑。

第二，在具体方法上，变直译为意译。

在早期的佛经翻译中，由于翻译者缺乏深厚的佛学修养，对佛经的翻译往往采取直译或硬译的方法，这样很多佛教义理难以表现出来，同时由于是直译，也不利于僧众对佛经的理解。鸠摩罗什由于具有丰厚的佛学修养，加之通晓梵文与汉语，变直译、硬译为意译，故此，他组织译出的佛经，不但能准确地表达佛经的原意，而且文辞优美，行文流畅，便于诵者接受和理解，开南北朝意译派佛经翻译之风气。

第三，纠谬匡正。

佛教的发展与佛经的翻译是密切相关的，佛教的发展要求有更多内容丰富、翻译准确的佛经与之同步而行。中国早期的佛经翻译经常采用"格义"的方法，以中国固有的概念相比附，这虽然是一种有效的翻译方法，但有它的局限性，如魏晋之际便出现了佛学概念与玄学概念相纠缠的情况，从而造成义理诠释的偏差。《高僧传》对此有所记录：

> 自大法东被，始于汉明，涉历魏晋，经纶渐多，而支竺所出，多滞文格义。(姚)兴少达崇三宝，锐志讲集。什既至止，仍请入西明阁及逍遥园，译出众经。什既率多谙诵，无不究尽，转能汉言，音译流便。既览旧经，义多纰僻，皆由先度失旨，不与梵本相应，于是兴使沙门僧协、僧迁、法钦、道流、道恒、道标、僧睿、僧肇等八百余人，咨受什旨，更令出大品。①

可见，鸠摩罗什对中土佛教发展的贡献是很大的。

2. 佛教中国化的大纛——释道安

释道安(314—385)，我国历史上著名的佛教领袖、佛教学者和佛法思想家。释道安，俗家姓卫，常山扶柳(今河北冀县)人，其家为儒学世家，自幼父母双亡，由外兄孔氏所养。道安七岁开始读书，十二岁出家为僧。因外貌丑陋，皮肤黧黑而不被师傅所重，剃度之后被其师驱役田舍，从事生产劳动，但

① (梁)释慧皎撰，汤用彤校注，汤一玄整理：《高僧传》，中华书局1992年版，第52页。

他并没有因此而懈怠，依然“执勤就劳，曾无怨色，笃性精进，斋戒无阙”[①]，数年以后，因两次向师傅借阅佛经，早上借走晚上即还而引起师傅重视，此时，道安已经二十岁了。

受戒之后，其师任其游学，在邺（今河南安阳）遇佛图澄，道安遂拜佛图澄为师，“澄讲，安每覆述，众未之惬，咸言：‘须待后次，当难杀昆仑子。’即安后更覆讲，疑难锋起，安挫锐解纷，行有余力。时人语曰：‘漆道人，惊四邻。’于时学者多守闻见，安乃叹曰：‘宗匠虽邈，玄旨可寻，应穷究幽远，探微奥，令无生之理宣扬季末，使流遁之徒归向有本。’于是游方问道，备访经律”[②]。佛图澄死后数年，道安为了躲避战乱来到山西，与同来僧人一起坚持学习佛法，并写下了《阴持入经注》、《大道地经注》、《大十二门经注》等著作。

公元 354 年，道安来到河北，在太行山、恒山建立寺塔，弘扬佛教。此后北方再度陷入战乱，道安再次迁徙至牵口山、王屋的女休山和陆浑一带，期间历尽磨难，在陆浑，道安曾以木为食。公元 364 年，前燕慕容俊派兵逼近陆浑，道安决定前往襄阳去。在前往襄阳途中，道安提出了推动佛教发展的两大措施：一是传教要依附君主，获得他们的支持；二是要依靠教徒广泛传播佛教。这两项措施得到了大家的赞成。基于第二条措施，道安决定兵分多路，“乃令法汰诣扬州，曰：‘彼多君子，好尚风流。’法和入蜀，山水可以休闲。安与弟子慧远等四百余人渡河”[③]。在襄阳，道安留居十五年，在比较安定的环境中，道安的事业也进入第一个高峰期。《高僧传》记载了道安在襄阳时期的活动，主要包括以下几个方面：

第一，交结当地的名士与官员。道安交结的名士有习凿齿、郗超等，官员如桓豁等。

第二，讲注佛经，对《放光般若》进行了讲解，并注经二十二部。

第三，制定僧人戒律。

第四，总结制定佛经目录。

道安在中国佛教史上是一个百科全书式的人物，他在佛教史上是以译经家和理论家的身份出现的，他组织国家译场，总结翻译经验，整理所译经典，研究佛学理论，制定僧团戒律，对佛教的中国化进行了积极而又有益的探索。从传记文学角度来说，慧皎为其作传，抓住了其作为佛学大师的特

① （梁）释慧皎撰，汤用彤校注，汤一玄整理：《高僧传》，中华书局 1992 年版，第 177 页。

② （梁）释慧皎撰，汤用彤校注，汤一玄整理：《高僧传》，中华书局 1992 年版，第 178 页。

③ （梁）释慧皎撰，汤用彤校注，汤一玄整理：《高僧传》，中华书局 1992 年版，第 178 页。

点，从以下几个方面为其立传。

(1)通过注经、著述推动佛教义理化的进程。

佛教自东汉传入中土，较长时间内被神仙方术化，当时的僧人借助阴阳星算、方术咒语等来吸引教徒，扩大影响。在佛教传播之初，这种方式能够吸引一些僧徒，扩大佛教影响。但神仙方术毕竟与佛教是根本不同的两种文化，虽然它们有一定的借鉴作用，但难以推动佛教的深入传播和发展。因为方术只是具有浅表的吸引力，难以揭示佛教法理的精义，只能在下层民众中传播，难以取信于文人士大夫阶层。佛法的根本意旨在于证成佛性，解脱成佛，而这一切则有待于在立足于本土文化的基础上，对佛教进行深入研究，并形成理论著述。

自东汉永平年间，佛教进入中土，到道安生活时代，已有二百多年的历史，其间译经事业虽然历代不绝，但由于很多僧人缺乏对中国传统文化的深厚修养，再加之语言障碍，佛经翻译错误很多。

道安具有深厚的中国传统文化修养，又精通佛教大小乘的经典，对当时的玄学思潮也有深入的了解，因而撰述了大量的佛教著述，据统计，道安的著作、注解达四十八种之多。他的著作以老庄玄学的语言和概念阐发佛学义理，创立了以“本无宗”为核心的道安般若理论，从而使佛教脱离方术，发展成为义理之学，并使之融入中国文化和社会的内部。

道安对佛经的注释，影响到了佛教的传播，《高僧传》道安本传记载：

> 安穷览经典，钩深致远，其所注《般若道行》、《密迹》、《安般》诸经，并寻文比句，为起尽之义，乃析疑甄解，凡二十二卷。序致渊富，妙尽深旨。条贯既叙，文理会通，经义克明，自安始也。①

慧皎在这里肯定了道安在注经方面的重大贡献，上述引文实际上讲了道安在两个方面的贡献：

一是通过注经和为经书作序来阐发佛教义理。因为在道安之前的佛经译本，有的卷帙浩繁，研读不易，有的错误百出。这不仅不利于佛教的传播，而且也使人难以理解，甚至会产生误解或曲解。鉴于此种情况，道安对一些佛经中的概念和疑难字句进行分析、甄别和解释，以求正确解释佛经概念的含义及全书的义理。另外，道安还为佛经作序，通过作序既可以使僧众易于

---

① (梁)释慧皎撰，汤用彤校注，汤一玄整理：《高僧传》，中华书局1992年版，第179页。

理解佛经内涵，还可以起到纠正谬误的作用。虽然说在道安之前，康僧会就注过佛经，但汤用彤先生认为“然注疏创始，用功最勤，影响甚大者，仍推晋之道安”①。道安的做法，为后世佛教研究树立了典范，人们起而效法，遂使后世注经成为一项事业，并出现许多注经大师。

二是创佛教翻译注释之科判之法。道安在佛经翻译的实践过程中，创造了佛经翻译的科判之法，即把经书内容按三分法分为不同章节，标示清楚。“序分”，主要是用来叙述经书的起源，是起始部分；“正宗分”，阐明佛经的主旨，是主体部分；“流通分”，以韵文的形式宣扬佛法，是结束部分。科判之法的运用使经书义理显明，便于僧众习读和把握，为佛教的传播开辟了通天大道。②

(2)首创佛经目录。

自佛教传入汉地，佛教翻译已经成为佛教徒的一项事业，成为传教的基础。由于译经人员有的来自印度，有的来自西域，有的为汉地僧人，他们的文化背景不同，翻译水平不同，所以翻译的佛经质量也不同。另外，人们对每部佛经翻译多少也不同，有的是全部翻译，有的是零散地抄录。在翻译过程中，有的署翻译者姓名，有的不署翻译者姓名；有的署上翻译时间，有的不署翻译时间；还有的窜入一些中国所编撰的伪经。鉴于译经事业如此复杂的状态，有必要对各种佛经进行编辑整理，编纂目录。《高僧传》道安本传云：“汉魏迄晋，经来稍多，而传经之人，名字弗说，后人造寻，莫测年代。安乃总集名目，表其时人，诠品新旧，撰为《经录》。众经有据，实由其功。”③

道安的《经录》，起自东汉灵帝迄于东晋孝武帝，记录了近两百多年的译经目录，是中国佛教史上第一部佛经目录。

(3)确立佛教戒规，约束僧人行为。

佛教的发展，僧众人数的增多，如果没有很完备的戒规对其进行行之有效的管理和约束，就会出现个别僧人越轨和僧团混乱的局面，会为社会所诟病，进而削弱佛教在社会上的影响力，因此建立佛教戒规已成为最为迫切之需要。道安在襄阳时，深感戒律传来不全。“《祐录》载其在襄阳所作《渐备经序》有曰：‘云有五百戒，不知何以不至，此乃最急。四部不具，于大化有

① 汤用彤：《汤用彤全集》第一卷，河北人民出版社2000年版，第414页。

② 张平：《道安在中国佛教史上的贡献及地位》，《现代哲学》2008年第3期。

③ （梁）释慧皎撰，汤用彤校注，汤一玄整理：《高僧传》，中华书局1992年版，第179页。

所阙。'"①

道安在襄阳时已有僧众三百人，为了约束其众，道安参照已有的戒律，再根据实际情况，为僧团制定了戒规，《高僧传》道安本传载："安既德为物宗，学兼三藏，所制《僧尼轨范》、《佛法宪章》，条为三例：一曰行香定座上经上讲之法，二曰常日六时行道饮食唱时法，三曰布萨差使悔过等法。天下寺舍，遂则而从之。"②唐道世《法苑珠林·呗赞部》云："又昔时有道安法师集制三科上经上讲布萨等。先贤立制，不坠于地。天下法则，人皆习行。"③道安的三科大致内容是：其一，讲经说法的仪式和方法；其二，昼夜六时的修行和食住仪轨；其三，半月一次的说法忏悔仪式。道安所定的戒规，当时即为僧界所响应，"天下寺舍，遂则而从之"④。道安的戒规对佛教发展产生了极为深远的影响，后世僧制、清规的制定，皆源于道安之戒规。

(4)统一僧人姓氏。

佛教初入东土，传教之人多为西域和印度僧人，时人根据汉地风俗，常为这些僧人按着汉地的习惯简化其姓氏。有的是以僧人所属的国家之名冠之，如竺道护、竺法济、竺僧辅来自天竺，故以"竺"为姓，一些中土僧人亦冠以"竺"者，因其师为天竺人，而冠以"竺"姓。安世高本为安息国太子，出家后便冠以"安"姓。支谦、支谶、支亮来自大月支，故冠以"支"姓，支谦的弟子支遁俗家姓关，因师从于支谦，故以师姓为姓。道安认为，出家僧尼沿袭俗姓，一者是他们还系于尘俗，二者容易造成姓氏混乱，所以他认为"初魏晋沙门，依师为姓，故姓各不同，安以为大师之本，莫遵释迦，乃以释为命氏。后获《增一阿含》，果称四河入海，无复河名，四姓为沙门，皆称释种，既悬与经符，遂为永式"⑤。其"以释为姓"的主张遂为僧界响应，并成为后世僧尼姓氏的定式，至今未变。血缘宗亲关系是中国农业社会的显著特征，由于中国人历来重宗族意识，而姓氏作为宗族的标志符号也一直是族人团结和凝聚的象征。道安破除俗姓，以释为氏，发挥四海之内皆兄弟之精神，正适应了中国的文化传统和民族心理，有益于强化僧尼的心理认同，培育佛教内部的统一意识和凝聚意识，因此，对佛教在中国的流布和发展具有深远的影响。

---

① 汤用彤：《汉魏晋南北朝佛教史》，武汉大学出版社2008年版，第146页。

② (梁)释慧皎撰，汤用彤校注，汤一玄整理：《高僧传》，中华书局1992年版，第183页。

③ 汤用彤：《汤用彤全集》第一卷，河北人民出版社2000年版，第162页。

④ (梁)释慧皎撰，汤用彤校注，汤一玄整理：《高僧传》，中华书局1992年版，第183页。

⑤ (梁)释慧皎撰，汤用彤校注，汤一玄整理：《高僧传》，中华书局1992年版，第181页。

(五)《高僧传》的传记文学价值

《高僧传》具有一定的传记文学价值,下面以《鸠摩罗什传》为例进行分析。

第一,“不虚美,不隐恶”的实录精神。

鸠摩罗什传继承了史传创作“不虚美,不隐恶”的实录精神,既如实记录了大师鸠摩罗什的辉煌一生,也没有因为尊者讳而隐瞒其缺点。这在传记中有两点最为明显:

一是后凉吕光在攻占龟兹后,“光既获什,未测其智量,见年齿尚少,乃凡人戏之,强妻以龟兹王女,什距而不受,辞甚苦到。光曰:‘道士之操,不逾先父,何可固辞。’乃饮以醇酒,同闭密室。什被逼既至,遂亏其节”①。

二是鸠摩罗什入长安后,“姚兴常谓什曰:‘大师聪明超悟,天下莫二,若一旦后世,何可使法种无嗣。’遂妻以妓女十人,逼令受之”②。

僧人破戒是佛家大忌,鸠摩罗什两度失身是为佛法所不容的。慧皎在作传时没有为其回护,而是如实记录在册,这不仅无损于鸠摩罗什的形象,而且使人感到真实可信。

第二,重点突出,人物形象鲜明。

鸠摩罗什的身份是佛教徒,他对佛教的贡献是通过对佛经的翻译,来推动佛教中国化的进程,作者紧紧围绕着这一中心选材立意。鸠摩罗什的一生以入长安为界,可分为两个时期,前期的活动区域为西域的龟兹、沙勒、罽宾以及凉州,后期主要是长安。前期写他四处修行求法,为后期译经作准备,后期主要写其译经活动,这是一生活动的重点。同时写他与各族统治者的交往,都是与佛教活动有关的。整篇传记为我们塑造了一个佛教思想史家、佛经翻译家的形象。

《比丘尼传》与《高僧传》同样都是僧人的传记,但是二者记载的内容各异。《比丘尼传》主要记载比丘尼的历史,诸位比丘尼出家的原因以及佛道之争。《高僧传》按照高僧的行为特征把他们分为十个类型来写,使各个僧人的形象鲜明突出。

---

① (梁)释慧皎撰,汤用彤校注,汤一玄整理:《高僧传》,中华书局1992年版,第50页。

② (梁)释慧皎撰,汤用彤校注,汤一玄整理:《高僧传》,中华书局1992年版,第53页。

第六节 忠孝、早慧的圭臬
——中古孝子、幼童、良吏类传研究

一、中古孝子类传研究

（一）王韶之《孝子传》

王韶之，字休泰，琅琊临沂人，东晋时曾任著作左郎、尚书祠部郎、黄门侍郎等官职，南朝宋时曾为吴兴太守，其著作除了《孝子传》外，还有《晋安帝阳秋》、《晋宋杂诏》等，《宋书》卷六〇、《南史》卷二四有传。

王韶之的《孝子传》，《隋书·经籍志》题名为《孝子传赞》，“三卷”，《旧唐书·经籍志》与《新唐书·艺文志》题名为《孝子传》，“十五卷”。王韶之的《孝子传》今已亡佚，其佚文散见于诸书的征引，从残存片段中可以见其在传人方面还是很有特色的，如：

> 周青，东郡人。母疾积年，青扶持左右，四体羸瘦。村里乃敛钱营助汤药，母痊，许嫁同郡周少君。少君疾病，未获成礼，乃求青。母见青，嘱托其父母，青许之，俄而命终。青供为务十余年中，公姑感之，劝令更嫁，青誓以“匪石”。后公姑并自杀，女姑告青害杀。县收拷捶，遂以诬款，七月刑青于市。青谓监杀曰：“乞树长竿系白幡。青若杀公姑，血入泉；不杀者，血上天。”血乃缘幡竿上天。①

周青是一个孝妇，在家侍奉生病的母亲，许婚未嫁而丈夫又病逝，她亲事公婆，公婆欲其改嫁，而周青誓死不从，公婆为了避免拖累周青，双双自杀，周青被其女姑诬告，结果被冤杀。这里周青既是一个孝妇，又是一个冤案的受害者。作者首先为我们塑造了一个孝妇形象，然后又再现了一桩冤案，她的孝心与冤情感天动地，最后作者采取浪漫主义手法来写周青的冤案

① （宋）李昉等编，夏剑钦、王巽斋校点：《太平御览》第四卷，河北教育出版社1994年版，第459页。

之深，以致血飞白练。元代关汉卿作《窦娥冤》曾借鉴此事，来突出窦娥冤案的感天动地。

（二）萧广济《孝子传》

萧广济的《孝子传》，《隋书·经籍志》、《旧唐书·经籍志》、《新唐书·艺文志》皆题为"十五卷"。作者萧广济，生卒年不详，《隋书·经籍志》题其为"晋辅国将军"，大概他曾经做过官，然《晋书》、《南史》等无记载。

萧广济的《孝子传》今已亡佚，其佚文散见于诸书征引，如：

> 杜孝，巴郡人也。少失父，与母居，至孝。充役在成都，母喜食鱼，孝于蜀截大竹筒盛鱼二头，塞之以草。祝曰："我母必得此。"因投中流。妇出渚乃见筒横来触岸，异而取视，有二鱼。含笑曰："必我婿所寄。"熟而进之，闻者叹骇。①
>
> 申屠勋，字君游，河内汲人，少失父，与母孤贫，佣作供养。夏天多蚊子，卧母床下，以身遮之。
>
> 宿仓舒，陈留尉氏人也。年七岁遭荒，父母饥苦。仓舒求自卖与颍川王氏，得大麦九斛。后王氏免之，累官，除上党太守。后寻觅父母，经太原南郭，忽见母，遂还旧居。母卒，悲号而死。②
>
> 陈玄，字子元，陈候太子，七岁丧母，父更娶周氏，有子曰昭。周氏馋玄，侯将杀玄。昭欲先死，玄不听，引白羊誓曰："孝者羊血逆上一丈三尺。"一如誓。后又馋之，侯怒，令玄自杀。玄投辽水，有大鱼负之，玄曰："我罪人也。"鱼乃去。昭从后来，问渔者，云："投水死矣。"昭气绝良久，曰："吾兄也。"又投水而死。③

萧广济的《孝子传》类似的记载很多，无非是突出孝子的孝行感天动地而已，但是这种不惜用夸张、荒诞的手法来传人，削弱了作品的真实性，有类志怪

---

① （宋）李昉等编，夏剑钦、王巽斋校点：《太平御览》第四卷，河北教育出版社1994年版，第427页。

② （宋）李昉等编，夏剑钦、王巽斋校点：《太平御览》第四卷，河北教育出版社1994年版，第446页。

③ （宋）李昉等编，夏剑钦、王巽斋校点：《太平御览》第四卷，河北教育出版社1994年版，第467页。

小说，是传记文学所不允许的。

（三）宋躬《孝子传》

宋躬的《孝子传》，《隋书·经籍志》题为“二十卷”，《旧唐书·经籍志》题为“十卷”，《新唐书·艺文志》题为“二十卷”，因该书已经佚失，故无从确考。宋躬《孝子传》的佚文见于诸书的征引。宋躬，生平事迹不详。宋躬《孝子传》的内容与其他孝子传大同小异，如：

> 丘杰，字伟峙，吴兴乌程人也。遭母丧，以熟菜有味，不尝于口。病岁余，忽梦见母，曰：“死正是分别耳，何事乃尔荼苦！汝啖生菜，遭虾蟆毒，灵床前有瓯，瓯中三丸药可取服之。”杰惊起，果得瓯，瓯中有药，服之，下科斗子数升。丘氏世宝此瓯，宋大明七年灾火焚失之。
>
> 陈遗，吴郡人。少为郡吏，母好铛底焦饭，遗在役常带一囊，每煮食辄录其焦以贻母。后孙恩乱，聚得数升，常带自随。及逃窜，多有饿死，遗食此得活。母昼夜泣涕，母为失明，耳无所闻。遗还入户，再拜号咽，母豁然有闻见。
>
> 纪迈，庐江人。本姓舒，以五月五日生，母弃之。村人纪淳妻赵氏养之。年六岁，本父母时来看，语曰：“汝是我生。”迈泣涕告赵，赵乃具言始末。及年十岁，佣力所得，辄分二母各半。淳亡无子，迈乃斩衰三年；本父母继亡，又并齐衰心丧三年。赵欲为娶，赍酒米往婚家，道值醉人打赵，体闷。忽有一狗直至，衔迈衣若此者三。迈心动，走赴婚家，逢醉人适共举酌于草中。迈乃以担煞二醉人。赵得归平，乃诣县首，令宥之，乃誓不娶。后迈尝寝，忽有一女言姓卫，昨忽暴死，天神矜愍君无妻，姑使相报。迈具说其状，母子至卫门外，果如言。送丧上车，牛不肯动，赵乃与主人具叙说之。主人开柩，女有气息，至晓便复苏，具说始末，如赵所言，遂为夫妇。赵卒，迈绝复苏者日数四。迈年五十，尝病几死，梦神曰：“君行至孝，延历将得百岁。”果九十七而卒。①

以上段落，无非是孝子的孝感动了天地，出现种种匪夷所思的怪异之事，这是诸孝子传的基本模式。

---

① （宋）李昉等编，夏剑钦、王巽斋校点：《太平御览》第四卷，河北教育出版社 1994 年版，第 429 页。

(四)师觉授《孝子传》

师觉授,南阳涅阳人,《宋书》卷九三《宗炳传》后介绍师觉授只有几句话,"(宗)炳外弟师觉授亦有素业,以琴书自娱。临川王义庆聘为祭酒,主簿,并不就,乃表荐之,会病卒"[①]。师觉授的《孝子传》所载人物多类似传说中的人物,如:

> 老莱子者,楚人。行年七十,父母俱存,至孝蒸蒸。常着班兰之衣,为亲取饮。上堂脚跌,恐伤父母之心,因僵仆为婴儿啼。孔子曰:"父母老,常言不称老,为其伤老也。"若老莱子,可谓不失孺子之心矣。
>
> 闵损,字子骞,鲁人,孔子弟子也。以德行称。早失母,后母遇之甚酷,损事之弥谨。损衣皆藁苔为絮,其子则绵纩重厚。父使损御,冬寒失辔,后母子御则不然。父怒诘之,损默然而已。后视二子衣,乃知其故。将欲遣妻,谏曰:"大人有一寒子,犹尚垂心。若遣母,有二寒子也!"父感其言,乃止。[②]

老莱子与闵损的事迹本来就语焉不详,《孝子传》所载难免有传说成分。

除了以上的《孝子传》外,还有徐广的《孝子传》、周景式的《孝子传》、郑缉之的《孝子传》、虞槃佑的《孝子传》、陶渊明的《五孝传》等。因这些《孝子传》存文较少,故不予研究。这些作者各异的《孝子传》,它们的模式无非是孝子如何的孝敬父母,以至感动了上天,充满了荒诞、虚幻,甚至是荒唐的情节,如萧广济《孝子传》中的申屠勋,为母亲遮蚊子一事,极为荒唐,他既不是燃驱蚊艾叶,也不是用扇驱文,而是用身体来吸引蚊子,这种行为其精神可嘉,其行为可笑。显然,这些《孝子传》是受当时盛行的志怪小说的影响,虽然从传记文学角度来说不可取,但对后来的小说,如唐传奇等具有启发和借鉴意义。

二、中古幼童类传研究

中古幼童类传的代表作是刘昭《幼童传》。刘昭,字宣卿,平原高唐人。

---

① (梁)沈约撰:《宋书・宗炳传》,中华书局1974年版,第2279页。

② (宋)李昉等编,夏剑钦、王巽斋校点:《太平御览》第四卷,河北教育出版社1994年版,第446页。

刘昭"幼清警，七岁通《老》、《庄》义。既长，勤学善属文，外兄江淹早相称赏"。刘昭的作品有"《集注后汉》一百八十卷，《幼童传》十卷，文集十卷"①。《幼童传》的传主为幼童，所记之事多写这些幼童如何聪明、智慧，如：

> 晋明帝，讳绍，元帝子。初，元帝为江东都督，镇扬州。时中原丧乱，有人从长安来，帝问洛下消息，潸然流涕。帝年数岁，问泣故，具以东渡意告之。因问帝："汝意谓长安何如日远？"答曰："不闻人从日边来，只闻人从长安来，居然可知。"帝异之。明日，集群臣宴会，说以此答，明帝又以为日近。帝动容问："何故异昨日之言？"答曰："举头不见长安，只见日，以是知近。"帝大悦。②

这里突出了晋明帝的睿智。

> 张玄，字祖希。年八岁，亏齿，先达知其不常，故戏之："君口复何为开狗窦？"玄答云："正使君辈从中入。"③

反映了张玄的机敏性格。

> 魏太祖幼而智勇，年十岁，尝浴于谯水，有蛟来逼，自水奋蛟，乃潜退，于是浴毕而还，弗之言也。后有人见大蛇，奔逐，太祖笑之曰："吾为蛟所击而未惧，斯畏蛇而恐耶！"众问乃知，咸惊异焉。④

这件事虽然出于虚构，但也突出了曹操的勇敢无畏。

由此可以看出，《幼童传》的目的是再现一些早慧儿童的聪明才智。

---

① (唐)姚思廉等:《梁书·刘昭传》，中华书局1973年版，第692页。

② (宋)李昉等编，夏剑钦、王巽斋校点:《太平御览》第一卷，河北教育出版社1994年版，第27页。

③ (宋)李昉等编，夏剑钦、王巽斋校点:《太平御览》第四卷，河北教育出版社1994年版，第858页。

④ (宋)李昉等编，夏剑钦、王巽斋校点:《太平御览》第四卷，河北教育出版社1994年版，第626页。

三、中古良吏类传研究

中古良吏类传的典型是钟岏的《良吏传》。钟岏，钟嵘之兄，《梁书》卷四九云："（钟嵘）与兄岏弟屿并好学有思理，岏字长岳……著《良吏传》十卷。"①

《良吏传》，《隋书·经籍志》、《旧唐书·经籍志》、《新唐书·艺文志》都有著录，皆题为"十卷"，其佚文目前只存于《太平御览》。《良吏传》的内容从书名可以看出此书的传主为官吏，这些官吏都是遵纪守法，爱民如子，造福于民的人，如：

> 王堂，字敬伯，广汉郪人也。为汝南太守。属城多暗弱，堂简选四部督邮，奏免四十余人。以陈蕃为功曹，应嗣为主薄，教曰："简核众职，委功曹拾遗补缺，仰恃明俊，古人有言：劳于求贤，逸于得士。太守不敢妄有符教。"②
>
> 桓虞，字仲春，冯翊万年人也。为南阳郡守。下车闻叶县雍昱及新野令不遵法度，选督邮不能正，乃署赵勤为督邮。到叶，昱即解印绶；入新野，新野令闻昱已去，遣吏奉记陈罪，亦即弃官。虞乃叹曰："善吏如鹰，下鞲即中。"擢为功曹，委以郡事。③

第一则材料写王堂任用贤才，罢免不称职官吏之事。第二则材料写桓虞选用能臣，使叶县令及新野令自动辞职、认罪之事。

南北朝的其他类传还有刘义庆的《徐州先贤传》、王瑱之的《童子传》、郭缘生的《武昌先贤志》、《武陵先贤传》、卢思道的《知己传》、刘昼的《高才不遇传》、萧子良的《止足传》、元怿的《显忠录》、元孚的《古今名妃贤后录》以及著名的道教人物类传《道学传》。由于这些类传散佚较多，只能列其书名于此。

---

① （唐）姚思廉等撰：《梁书·钟岏传》，中华书局1973年版，第694—697页。

② （宋）李昉等编，夏剑钦、王巽斋校点：《太平御览》第三卷，河北教育出版社1994年版，第459页。

③ （宋）李昉等编，夏剑钦、王巽斋校点：《太平御览》第三卷，河北教育出版社1994年版，第461页。

第五章　中古杂传理论及中古杂传对后世杂传建构的影响

第一节　中古杂传理论

中古时期，杂传写作极为发达，杂传作品汗牛充栋，但是中古杂传的理论总结却相对薄弱，尽管如此，我们从当时作者和后人的论述中还是可以梳理出一些规律性的东西，兹列举如下。

一、杂传写作的目的

关于杂传写作的目的，《管辂别传》的作者管辰有一段精辟的论述，“向使辂宦达，为宰相大臣，膏腴流于明世，华曜列乎竹帛，使幽验皆举，秘言不遗，千载之后，有道者必信而贵之，无道者必疑而怪之；信者以妙过真，夫妙与神合者，得神无所惑也。恨辂才长命短，道贵时贱，亲贤遐潜，不宣于良史，而为鄙弟所见追述；既自暗浊，又从来久远，所载卜占高，虽不识本卦，捃拾残余，十得二焉”[①]。管辰之所以要为他的哥哥管辂作别传，就是因为管辂才高命短，又无官无势，以至于不被正史列传所载录，不能流传于后世。这就说明杂传就是要为那些不为正史所载，但其行为又确实值得旌表的人物立传，使其传名于后世。正是由于为正史所不载，所以中古时期很多别传的作者为传主的亲朋好友，如嵇康的哥哥嵇喜作有《嵇康传》，顾恺之为其父作有《顾悦传》，钟会为其母作有《张夫人传》。《辛宪英传》为其外孙夏侯湛所作，《晋故征西大将军长史孟府君传》之作者为传主的外孙陶渊明，《孙资别传》虽然未标明作者为谁，但裴松之注引时标为“出自其家”。可见，这些别

① （晋）陈寿撰，（刘宋）裴松之注：《三国志・方技传》，中华书局1959年版，第828页。

传作者的写作目的只有一个，就是要使他们卓有建树而又不为正史所载的亲人传名于后世。同样，其他杂传的写作也是人们要为那些其行为特征及人格修养出类拔萃而又不为正史所载或正史载录较简略者立传。

这种情况的出现，是和当时的史学观念变化有关的。司马迁在撰写《史记》时，只有在社会上有所作为者，都会被写入《史记》之中。司马迁的父亲司马谈云："今汉兴，海内一统，明主贤君忠臣死义之士，余为太史而弗论载，废天下之史文，余甚惧焉，汝其念哉！"[①]司马迁自己也说："扶义俶傥，不令失己时，立功名于天下，作七十列传。"[②]所以，《史记》中的人物，来自于不同的阶层，上至帝王将相，下至市井细民、诸子百家、三教九流，应有尽有，无所不包。故此，梁启超说："（司马迁）立传之人，并不限于政治方面，凡与社会各部分有关系之事业，皆有传为之代表。"[③]正是由于司马迁坚持这样的修史原则，所以，西汉一代，杂传处于沉寂状态。自东汉以后，历代正史作者大都背离了这一传统，如班固所说："（《史记》）采经摭传，分散数家之事，甚多疏略，或有抵牾。亦其涉猎者广博，贯穿经传，驰骋古今，上下数千载间，斯以勤矣。又，其是非颇缪于圣人，论大道而先黄、老而后六经，序游侠则退处士而进奸雄，述货殖则崇势利而羞贱贫，此其所蔽也。"[④]班固的这段话实际上是对司马迁作传原则持否定态度。自此以后，那些有所作为，但无官无位者，便被排除在正史之外。特别是唐代官修史书之后，市井闾巷之人，则与史无缘，他们的行为事迹只有通过杂传来加以彰显，故此东汉以后，杂传作为一种新的传记体裁，开始异军突起，迅速繁荣起来，这是史学观念转变的必然结果。故此，我们认为杂传还有弥补正史记载不足的作用。

二、杂传的传人理论

杂传在传人方面，具有很强的"尚奇"色彩。这是直接传承《史记》作传特色的结果。扬雄在《法言》中云："乍出乍入，《淮南》也；文丽用寡，长卿也；多爱不忍，子长也；仲尼多爱，爱义也；子长多爱，爱奇也。"[⑤]这里的"奇"实际是讲《史记》的故事性，司马迁是个讲故事的高手，他不仅喜欢讲故事，而且

① （汉）司马迁：《史记·太史公自序》，中华书局1959年版，第3295页。

② （汉）司马迁：《史记·太史公自序》，中华书局1959年版，第3319页。

③ 梁启超：《要籍解题及其读法》，清华周刊丛书社1925年版，第40页。

④ （汉）班固：《汉书·司马迁传》，中华书局1962年版，第2737—2738页。

⑤ 韩敬：《法言注》，中华书局1992年版，第319页。

善于讲故事，还把一部史书写得像一本故事集。“《史记》富有传奇色彩。司马迁喜欢猎奇，把许多传说故事写入人物传记中，造成一种神秘感。”①司马迁的“尚奇”主要体现在几个方面：一是传主出生之奇，如殷契、后稷、刘邦的出生。二是传主的奇遇，如张良之遇黄石公，又如窦姬本欲赐赵王，而宦官误入代王府，阴差阳错而成了皇后。三是传主的行为之奇，如韩信因受胯下之辱而为王侯。四是谶纬之奇，如黥布少年时，有人预测“当刑而王”，结果受了黥刑，后被项羽封为九江王。

《史记》的这种“尚奇”理论被中古杂传很好地继承下来，并在杂传撰述中具体加以实施。如人物出生之奇：

> 《江表传》曰：坚为下邳丞时，权生，方颐大口，目有精光，坚异之，以为有贵象。及坚亡，策起事江东，权常随从。性度弘朗，仁而多断，好侠养士，始有知名，侔于父兄矣。每参同计谋，策甚奇之，自以为不及也。每请会宾客，常顾权曰：“此诸君，汝之将也。”②

很显然，孙权出生描写是受史传“尚奇”理论影响的结果。

人物的奇遇，如：

> 茅容，字季伟，陈留人。年四十余，耕于野，时与等辈避雨树下，众皆夷倨，容独危坐。林宗见而奇异，与共言，因请寓宿。旦日，容杀鸡为馔。林宗谓为己设，既而以供其母，自以菜蔬与容同饭。林宗起拜之曰：“卿贤乎哉！”因劝令学，卒以成德。③

郭林宗在汉末是以善于品鉴人物而著称的，茅容由于遭遇郭林宗，受其奖掖而出人头地。

传主的行为之奇，如：

> 钜鹿孟敏，字叔达，敦朴质直。客居太原，杂处凡俗，未有所名。尝

---

① 袁行霈主编：《中国文学史》第一卷，高等教育出版社1999年版，第183页。

② （晋）陈寿撰，（刘宋）裴松之注：《三国志·吴主传》，中华书局1959年版，第1115页。

③ （宋）李昉等编，夏剑钦、王巽斋校点：《太平御览》第四卷，河北教育出版社1994年版，第449—450页。

> 至市买甑，荷担坠地坏之，径去不顾。适遇到林宗，见而异之，因问曰："坏甑可惜，何以不顾？"客曰："甑既已破，视之何益？"林宗赏其介决，因以知其德行，谓必为美士，劝令读书。游学十年，遂知名，三府并不就，东夏以为美贤。①

孟敏由于行为之奇而引起郭林宗的注意，在郭林宗的帮助下成为美士。

传主的谶纬之奇，如：

> 《世语》曰：玄谓太祖曰："君未有名，可交许子将。"太祖乃造子将，子将纳焉，由是知名。
>
> 《孙盛异同杂语》云：太祖尝私入中常侍张让室，让觉之；乃舞手戟于庭，逾垣而出。才武绝人，莫之能害。博览群书，特好兵法，抄集诸家兵法，名曰接要，又注孙武十三篇，皆传于世。尝问许子将："我何如人？"子将不答。固问之，子将曰："子治世之能臣，乱世之奸雄。"太祖大笑。②

这里许劭预测曹操将来必成人上之人，结果果然如此。

在中古杂传中，具有"尚奇"特点的作品可以说比比皆是，兹不再举例。

三、杂传的写作手法

1. 善恶必书

杂传虽然是"率尔而作，不在正史"的，但是，它也要遵循传记写作的根本原则。杂传最忌讳写好人一切皆好，写坏人一切皆坏，它要求善恶必书，从而发挥褒善贬恶的作用，这是对司马迁作传原则的直接继承。司马迁在《史记·太史公自序》中云："夫《春秋》上明三王之道，下辨人事之际，别嫌疑，明是非，定犹豫，善善恶恶，贤贤贱不肖，存亡国，继绝世，补弊起废，王道之大者也。"③这既是对前人作传原则的总结，又是自己作传的规范。杂传写

---

① (南朝宋)刘义庆著，(南朝梁)刘孝标注，余嘉锡笺疏：《世说新语笺疏》，中华书局1983年版，第1020页。

② (晋)陈寿撰，(刘宋)裴松之注：《三国志·武帝纪》，中华书局1959年版，第3页。

③ (汉)司马迁：《史记·太史公自序》，中华书局1959年版，第3297页。

作同样要发挥史传褒善贬恶的历史作用，故其在写作时自觉地继承并体现史传的原则规范。杂传写好人的自不必说，就是写“坏人”的，也没有隐讳其优点，如《曹瞒传》，作者集中全力来突出曹操“酷谑变诈”的奸雄本性，但也没有忽视他的宽容大度，请看下面的文字：

《曹瞒传》曰：为尚书右丞司马建公所举，及公为王，召建公到邺，与欢饮。谓建公曰：“孤今日可复作尉否？”建公曰：“昔举大王时，适可作尉耳。”王大笑。建公名防。司马宣王之父。①

《曹瞒传》曰：时寒且旱，二百里无复水，军又乏食，杀马数千匹以为粮，凿地入三十余丈乃得水。既还，科问前谏者，众莫知其故，人人皆惧。公皆厚赏之，曰：“孤前行，乘危以徼幸，虽得之，天所佐也，故不可以为常。诸君之谏，万安之计，是以相赏，后勿难言之。”②

再如董卓，在中古杂传的传主中董卓是最大的恶人之一，杂传作者在写其残暴不仁的同时，也没有忽视他挥金如土，善于笼络人心的一面。

太常张奂将师北征，表卓为军司马。从军行，卓手斩购募羌酋，拜五官中郎，赐缣九十匹。卓叹曰：“为者则己，有者则士。”悉以缣分与兵吏。③

2. 细节描写

细节描写是中古杂传常用的手法之一，因为杂传与史传不同，它们选取的材料都是传主的生活琐事，而很少涉及军国大事。关于这一点，章学诚对《史记》细节描写的总结同样适用于对杂传细节描写的概括，他说：“陈平佐汉，志见社肉；李斯亡秦，兆端社鼠。推微知著，固相士之玄机；搜间传神，亦文家之妙用也。但必得其神志所在，则如图画名家，颊上妙于增毫。”④章学

① (晋)陈寿撰，(刘宋)裴松之注：《三国志·武帝纪》，中华书局1959年版，第49页。

② (晋)陈寿撰，(刘宋)裴松之注：《三国志·武帝纪》，中华书局1959年版，第30页。

③ (宋)李昉等编，夏剑钦、王巽斋校点：《太平御览》第四卷，河北教育出版社1994年版，第937页。

④ (清)章学诚撰，叶瑛校注：《文史通义校注·古文十弊》，中华书局1985年版，第507页。

诚看到，那些经过传记作者精心选择的细节，不仅对表现历史人物的志趣抱负、性格好尚能起到积极的作用，而且还能"推微知著"预知这个人物的人生走向及性格特点。如《曹瞒传》对曹操少年时的一段细节描写：

> 太祖少好飞鹰走狗，游荡无度，其叔父数言之于嵩。太祖患之，后逢叔父于路，乃阳败面㖞口；叔父怪而问其故，太祖曰："卒中恶风。"叔父以告嵩。嵩惊愕，呼太祖，太祖口貌如故。嵩问曰："叔父言汝中风，已差乎？"太祖曰："初不中风，但失爱于叔父，故见罔耳。"嵩乃疑焉。自后叔父有所告，嵩终不复信，太祖于是益得肆意矣。①

奸诈是曹操性格的核心，上述文字写曹操少年时的行为，预示了曹操未来的行为特点，他成年后的所作所为，无不与奸诈相始终。

3. 善写"独至"

传记是传人的作品，不管是杂传还是史传，都不可能把传主的一生完完整整、事无巨细地载录下来，他必然要对历史资料进行选择，选取那些具有历史意义和典型性的材料来表现传主的思想性格与人生价值。如把传主的一生全部载录，既不可能，也没有必要，章学诚对此作了总结，他说："古人叙一人之行事，尚不嫌于得失互见也。今叙一人之事，而欲顾顺其上下左右之人皆无小疵，难矣。是之谓'八面求圆'，又文人之通弊也。"②章学诚认为，写人不能面面俱到，八面求圆，而应该有所侧重，突出重点，这个重点就是"独至"。因为社会上的人形形色色，不要说不是同一类型的人性情不同，就是同一身份的人也性格各异。就《史记》而言，项羽和黥布都是猛将，张良和范增都是谋士，秦始皇与刘邦都是帝王，但他们的性格却绝不雷同。与史传相比，杂传篇幅短小，所叙写的是传主人生的一个侧面，这就需要写出传主的独特个性，这个个性，就是"独至"。

具体说来，一是只要抓住传主的"独至"去写，就一定能够把人物写得活灵活现，鲜活生动。二是由于每个传主的"独至"不同，传记作者在描写时，就一定要采取灵活的方法，切不可始终用一种方法去传写丰富多彩的人物。中古有很多杂传即是如此，如嵇康的《圣贤高士传赞》与皇甫谧的《高士传》

---

① (晋)陈寿撰，(刘宋)裴松之注：《三国志·武帝纪》，中华书局1959年版，第1—2页。

② (清)章学诚撰，叶瑛校注：《文史通义校注·古文十弊》，中华书局1985年版，第505页。

的传主都为高士，其中的一些传主同时出现在两部作品中，二者很容易写得雷同，但由于作者采用了不同的笔法，故没有给人以雷同之感。

中古时期的杂传作品很多，但关于杂传理论的论述却很少，所以只有结合史传理论和后人的论述来总结这一时期的杂传理论才能有所收益，并进而指导今天的传记写作。

第二节　中古自传对后世自传建构的影响

中古自传为后世自传起了“导夫先路”的作用，成为了后世自传创作的范式与圭臬。中古以后自传的创作道路基本上是沿着中古的道路前进的。纵观中古以后的自传创作，其基本模式主要有三种，即：《五柳先生传》模式、王充《自纪》模式、马融《自叙》模式，下面分而述之。

一、《五柳先生传》模式

中古以后祖述陶渊明《五柳先生传》模式的自传主要有：刘禹锡的《子刘子自传》、白居易的《醉吟先生传》、陆龟蒙的《甫里先生传》、柳开的《东郊野夫传》、欧阳修的《六一居士传》、杨维桢的《铁笛道人传》、宋濂的《白牛生传》、胡应麟的《石羊生小传》、邵长蘅的《青门老圃传》、王韬的《弢园老民自传》等。

《五柳先生传》模式反映了仕与隐的二律背反，“所谓仕，是指某种积极入世的人生态度，以宦途来实现自己政治抱负；所谓隐，意味着某种消极的人生观，拒绝走入仕的道路，而是洁身自好而独善其身”①。“中国传统文人几乎毫无例外地都面临着仕与隐的人生抉择。这不仅有正史可查而且诗词有证，但前者是后世之人旁证推理所成，后者是简洁含蓄的自我告白。如以真实和详备的尺度衡量，古代自传对此的揭示应是最能令人满意的。古代自传文学对传主既想追求个性又想得到社会认同的生命境况的写照，真实地传达出传统文人在仕与隐两难抉择时的尴尬情怀。审视古代自传，我们发现在一个传主身上可能同时烙有儒道释法等多种思想印记，也可能于不同时期表现出截然相反的价值追求、生死智慧，生命的精彩也许就在于此。

① 周宪：《屈原与中国文人的悲剧性》，《文学遗产》1996 年第 5 期。

在自传中，能在仕与隐中做出十分坚定选择的传主可谓寥寥无几，陶渊明是一个特例。”[①]受陶渊明《五柳先生传》影响的自传中，以王绩的《五斗先生传》和白居易的《醉吟先生传》最为典型。

王绩，字无功，号东皋子，又号五斗先生。唐初诗人，隋末著名学者文中子王通的弟弟，初唐四杰之一的王勃是其侄孙。王绩生活于隋末唐初，是个有文学才能的人，诗文俱佳。据《唐才子传》记载：“年十五，游长安，谒杨素，一座服其英敏，目为神仙童子。”[②]虽然被目为神仙童子，但在隋朝并未受到重用。到了唐朝，因其弟王凝在任监察御史时，触怒了权贵长孙无忌，结果王氏兄弟都受到打压而不被重用。当然，王绩不被重用，也与他自身好酒误事有关。王氏一门，名人辈出，但都限于文学和思想领域。在《旧唐书》、《新唐书》中，王绩被列入“隐逸传”中。纵观王绩的一生，他并不是纯粹的隐士，而是徘徊于求职与辞官之间，在仕与隐之间摇摆不定。在许多方面，王绩与陶渊明有一致之处：一是二人都喜欢饮酒，并且酒量都不错，一次能饮五斗；二是他们并非生来就厌恶官场，对仕宦了无兴趣，中国传统知识分子的“学而优则仕”的思想和“穷则独善其身，达则兼济天下”的处世之道时时支配着他们；三是二人的诗文都以饮酒和山水田园为题材。王绩的自传文有《无心子传》、《五斗先生传》和《自撰墓志铭》，其中尤以《五斗先生传》最为著名，这篇自传文是陶渊明《五柳先生传》衣钵的直接继承者。

> 有五斗先生者，以酒德游于人间。有以酒请者，无贵贱皆往。往必醉，醉则不择地斯寝矣，醒则复起饮也。尝一饮五斗，因以为号焉。先生绝思虑，寡言语，不知天下之有仁义厚薄也。忽焉而去，倏然而来。其动也天，其静也地。故万物不能萦心焉。尝言曰：“天下大可见矣！生何足养，而嵇康著论。途何为穷，而阮籍恸哭？故昏昏默默，圣人之所居也。”遂行其志，不知所如。[③]

中国有着丰富的酒文化，酿酒、饮酒有着悠久的历史，饮酒已成为传统的习俗，每逢佳节喜庆之日，人们都通过饮酒来加以庆祝。然而，酗酒乱政、

---

① 许菁频：《中国古代自传文学中的仕与隐——以白居易、胡应麟为例》，《浙江教育学院学报》2007年第6期。

② 傅璇琮主编：《唐才子传校笺》，中华书局1987年版，第6页。

③ 《全唐文》卷一三二，中华书局1982年影印本，第1328页。

酗酒误事则是被批判的对象。历史上著名的商纣王造肉林酒池，因酗酒乱政而亡国，则是历来人们批判的对象。魏晋时期，开始了文学的自觉和人的自觉，服药饮酒成为时尚，著名的竹林七贤之一的刘伶即以嗜酒留名后世。刘伶不仅饮酒，而且还一反古人对过度饮酒的批判，对饮酒大加歌颂，写了著名的《酒德颂》。王绩在《五斗先生传》中，把刘伶引为知己，说自己也是"以酒德游戏于人间"，对于饮酒的态度是肯定和赞美的。

由于对酒的爱好，所以，"人有以酒请者，无贵贱皆往"，这和陶渊明有相似之处。对于自己饮酒的最佳状态和自己的酒量，王绩也做了交代，"往必取醉，醉则不择地斯寝矣，醒则复起饮也"，从现在的观点来看，饮酒要适度，饮酒过量不仅对身体有害，也容易引起一些不必要的麻烦，可从王绩所处的时代来看，饮酒似乎是一种生存状态。关于自己的酒量，王绩说"尝一饮五斗，因以为号"，可见，王绩的酒量还是很大的。

《五斗先生传》的基调显然是道家的，文中祖述了庄子、阮籍、嵇康等道家人物和崇尚道家思想方式的人物，以表现他对社会的不满，是古代知识分子失意后一种逆反心态的反映。其"忽焉而去，倏然而来。其动也天，其静也地。故万物不能萦心焉"，这种与天地精神独往来的精神与阮籍的《大人先生传》所表现的思想是一致的。王绩的《自撰墓志铭》可以作为《五斗先生传》的佐证，这是一篇牢骚文，对自己"才高位下"[①]的境遇很是不满。王绩的另一个号是无功，言外之意是，自己之所以没有建立功业，是由于天子不知道他，公卿不了解他，没有把他放到能使他发挥才能的位置，使其脱颖而出。他把牢骚发到天子与公卿身上，并没有给他带来麻烦，可见天子与公卿还是开明的，从一个侧面也透露出王绩不能建立功业，也有他自身的原因。但如果从自传文本身而言，它直接把《五柳先生传》的思想与写法直接承袭了下来，并付之于实践。

在面对仕与隐的艰难抉择时，白居易做出了与众不同的决断。他六十七岁闲居洛阳时作的《醉吟先生传》对闲居洛阳十余载的生活情景做了详尽的描述，流露出晚年生活的悠闲与寂寞。

白居易早年是抱着"救济人病，裨补时阙"的兼济之志入世的，然而仕途的险恶和官场的倾轧，使他萌生了退隐之志。五十八岁任太子宾客分司东都洛阳时起，退隐思想便占据了他的内心。自传的开篇云：

---

① 《全唐文》卷一三二，中华书局 1982 年影印本，第 1326 页。

> 醉吟先生者，忘其姓字、乡里、官爵，忽忽不知吾为谁也。①

很显然，这是模仿陶渊明的《五柳先生传》的体例，这也是一种自嘲式的写法，既然为知识分子所汲汲追求的功名之事都忘却了，那么忘记姓字名谁也就无足为奇了，表示了自己对半隐居生活的肯定。"忽忽不知吾为谁也"，是说并非自己有意识地忘却自己的社会存在，而是这些概念在自己的内心自然而然地消失殆尽。那些自己过去所追求、认同的东西已经离去，杳如黄鹤。

> 宦游三十载，将老，退居洛下。所居有池五六亩，竹数千竿，乔木数十株；台榭舟桥，具体而微，先生安焉。家虽贫，不至寒馁；年虽老，未及耄。性嗜酒、耽琴、淫诗。凡酒徒、琴侣、诗客多与之游。游之外，栖心释氏，通学小中大乘法。②

本文所要揭示的是自己隐居的心境，为宦不是所要表述的重点，所以对于三十年的宦海生涯，一笔带过。此时，他虽然官居太子宾客分司东都洛阳，然而这是一个闲职，是个虽领工资，却不做事的差事。对于古代一般的士大夫文人来说，仕与隐是矛盾的两个方面，要么仕，要么隐，很难同步。到了白居易这里二者却是统一了，既领俸禄，又没有事做，可以堂而皇之地过隐居生活，经济上也是小康之家，不会有陶渊明那种"种豆南山下，草盛豆苗稀。晨兴理荒秽，戴月荷锄归"③的劳作之苦。这种生活白居易称之为中隐，他在《中隐》诗中说过，不做官便有饥寒的威胁，做官便有被祸的险境，所以他说："不如做中隐，隐在留司官，似出复似处，非忙亦非闲"④，对于隐士来说这是一种理想的人生状态。与前代隐士娄黔、陶渊明那种贫困状况相比，白居易可以说是丰衣足食了。有了经济上的保障，就有了享受的资本，于是可以放开地饮酒、弹琴、作诗了。酒和琴是中国古代隐士不可缺少的道具，即如陶渊明不会弹琴，也有无弦琴一张。诗是言志的载体，在中国古代各种文体中，诗是高雅的文体，也是高蹈派们"淡泊明志"的工具。而白居易的饮酒，

① （唐）白居易著，朱金城笺注：《白居易集笺校》，上海古籍出版社 1988 年版，第 3782 页。

② （唐）白居易著，朱金城笺注：《白居易集笺校》，上海古籍出版社 1988 年版，第 3782 页。

③ 逯钦立校注：《陶渊明集》，中华书局 1975 年版，第 42 页。

④ （唐）白居易著，朱金城笺注：《白居易集笺校》，上海古籍出版社 1988 年版，第 1493 页。

比陶渊明有过之而无不及，他饮酒的情况是：

> 既而醉复醒，醒复吟，吟复饮，饮复醉。醉吟相仍，若循环然。……古所谓得全于酒者，故自号为醉吟先生。[①]

白居易的饮酒并不是酗酒，而是像阮籍一样通过饮酒来全身远祸。从交友范围来说，白居易并不是如陶渊明一样，来者不拒，而是经过精心选择的。

> 与嵩山僧如满为空门友，平泉客韦楚为山水友，彭城刘梦得为诗友，安定皇甫朗之为酒友。每一相见，欣然忘归。[②]

这些人都不是一般的平民百姓，而是在当时社会有影响的人物，这与白居易的士大夫身份有直接关系的。酒酣之际还要演奏当时阳春白雪般的曲子，如《秋思》、《霓裳羽衣》、《杨柳枝》等曲子。这种生活绝不是一般隐士的生活，由此我们可以明晓，白居易的隐居，绝非真正的隐居，而是逃避现实的政治斗争。在自传的最后，白居易有一段自嘲式的语言：

> 吾生天地间，才与行不逮于古人远矣；而富于娄黔，寿于颜渊，饱于伯夷，乐于荣启期，健于卫叔宝。幸甚幸甚，余何求哉！若舍我所好，何以送老？[③]

这段自嘲式的语言，反映了白居易晚年失意的不平心态。因为白居易是抱着“穷则独善其身，达则兼济天下”的人生志向进入仕途的，而今为官三十载，未能进入权力的中枢，不能不使他的内心充满无限的惆怅。笔者认为尽管他作此文时已是六十七岁了，但如果一旦有机会，他也会有东山之志的，可无情的现实击碎了他的理想与梦想，在仕与隐之间，了却残生。

二、王充《自纪》模式

王充《自纪》模式的自传主要是对自己或时代进行剖析，这类自传以刘

① (唐)白居易著，朱金城笺注：《白居易集笺校》，上海古籍出版社 1988 年版，第 3783 页。

② (唐)白居易著，朱金城笺注：《白居易集笺校》，上海古籍出版社 1988 年版，第 3782 页。

③ (唐)白居易著，朱金城笺注：《白居易集笺校》，上海古籍出版社 1988 年版，第 3783 页。

禹锡和欧阳修的自传最为典型，我们首先看刘禹锡的《子刘子自传》：

子刘子，名禹锡，字梦得。其先汉景帝贾夫人子胜封中山王，谥曰靖，子孙因封为中山人也……

初，禹锡既冠，举进士，一幸而中试。间岁，又以文登吏部取士科，授太子校书……

贞元二十一年春，德宗新弃天下，东宫即位。时有寒俊王叔文以善弈棋得通籍博望，因间隙得言及时事，上大奇之。如是者积久，众未知之。至是起苏州掾，超拜起居舍人，充翰林学士，遂阴荐丞相杜公为度支盐铁等使。翊日叔文以本官及内职兼充副使。未几，特迁户部侍郎，赐紫，贵振一时。愚前已为杜丞相奏署崇陵使判官，居月余日，至是改屯田员外郎，判度支盐铁等。按初叔文北海人，自言猛之后，有远祖风，惟东平吕温、陇西李景俭、河东柳宗元以为言然。三子者皆与予厚善，日夕言其能。叔文实工言治道，能以口辩移人。既得用，自春至秋，其所施为，人不以为当非。时上素被疾，至是犹剧，诏下内禅，自为太上皇。后谥曰顺宗。东宫即皇帝位。是时，太上久寝疾，宰臣及用事者都不得召对。宫掖事秘，而建桓立顺，功归贵臣。于是叔文首贬渝州，后命终死。宰相贬崖州。予出为连州。途至荆南，又贬朗州司马。居九年，诏征，复授连州。历夔、和二郡，又除主客郎中，分司东都。明年追入，充集贤殿学士，转苏州刺史，赐金紫。移汝州，兼御史中丞。又迁同州，充本州防御、长春宫使。后被足疾，改太子宾客分司东都。又改秘书监，分司一年，加检校礼部尚书兼太子宾客，行年七十有一。身病之日，自为铭曰：不夭不贱，天之祺兮。重屯累厄，数之奇兮。天与所长，不使施兮。人或加讪，心无疵兮。寝于北牖，尽所期兮。葬近大墓，如生时兮。魂无不之，庸讵知兮。①

在唐代诗人中，刘禹锡是一位积极关心国家命运的人物，他二十二岁进士及第后，就和柳宗元积极参加了唐肃宗永贞元年王叔文领导的政治革新运动（史称永贞革新）。革新失败后，肃宗被迫退位，王叔文被赐死，刘禹锡被贬为朗州司马，直到二十年后的唐敬宗宝历二年才被召回洛阳。刘禹锡

① （唐）刘禹锡著，瞿蜕园笺证：《刘禹锡集笺证》，上海古籍出版社 1989 年版，第 1501—1503 页。

七十一岁时，抱病撰写了这篇《子刘子自传》，不久便与世长辞了。

刘禹锡有着比较浓重的门第观念，他自称是西汉中山靖王刘胜之后，以表明自己出身不凡，但后世学者对此持有疑虑，也不必深究。这是因为中国古代文人向来喜欢吹嘘自己，找一位古代帝王或名人作为自己的祖先，无非是为了抬高自己的地位，如屈原就说自己"帝高阳之苗裔兮，朕皇考曰伯庸"(《离骚》)。刘禹锡亦是如此，在文中不惜笔墨详述从七世祖到父辈的官爵，反映了他的门阀意识。

这篇自传的中心是对永贞革新做了客观公正的评价，尤其是对王叔文的革新活动做了明确的肯定，对肃宗的退位内幕做了揭露，具有重要的史料文献价值，可以填补历史记载之不足。刘禹锡认为，王叔文"其所施为，人不以为当非"，这既是替王叔文辩护，也是为永贞革新辩护，表现了刘禹锡坚定坦诚的政治品质。而肃宗退位则是"是时太上久寝疾，宰臣及用事者都不得召对。宫掖事秘，而建桓立顺，功归贵臣"。由于肃宗病重而无法与改革派接触，结果，在宦官的操纵之下，肃宗被迫退位，太子李纯即位，是为宪宗，接着革新派的人物相继受到处理，纷纷被贬出朝廷。

关于自己在永贞革新中的表现，刘禹锡只用一段铭文来加以评价。作者既对自己的政治抱负未能实现而感到遗憾，又对自己的心地纯洁而感到问心无愧，从中我们可以感受到其革新理想的崇高和人格的光明磊落。

刘禹锡是中唐著名的哲学家和文学家，但在自传中对自己的文学活动，只字未提，可见作者意在实现其政治抱负，把政治活动看得高于文学活动，这也是中国古代知识分子入仕情结的一种表现。

这篇自传采用正史的笔法，自述身世，自叙经历，把对自己一生影响巨大的政治活动娓娓道来，语言平实，重点突出，饱含悲愤。我们从中领略到中国古代知识分子在理想与现实发生激烈冲撞之时，内心的巨大不平与悲愤。

与刘禹锡不同的是，欧阳修的自传表现了另外一种风格与特点。他的《六一居士传》并没有揭露现实的黑暗和政治斗争的险恶，而是从歌颂退隐之美来反衬现实的险恶和自己在饱经宦海浮沉之后的暮年心态，是对自己心志的剖析。

六一居士初谪滁山，自号醉翁。既老而衰且病，将退休于颍水之上，则又更号六一居士。

客有问曰："六一，何谓也？"居士曰："吾家藏书一万卷，集录三代以来金石遗文一千卷，有琴一张，有棋一局，而常置酒一壶。”客曰：“是为五一尔，奈何？”居士曰：“以吾一翁，老于此五物之间，是岂不为六一乎？”客笑曰：“子欲逃名者乎？而屡易其号，此庄生所诮畏影而走乎日中者也；余将见子疾走、大喘、渴死，而名不得逃也。”居士曰：“吾因知名之不可逃，然亦知夫不必逃也。吾为此名，聊以志吾之乐尔。”客曰：“其乐如何？”居士曰：“吾之乐可胜道哉！方其得意于五物也，太山在前而不见，疾雷破柱而不惊；虽响九奏于洞庭之野，阅大战于涿鹿之原，未足喻其乐且适也。然常患不得极吾乐于其间者，世事之为吾累者众也。其大者有二焉，轩裳珪组，劳吾形于外，忧患思虑劳吾心于内，使吾形不病而已悴，心未老而先衰，尚何暇于五物哉？虽然，吾自乞其身于朝者三年矣，一日天子恻然哀之，赐其骸骨，使得与此五物偕返于田庐，庶几偿其夙愿焉。此吾之所以志也。”客复笑曰：“子知轩裳珪组之累其形，而不知五物之累其心乎？”居士曰：“不然。累于彼者已劳矣，又多忧；累于此者既佚矣，幸无患。吾其何择哉？”于是与客俱起，握手大笑曰：“置之，区区不足较也。”

已而叹曰：“夫士少而仕，老而休，盖有不待七十者矣。吾素慕之，宜去一也。吾尝用于时矣，而讫无称焉，宜去二也。壮犹如此，今既老且病矣，乃以难强之筋骸，贪过分之荣禄，是将违其素志而自食其言，宜去三也。吾负三宜去，虽无五物，其去宜矣，复何道哉！”

熙宁三年九月七日，六一居士自传。①

在北宋的政坛与文坛，欧阳修都是一个颇有影响的人物。在文坛上，他是北宋文坛的领袖，是著名的史学家、诗人、散文家。在政坛上，他担任过中央和地方的许多官职，曾任过枢密副使、参知政事等显宦。北宋时期，统治者对文人采取优待政策，知识分子地位得到了显著的提高，加上儒学的复兴，当时的文人都怀有强烈的政治使命感和社会责任心，对国家的命运十分关心。他们既有忧患意识，又有用世之志。同时由于国势不振和党争激烈，他们又畏惧和厌恶官场的争权夺势和尔虞我诈，迫切希望脱离纷繁复杂的政治斗争，寻找一个宁静的精神家园，而这一家园则是“归田”与“退隐”。

欧阳修登上文坛和进入仕途的时候，朝廷内部以范仲淹为代表的改革派和吕夷简为代表的保守派的斗争趋于白热化，富有进取精神的欧阳修坚

① 陈新、杜维沫选注：《欧阳修选集》，上海古籍出版社 1986 年版，第 421—422 页。

决地站在范仲淹一边，支持范仲淹推行庆历新政，为此，遭到保守派的攻击，被贬到滁州任知州。此后，欧阳修的进取精神悄悄隐退，消极情绪渐渐滋长。宋神宗熙宁二年，王安石任参知政事，积极推行新法。欧阳修在改革方向上、方法上与王安石有很大的分歧，不能见容于朝廷，乃出任地方官职。同时，此前还有人攻击他与儿媳有暧昧关系，虽然事情得到澄清，名誉终究受损，诸多因素的组合，最终加速了他的退隐决心。

《六一居士传》作于熙宁三年(1070)任蔡州知州时，两年后他便逝世，是其暮年之作，是对自己一生为宦生涯的总结。这篇自传采取汉大赋主客问答的方式来表现自己的情志。文中先交代自己更号的原因，贬滁州时自号醉翁，贬蔡州时更号为六一居士，这既反映了他的仕宦历程，也反映了他的心路轨迹。从青年时的积极进取到中年的安于职守，再到老年的急流勇退、全身养性，这是封建士大夫心路历程的典型表现。

自传的主体部分通过主客问答，先交代了何为“六一”，即是：“藏书一万卷，金石遗文一千卷，琴一张，棋一局，酒一壶”，再加上“吾一翁”。对琴、棋、书、酒、金石的爱好是中国古代知识分子的一种高雅的艺术情趣，也是他们怡情娱志的一种手段，反映了他们淡泊名利的心态。特别是在仕途遇到挫折的时候，便借此来寄托精神，逃避现实。通过主客对更号的辩难，写出了官场生活对仕宦中人的劳心与劳形。从官场世事与五物的对比中，流露出欧阳修数十年为官生涯中，饱经忧患的人生感慨与悲哀。

《六一居士传》在写法上也别具一格，他既继承了中古杂传的叙述模式，又具有自己的鲜明特色。作者没有在开头即故意隐去姓氏籍贯的传统写法，而是开门见山对自己的号之来源做了说明，先自号醉翁，后更之为六一居士，把自己由仕而隐的心路历程显现给读者。主体部分的主客问答，也是对自传手法的创造性运用。主客问答本是汉大赋的惯用手法，这里欧阳修把它用于自传的写作中，表现了作为北宋诗文革新运动领袖的创新精神。

三、马融、郑玄《自序》模式

马融、郑玄为东汉著名学者，曾经为多本古书作注。他们的自传主要记述其学术生涯。在他们的影响下，后世学者作自传的颇多。这一类学者自传主要有李清照的《金石录后序》、段玉裁的《八十自序》、梁启超的《三十自述》等，它们以治学为中心，记述了传主多方面的生活。

（一）对自己学术生涯的回顾

对于学者们来说，读书是他们做学问的前提，只有搜集、阅读丰富的书籍资料，才能从事著述。所以，在学者的自传中，他们首先要对读书生涯作详细的介绍。李清照是宋代的词人和学者，她和丈夫赵明诚共同致力于书画金石的搜集、校勘、整理，著成三十卷的《金石录》。靖康之难后，李清照经历了国破、家亡、夫死的人生变故。夫死五六年后，个人生活又几经曲折，重读《金石录》，感慨万千，情不能禁，便写下了一篇自传型作品——《金石录后序》。

《金石录后序》全文共计十个自然段，大致讲了四个方面的内容。首先介绍了丈夫赵明诚撰述《金石录》的由来，著录的内容、数量以及意义等；其次，记述作者夫妇早年的生活志趣以及收集研究金石的过程；再次，记载了靖康之变后，夫妇在南方辗转流离，夫亡物散的惨痛经历；最后，抒发了作者重读《金石录》的感慨，并记写《金石录后序》的时间。

李清照的《金石录后序》是一篇比较有特色的自传作品，由于作者本人是北宋著名的女词人，故而，其自传充满了感情力量。在对往事的回忆中，抒发了对丈夫的思念，对金石遗失的怅恨，以及国破家亡之感，情真意切，感人至深。在行文方面，该自传有两条线索，一是明线，即写赵明诚由太学生读书，其后为宦，退居乡里，到起复、逃难、病故；另一条线索是暗线，即写自己嫁与赵明诚，婚后伴夫读书，研究金石，到逃难、夫病、夫病死、葬夫的历程。两条线索由分到合到分，反映了李清照夫妇的感情历程。这篇自传还有一个特点，就是作者把文章的背景放在了时代的背景之下，把个人的不幸与国家的不幸结合起来，把个人的小我与国家的大我结合起来，揭示了由于北宋统治者"重文轻武"，耽于享乐，造成了靖康之难，给国家带来了危亡，给人民带来了危难，使作品在广阔的历史空间中展现了更深的主题。《金石录后序》的题目也与一般自传的题目大不相同，《金石录》是连接李清照与丈夫赵明诚感情的纽带，他们的感情不是在花前月下的卿卿我我，而是建立在共同的志趣、共同的爱好之上的，《金石录》凝聚了夫妻的心血，是他们共同努力的结果，也是他们感情的结晶，以此作为题目，具有很深的意义。《金石录后序》还选取了一些典型的细节，反映夫妇生活的乐趣，是古代史传笔法的继承，如"每获一书，即同共勘校，整集签题。得书画彝鼎，亦摩玩舒卷，指摘疵病，夜尽一烛为率。故能纸札精致，字画完整，冠诸收书家"，反映了夫妻对于学术的执着。"余性偶强记，每饭罢，坐归来堂烹茶，指堆积书史，言某事在某书某卷第几页第几行，以中否角胜负，为饮茶先后。中即举杯大笑，至茶倾覆怀中，反不得饮而起。甘心老是乡矣！故虽处忧患困穷而志不屈”①，是夫妇之间嬉戏调笑生活情趣的表现。总之，李清照的《金石录后序》是一篇难得的自传作品，受到后人的好评，清人李慈铭在所著《越缦堂读书记》卷九中谓为“叙致错综，笔墨疏秀，萧然出町畦之外，予向爱诵之，谓宋以后闺阁之文，此为观止”，可见，此《后序》确是一篇难得一见的叙真事、抒真情，完全以真善美感染人、打动人、教育人的自传体佳作。

（二）对学术经历的总结

对于学者来讲，学术就是他们的生命，学术上的成就就是他们最大的幸福，清代学者段玉裁就是这样的一位。段玉裁，字若膺，号茂堂，江苏金坛人，清代乾嘉学派著名的学者，杰出的训诂学家。段玉裁曾经做过一些地方官，后退居苏州的枫桥，专门从事著述，一生著述颇丰，计有《古文尚书撰异》、《毛诗古训传定本》、《诗经小学》、《春秋左传古经》、《说文解字注》、《经韵楼集》等三十余种，其中《说文解字注》是其代表作，被公认为是解释《说文解字》的权威性著作。段玉裁的自传名之曰《八十自序》，作于他逝世的前一年。

人生七十古来稀，段玉裁活了八十岁，这在生命周期比较短的古代，是极为罕见的。这篇自传，叙述较少，议论较多，实际上表现了他对于生命的看法，那就是人活着应该做些什么。

> 回首平生，学业何在也？政绩何在也？自蜀告归，将以养亲，将以读书；虽然以此自期，而养亲未之能力也，而读书竟无成也。余之八十年，不付诸逝水中乎？其何以见吾父吾亲于地下乎？此余之自悔也！客曰：“主人所言者，自谦之辞也。主人试以启期之乐为乐，其亦有乎否？”余曰：“天以年厚人，当其难也，一日是靳；余荷天之厚，而安敢薄焉而不乞假数年，以补余过，以消余孽？自此以往，尚延性命，多见一善人，多闻一善言，多得一善书，莫非天之以寿厚我也，而余敢不自幸？虽然，精力已消亡矣，多见一善人而不能则效，多闻一善言而未之能行，多得一善书而未之能读，是何以异于未见、未闻、未得也？是见之、闻之、

① 陈兰村：《中国古代名人自传选》，中国青年出版社1997年版，第149页。

> 得之，适贻己以自悔也。前之悔，犹将逭诸余年；余年之悔，将逭诸何日乎？”①

政绩暂且不论，就学术而言，段玉裁是清代学者中的佼佼者。尽管如此，他毫不满足，绝无自傲之辞。在他看来，人活着就要不断努力，不断进取，多见到一个好人，学习他的优点，多得一句善言而去实行，多读一本好书而丰富自己。段玉裁的人生感悟，既是对自己的人生总结，也是对儿孙的教诲，鼓励他们不要虚度年华，这样，不管年寿长短，都会无怨无悔。

第三节　中古别传对后世别传建构的影响

“自从唐代开始官修史传以后，对传主的选择，就更加充分地体现出封建社会统治阶级的意志了，官本位的色彩也就更加浓厚了。比如唐初编撰梁、陈、北齐、周、隋五代史时，对‘朝廷贵臣，必父祖有传’，其目的是想把朝廷的新贵和过去的旧门阀联系起来，从而恢复旧门阀的政治地位，提高新贵们的社会声望。所以，只要某一大族的父祖有传，其子孙一大片便都附在他的后面，国史形同家传。史传的写作对象，已不是按功德的大小来决定，而是按照官位的大小和门第的高低来决定了。”②在这种情况下，那些官位较低或无官位而操行卓异者，就无缘进入正史传记之中，而这一任务则由别传来完成。从唐至清的别传写作基本上是在中古别传的影响下建构的，当然这种建构有继承有革新。

一、别传的传主以中下层人物为主而呈现多元化趋势

第一，爱国者的别传。中古有部分别传的传主是爱国者，如赵云、诸葛亮、费祎等，这一点为后世杂传所继承。唐、宋、元、明、清等别传中，有部分的爱国者成为别传的传主，如韩愈《张中丞传后叙》中的张巡、许远，李翱《杨烈妇传》中的杨烈妇，刘岳申《文丞相传》中的文天祥，王禹偁《唐河店妪传》中的老妇人，魏禧《大铁椎传》中的大铁椎，邵长蘅《阎典史传》中的阎应元。

---

① 陈兰村：《中国古代名人自传选》，中国青年出版社 1997 年版，第 280 页。

② 俞樟华：《中国传记理论研究》，湖南文艺出版社 2000 年版，第 190 页。

这些人物形象比中古别传中的爱国者形象更加鲜明突出，也更具影响力，并且成为后世学习的楷模。

第二，巫医乐师百工之人的别传。中古有一些巫医乐师百工之人的别传，如《华佗别传》、《管辂别传》、《马钧序》、《樊英别传》等，后世别传对此也有所继承并发扬光大。如韩愈《圬者王承福传》的传主是泥瓦匠，柳宗元《梓人传》的传主是木匠，《宋清传》的传主是药商，《种树郭橐驼传》的传主是种树者，归有光《可茶小传》的传主是医生，张岱《鲁云谷传》的传主也是医生，袁中道《关木匠传》的传主是木匠，宋濂《记李歌》的传主是卖艺人，侯方域《马伶传》的传主是戏剧演员，王猷定《汤琵琶传》的传主是乐工。

第三，僧、道、隐士的别传。中古别传中有部分的僧、道、隐士的别传，如《支遁别传》、《高坐别传》、《佛图澄别传》、《葛玄传》、《王褒内传》、《吴猛别传》、《许逵别传》、《陆先生别传》、《司马徽别传》、《王乔传》等。受中古僧、道、隐士别传的影响，中古之后，也出现了一些僧、道、隐士的别传，如唐代慧立、彦悰《大慈恩寺三藏法师传》，元代姚燧《太华真隐褚君传》，宋濂《李大猷传》（僧人）、《严宗奭小传》、《刘真人传》、《空同外史传》、《王冕传》、《张中传》，袁中道《一瓢道士传》等。

第四，文人、文学家的别传。中古时期，文人别传众多，一些著名的文人大多都有别传传世，如《孔融别传》、《祢衡别传》、《郭林宗别传》、《嵇康传》、《郑玄别传》、《马融别传》、《曹植别传》等。中古之后的别传亦延续了这种传统，为那些文人特别是正史没有载录的文人作传，如李商隐《李贺小传》，袁宏道《徐文长传》，高启《南宫生传》、《张孟谦传》，袁中道《李温陵传》、《梅大中丞传》，张岱《王谑庵（思任）先生传》，刘大櫆《江先生传》，姚鼐《方染露传》、《刘海峰先生传》，黄宗羲《刘宗周传》，魏禧《许秀才传》等。

第五，虚拟的、非人类传主的别传。中古时期出现了虚拟的非人类的传主的别传，如《雷焕别传》，名义上是雷焕的别传，实际上是干将、莫邪二宝剑传。受此影响，中古之后，出现了韩愈的《毛颖传》、柳宗元的《蝜蝂传》等。

第六，其他下层人物的别传。中古时期，有众多的下层人物成为了别传的传主。中古之后的别传对此有所继承，如柳宗元《童区寄传》的传主是牧童，曾巩《洪渥传》的传主是下级官吏，苏轼《方山子传》的传主是侠、隐之士，李梦阳《鲍允亨传》的传主是商人，李开先《老黄、浑张二恶传》的传主是普通市民。袁宏道《醉叟传》的传主是个酒鬼。查继佐《陈范良传》的传主是绿林侠盗。

二、别传的篇名大多以传主的身份、职业、官职、字号、籍贯、行为特点来命名

这一形式也是受中古自传题名影响的结果，如陶渊明《五柳先生传》、袁粲《妙德先生传》。中古之后，唐、宋、元、明、清的别传题名绝大多数以传主的身份、职业、字号来命名的。《太学生何蕃传》表明其身份为太学生，《种树郭橐驼传》表明其职业是种树者，《文丞相传》表明其官职是丞相，《阎典史传》表明传主的官职是典史，《童区寄传》表明其身份是儿童，《大慈恩寺三藏法师传》表明其身份是僧人，《刘真人传》表明其身份是道士，《汤琵琶传》表明其职业是琵琶演奏师；戴名世《画网巾先生传》，"画网巾"是传主的行为特征，因不知其姓字爵里，故以其行为特征来命名，《关木匠传》以其职业为篇名，《徐文长传》以传主的字为篇名，袁中道《回君传》以传主的外貌特征为篇名，《方山子传》以传主别号为篇名，《唐河店妪传》以传主的籍贯为篇名。这种命名方式的目的是为了突出传主的某一固有特征。

三、别传绝大多数都署有作者姓名

中古杂传署有作者姓名的为极少数，如萧统《陶渊明传》、傅玄《马钧序》。署有作者姓名的，其作者多为传主亲人，如《嵇康传》的作者嵇喜是嵇康之兄，《晋故征西大将军长史孟府君传》的作者是传主外孙陶渊明，其他为数众多的别传则未署有作者姓名。这种情况的出现，或由于作者为下层文人，无名于世，故未署有作者姓名；或是由于该别传在引用时未署有作者姓名，而后该杂传失传，则作者姓名无从知晓；或沿袭汉以前作者撰文不署名的习惯。笔者认为，中古别传没有署有作者姓名的原因，主要是由于作者的官职、身份、地位低下、在社会没有影响的缘故。而那些身份、地位较高、影响较大的作者如陶渊明、萧统、傅玄，都为当时名人，加之所作别传价值较高，故其所作署有作者姓名，且流传后世，而其他的则湮没无闻。中古之后的别传作者大多为当时著名的文学家或史学家，如韩愈、柳宗元、司马光、苏轼、曾巩、陆游、宋濂、高启、李开先、李梦阳、袁宏道、袁中道、张岱、黄宗羲、魏禧、刘大櫆、姚鼐、戴名世等，他们都是著名的文学家与史学家，所以都署有作者姓名，再加上其作品影响较大、价值较高，故此其别传作品在流传中不会使作者姓名失去。

四、别传撰述有明确的目的

中古别传有明显的作传目的，如《先贤行状》、《汝南先贤传》、《陈留耆旧传》，作者的目的无非是为宣扬前辈的功业，鼓励后世的子孙。这一点为后世别传所继承，如韩愈作《张中丞传后叙》，不仅仅是为了给安史之乱时死守睢阳的张巡、许远表功，更重要的是为二人辩诬，回击那些对张巡、许远的污蔑攻击。柳宗元的《种树郭橐驼传》是从种树的道理引申到治国的道理。这比中古别传只重个人流芳百世的目的性，更具有历史与现实意义，也更加高尚。

中古别传没有像史传那样，完整地载录传主一生的事迹，它们多选取传主人生中最为辉煌的片段来为传主作传。如《邴原别传》只是记录了邴原求学、为求学而戒酒和回击曹丕刁难这几件事来再现邴原的性格。萧统《陶渊明传》载录了陶渊明不慕荣利、率性而为的隐士风格。皇甫谧《庞娥亲传》只记载庞娥亲为父报仇一事。中古之后的别传继承了这一传统，柳宗元《童区寄传》主要记载区寄智杀人贩子的事迹；《种树郭橐驼传》只记载郭橐驼善于种树一件事，由此来推导出“养人”的道理；李商隐《李贺小传》只是选取李贺终日寻诗和为天帝所召两件轶事来表现李贺的才情和对诗歌创作的执着；王禹偁《唐河店妪传》主要记载唐河店老妇人智杀西夏兵的事迹；苏轼《方山子传》只是记载方山子能做官而不做官，能富贵而不享富贵的人格特征；袁宏道《徐文长传》主要记载徐文长的“狂人”性格，所有这些都是对中古别传的继承与重构。

第四节　中古类传对后世类传建构的影响

中古时期出现了众多的类传作品，如《汉末英雄记》、《江表传》、《圣贤高士传赞》、《高士传》、《文士传》、《竹林七贤论》、《高僧传》、《名僧传》、《比丘尼传》、诸《孝子传》等，这些类传几乎囊括了古代类传的所有类型，后世的类传是在中古类传的笼罩下撰述的。唐、宋、元、明、清时期出现了许多的类传作品，如唐释道宣的《续高僧传》、《广弘明集》，唐道世《法苑珠林》，宋赞宁《宋高僧传》，明如惺《明高僧传》，宋张君房纂辑的《云笈七签》，元代辛文房的《唐才子传》等。本节对几部影响较大的、中古之后的类传作一些说明。

一、赞宁《宋高僧传》

《宋高僧传》(又称《大宋高僧传》)作者赞宁，北宋著名僧人，中国古代著名的佛教史学家。赞宁，俗姓高，吴兴德清人，五代后唐天成年间于杭州祥符寺出家。赞宁学识渊博，精通佛学，兼通儒、道、百家，为吴越王钱俶所重。太平兴国三年，即公元978年，吴越王钱俶降宋，赞宁携阿育王寺真身舍利来到汴京，宋太宗亲自接见，赐予紫衣及"通慧大师"称号。太平兴国七年，奉诏编修《大宋高僧传》，历时七年，于端拱元年完成。全书共三十卷，其编修体例、编修目的等方面，均受慧皎《高僧传》的影响。下面作一简要介绍。

首先，《宋高僧传》在传主选择上与慧皎《高僧传》是一致的。慧皎的《高僧传》在传主选择上，是要选那些"高而不名"的僧人入传，唐释道宣踵武其后，作《续高僧传》，赞宁则是要继承二人的传统。"慧皎刊修，用实行潜光之目；道宣缉缀，续高而不名之风，令六百载行道之人弗坠于地者矣。爰自贞观命章之后，西明绝笔已还，此作蔑闻，斯文将缺。"[①]很显然，赞宁作《宋高僧传》是要在慧皎、道宣的僧传之上，续写僧传。因为慧皎的《高僧传》起自东汉，迄于南朝梁，道宣在慧皎之后进行了续写，赞宁则是要在道宣之后续写，这样慧皎的《高僧传》、道宣的《续高僧传》、赞宁的《宋高僧传》连在一起，正好是一部佛教通史，史称"三僧传"。既然赞宁是要在慧皎、道宣的基础上续写，那么，其传主的选择与慧皎、道宣必然是一致的。

其次，《宋高僧传》在体例上与慧皎《高僧传》也是一致的。赞宁在《宋高僧传》的后序中云："前代诸家，或云《僧传》、《僧史》、《记录》，乃题号不一，亦声迹有殊。至梁沙门慧皎云《高僧传》，盖取高而不名者也。则开其德业，文为十科，见于传内。厥后有唐《续高僧传》，仿仰梁之大体而以成之。洎乎皇朝《大宋高僧传》之作也，清风载扬，盛业不坠。"[②]表明赞宁《宋高僧传》是学习慧皎《高僧传》的写法的。从体例上而言，慧皎《高僧传》分为译经、义解、神异、习禅、明律、亡身、诵经、兴福、经师、唱导等十科。《宋高僧传》沿袭慧皎《高僧传》体例，亦分为译经、义解、习禅、明律、护法、感通、遗身、读诵、兴福、杂科声德等十科。赞宁《宋高僧传》有五科与慧皎《高僧传》完全相同，其他五科与《高僧传》义同而名不同。慧皎《高僧传》对赞宁《宋高僧传》的影响

---

① (宋)赞宁撰，范祥雍点校:《宋高僧传》，中华书局1987年版，第1页。

② (宋)赞宁撰，范祥雍点校:《宋高僧传》，中华书局1987年版，第759页。

是显而易见的。

再次，在体制的安排上，赞宁也是学习慧皎的。慧皎《高僧传》载录了自东汉明帝永平十年至南朝梁天监十八年，四百五十三年的高僧五百三十一人。对于这五百多位僧人，慧皎采取正传与附传相结合的办法，列入正传的有二百五十七人，附传二百七十四人。赞宁《宋高僧传》亦采用此种方法来为各位僧人立传，赞宁在《大宋高僧传序》中说，“臣等分面征搜，各涂构集，如见一家之好，且无诸国之殊，所以成十科者，易同拾取。其正传五百三十三人，附见一百三十人”①。之所以分为正传与附传，是由于列入正传者必定为僧人，附传则或是修行有成的非出家人，或是代表性不显著，或是史料不足者。正传与附传的关系，或是彼此为师徒，或是师出同门，或是行迹相类。在这方面，赞宁与慧皎是相同的，是学习、继承慧皎的结果。

最后，慧皎《高僧传》的传人模式，通常是记述高僧的出身、出世、出家、学法、弘法、临终等模式，以显现高僧不同于世俗社会的求道者形象。赞宁的《宋高僧传》也遵循了这一模式。另外，慧皎《高僧传》还记载高僧与世俗人士的交往，如《支遁传》就记载了支遁与卫玠、谢安、王洽、刘恢、殷浩、许询、郄超、孙绰、桓彦表、王敬仁、何次道、王文度、谢长遐、袁彦伯、向秀等名士与达官贵人的交往。② 同时，支遁也参与到士人的清谈中去。赞宁的《宋高僧传》也记载了高僧与文士的交往，以及诗歌创作情况，如《宋高僧传》卷七记载了洛京长寿寺可止的诗歌写作情况：

> 止风神峭拔，戒节孤高，百家子史，经目无遗，该博之外，尤所长者，近体声律诗也。有《赠樊川长老诗》，流传人口。在定州日，中山与太原互相疑贰，诸侯兼并，王令方欲继好息民，因命僧斋于庆云寺。会有献白鹊者，王曰“燕人诗客试为咏题”。止即席而成，后句云“不知谁会喃喃语，必向王前报太平”。③

卷一五记载了会稽云门寺灵澈的创作情况：

① （宋）赞宁撰，范祥雍点校：《宋高僧传》，中华书局1987年版，第2页。

② （梁）释慧皎撰，汤用彤校注，汤一玄整理：《高僧传》，中华书局1992年版，第159—160页。

③ （宋）赞宁撰，范祥雍点校：《宋高僧传》，中华书局1987年版，第150页。

> 激游吴兴，与抒山昼师一见为林下之游，互相击节。昼与书上包佶中丞，盛标拣其警句最所重者，归湘南作则有“山边水边待月明，暂向人间借路行，如今还向山边去，唯有湖水无行路”句。此僧诸作皆妙，独此一篇，使老僧见，欲弃笔砚。①

由此可见，中古类传对其后类传的巨大影响。

二、张君房《云笈七签》

《云笈七签》作者张君房，岳州安陆（今属湖北）人，《宋史》无传，其生平事迹不可详考，只在一些笔记小说中有零星记载。《四库全书总目提要》云："景德中进士及第。官尚书度支员外郎，充集贤校理。祥符中自御史台谪官宁海。适真宗崇尚道教，尽以秘阁道书付杭州，俾戚纶、陈尧臣校正。纶等同王钦若荐君房主其事。君房乃编次得四千五百六十五卷，进之。复撮其精要，总万余条，以成是书。"②这是记载张君房事迹最为权威的资料，于此我们可以知晓以下几方面内容：张君房中过进士、张君房精通道教精义、他奉宋真宗之命编纂过道教类书《云笈七签》。

关于《云笈七签》的命名，《四库全书总目提要》作了说明："其称《云笈七签》者，盖道家之言，以天宝君说洞真为上乘，灵宝君说洞玄为中乘，神宝君说洞神为下乘。又太玄、太平、太清三部为辅经，又正一法文遍陈三乘，别为一部，统称三洞真文，总为七部，故君房取以为名也。"③"云笈"是道教对书箱的称呼，"七签"是指道教典籍"三洞七辅"，即书箱中的书籍。

《云笈七签》虽然是一部道教类书，但其编纂亦受到中古类传的影响，借鉴了慧皎《高僧传》的撰述经验。慧皎《高僧传》按照高僧所从事的工作分为十科，《云笈七签》则是按照道教修行的原则与目的分为三十六部，一百二十卷。其具有传记价值的则为纪传部，自第一百卷至一百一十六卷，用十七卷的篇幅来为传说中或现实中的神仙、道士立传。

慧皎《高僧传》所记僧人众多，故每个僧人的传记都很简短，主要记述他们的佛学活动，其他很少论及，这样人物事迹较为集中，人物特色也很鲜明。并且，慧皎根据佛教活动的特点，把所记僧人分为十类。张君房在《云笈七

---

① （宋）赞宁撰，范祥雍点校：《宋高僧传》，中华书局1987年版，第369页。

② （清）纪昀总纂：《四库全书总目提要》，河北人民出版社2000年版，第3767页。

③ （清）纪昀总纂：《四库全书总目提要》，河北人民出版社2000年版，第3767页。

签》中也根据道教人物贡献的大小，把所记人物列入纪或传中。每个传主集中写他的修道活动，别无论及。《云笈七签》中对于对道教贡献较大的人物则撰述甚详，而对由于资料缺乏或传说中的人物，则记载甚短，如《列仙传》、《神仙传》、《洞仙传》、《神仙感遇传》、《续仙传》中的传主则记载较略。

慧皎《高僧传》塑造了一些性格鲜明的高僧形象，如鸠摩罗什、慧远、道安、支遁等，同样，《云笈七签》中也有一些性格鲜明的人物。如轩辕黄帝：

黄帝以天下既理，物用具备，乃寻真访隐，问道求仙，冀获长生久视，所谓先理代而后登仙者也。时有宁子为陶正，有神人过，教火法，出五色烟，能随之上下，道成仙去，往流沙之所，食飞鱼，暂死，二百岁更生，作《沙头颂》曰："青蕖灼烁千载舒，万龄暂死饵飞鱼。"有务光子者，身长八尺七寸，神仙者也。有赤蒋子舆，不食五谷，啖百花而长年。有容成公善补导之术，守生养气，谷神不死，能使白发复黑，齿落复生。黄帝慕其道，乃造五城十二楼以候神人。即访道游华山、首山，东之太山，时致怪物，而与神仙通。接神人于蓬莱，回乃接万灵于明庭、京兆、仲山、甘泉、寒门、谷口。黄帝于是祭天圆丘，将求至道，即师事九元子，以地皇元年正月上寅日斋于首山。复周游以访真道。令方明为御，昌宇骖乘，张若谬彦道焉。昆阍、滑稽从车，而至襄城之野，七圣俱迷，见牧马童子，黄帝问曰：为天下若何？小童曰：理天下何异牧马？去其害马而已。黄帝称天师而退。至于圜丘，其国有不死树，食其子与叶，人皆不死。有丹峦之泉，饮之而寿。有巨蛇害人，黄帝以雄黄却逐之，其蛇留一时而反。帝令三子习服之，皆寿三百岁。北到洪堤，上具茨山。见大隗君。又见黄盖童子，受《神芝图》七十二卷。适中岱，见中黄子中，受《九茄之方》。登崆峒山，见广成子问至道。广成子不答。帝退，损天下，筑特室，藉白茅，间居三月，方往再问修身之道，乃授以《自然经》一卷。

黄帝舍帝王之尊，托猳豚之文，登鸡山，陟王屋山，开石函，发玉笈，得《九鼎神丹注诀》。南至江，登熊、湘山。往天台山，受《金液神丹》。东到青丘山，见紫府先生，受《三皇内文大字》，以劾召万神。南至五芝玄涧，登圜垅荫，建木观，百灵所登，降采若乾之芝。饮丹峦之水。南至青城山，礼谒中黄丈人。乃间登云台山，见宁先生，受《龙跷经》。问真一之道，皇人曰：子既居海内，复欲求长生不死，不亦贪乎！频相反覆，而复受道，即中黄真人，黄帝拜谢讫，东过庐山，为使者以次青城丈人也。庐山使者秩比御史，主总仙官之道，是五岳监司也。又封潜山君为九天司命，主生死之录。黄帝以四岳皆有佐命之山，而南岳孤特无辅，乃章词三天太上道君，命霍山为储君，命潜山为衡岳之副以成之，时参政事，以辅佐之。帝乃造山躬写形象，以为《五岳真形之图》。

黄帝往练石于缙云堂，于地炼丹，时有非红非紫之云见，是曰缙云，因名缙云山。帝藏兵法胜负之图，六甲阴阳之书于苗山。黄帝合符瑞于釜山，得不死之道。奉事太一元君，受要记，修道养生之法。于玄女素女受房中之术，能御三百女。玄女授帝《如意神方》，即藏之崆峒山。帝精推步之术，于山稽、力牧著体诊之诀，于岐伯、雷公讲占候，于风后先生救伤残缀金冶之事，故能秘要，穷尽道真也。黄帝得玄女授《阴符经》义，能内合天机，外合人事。

……帝欲弃天下曰：吾闻在宥天下，不闻理天下。我劳天下久矣，将息驾于玄圃，以返吾真矣。黄帝修兴封禅礼毕，采首山之铜，将铸九鼎于荆山之下，以象太一于雍州。是鼎神质文精也，知吉知凶，知存知亡，能轻能重，能息能行，不灼而沸，不汲自满，中生五味，真神物也。黄帝炼九鼎丹服之。逮至炼丹成后，以法传于玄子，此道至重，盟以诫之。帝以《中经》所纪，藏于九嶷山东，号委羽，承以文玉，覆以盘石。其书金简玉字，黄帝之遗谶也。帝又以所佩《灵宝五符真文》书金简一通，封于钟山，一通藏于宛委之山。①

《轩辕本纪》是《云笈七签》中最长的传记之一，这篇传记是杂合《史记·五帝本纪》、《山海经》、《列仙传》等书而成。由于黄帝是传说中的远古帝王之一，故他的传记载录了他造八卦、造文字、创立历法，打败蚩尤、炎帝以维护社会稳定之事。作为道教中的重要人物，《轩辕本纪》还记载了他与仙人来往以及炼丹、服药、导引、通晓房中术等道教修仙之事，给读者一个立体的人物形象。这与《高僧传·鸠摩罗什传》有相类之处，充分说明了中古类传对后世类传的影响。

三、辛元房《唐才子传》

《唐才子传》作者辛文房，字良史，元代西域人，属于色目人种，生卒年不

① (宋)张君房纂辑，蒋力生等校注：《云笈七签》，华夏出版社1996年版，第611—613页。

详。辛文房由于非常喜欢诗歌，极为倾慕唐朝诗人的风采，故以唐朝诗人刘长卿的字“文房”作为自己的名，以另一位唐朝诗人于良史的名作为自己的字。辛文房之所以以这两位诗人的字和名为自己的字和名，其根本原因在于，他认为自己的诗歌与李白、杜甫、白居易无法企及，而与刘长卿、于良史的创作可有一比。全书所记起自隋朝大业初年的王绩，终至五代之陈抟，历时三百五十年。《唐才子传》之“才子”，是指诗人，一如中唐的“大历十才子”。作者以《唐才子传》为题，意即要为那些富有诗歌才华的文人才子立传。关于此书的特点，《四库全书总目提要》云：

> 是书……下至妓女、道士之类，亦皆载入。其见于新、旧《唐书》者仅百人，余皆从传记说部各书采辑。其体例因诗系人，故有唐名人，非卓有诗名者不录。即所载之人亦多详其逸事及著作之传否，而于功业行谊则只撮其梗概。盖以论文为主，不以记事为主也。大抵于初盛稍略，中晚以后渐详。①

现代也有人作出了如下许论：

> 本书既是考述诗人生平、评论唐诗流变和各家诗风的学术专著，又是生动描绘诗人风采的传记文学作品……读者由此书入门，可以窥知唐诗的各个时期、各个流派大小名家的形貌各异的艺术个性，进而升堂入室，考察唐代的政治礼教、社会习俗、风土环境以及诗人气质、文化素养、交往阅历对唐人诗歌创作的各种影响。②

《唐才子传》深受中古杂传的影响，与中古杂传是一脉相承的。对《唐才子传》影响最大的是中古的两部类传：《文士传》、《高僧传》。

《文士传》是中国第一部文人传记，此书早已佚失，但我们从现存佚文可得知传文的主要内容，传主的生平情况、传主的才学品性以及传主的生平轶事。和普通人物传记相比，《文士传》的特点是紧紧围绕文学创作这个中心。虽然许多文士都曾经为官为宦，但这不是传记的重点，重点在于传主的才学与文学才能，如：

---

① (清)纪昀总纂：《四库全书总目提要》，河北人民出版社2000年版，第1587页。

② 孙映逵：《怎样读〈唐才子传〉》，《古典文学知识》1996年第3期。

《文士传》曰："象字子玄，河南人。少有才理，慕道好学，托志老、庄。时人咸以为王弼之亚，辟司空掾、太傅主簿。"①

《文士传》曰："(夏侯)湛字孝若，谯国人，魏徵西将军夏侯渊曾孙也。有盛才，文章巧思，善补雅词，名亚潘岳。历中书侍郎。"②

《文士传》曰："尼字正叔，荥阳人。祖最，尚书左丞。父满，平原太守。并以文学称。尼少有清才，文词温雅。初应州辟，终太常卿。"③

《文士传》曰："(束)皙字广微，阳平元城人……皙博学多识，问无不对……曾为麦赋诸文。"④

《文士传》曰："张翰字季鹰。父严，吴大鸿胪。翰有清才美望，博学善属文，造次立成，辞义清新。"⑤

《文士传》曰："杨修字德祖，弘农人，太尉杨彪子。少有才学思干。"⑥

由此可见，《文士传》的基本特点就是专记文人的文学与学术活动，对于其政治活动与为官之事一笔带过。"不仅如此，《文士传》还直接开启了文人传记著作的先河，全书从内容到形式上的特点，共同形成了一种文人小传的体制。它不同于正史中文人类传，也有别于单篇的文人传记文，它的鲜明的类别特征、生动活泼的内容和灵活多变的体式奠定了中国文人传记著作的基础。"⑦辛文房的《唐才子传》则是直承《文士传》而作。《唐才子传》在为文学家(主要是诗人)立传时，重点放在对其文学活动的载录上，对其他事件略而不论，或一笔带过，如王维的传记：

---

① (南朝宋)刘义庆著，(南朝梁)刘孝标注，余嘉锡笺疏：《世说新语笺疏》，中华书局1983年版，第224页。

② (南朝宋)刘义庆著，(南朝梁)刘孝标注，余嘉锡笺疏：《世说新语笺疏》，中华书局1983年版，第299页。

③ (南朝宋)刘义庆著，(南朝梁)刘孝标注，余嘉锡笺疏：《世说新语笺疏》，中华书局1983年版，第198页。

④ (南朝宋)刘义庆著，(南朝梁)刘孝标注，余嘉锡笺疏：《世说新语笺疏》，中华书局1983年版，第449—450页。

⑤ (南朝宋)刘义庆著，(南朝梁)刘孝标注，余嘉锡笺疏：《世说新语笺疏》，中华书局1983年版，第467页。

⑥ (南朝宋)刘义庆著，(南朝梁)刘孝标注，余嘉锡笺疏：《世说新语笺疏》，中华书局1983年版，第682页。

⑦ 朱迎平：《第一部文人专记〈文士传〉》辑考，《古籍整理研究学刊》1994年第6期。

> 维，字摩诘，太原人。九岁知属辞。工草隶，闲音律，岐王重之。维将应举，岐王谓曰："子诗清越者，可录数篇，琵琶新声，能度一曲，同诣九公主第。"维如其言。是日，诸伶拥维独奏，主问何名，曰："《郁轮袍》。"因出诗卷，主曰："皆我习讽，谓是古作，乃子之佳制乎？"延于上座，曰："京兆得此为解头，荣哉！"力荐之。开元十九年状元及第。擢右拾遗，迁给事中。贼陷两京，驾出幸，维扈从不及，为所擒，服药称喑病。禄山爱其才，逼至洛阳供旧职，拘普施寺。贼宴凝碧池，悉召梨园诸工合乐，维痛悼，赋诗曰："万户伤心生野烟，百官何日再朝天？秋槐花落空宫里，凝碧池头奏管弦。"时闻行在所。贼平后，授伪官者皆定罪，独维得免。仕至尚书右丞。维诗入妙品上上，画思亦然。至山水平远，云势石色，皆天机所到，非学所能。自为诗云："当代谬词客，前身应画师。"后人评维"诗中有画，画中有诗"，信哉！客有以《按乐图》示维者，曰："此《霓裳》第三叠最初拍也。"对曲果然。笃志奉佛，蔬食素衣。丧妻不再娶，孤居三十年。别墅在蓝田县南辋川，亭馆相望。尝自写其景物奇胜，日与文士丘丹、裴迪、崔兴宗游览赋诗，琴樽自乐。后表宅请以为寺。临终，作书辞亲友，停笔而化。代宗访维文章，弟缙集赋诗等十卷上之，今传于世。①

王维的传记主要记载他的文学与音乐才能，而对他的为官生涯及在安史之乱的遭际只是一笔带过，没有更多的文字来载述，这是受《文士传》制式影响的必然结果。

刘禹锡的传记同样如此，在唐代诗人中，刘禹锡是积极参与政治革新的一位，他曾参加王叔文领导的永贞革新运动，这是与他的宦海浮沉密切相关的一次政治运动。但刘禹锡的传记只是记载了他的诗歌创作，对于永贞革新，略加点染。这种作传方法与原则，和《文士传》是一脉相承的。

在传记的体制上，《唐才子传》受《高僧传》影响较大，《高僧传》载录僧人五百三十一人，采取正传与附传相结合的体制，对于本身就是僧人，且影响、贡献较大者入正传，对于资料缺乏或修行有成的俗家弟子，则入附传。辛文房的《唐才子传》载录僧人三百九十八人，其中正传二百七十八人，附传一百二十人。关于正传与附传之间的关系，《高僧传》以或是彼此为师徒，或是师出同门，或是行迹相类来结构的。《唐才子传》亦如此，它或以同一流派，如

① 傅璇琮主编：《唐才子传校笺》，中华书局 1987 年版，第 285—303 页。

王维传后附见裴迪、崔兴宗，因为裴、崔二人与王维同是山水诗人；或是身份相同，如道人灵一后面附见四十五位僧道诗人，因为他们都是化外之人，且对诗歌都有浓厚的兴趣，并创作有成。可见，中古类传对后世类传的影响是深远的。

结　语

通过以上研究，我们可以得出以下结论：

第一，中古杂传的繁兴是杂传长期发展的结果。先秦时期即已出现杂传的萌芽，《诗经》、《论语》、《楚辞》、《左传》、《战国策》中已经出现了杂传应当有的因素。另有几部杂传作品，《穆天子传》、《晏子春秋》、《燕丹子》已经具备了杂传的雏形。在西汉时期，成熟的杂传作品已经形成，这是受《史记》影响的结果，如《史记》的最后一篇《太史公自序》，即是成熟的自传。同时，史传的作传原则与经验也给了杂传以借鉴，对于杂传的发展具有指导意义。汉武帝三传（《汉武故事》、《汉武帝别国洞冥记》、《汉武内传》），《东方朔别传》，《赵飞燕外传》，刘向的《列仙传》、《列士传》、《列女传》是杂传进一步发展的标志。

第二，中古时期，自传作品繁多，作者身份各异，他们有的是帝王、有的是将军、有的是学者、有的是思想家、有的是隐士、有的是僧人。故此，本书把中古的自传按内容归结为几个主题，即中古自传主题之一——彰显个性、自明本志，中古自传的主题之二——仕与隐的二重变奏，中古自传的主题之三——立言不朽的人生追求，中古自传的主题之四——舍身求法。这一部分本着知人论世的原则，对别传文本进行了分析，进而揭示作者的思想倾向。

第三，中古别传数量巨大，但是散佚严重，本书按传主的身份，把中古别传分为几个方面来加以研究。这一部分由十节组成，对每一节内容又用一句简洁的话加以概括，即动荡岁月的帝王人生——中古帝王别传研究，忠与奸的交相对照——中古名臣别传研究，行比天高、身为下官——中古中下级官吏别传研究，乱世书生的众生群像——中古文人学者别传研究，慧辨人生的昨日重现——中古哲学家别传研究，回春妙手、奇思绝想——中古科技人士别传研究，假作真时真亦假——中古方术之士别传研究，徜徉于佛道俗之间——中古宗教人士别传研究，苟全性命于乱世——中古隐士别传研究，谁说女子不如男——中古女性别传研究。通过这种分类研究，可以清楚地了解中古别传的思想内容，并了解不同人物别传所使用的写作手法。

第四，中古的类传除了《比丘尼传》和《高僧传》保存较为完整外，其余的都残缺不全，故本书仅对存本较多的进行研究。对于中古类传，分为五节来研究，即英雄与名士的交相辉映——中古杰出人物类传研究，群贤荟萃——中古圣贤、文士类传研究，名显当时、垂范乡梓——中古地方人物类传研究，虔心向佛的僧尼团队——中古僧尼类传研究，忠孝、早慧的圭臬——中古孝子、幼童、良吏类传研究。

第五，中古杂传对后世杂传的建构产生了巨大的影响，故此本书的第五章重点论述中古杂传对后世杂传的影响。首先是中古杂传对后世自传建构的影响，这种影响分为三种模式：王充《自纪》模式，受此影响的代表作为刘禹锡的《子刘子自传》和欧阳修的《六一居士传》；《五柳先生传》模式，以王绩的《五斗先生传》和白居易的《醉吟先生传》为典型；马融、郑玄《自序》模式，以李清照的《金石录后序》和段玉裁的《八十自序》为代表。其次，中古别传对后世别传建构的影响，由于受此影响的后世别传很多，故只是做概括的介绍。再次，中古类传对后世类传影响的典型作品有赞宁的《宋高僧传》、张君房的《云笈七签》、辛元房的《唐才子传》，这几部类传的体例方面受中古类传体例的影响较大，其撰述方式也是学习、模仿中古类传的。

以上的研究，可以使我们掌握中古杂传的清晰线索、完整轮廓以及异于史传的作传原则（包括传主选择标准、作传手法等）等方面的特性。但是，对于中古杂传与文学的关系，还有待于做进一步的研究。

参考文献

文集

(晋)陈寿撰,(刘宋)裴松之注:《三国志》,北京:中华书局,1982 年。

(唐)杜佑:《通典》,北京:中华书局,1984 年。

(南朝宋)范晔撰,(唐)李贤等注:《后汉书》,北京:中华书局,1965 年。

(唐)房玄龄等:《晋书》,北京:中华书局,1974 年。

(东晋)葛洪著,庞月光译注:《抱朴子外篇全译》,贵阳:贵州人民出版社,1993 年。

国学整理社:《诸子集成》,北京:中华书局,1954 年。

黄晖:《论衡校释》,北京:中华书局,1990 年。

(明)焦竑:《国史经籍志》,《丛书集成》本。

(宋)李昉等:《太平御览》,北京:中华书局,1963 年。

(宋)李昉、徐铉:《文苑英华》,北京:中华书局,1982 年。

(唐)李延寿:《北史》,北京:中华书局,1974 年。

(唐)李延寿:《南史》,北京:中华书局,1975 年。

(魏)刘劭:《人物志》,《四部丛刊》本。

(南朝梁)刘勰撰,周振甫注:《文心雕龙注释》,北京:人民文学出版社,1981 年。

(南朝宋)刘义庆撰,(南朝梁)刘孝标注,余嘉锡笺疏:《世说新语笺疏》,上海:上海古籍出版社,1993 年。

(唐)刘知几撰,(清)浦起龙通释,吕思勉评:《史通》,上海:上海古籍出版社,2008 年。

(元)马端临:《文献通考》,上海:华东师范大学出版社,1985 年。

(唐)欧阳询:《艺文类聚》,北京:中华书局,1965 年。

(清)钱仪吉:《三国会要》,上海:上海古籍出版社,1991 年。

(清)阮元:《十三经注疏》,北京:中华书局,1980年。

(南朝梁)僧佑:《出三藏记集》,北京:中华书局,1995年。

(南朝梁)释宝唱著,王孺童校注:《比丘尼传》,北京:中华书局,2006年。

(唐)释道宣:《广弘明集》,文渊阁《四库全书》本。

(南朝梁)释慧皎撰,汤用彤校注:《高僧传》,北京:中华书局,1992年。

(南朝梁)沈约:《宋书》,北京:中华书局,1974年。

(宋)司马光:《资治通鉴》,北京:中华书局,1982年。

(汉)司马迁:《史记》,北京:中华书局,1982年。

(清)汤球:《晋诸公别传辑本》,《丛书集成》本。

(东汉)王充著,袁华忠、方家常译注:《论衡全译》,贵阳:贵州人民出版社,1993年。

王利器:《颜氏家训集解》,上海:上海古籍出版社,1982年。

(北齐)魏收:《魏书》,北京:中华书局,1974年。

(唐)魏徵等:《隋书》,北京:中华书局,1973年。

(清)文廷式:《补晋书艺文志》,《二十五史补编》本。

(明)吴讷:《文章辨体序说》,北京:人民文学出版社,1982年。

(唐)徐坚等:《初学记》,北京:中华书局,2004年。

(南朝梁)萧统编,(唐)李善注:《文选》,上海:上海古籍出版社,1986年。

(南朝梁)萧子显:《南齐书》,北京:中华书局,1972年。

(明)徐师曾:《文体明辨序说》,北京:人民文学出版社,1998年。

(清)严可均:《全上古三代秦汉三国六朝文》,北京:中华书局,1965年。

杨明照:《抱朴子外篇校笺》,北京:中华书局,1991年。

(北魏)杨玄之撰,范雍祥校注:《洛阳伽蓝记》,上海:上海古籍出版社,1978年。

(唐)姚思廉:《陈书》,北京:中华书局,1972年。

(唐)姚思廉:《梁书》,北京:中华书局,1973年。

(清)姚振宗:《隋经籍志考证》,北京:中华书局,1955年。

(清)姚振宗:《三国艺文志》,《二十五史补编》本。

(隋)虞世南:《北堂书钞》,北京:中国书店,1989年。

(北周)庾信撰,(清)倪璠注:《庾子山集注》,北京:中华书局,1980年。

(宋)赞宁:《宋高僧传》,北京:中华书局,1987年。

(明)张溥:《汉魏六朝百三名家集》,南京:江苏广陵古籍刻印社,1990年。

(唐)长孙无忌等:《隋书·经籍志》,北京:商务印书馆,1955年。
(清)章学诚著,叶瑛校注:《文史通义校注》,北京:中华书局,1994年。
(清)章宗源:《隋书经籍志考证》,北京:中华书局,1955年。
赵万里:《汉魏南北朝墓志集释》,北京:北京科学出版社,1956年。
(宋)郑樵:《通志》,北京:中华书局,1987年。
(春秋)左丘明:《国语》,上海:上海古籍出版社,1978年。

专著

曹道衡:《中古文学史论文集》,北京:中华书局,1986年。
曹道衡:《南朝文学与北朝文学研究》,南京:江苏古籍出版社,1998年。
曹道衡、沈玉成:《南北朝文学史》,北京:人民文学出版社,1998年。
曹道衡:《汉魏六朝文学论文集》,桂林:广西师范大学出版社,1999年。
曹道衡、刘跃进:《南北朝文学编年史》,北京:人民文学出版社,2000年。
曹道衡、沈玉成:《中古文学史料丛考》,北京:中华书局,2003年。
陈长琦:《两晋南朝政治史稿》,开封:河南大学出版社,1992年。
陈兰村、张新科:《中国古典传记论稿》,西安:陕西人民教育出版社,1991年。
陈兰村:《中国古代名人自传选》,北京:中国青年出版社,1997年。
陈兰村:《中国传记文学发展史》,北京:语文出版社,1999年。
褚斌杰:《中国古代文体概论》,北京:北京大学出版社,1984年。
[日]川合康三著,蔡毅译:《中国的自传文学. 北京:中央编译出版社,1999年。
傅璇琮、蒋寅:《中国古代文学通论》,沈阳:辽宁人民出版社,2005年。
冯尔康、常建华:《中国宗族社会》,杭州:浙江人民出版社,1994年。
郭丹:《史传文学:文与史交融的时代画卷》,桂林:广西师范大学,1999年。
郭朋:《汉魏两晋南北朝佛教》,济南:齐鲁书社,1986年。
郭英德:《中国古代文人集团与文学风貌》,北京:北京师范大学出版社,1998年。
郭豫衡:《中国散文史》,上海:上海古籍出版社,1993年。
葛兆光:《中国思想史》,上海:复旦大学出版社,2002年。
韩兆琦:《中国传记文学史》,石家庄:河北教育出版社,1992年。

韩兆琦:《中国传记艺术》,呼和浩特:内蒙古教育出版社,1998 年。

何满子:《中古文人风采》,广州:花城出版社,2007 年。

侯外庐:《中国思想通史》,北京:人民出版社,1957 年。

胡大雷:《中古文学集团》,桂林:广西师范大学出版社,1996 年。

胡国瑞:《魏晋南北朝文学史》,上海:上海文艺出版社,2004 年。

胡适:《白话文学史》,天津:百花文艺出版社,2002 年。

姜涛,赵华:《古代传记文学史稿》,沈阳:辽宁人民出版社,1990 年。

金毓黼:《中国史学史》,石家庄:河北教育出版社,2003 年。

李剑国:《唐前志怪小说史》,天津:南开大学出版社,1984 年。

李卿:《秦汉魏晋南北朝时期家族宗族关系研究》,上海:上海人民出版社,2005 年。

李少雍:《司马迁传记文学论稿》,重庆:重庆出版社,1987 年。

李士彪:《魏晋南北朝文学文体学》,上海:上海古籍出版社,2004 年。

李祥年:《传记文学概论》,合肥:安徽文艺出版社,1993 年。

李祥年:《汉魏六朝传记文学史稿》,上海:复旦大学出版社,1995 年。

李泽厚:《美的历程》,北京:文物出版社,1981 年。

李泽厚、刘纲纪:《中国美学史》,北京:中国社会科学出版社,1984 年。

梁启超:《中国历史研究法》,北京:商务印书馆,1987 年。

刘大杰:《魏晋思想论》,上海:上海古籍出版社,1998 年。

刘师培:《中国中古文学史讲义》,北京:中国人民大学出版社,2004 年。

刘永济:《十四朝文学略要》,哈尔滨:黑龙江人民出版社,1984 年。

刘跃进:《门阀士族与永明文学》,北京:生活·读书·新知三联书店,1996 年。

刘跃进:《中古文学文献学》,南京:江苏古籍出版社,1997 年。

刘知渐:《建安文学编年史》,重庆:重庆出版社,1985 年。

卢央:《葛洪评传》,南京:南京大学出版社,2006 年。

鲁迅:《古小说钩沉》,济南:齐鲁书社,1997 年。

鲁迅:《中国小说史略》,上海:上海古籍出版社,1998 年。

陆侃如:《中古文学系年》,北京:人民文学出版社,1998 年。

罗根泽:《中国文学批评史》,上海:上海古籍出版社,1984 年。

罗宗强:《隋唐五代文学思想史》,上海:上海古籍出版社,1986 年。

罗宗强:《玄学与魏晋士人心态》,杭州:浙江人民出版社,1991 年。

罗宗强:《魏晋南北朝文学思想史》,北京:中华书局 1996 年。

骆玉明,张宗原:《南北朝文学》,合肥:安徽教育出版社,1991年。

吕思勉:《两晋南北朝史》,上海:上海古籍出版社,1983年。

穆克宏:《魏晋南北朝文学史料述略》,北京:中华书局,1997年。

庞朴:《中国儒学》,北京:东方出版社,1997年。

庞天佑:《中国史学思想通史·魏晋南北朝卷》,合肥:黄山书社2003年。

乔象钟、徐公持、吕薇芬:《中国古典传记》,上海:上海文艺出版社,1982年。

钱穆:《中国史学名著》,北京:生活·读书·新知三联书店,2002年。

任继愈:《中国哲学发展史》,北京:人民出版社,1988年。

任继愈:《中国佛教史》,北京:中国社会科学出版社,1988年。

任继愈:《中国道教史》,北京:中国社会科学出版社,1990年。

孙若风:《高蹈人间——六朝文人心态史》,石家庄:河北教育出版社,2001年。

孙述圻:《六朝思想史》,南京:南京出版社,1992年。

汤勤福:《中国史学史》,太原:山西教育出版社,2001年。

汤用彤:《汉魏两晋南北朝佛教史》,北京:中华书局,1983年。

汤用彤:《魏晋玄学论稿》,上海:上海古籍出版社,2005年。

唐长孺:《魏晋南北朝史论丛》,北京:生活·读书·新知三联书店,1955年。

唐长孺:《魏晋南北朝史拾遗》,北京:中华书局,1983年。

田余庆:《东晋门阀政治》,北京:北京大学出版社,1989年。

万绳楠:《陈寅恪魏晋南北朝史讲演录》,合肥:黄山书社,1987年。

(美)汪荣祖:《史传通说》,北京:中华书局,1989年。

(清)王鸣盛:《十七史商榷》,北京:中国书店影印本,1987年。

王能宪:《世说新语研究》,南京:江苏古籍出版社,1992年。

王水照:《历代文话》,上海:复旦大学出版社,2007年。

王瑶:《中古文学史论》,北京:北京大学出版社,1998年。

王永平:《六朝江东士族之家风家学研究》,南京:江苏古籍出版社,2003年。

王永平:《中古杜氏家族的变迁》,北京:商务印书馆,2006年。

王运熙、顾易生:《魏晋南北朝文学批评史》,上海:上海古籍出版社,1989年。

王治理:《王充及其文学思想》,济南:齐鲁书社,2007年。
王仲荦:《魏晋南北朝史》,上海:上海人民出版社,2003年。
魏承思:《中国佛教文化论稿》,上海:上海人民出版社,1991年。
《文史知识》编辑部:《道教与传统文化》,北京:中华书局,1992年。
吴承学:《中国古代文体形态研究》,广州:中山大学出版社,2002年。
吴云:《陶渊明论稿》,西安:陕西人民出版社,1981年。
熊明:《杂传与小说:汉魏六朝杂传研究》,沈阳:辽海出版社,2004年。
徐公持:《魏晋文学史》,北京:人民文学出版社1999年。
徐扬杰:《中国家族制度史》,北京:人民出版社,1992年。
阎爱民:《汉晋家族研究》,上海:上海人民出版社,2005年。
杨正润:《传记文学史纲》,南京:江苏教育出版社,1994年。
余英时:《士与中国文化》,上海:上海人民出版社,1987年。
俞樟华:《史记新探》,北京:民族出版社,1994年。
俞樟华:《中国传记文学理论研究》,长沙:湖南文艺出版社,2000年。
俞樟华、许菁频等:《古代杂传研究》,长春:吉林文史出版社,2005年。
袁济喜:《六朝美学》,北京:北京大学出版社,1989年。
袁行霈:《中国文学史》,北京:高等教育出版社,1999年。
张蓓蓓:《中古学术论略》,台北:台湾大安出版社,1991年。
张克礼:《东晋文艺编年》,济南:山东教育出版社,1992年。
张新科:《唐前史传文学研究》,西安:西北大学出版社,2000年。
赵白生:《传记文学理论》,北京:北京大学出版社,2003年。
(清)赵翼撰,王树民校证:《廿二史札记校证》,北京:中华书局,1984年。
赵益:《六朝南方神仙道教与文学》,上海:上海古籍出版社,2006年。
钟优民:《陶渊明论集》,长沙:湖南人民出版社,1981年。
周勋初:《魏晋南北朝文学论丛》,南京:江苏古籍出版社,1999年。
周一良:《魏晋南北朝史论集》,北京:中华书局,1963年。
周一良:《魏晋南北朝史札记》,北京:中华书局,1985年。
朱东润:《八代传叙文学述论》,上海:复旦大学出版社,2006年。
朱世英、方遒、刘国华:《中国散文学通论》,合肥:安徽教育出版社,1995年。
朱文华:《传记通论》,上海:复旦大学出版社,1993年。
朱迎平:《古典文学与文献论集》,上海:上海财经大学出版社,1998年。

书名索引

J

K

L

M

R

S

T

W

X

后　记

这本小书是我在博士论文的基础上历经数年修改而成的。

本人对于传记文学的研究始于20世纪90年代，当时我有幸考入浙江师范大学，师从俞樟华教授攻读中国古代文学专业传记文学方向硕士学位。俞老师治学严谨，功底扎实，是国内著名的《史记》研究专家，在传记文学领域卓有建树。本人在俞门三年的问学过程中，对传记文学有了初步的认识，并打下了一定的基础。21世纪初，本人又进入广西师范大学，师从胡大雷教授攻读中国古代文学专业汉魏六朝文学方向博士学位。胡老师在中古文学研究方面是国内外著名的学者，老师治学严谨，视野开阔，思路灵活，成果丰硕，著作等身。胡老师在教学过程中，不仅注重知识传授，更注重治学方法的传授。老师为人方正、态度和蔼，富有人格魅力。在这三年中，胡老师耳提面命、悉心指导，本人虽然愚钝，但终有所获。在博士毕业论文的选题上，我结合两位导师的学科优长，以在俞门学到的传记文学知识为基础，以胡老师的治学经验为主导，选择中古杂传为研究对象进行毕业论文的撰写，得到了导师的认可。中古时期是杂传写作的黄金时期，作者人数众多，作品卷帙浩繁，这为研究工作带来了便利，但是散佚的严重也给研究带来了诸多的困惑，好在有导师的大力支持，最终完成了毕业论文的写作。

在毕业论文开题、撰写、预答辩过程中，张明非老师、沈家庄老师、王德明老师、杜海军老师提出了许多具有建设性的意见，毕业论文答辩的过程中，北京师范大学的郭英德教授也提出了一些指导性建议，在此深表谢意。我的同届同学王楒先、龚俫、陈远洋都给予了我很多的支持，同学友谊地久天长。来自全国各地以及韩国、越南的同门师兄、师弟、师姐、师妹都给予了我很多的帮助，在此一并表示感谢。

本书的出版得到了宁波财经学院人文学院领导王臣申院长、陆季春书记、夏柯副院长，象山影视学院领导叶阳院长、殷均平副院长等的大力支持，深表谢意。

感谢浙江大学出版社的责任编辑张小苹博士，她的精心指导，玉成了此书的面世，深表谢忱！

尹福佺

2018 年 3 月 10 日